ADMINISTRAÇÃO FINANCEIRA E ORÇAMENTÁRIA

para concursos públicos

Wilson Araújo

ADMINISTRAÇÃO FINANCEIRA E ORÇAMENTÁRIA

para concursos públicos

2ª edição
Revista e atualizada

2018

EDITORA JusPODIVM
www.editorajuspodivm.com.br

EDITORA
*Jus*PODIVM
www.editorajuspodivm.com.br

Rua Mato Grosso, 164, Ed. Marfina, 1º Andar – Pituba, CEP: 41830-151 – Salvador – Bahia
Tel: (71) 3045.9051
• Contato: https://www.editorajuspodivm.com.br/sac

Diagramação: Richard Veiga *(www.richardveiga.com)*

Capa: Ana Caquetti

ISBN: 978-85-442-1924-9

Dedico este livro aos meus pais, José Valmir Araújo e Maria da Natividade Alves de Sousa (*in memoriam*).

Meus primeiros mestres foram meus pais, que me formaram como cristão, como estudante e como homem. Desde pequeno vi meus pais se sacrificarem para investir naquilo que eles mais prezavam para meu futuro: educação. Mesmo sem terem condições apropriadas me colocaram nos melhores colégios de Recife e só mais tarde pude perceber o quão foi sacrificante para eles.

Hoje, nasce mais uma obra que foi plantada há muito tempo e que foi semeada com muito carinho e dedicação.

Portanto, seu Valmir e dona Natividade, que hoje moram ao lado do Pai Celestial, dedico este livro a vocês que sempre estiveram comigo, que acreditaram e se sacrificaram para que eu pudesse chegar aonde cheguei.

Felizes daqueles que honram, amam e não esquecem os pais.

A Deus, que sempre esteve presente em minha vida.

Aos meus pais, que foram meus primeiros mestres.

À minha esposa Marcileide e aos meus filhos Mayara e Igor, que representam toda minha força e coragem para seguir em frente e que entenderam a necessidade de minha ausência temporária para estudar e trabalhar.

Aos meus amados irmãos Júnior, Wagner, Bruno e Breno, pelo apoio que sempre me deram.

Aos meus alunos, que me encorajaram a produzir esta obra e que me proporcionaram um aprendizado mútuo.

Para acessar os vídeos:

Para quem usa **Android**, importante instalar um aplicativo com leitor de QRCodes, que pode ser o "QR Code Reader". Você encontrará no seguinte link:

- http://editoraj.us/baixar-qr-android

Para quem usa **IOS** (iPhone, iPad), basta instalar um aplicativo com leitor de QRCodes, que pode ser o "QR Code Reader and Scanner". Você o encontrará no seguinte link:

- http://editoraj.us/baixar-qr-ios

Os vídeos estão indicados no sumário pelo símbolo: ▶

Apresentação

Por mais de 15 anos venho estudando e lecionando AFO para concursos públicos e sempre fui cobrado por meus alunos a escrever algo de fácil compreensão e que ajudasse nessa árdua jornada de estudos. Diante de tal desafio, procurei colocar no papel a lógica da matéria que descobri ao longo de toda minha vida profissional e que agora está sendo transformada em um livro.

A proposta desta obra é oferecer uma visão prática e acessível do orçamento público para concursos públicos. Preparei um material para aqueles que estão iniciando os estudos ou que querem se aprofundar sobre a matéria. Ao longo dos 12 capítulos que integram este trabalho, procurei aliar a teoria com exemplos práticos, tabelas e figuras que certamente irão facilitar seu entendimento.

Como parte prática, além dos exemplos que ilustram o assunto abordado, você terá, ao fim de cada capítulo, questões atualizadas de diversos concursos públicos. Selecionei 327 questões das seguintes bancas: Fundação Carlos Chagas (FCC), Centro Brasileiro de Pesquisa em Avaliação e Seleção e de Promoção de Eventos (Cebraspe / Cespe), Fundação Getulio Vargas (FGV) e Escola de Administração Fazendária.

Como dito, a obra foi dividida em 12 capítulos, de forma que o leitor fosse conduzido de forma lógica e acessível ao mundo orçamentário, e tenho certeza de que o assunto vai fluir à medida que as informações forem sendo apresentadas.

◆ Capítulo 1 – Aspectos introdutórios

Você encontrará os primeiros conceitos que irão lhe acompanhar até a leitura da última página. São conceitos que irão abrir a porta do conhecimento orçamentário.

◆ Capítulo 2 – Orçamento na Constituição Federal de 1988

Considero o capítulo mais importante desta obra. Aqui você terá uma visão geral e detalhada do sistema orçamentário brasileiro. Conceitos, palavras-chave, as armadilhas das provas, tudo isso foi abordado de forma direta e de fácil compreensão. Procurei mostrar o que as bancas estão cobrando e como você deverá se posicionar diante de uma questão que envolva o tema.

◆ Capítulo 3 – Princípios orçamentários

O orçamento segue regras próprias que são os vetores que irão balizar todo o processo de elaboração, controle e execução. Denominação, regra geral, exceções e a positivação legal foram os pontos abordados em cada princípio estudado nesse capítulo.

◆ Capítulo 4 – Ciclo Orçamentário

Quem e como? Aqui você encontrará respostas para essa pergunta no que diz respeito às fases da elaboração, apreciação, execução e controle e avaliação.

◆ Capítulo 5 – Sistemas

As atividades de planejamento e de orçamento federal são organizadas pelos seguintes sistemas: 1. Sistema de Planejamento e Orçamento federal. 2. Sistema de Administração Financeira Federal. 3. Sistema de Contabilidade Federal. 4. Sistema de Controle Interno do Poder Executivo Federal. Vamos aprender esse assunto abordando toda legislação que trata do tema.

◆ Capítulo 6 – Receita

Para fazer face as suas necessidades, o Estado dispõe de recursos ou rendas que lhe são entregues pela contribuição da coletividade. Estudaremos as principais classificações da receita demonstradas por meio de esquemas que foram criados com o objetivo de facilitar seu entendimento.

Capítulo 7 – Despesa

Nesse capítulo, você vai entender como a legislação conceituou os gastos realizados pela Administração Pública, como codificou as contas que representam dispêndios e qual a ordem que deverá ser obedecida até que o numerário chegue às mãos dos credores. Mais uma vez preparei esquemas, figuras e tabelas que irão descomplicar o estudo desse assunto tão exigido em provas de concursos públicos.

Capítulo 8 – Restos a pagar

A Lei nº 4.320/64 adota o regime de competência para o reconhecimento da despesa orçamentária, quando afirma em seu artigo 35 inciso II que pertencem ao exercício financeiro as despesas nele legalmente empenhadas. Em razão disso, surgiram os Restos a pagar ou resíduos passivos que são obrigações decorrentes da execução do orçamento da despesa que não foram pagas no exercício da emissão do empenho. Destaco nesse capítulo a relação com a Lei de Responsabilidade Fiscal e as fórmulas que serão utilizadas para o cálculo dessas obrigações.

Capítulo 9 – Despesas de Exercícios Anteriores

São despesas fixadas, no orçamento vigente, decorrentes de compromissos assumidos em exercícios anteriores àquele em que deva ocorrer o pagamento. Esse é um capítulo curto, mas que costuma cair nas provas.

Capítulo 10 – Suprimento de Fundos

O Suprimento de Fundos é uma autorização de execução orçamentária e financeira por uma forma diferente da normal, sempre precedido de empenho na dotação orçamentária específica e natureza de despesa própria, com a finalidade de efetuar despesas que, pela sua excepcionalidade, não possam se subordinar ao processo normal de aplicação. Construí esse capítulo tomando como referência a legislação federal que serve de base para a elaboração das questões.

Capítulo 11 – Créditos Adicionais

O Orçamento é um produto do Sistema de Planejamento que define as ações a serem desenvolvidas em determinado exercício. Para garantir ajustes ao orçamento durante sua execução, foi criado na Lei 4.320/64, em seu artigo 40, o dispositivo legal denominado crédito adicional ou leis de créditos adicionais. Aqui você aprenderá os conceitos, a necessidade (ou não) de autorização Legislativa para sua abertura e as fontes de financiamento que darão suporte para alterar o orçamento durante a sua fase de execução.

◆ Capítulo 12 – Lei de Responsabilidade Fiscal – LRF

A Lei de Responsabilidade Fiscal (LRF) – Lei Complementar nº 101, de 4 de maio de 2000, veio para regulamentar a parte da Tributação e do Orçamento (Título VI) da Constituição Federal, e estabelece as normas gerais de finanças públicas a serem observadas pelos três níveis de governo: Federal, Estadual e Municipal.

Meu maior desafio nesse capítulo foi o de transformar o dispositivo legal em uma linguagem mais informal e menos técnica. E consegui, você vai ver.

Sumário

Capítulo 6.
Receita: Conceitos, Classificações e Estágios 182

Capítulo 8.

Capítulo 9.

Capítulo 1.
Aspectos introdutórios

Nesse capítulo abordarei alguns conceitos que servirão de alicerce para o entendimento da obra. Sabendo que sua jornada é bastante árdua (já passei por isso), preparei um material didático e bastante objetivo para auxiliar em sua preparação. Fique atento aos conceitos que estarei apresentando, pois serão utilizados no desenvolvimento desse trabalho. Boa sorte a todos e muita **TRANSPIRAÇÃO**.

1.1. ESTADO

Seu significado é de natureza jurídica correspondendo a um conjunto de instituições que administram e controlam uma nação. A existência do Estado exige o seu próprio território, numa área delimitada por fronteiras respeitadas internacionalmente e que exerça sobre este a sua cidadania.

1.2. FINALIDADE

O Estado como sociedade política, tem como finalidade precípua promover o bem comum para que os indivíduos e a sociedade como um todo possam atingir seus fins particulares.

1.3. ESTADO X SOCIEDADE

Observe pela figura acima que entre o estado e a sociedade encontram-se às necessidades públicas. Para Régis Fernandes de Oliveira e Estevão Horvath "tudo aquilo que incumbe ao Estado prestar, em decorrência de uma decisão política, inserida em norma jurídica, é necessidade pública".

É obrigação do Estado à promoção do bem-estar social, portanto ele pode e deve promovê-la (poder-dever).

Partindo desse princípio, o Estado terá que trabalhar, terá que sair em busca de meios para sua manutenção e esse trabalho tem nome: Atividade Financeira do Estado (AFE). Aliomar Baleeiro em sua obra *"Uma introdução à ciência das finanças"* assevera que a Atividade Financeira do Estado consiste em:

- OBTER recursos: Receitas Públicas;
- CRIAR o crédito público: Endividamento Público;
- GERIR E PLANEJAR a aplicação dos recursos: Orçamento Público;
- DESPENDER recursos: Despesa Pública

Segundo Alberto Deodato[1], a Atividade Financeira do Estado é a procura de meios para satisfazer às necessidades públicas.

1. DEODATO, Alberto, Manual de Ciências das Finanças. 11ª ed. São Paulo: Saraiva, pág.8

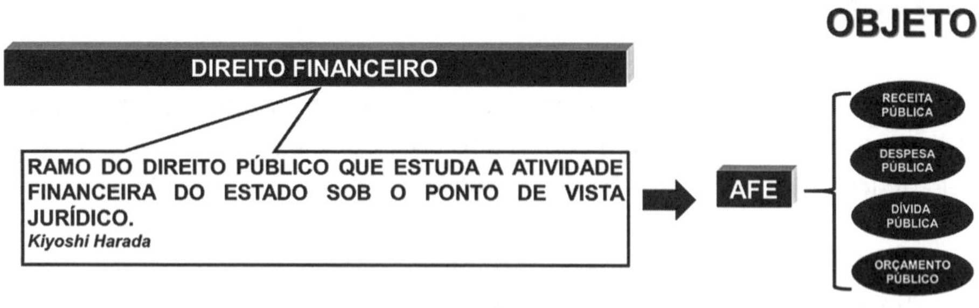

1.4. DIREITO FINANCEIRO X DIREITO TRIBUTÁRIO

O Direito Financeiro é o ramo do Direito Público responsável pela normatização da AFE e abrange as receitas públicas, despesas públicas, créditos públicos e o orçamento público. Já o Direito Tributário tem por objeto específico a disciplina jurídica de uma das origens da receita pública: o tributo.

As normas básicas referentes ao Direito Financeiro e ao Tributário encontram-se na CF; na Lei nº 4.320, de 17 de março de 1964; na Lei nº 5.172, de 25 de outubro de 1966 – CTN; na Lei Complementar nº 101, de 4 de maio de 2000 – LRF; e no Decreto nº 93.872, de 24 de dezembro de 1986.

Qualquer que seja o conceito do Direito Financeiro, sempre observaremos o seguinte núcleo: normas jurídicas de direito positivo que regulam a atividade financeira do Estado. Kiyoshi Harada afirma que: "o direito financeiro é o ramo do Direito Público, que estuda a atividade financeira do Estado sob o ponto de vista jurídico".

Atenção! As questões costumam criar uma dependência entre o Direito Financeiro e o Direito Tributário. Exemplo: Um tributo só poderá ser arrecadado se houver previsão legal na Lei Orçamentária Anual (LOA). **Errado!** No Brasil, não se exige prévia autorização orçamentária para que possa ser cobrado um tributo em um exercício.

1.5. EXERCÍCIO FINANCEIRO

A Lei nº 4.320/64 definiu o exercício financeiro como período de tempo que necessariamente coincidirá com o ano civil, ou seja, sempre começará no dia 1º de janeiro e terminará no dia 31 de dezembro.

Lei nº 4.320/64
Art. 34. O exercício financeiro coincidirá com o ano civil.

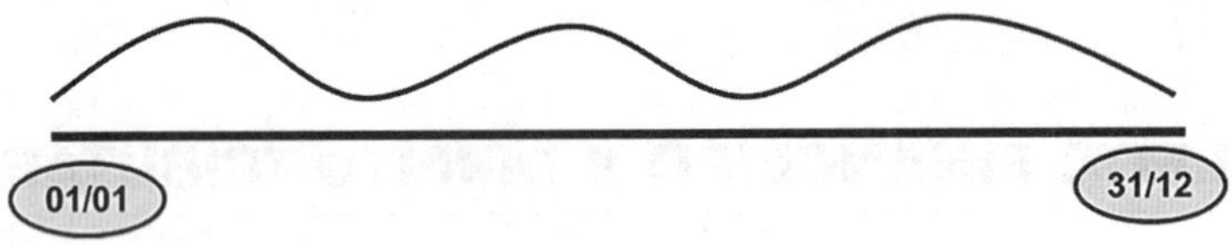

1.6. SESSÃO LEGISLATIVA

Corresponde ao período de trabalho parlamentar durante o ano. Divide-se em: sessão legislativa ordinária e extraordinária. A sessão legislativa ordinária inicia-se em 2 de fevereiro e encerra-se em 22 de dezembro, com recesso parlamentar de 18 a 31 de julho. No entanto, a sessão não será interrompida enquanto não for aprovado o Projeto de Lei de Diretrizes Orçamentárias pelo Congresso Nacional. A sessão legislativa extraordinária somente ocorre quando houver convocação extraordinária do Congresso Nacional e somente para deliberar sobre matéria objeto da convocação

CF/88
Art. 57. O Congresso Nacional reunir-se-á, anualmente, na Capital Federal, de 2 de fevereiro a 17 de julho e de 1º de agosto a 22 de dezembro.
§ 2º. A sessão legislativa não será interrompida sem a aprovação do projeto de lei de diretrizes orçamentárias.

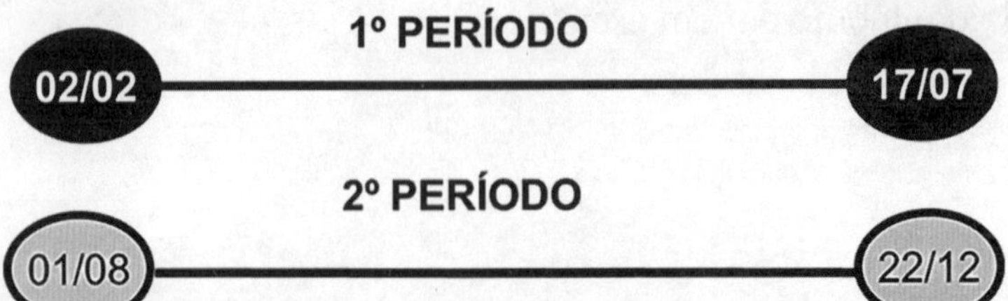

1.7. COMPETÊNCIA LEGISLATIVA

Q quem compete criar normas sobre o Direito Financeiro e o Orçamento Público? Essa será a cobrança da banca.

Em matéria de competência legislativa, cresce de importância a questão da hierarquia das normas gerais. Mas, o que são normas gerais? As normas gerais representam a regra do jogo orçamentário e não podem chegar ao ponto de exaurir o tema normado. O caput do art. 24 e os incisos I e II atribuíram competência concorrente a União, aos Estados e ao Distrito federal para legislar sobre o Direito Financeiro e Orçamento. O § 1º do artigo 24 preceitua que a União limitar-se-á a estabelecer normas gerais. Essas leis não excluem a competência suplementar dos Estados (§ 2º do artigo 24). Inexistindo lei federal sobre normas gerais, os Estados exercerão competência legislativa plena para atender suas peculiaridades (§ 3º do artigo 24). A superveniência de lei federal sobre normas gerais suspende a eficácia da lei estadual no que lhe for contrário (§ 4º do artigo 24).

CF/88
Art. 24. Compete à União, aos Estados e ao Distrito Federal legislar concorrentemente sobre:
I – direito tributário, financeiro, penitenciário, econômico e urbanístico;
II – orçamento;
§ 1º. No âmbito da legislação concorrente, a competência da União limitar-se-á a estabelecer normas gerais.
§ 2º. A competência da União para legislar sobre normas gerais não exclui a competência suplementar dos Estados.
§ 3º. Inexistindo lei federal sobre normas gerais, os Estados exercerão a competência legislativa plena, para atender a suas peculiaridades.
§ 4º.A superveniência de lei federal sobre normas gerais suspende a eficácia da lei estadual, no que lhe for contrário.

Quadro explicativo

DISPOSITIVO	TEXTO LEGAL	DESCOMPLICANDO
Art. 24	Compete à União, aos Estados e ao Distrito Federal legislar concorrentemente sobre:...	Competência concorrente *apenas entre a União, Estados e Distrito Federal.
Inciso I	direito tributário, financeiro, penitenciário, econômico e urbanístico;	Associe o termo concorrente ao Direito Financeiro e Orçamento.
Inciso II	Orçamento;	

DISPOSITIVO	TEXTO LEGAL	DESCOMPLICANDO
§ 1º	No âmbito da legislação concorrente, a competência da União limitar-se-á a estabelecer normas gerais.	Geralmente as bancas trocam normas gerais por individuais.
§ 2º	A competência da União para legislar sobre normas gerais não exclui a competência suplementar dos Estados.	As bancas excluem o "não" ficando, de forma incorreta, assim: A competência da União para legislar sobre normas gerais exclui a competência suplementar dos Estados.
§ 3º	Inexistindo lei federal sobre normas gerais, os Estados exercerão a competência legislativa plena, para atender a suas peculiaridades.	Os Estados exercerão a competência legislativa plena apenas na hipótese de inexistir normas gerais federais sobre a matéria.
§ 4º	A superveniência de lei federal sobre normas gerais suspende a eficácia da lei estadual, no que lhe for contrário.	Cuidado, pois as bancas trocam suspenção da eficácia por revogará. Fiquem atentos também, pois, não se trata de todo o projeto, mas apenas da parte que estiver contrariando a norma federal superveniente.

➘ E como ficam os Municípios diante da competência concorrente?

O <u>CESPE</u> estende aos Municípios a competência concorrente por conta do art. 30, II da CF/88:

> **Art. 30.** Compete aos Municípios:
> II – suplementar a legislação federal e a estadual no que couber;

<u>Para as outras bancas</u> o caput do art. 24 da CF/88 atribuiu apenas a União, aos Estados e ao Distrito Federal a competência concorrente para legislar sobre o Direito Financeiro. Os Municípios podem legislar sobre o Direito Financeiro, mas não de forma concorrente.

◆ É um ponto que você terá que tomar bastante cuidado para não perder a questão.

1.8. COMPETÊNCIA EM MATÉRIA ORÇAMENTÁRIA

De quem é a responsabilidade de iniciar o processo orçamentário? Essa será a cobrança da banca. A Constituição Federal/88 estabelece que compete *privativamente* ao Presidente da República encaminhar os projetos de lei de orçamento (Plano Plurianual, Lei de Diretrizes Orçamentárias e Lei Orçamentária Anual) ao Congresso Nacional. O artigo 165 reforça a regra:

> **CF/88**
> **Art. 84.** Compete privativamente ao Presidente da República:
> XXIII – enviar ao Congresso Nacional o plano plurianual, o projeto de lei de diretrizes orçamentárias e as propostas de orçamento previstos nesta Constituição;
>
> **Art. 165.** Leis de iniciativa do Poder Executivo estabelecerão:
> I – o plano plurianual;
> II – as diretrizes orçamentárias;
> III – os orçamentos anuais.

Atenção! Apesar de o comando constitucional mencionar competência privativa, existe entendimento do Supremo Tribunal Federal que essa competência é *exclusiva e vinculada*. Ou seja, compete somente ao Presidente da República encaminhar os projetos de lei de orçamento e ainda dentro dos prazos estabelecidos na CF ao Poder Legislativo. Portanto, o que acontecerá caso um Deputado ou Senador venha a tomar essa iniciativa? Resposta: O projeto será declarado inconstitucional quanto à forma.

1.9. COMPETÊNCIA CONCORRENTE X COMPETÊNCIA PRIVATIVA

Você deverá ficar atento à correta correspondência entre as competências acima citadas, pois a CF fixa a competência concorrente para União, Estados e DF para legislar sobre Direito Financeiro e Orçamento (art. 24, I e II) e atribui competência privativa à União para legislar sobre Orçamento (at. 84, XXII). Utilize o quadro abaixo para responder as questões.

Competência	Matéria	Responsabilidade	Fundamentação legal
Concorrente	Direito Financeiro e Orçamento	União, Estados e DF	Art. 24, I e II
Privativa	Orçamento	União	Art. 84, XXIII

➘ Saiba que:

1. O artigo 24 da CF/88 trata da competência para normatizar o Direito Financeiro e o Orçamento Público.
2. O artigo 84, XXIII da CF/88 trata da competência para iniciar o processo orçamentário.

➘ **Texto para aplicação**

A CF atribui competência privativa à União para legislar sobre direito financeiro e fixa a competência concorrente da União, dos Estados e do DF para legislar sobre orçamento.

➘ **Utilizando a tabela, temos:**

a) 1° fragmento: *"A CF atribui competência **privativa** à União para legislar sobre direito financeiro".* **Errado**, essa competência é para legislar sobre orçamento.

b) 2° fragmento: *"e fixa a competência **concorrente** da União, dos estados e do DF para legislar sobre orçamento."* **Certo,** concorrente para legislar sobre o Direito Financeiro e Orçamento.

1.10. QUESTÕES DE CONCURSOS

1. **(FCC)** Nas entidades de direito público, o exercício financeiro vai de

a) 1° de janeiro a 31 de dezembro, com período adicional de 30 dias para liquidação de empenhos.

b) 2 de janeiro a 31 de dezembro.

c) 1° de janeiro a 31 de dezembro.

d) 1° de janeiro a 31 de dezembro, com período adicional de 60 dias para liquidação de empenhos.

e) 1° de janeiro a 30 de novembro.

2. (FCC) Estabelece a CF que, no âmbito da legislação concorrente, a competência da União limitar-se-á a estabelecer normas gerais e, inexistindo lei federal sobre as normas gerais, os Estados exercerão a competência plena, para atender as suas peculiaridades. Vindo lei federal sobre normas gerais de caráter orçamentário, fica revogada a lei estadual da mesma natureza?

a) Apenas no que lhe for contrário.

b) Apenas na parte suplementar.

c) Co-existirá com lei estadual, no que não lhe for contrário.

d) Suspenderá a eficácia da lei estadual, no que lhe for contrário.

e) Aplicar-se-á a lei federal apenas aos órgãos federais.

3. **(FCC)** A Lei n° 4.320/64 estabelece as normas gerais de Direito Financeiro para elaboração e controle dos orçamentos e balanços da União, dos Estados, dos Municípios e do Distrito Federal. São normas gerais:

a) diretrizes, vetores para outras normas;

b) normas federais;

c) normas aplicáveis somente à União;

d) normas de planejamento;

e) normas de controle orçamentário.

4. (FCC) **No âmbito da legislação concorrente, a Constituição Federal determina que a competência**

a) da União limitar-se-á a estabelecer normas individuais.

b) da União para legislar sobre normas gerais exclui a competência suplementar dos Estados.

c) dos Estados para legislar sobre normas gerais exclui a competência concorrente da União.

d) da União limitar-se-á a estabelecer normas gerais.

e) da União limitar-se-á a estabelecer normas individuais e exclui a competência suplementar dos Estados.

5. (FCC) **A contabilidade pública brasileira é regida, de forma complementar à Constituição Federal, pela Lei nº 4.320/64. Acerca dessa Lei, é correto afirmar que ela estatui normas:**

a) gerais de Direito Financeiro para elaboração e controle dos orçamentos e balanços apenas da União;

b) especificas de Direito Financeiro para elaboração e controle dos orçamentos e balanços apenas dos Estados e Municípios;

c) gerais de Direito Financeiro para elaboração e controle dos orçamentos e balanços da União, dos Estados, dos Municípios e do Distrito Federal;

d) específicas de Direito Financeiro para elaboração e controle dos orçamentos e balanços da União e normas gerais de Direito Financeiro para os Estados, os Municípios e o Distrito Federal;

e) específicas de Direito Financeiro para elaboração e controle dos orçamentos e balanços apenas da União.

6. (CESPE) **O direito financeiro cuida**

a) da despesa feita pela administração pública, sendo que a receita arrecadada fica a cargo do direito tributário.

b) da receita, da despesa e do orçamento público e privado.

c) de regulamentar a instituição de tributos.

d) do orçamento, do crédito, da receita e da despesa no âmbito da administração pública.

e) tão-somente da receita e da despesa públicas.

7. **(CESPE)** O sistema orçamentário brasileiro perpassa por três fases distintas: a estratégica, que se traduz em escolhas que visam a melhorias no plano econômico-social; os planos de médio prazo, em geral setoriais e regionais, que expressam o detalhamento das estratégias; e os planos operativos anuais que consubstanciam os dois primeiros ao incorporar as necessidades financeiras, materiais e humanas das diversas metas, distribuídas em cronogramas devidamente aprovados.

8. **(CESPE)** Suponha que o estado X tenha editado norma ordinária acerca de matéria de direito financeiro, e que, logo após, tenha sido editada lei complementar federal contrária ao disposto na lei estadual. Nessa situação, a eficácia da lei estadual será suspensa no momento em que passar a viger a norma federal.

9. **(CESPE)** Ao tratar da competência concorrente para legislar sobre orçamento, a CF não se referiu aos municípios, estando a doutrina majoritária posicionada no sentido de que o constituinte silenciou-se, razão pela qual os municípios não podem reivindicar tal competência.

10. **(CESPE)** A Lei nº 4.320/1964, é uma lei ordinária e não foi recepcionada pela CF com status de lei complementar, podendo, hoje, ser alterada por lei dessa estatura.

11. **(CESPE/2016 – DPU)** Para efeitos da LOA, o exercício financeiro tem início com a aprovação da lei, não coincidindo este com o ano civil.

12. **(CESPE/2016 – DPU)** As diretrizes orçamentárias são estabelecidas por leis de iniciativa do Poder Executivo.

13. **(CESPE/2016 – TCE PA)** A lei de diretrizes orçamentárias (LDO) pode conter dispositivos que instituam, suprimam, reduzam ou ampliem alíquotas de tributos.

14. **(CESPE/2016 – TCE PA)** A Constituição Federal de 1988 atribuiu ao Poder Executivo a competência para a elaboração da proposta orçamentária e ao Poder Legislativo a competência para a sua aprovação.

GABARITO

1	C	6	D	11	F
2	D	7	F	12	V
3	A	8	F	13	F
4	D	9	F	14	V
5	C	10	F		

*Assista à correção de algumas questões, deste capítulo, posicionando aqui o leitor do **QR Code**.*

https://editoraj.us/AFO01

Capítulo 2.
Orçamento na Constituição Federal de 1988.
Plano Plurianual. Lei de Diretrizes Orçamentárias. Lei Orçamentária Anual

2.1. SISTEMA ORÇAMENTÁRIO BRASILEIRO (SOB)

O sistema orçamentário brasileiro está definido nos arts. 165 a 169 da CF/88. A Carta Magna modificou radicalmente o SOB ao criar o Plano Plurianual (PPA) e a Lei de Diretrizes Orçamentárias (LDO). A Lei Orçamentária Anual (LOA) não foi criada em 1988, apenas ganhou uma *nova roupagem* que estudaremos mais adiante. Portanto, cuidado com as questões que venham afirmar que em 1988 a CF modificou o sistema orçamentário ao criar o PPA, a LDO e a LOA (a LOA **não**). A preocupação central dos Constituintes de 88, ao aprovar essas normas, foi vincular os processos de planejamento ao de orçamento (planejamento integrado).

Essas três leis – PPA, LDO e LOA – são estritamente ligadas entre si, de forma compatível e harmônica. A distribuição dessas leis orçamentárias segue um nível de planejamento orçamentário com o objetivo de apresentar à sociedade o plano político do governante. O PPA apresenta o planejamento estratégico, a LDO o tático e a LOA o operacional. Cada ente da federação deverá elaborar as suas próprias leis orçamentárias não havendo dependência entre as esferas de governo. Ou seja, o PPA de um Município não depende do PPA do Estado que por sua vez não depende do PPA da União.

Para descomplicar seu estudo pense assim:

O PPA mostra o que o governante quer fazer nos próximos 4 anos (**querer fazer**), a LDO o que ele poderá fazer no próximo ano (**poder fazer**) e a LOA o que será feito em um ano (**materialização das ações, colocar a mão na massa, fazer**).

Atenção! As leis orçamentárias são: ordinárias (aprovadas por maioria simples), temporárias (possuem vigência limitada) e especiais (possuem regras específicas).

Recomendo a leitura dos artigos 165 a 169 da CF/88.

➘ Estrutura

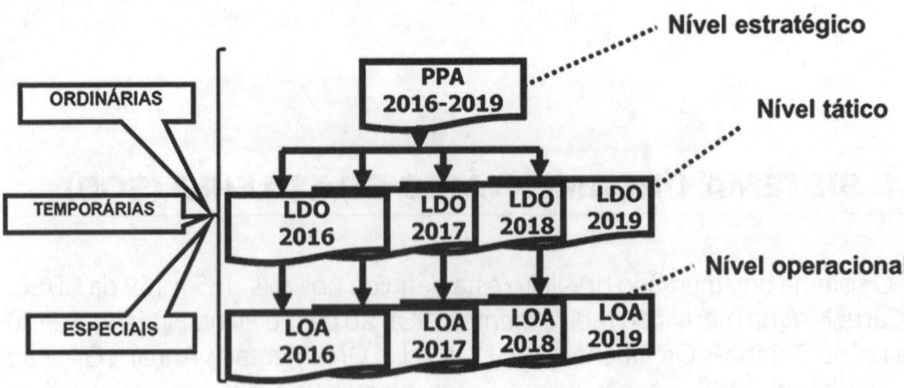

2.2. PLANO PLURIANUAL – PPA

O PPA é um instrumento de planejamento orçamentário estratégico de médio prazo (longo prazo também estará correto) que define diretrizes, objetivos e metas da administração pública federal para as despesas de capital e outras delas decorrentes e para as relativas aos programas de duração continuada, com o propósito de viabilizar a implementação e a gestão das políticas públicas. **Não esqueça: é o querer fazer do governante.**

O PPA atual (2016-2019) recebeu o seguinte slogan:

LEI Nº 13.249, DE 13 DE JANEIRO DE 2016.

2.2.1. PPA 2012 a 2015 X PPA 2016 a 2019

O PPA anterior (2012-2015) inaugurou um novo modelo de estrutura e conceitos para o Plano Plurianual, definindo os espaços de atuação do Plano e do Orçamento, o que permitiu elevar o Plano a um nível mais estratégico, com a criação dos Programas Temáticos que retratam a agenda de governo organizada pelos temas de políticas públicas. Além disso, possibilitou a qualificação da comunicação com a sociedade.

O PPA atual (2016-2019) mantém a estrutura do PPA 2012-2015 e incorpora correções relativas a questões identificadas durante a gestão do Plano vigente. Como, por exemplo, a aproximação entre a *Orientação Estratégica* e os *Programas Temáticos*, facilitando a compreensão de como a estratégia geral do governo se conecta com os objetivos e metas expostos na sua dimensão programática. Portanto, a grande mudança ocorreu com o reforço do caráter estratégico do plano.

2.2.2. Estrutura e metodologia do PPA 2016 a 2019

Segundo o Manual de orientações para elaboração do PPA 2016 a 2019, elaborado pelo Ministério de Planejamento Orçamento e Gestão – MPOG, o modelo atual foi fundamentado em uma leitura por temas de políticas públicas, buscou fortalecer o caráter estratégico do Plano, evitando sua identificação com uma visão de curto prazo, mais própria dos orçamentos.

O PPA apresenta as diretrizes, os objetivos e metas da administração pública para o período de quatro anos, identificando as prioridades do governo em linha com os planejamentos setoriais.

2.2.3. Principais mudanças

As mudanças concentraram-se em dois pontos.

O primeiro foi reforçar o caráter estratégico do Plano, estruturando-o em uma Dimensão Estratégica, contendo uma Visão de Futuro e um conjunto de Eixos e Diretrizes Estratégicas.

O **segundo ponto** teve como foco qualificar o conteúdo dos Programas Temáticos, que passam a expressar com maior clareza as escolhas estratégicas para cada área por meio de seus Objetivos e respectivas Metas, que por sua vez destacam de forma concisa as entregas mais relevantes e estruturantes para a implementação das políticas públicas.

Ainda segundo o Manual de orientações para elaboração do PPA 2016 a 2019:

É papel do Plano, além de declarar as escolhas do governo e da sociedade, indicar os meios para a implementação das políticas públicas, bem como orientar taticamente a ação do Estado para a consecução dos objetivos pretendidos. Nesse sentido, o Plano estrutura-se nas seguintes dimensões:

➲ **Dimensão Estratégica:** precede e orienta a elaboração dos Programas Temáticos. É composta por uma **Visão de Futuro**, **Eixos** e **Diretrizes Estratégicas**.

➲ **Dimensão Tática:** define caminhos exequíveis para as transformações da realidade que estão anunciadas nas Diretrizes Estratégicas, considerando as variáveis inerentes à política pública e reforçando a apropriação, pelo PPA, das principais agendas de governo e dos planos setoriais para os próximos quatro anos. A Dimensão Tática do PPA 2016-2019 é expressa nos *Programas Temáticos* e nos *Programas de Gestão, Manutenção e Serviços ao Estado.* Esta dimensão aborda as entregas de bens e serviços pelo Estado à sociedade.

➲ **Dimensão Operacional:** relaciona-se com a otimização na aplicação dos recursos disponíveis e a qualidade dos produtos entregues, sendo especialmente tratada no Orçamento.

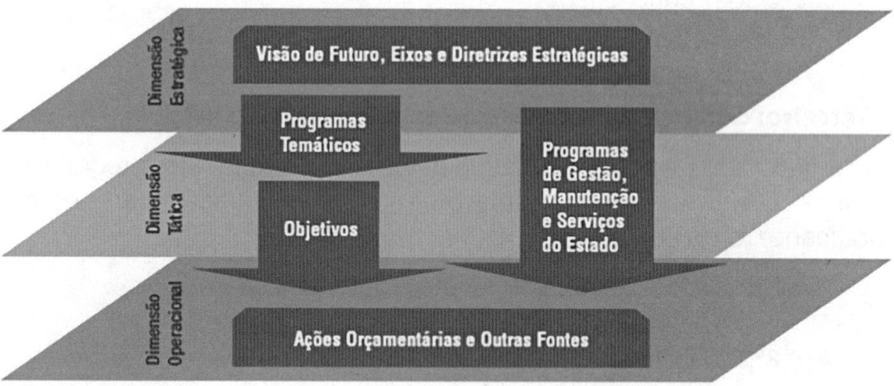

2.2.4. Programas do PPA e da LOA

➘ **Primeiro:** o que é um programa?

É um Instrumento de organização da ação governamental visando à concretização dos objetivos pretendidos, sendo mensurado por indicadores estabelecidos no plano plurianual. Os governantes (em qualquer esfera) para realizarem suas ações deverão organizá-las em programas.

Exemplos. Minha Casa Minha Vida, Universidade para Todos (Prouni), Esporte, Cidadania e Desenvolvimento, etc.

➘ **Segundo**: quais os tipos de programas que são utilizados atualmente?

As políticas públicas e a atuação governamental são orientadas através dos seguintes programas:

➲ Programa Temático: organizado por recortes selecionados de políticas públicas, expressa e orienta a ação governamental para a entrega de bens e serviços à sociedade; e

➲ Programa de Gestão, Manutenção e Serviços ao Estado: expressa e orienta as ações destinadas ao apoio, à gestão e à manutenção da atuação governamental.

Dica:

- A execução do programa temático resultará em um produto ofertado à sociedade.
- O programa de gestão manutenção e serviços ao Estado ofertará um produto ao próprio Estado.

➘ **Terceiro:** Como se dá a integração entre o PPA e a LOA?

O artigo 1º do Decreto nº 2.829/98 determina a inclusão dos programas no PPA e na LOA. Essa exigência começou a ser implementada a partir do exercício financeiro de 2000.

O artigo 8º do PPA 2016-2019 repete a determinação:

> **Art. 8º.** Os Programas constantes do PPA 2016-2019 estarão expressos nas leis orçamentárias anuais e nas leis de crédito adicional.

Importante destacar também que a conexão Plano-Orçamento no PPA 2012-2015 materializou-se na ligação entre as Iniciativas e as Ações Orçamentárias. Para o PPA 2016-2019, essa conexão se dará por meio da ligação entre Objetivos e Ações Orçamentárias.

Portanto, os Programas aparecem no PPA e na LOA. Mas, como diferenciá-los? Não esqueça que o PPA é estratégico e a LOA operacional.

É o seguinte, os Programas do PPA estão organizados em **O**bjetivos que, por sua vez, são detalhados em **M**etas e **I**niciativas (**O...M...I**). Já os programas da LOA estão organizados em **O**bjetivos, **M**etas e **A**ções (**O...M...A).**

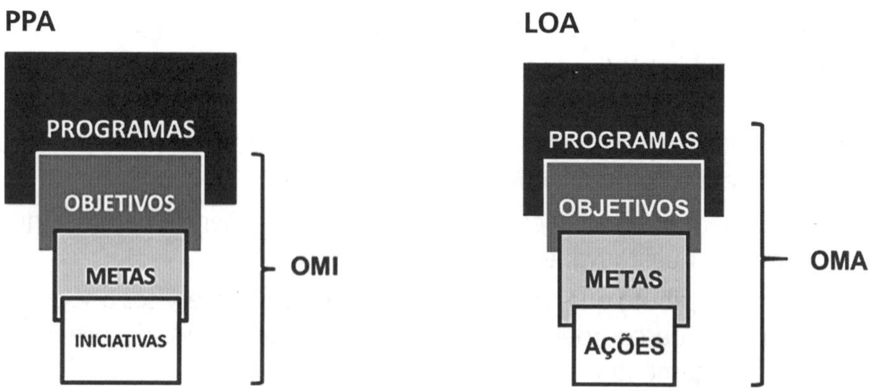

➘ **Não esqueça:** Os Programas constantes do PPA 2016-2019 estarão expressos nas leis orçamentárias anuais e nas leis de crédito adicional da seguinte forma:

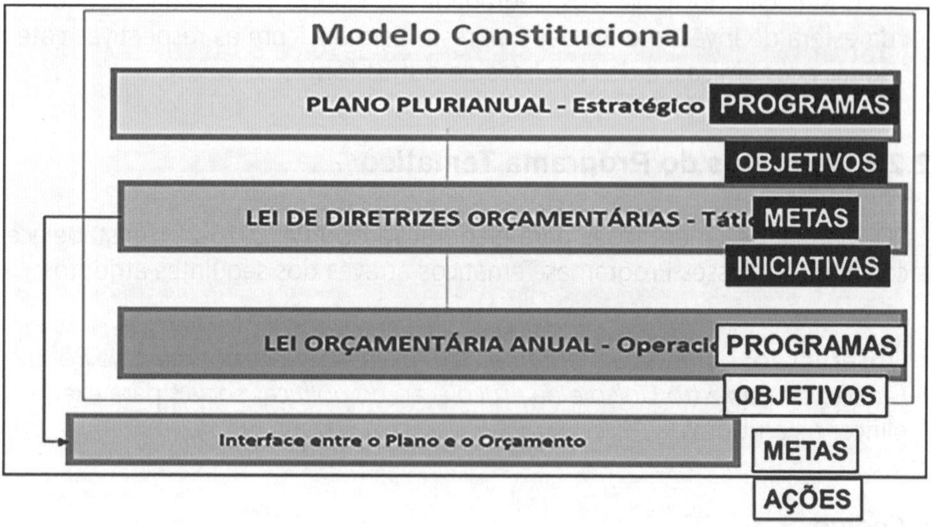

- **Programas do PPA: OMI**
- **Programas da LOA: OMA**

2.2.5. Composição do Programa Temático

O PPA 2016-2019 detalhou em seu artigo 6º a composição do Programa Temático em Objetivos, Indicadores, Valor Global e Valor de Referência.

a) O **Objetivo** expressa o que deve ser feito, reflete as situações a serem alteradas pela implementação de um conjunto de Iniciativas e tem como atributos:

- Órgão Responsável: órgão cujas atribuições mais contribuem para a implementação do Objetivo;
- Meta: medida do alcance do Objetivo, podendo ser de natureza quantitativa ou qualitativa; e
- Iniciativa: atributo que declara as entregas de bens e serviços à sociedade, resultantes da coordenação de ações governamentais, decorrentes ou não do orçamento.

b) O **Indicador** é uma referência que permite identificar e aferir, periodicamente, aspectos relacionados a um Programa, auxiliando o seu monitoramento e avaliação e serão estabelecidos no PPA.

c) O **Valor Global** é uma estimativa dos recursos orçamentários, necessários à consecução dos Objetivos, segregadas as esferas Fiscal e da Seguridade da esfera de Investimento das Empresas Estatais, com as respectivas categorias econômicas, e dos recursos de outras fontes.

2.2.6. Atributos do Programa Temático

O Manual de Orientações para elaboração do PPA 2016-2019 estabelece a constituição desses Programas Temáticos através dos seguintes atributos:

> **Observação:** Utilizarei o *Programa 2019 Inclusão social por meio do Bolsa Família, do Cadastro Único e da articulação de políticas sociais* para exemplificar os atributos.

I. Código

Convenção adotada para organização e representação do programa. O mesmo código é utilizado no PPA e no Orçamento Federal.

Exemplo: Programa: **2019** – Inclusão social por meio do Bolsa Família, do Cadastro Único e da articulação de políticas sociais.

II. Título

Expressa o tema a ser tratado. Portanto, sua conformação deve levar em conta um campo construído a partir de uma racionalidade pela qual o governo, a sociedade, a academia e outros atores relevantes reconheçam como uma área de atuação pública.

Exemplo: Programa: 2019 – Inclusão social por meio do Bolsa Família, do Cadastro Único e da articulação de políticas sociais.

III. Contextualização

Texto produzido no momento da elaboração do Programa Temático, a contextualização descreve sucintamente a política e expõe o porquê dos objetivos terem sido escolhidos, como eles se relacionam entre si e como se pretende alterar a realidade a partir da atuação do Governo Federal em torno deles.

IV. Indicadores

Conjunto de parâmetros que permite acompanhar a evolução de um programa. Cada indicador permite identificar, mensurar e comunicar, de forma simples, a evolução de determinado aspecto da intervenção proposta pelo programa. Nessa linha, devem buscar dialogar com o conjunto dos Objetivos propostos. Os indicadores serão mensurados **apenas** nos programas do PPA.

Exemplo:

INDICADORES	UNIDADE DE MEDIDA	REFERÊNCIA	
		Data	Índice
Taxa de acompanhamento das condicionalidades de educação	%	31/12/2014	91,67
Taxa de acompanhamento das condicionalidades de saúde das crianças	%	31/12/2014	74,02
Taxa de Atualização Cadastral	%	01/07/2015	72,90

V. Valor Global

Indica uma estimativa dos recursos disponíveis durante o período do PPA para a consecução dos Objetivos relacionados ao Programa. O PPA indicará o valor para o ano de 2016 e o consolidado para o período restante (2017 a 2019).

Exemplo:

ESFERA	VALOR 2016 (mil R$)	VALOR 2017-2019 (mil R$)
Orçamentos Fiscal e da Seguridade Social	**28.789.145**	**94.376.320**
Despesas Correntes	28.784.372	94.360.673
Despesas de Capital	4.773	15.647
Valores Globais	28.789.145	94.376.320
	123.165.465	

VI. Valor de Referência para a caracterização de iniciativas como empreendimentos individualizados

Valores estipulados por Programa Temático e a partir dos quais os projetos deverão ser individualizados como empreendimentos e representados como uma iniciativa, que não poderá representar mais de um empreendimento. Esses valores serão definidos pelo Ministério do Planejamento em conjunto com os ministérios afetos ao Programa Temático e devem permitir:

- Identificar os empreendimentos de maior relevância para cada Programa Temático;
- Contribuir para o monitoramento, avaliação e gestão do Plano.

Exemplo:

Valor de Referência para Individualização de Empreendimentos como Iniciativas (mil R$)	
Orçamentos Fiscal e da Seguridade Social	50.000

VII. Objetivo

O objetivo deve expressar as escolhas de políticas públicas para a transformação de determinada realidade, orientando taticamente a atuação do governo para o que deve ser feito frente aos desafios, demandas e oportunidades impostos para o desenvolvimento do País e para a melhoria da qualidade de vida da população.

O *Objetivo* deve ser escrito de forma clara e direta a fim de facilitar sua comunicação e não deve ser apenas o enunciado de uma intenção, considerando que é o conjunto de *Objetivos* de um Programa Temático que revela a estratégia do governo em determinada política pública.

É, também, o primeiro nível de responsabilização do Plano, uma vez que é identificado um órgão responsável para cada *Objetivo*, ou seja é vedado atribuí-la a mias de um órgão.

No PPA 2016-2019, o *Objetivo* passa a ser também o elemento de ligação do Programa Temático com as suas fontes de financiamento: ações orçamentárias e financiamentos extraorçamentários. No PPA 2012-2015 essa ligação ocorria por meio das iniciativas, porém após a revisão das ações orçamentárias em 2012 e 2013, que criou mecanismos que contribuíram para a redução da fragmentação do orçamento, as ações passaram a possuir maior relação com a concretização dos Objetivos do Plano, viabilizando suas metas, e não com as entregas que as iniciativas representavam no PPA 2012-2015.

Exemplos:

Objetivo: 0619 – Reduzir a pobreza por meio da transferência direta de renda.

Objetivo: 0374 – Reforçar e qualificar o acesso com equidade das famílias beneficiárias do Programa Bolsa Família aos direitos sociais básicos por meio de articulação com políticas sociais, prioritariamente nas áreas de Saúde, Educação e Assistência Social.

Observação: A um Programa poderá estar associado mais de um objetivo.

V. Meta

As metas expressam a medida de alcance do Objetivo, podendo ser de natureza qualitativa ou quantitativa.

Um mesmo Objetivo pode apresentar mais de uma meta em função da relevância destas para o seu alcance, desde que sejam exequíveis e monitoráveis no período do Plano e, sempre que possível, acompanhadas de regionalização.

A meta é o elemento do Programa que permite verificar a evolução do Objetivo durante os quatro anos de implementação do PPA, motivo pelo qual deve representar o que há de mais estruturante em determinada política.

Exemplo:

Metas 2016 a 2019		
03U4 – Transferir renda às famílias em situação de pobreza que atendam aos critérios de elegibilidade, conforme as estimativas de atendimento do Programa Bolsa Família		
Órgão responsável: Ministério do Desenvolvimento Social e Combate à Fome		
Regionalização da Meta	**Total**	**Unidade**
Região Centro-Oeste	100,00	Percentual
Região Nordeste	100,00	Percentual
Região Norte	100,00	Percentual
Região Sudeste	100,00	Percentual
Região Sul	100,00	Percentual

Observação: No PPA 2016 – 2019 as metas passam a ter um Órgão Superior responsável que pode ser diferente do Órgão responsável pelo Objetivo ao qual ela pertence.

VI. Iniciativa

A Iniciativa é o atributo do Programa que declara os meios que viabilizam os Objetivos e suas metas, explicitando o "como fazer" ou as entregas de bens e serviços resultantes da atuação do Estado ou os arranjos de gestão (medidas normativas e institucionais), a pactuação entre entes federados, entre Estado e sociedade ou a integração de políticas públicas, necessários ao alcance dos objetivos.

Exemplos:

05TP – Aperfeiçoamento do desenho do Programa Bolsa Família para aumentar o impacto na diminuição da pobreza.

05UC – Fortalecimento dos mecanismos de cruzamento de bases de dados do Censo Escolar, Sistema Presença e Cadastro Único para identificação das escolas de beneficiários não localizados no acompanhamento da frequência escolar.

Observação: A um Programa poderá estar associado mais de uma iniciativa.

2.2.7. Atributos do Programa de Gestão Manutenção e Serviços ao Estado

Os Programas de Gestão, Manutenção e Serviços ao Estado são instrumentos do Plano que classificam um conjunto de ações destinadas ao apoio, à gestão e à manutenção da atuação governamental.

Com o intuito de subsidiar a alocação orçamentária, o PPA estimará o valor dos Programas de Gestão, Manutenção e Serviços ao Estado para o período 2016–2019. Contudo, a exemplo dos Programas Temáticos, as ações relacionadas serão detalhadas somente na Lei Orçamentária (LOA). Cada órgão terá um programa dessa natureza. Exemplos: Programa de Gestão e Manutenção da Saúde, da Educação, das Comunicações, entre outros.

Assim como o Programa Temático, o Programa de Gestão, Manutenção e Serviços ao Estado somente será incluído, excluído e modificado por lei de alteração do PPA.

Ressalta-se que esses programas não possuem Objetivos, Metas e Iniciativas. Para efeito de cadastro no Plano, eles possuirão os atributos apresentados a seguir:

- Código
- Título
- Valor Global

2.2.8. Recursos por tipo de programa

Do total de recursos previstos no PPA, 84% estão vinculados aos Programas Temáticos e 16% aos Programas de Gestão, Manutenção e Serviços ao Estado.

GRÁFICO 6: PPA 2016-2019, PREVISÃO DE RECURSOS POR TIPO DE PROGRAMA (R$ BILHÕES)

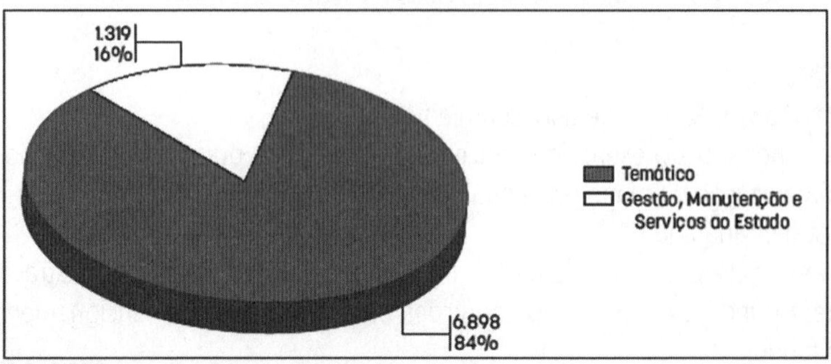

Fonte: SIOP/MP.
Elaboração: Ministério do Planejamento, Orçamento e Gestão.

2.2.9. Eixos estratégicos

A Mensagem Presidencial que encaminhou o Projeto de Lei do PPA 2016-2019 reforçou o compromisso pela promoção do desenvolvimento econômico e social, com redução da desigualdade e criação de amplas oportunidades, traduzido **em quatro Eixos**

Estratégicos:

1º) Educação de qualidade como caminho para a cidadania e o desenvolvimento social e econômico;

2º) Inclusão social e redução de desigualdades, com melhor distribuição das oportunidades e do acesso a bens e serviços públicos de qualidade;

3º) Ampliação da produtividade e da competitividade da economia, com fundamentos macroeconômicos sólidos, sustentabilidade e ênfase nos investimentos públicos e privados, especialmente em infraestrutura;

4º) Fortalecimento das instituições públicas, com participação e controle social, transparência e qualidade na gestão.

2.2.10. Vigência e Prazos

Atualmente a vigência e os prazos do PPA estão definidos no art. 35, § 2º, I do Ato das Disposições Constitucionais Transitórias (ADCT). Portanto, em caráter <u>temporário</u>. Caberá a uma Lei Complementar Federal regular de forma permanente (CF/88 Art. 165 § 9º, I e II).

> **ADCT**
> **Art. 35. § 2º** – Até a entrada em vigor da lei complementar a que se refere o art. 165, § 9º, I e II, serão obedecidas as seguintes normas:
>
> **CF/88**
> **Art. 165, § 9º** – Cabe à lei complementar:
> I – dispor sobre o exercício financeiro, a vigência, os prazos, a elaboração e a organização do plano plurianual, da lei de diretrizes orçamentárias e da lei orçamentária anual;
> II – estabelecer normas de gestão financeira e patrimonial da administração direta e indireta, bem como condições para a instituição e funcionamento de fundos.

Enquanto não for editada a Lei Complementar Federal (Art. 165 § 9º, I e II) valerá o que está definido no ADCT (prazos e vigências), na Lei nº 4.320/64, na Lei de Responsabilidade Fiscal e na Lei de Diretrizes Orçamentárias que atualmente suprem essa lacuna de regras orçamentárias. Cuidado com as seguintes afirmações **incorretas:**

- Atualmente a CF/88 regula de forma *permanente* os prazos e vigência do PPA.
- Caberá a uma lei *ordinária* dispor sobre prazos e vigência do PPA.

2.2.11. Vigência

CF/88

Art. 35 § 2º; ADCT:

I – O projeto do plano plurianual, para vigência até o final do primeiro exercício financeiro do mandato presidencial subseqüente, será encaminhado até quatro meses antes do encerramento do primeiro exercício financeiro e devolvido para sanção até o encerramento da sessão legislativa;

Atenção!

- Alterando o mandato do governante a vigência do PPA também será alterada? **Sim**, observe essa passagem: "...*para vigência até o final do primeiro exercício financeiro do mandato presidencial subseqüente,...*"
- No primeiro ano de mandado do governante ele executará o primeiro ano do seu PPA? **Não**, no primeiro ano de mandato de qualquer governante ele deverá executar o último ano do PPA deixado pelo seu antecessor, embora não esteja impedido de propor alterações.

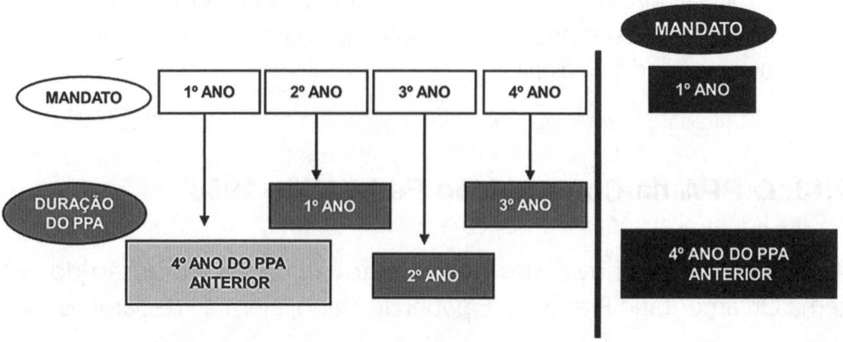

2.2.12. Prazos

CF/88
Art. 35 § 2º; ADCT:
I – O projeto do plano plurianual, para vigência até o final do primeiro exercício financeiro do mandato presidencial subseqüente, será encaminhado até quatro meses antes do encerramento do primeiro exercício financeiro e devolvido para sanção até o encerramento da sessão legislativa;

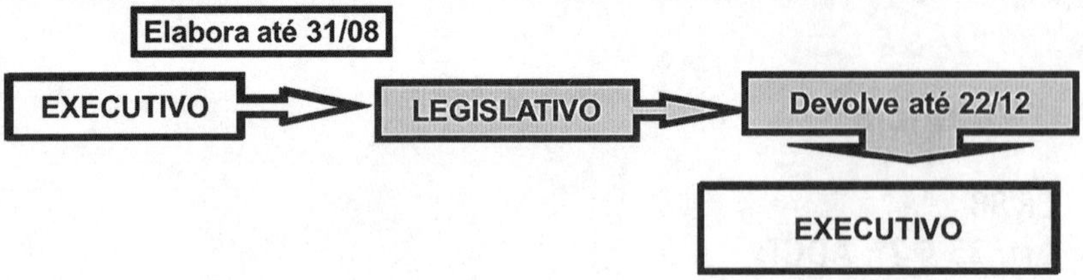

Outras matérias que deverão ser tratadas por Lei Complementar Federal

CF/88
Art. 163. Lei complementar disporá sobre:
I – finanças públicas;
II – dívida pública externa e interna, incluída a das autarquias, fundações e demais entidades controladas pelo Poder Público;
III – concessão de garantias pelas entidades públicas;
IV – emissão e resgate de títulos da dívida pública;
V – fiscalização financeira da administração pública direta e indireta;
VI – operações de câmbio realizadas por órgãos e entidades da União, dos Estados, do Distrito Federal e dos Municípios;
VII – compatibilização das funções das instituições oficiais de crédito da União, resguardadas as características e condições operacionais plenas das voltadas ao desenvolvimento regional.

2.2.13. O PPA na Constituição Federal de 1988

Uma das grandes novidades da CF/88 foi à criação e inclusão do PPA no Sistema Orçamentário Brasileiro. É papel do Plano, além de declarar as escolhas do governo e da sociedade, indicar os meios para a implementação das políticas públicas, bem como orientar estrategicamente a ação do Estado para a consecução dos objetivos pretendidos.

O PPA veio substituir o antigo Orçamento Plurianual de Investimentos que abrangia apenas três exercícios. O PPA apresenta, além do valor das despesas de capital, também as metas físicas a serem atingidas bem como lista as despesas de duração continuada, condicionando toda a programação do orçamento ao planejamento de longo prazo.

2.2.14. CF/88 – Art. 165 § 1°

> "A lei que instituir o plano plurianual estabelecerá, de forma regionalizada, as diretrizes, objetivos e metas da administração pública federal para as despesas de capital e outras delas decorrentes e para as relativas aos programas de duração continuada."

Quadro explicativo

PONTO	FRAGMENTO	DESCOMPLICANDO
1	A lei que instituir o plano plurianual...	O PPA é uma lei ordinária, ou seja, para ser aprovada necessita apenas de maioria simples e o seu projeto deverá ser enviado pelo Chefe do Poder Executivo ao Legislativo. Essa competência é PRIVATIVA e não se admite delegação (posicionamento do STF).
2	estabelecerá de forma regionalizada...	Observe a explicação ao final da tabela: **Explicação 1.**
3	as diretrizes, objetivos e metas da administração pública federal...	Lembrem-se: diretrizes, objetivos, metas (DOM) aparecerão apenas no PPA. Esse ponto será detalhado ao final da tabela já que vem sendo cobrado bastante em provas de concursos. **Explicação 2.**
4	para as despesas de capital e outras delas decorrentes...	Encontraremos no PPA as despesas de Capital, que são aquelas que têm como objetivo incrementar o patrimônio, e também as despesas decorrentes dessas novas imobilizações. Digamos que um governante quer construir uma escola. Ele deverá planejar no PPA as despesas de capital necessárias a essa construção e também os gastos que decorrerão desse novo patrimônio (água, luz, telefone, pessoal, etc.). As bancas, na tentativa de lhe induzir ao erro, afirmam que apenas as despesas de capital estarão contempladas no PPA.

PONTO	FRAGMENTO	DESCOMPLICANDO
5	e para as relativas aos programas de duração continuada...	Programas de duração continuada é o conjunto de ações voltadas à solução ou minimização de problemas conjunturais ou específicos da sociedade cujo lapso temporal ultrapasse um exercício financeiro.

Explicação 1.

Encontram-se, na literatura orçamentária e financeira, indicações de alguns problemas relacionados com o funcionamento do modelo orçamentário acima descrito. Decorrem, em sua maioria, da inexistência da lei complementar mencionada no § 9° do art. 165 da CF.

Em relação ao PPA, a primeira questão que pode ser colocada neste contexto se refere ao entendimento da expressão "de forma regionalizada". Sua finalidade está ligada ao mandato constitucional de "redução das desigualdades regionais" (§ 7° do art. 165 da CF 88). Ou seja, sendo apresentado de forma regionalizada, o plano permitirá ser devidamente avaliado em relação àquele objetivo.

Mas que regiões seriam estas a que se refere a Constituição? Uma primeira indicação encontra-se no art. 35 do ADCT – CF 1988

> O disposto no art. 165, § 7º, será cumprido de forma progressiva, no prazo de até dez anos, distribuindo-se os recursos entre as regiões macroeconômicas em razão proporcional à população, a partir da situação verificada no biênio 1986-87.

Resta, entretanto, que as regiões estão definidas como sendo as macrorregiões adotadas pelo IBGE. Mas, de qualquer forma, cerca de 80% das ações propostas nos projetos orçamentários estão "regionalizadas" na classificação "nacional" – o que em nada ajuda para o cumprimento do preceito constitucional.

Além disso, é mister lembrar que o mandado constitucional exige que estados, municípios e o Distrito Federal também pratiquem o sistema de planejamento esboçado na Carta Magna. Nesse caso, quais seriam os parâmetros da regionalização a ser adotada?

Fonte: http://www2.camara.leg.br/orcamento-da-uniao/cidadao/entenda/cursopo/planejamento.html

Agora observe como já foi cobrado:

84. **(CESPE/2017 – TRT 7ª Região)** Nos termos do art. 165, § 2º, da Constituição Federal de 1988, a lei que instituir o plano plurianual (PPA) estabelecerá, de forma regionalizada, as diretrizes, os objetivos e as metas da administração pública federal para as despesas de capital e outras delas decorrentes e para as relativas aos programas de duração continuada. A partir dessas informações, julgue as asserções a seguir.

I. A regionalização a ser observada na elaboração do PPA deve respeitar a divisão tradicional do país em cinco regiões: Norte, Nordeste, Centro-Oeste, Sudeste e Sul.

◆ ***Errado. As regiões estão definidas como sendo as macrorregiões adotadas pelo IBGE.***

II. Lei complementar editada pela União dispõe sobre o exercício financeiro, a vigência, os prazos, a elaboração e a organização do plano plurianual.

◆ ***Errado. A iniciativa é do Poder Executivo conforme Art. 165 da CF/88:***

A respeito dessas asserções, assinale a opção correta.

a) As asserções I e II são falsas.

b) A asserção I é falsa, mas a II é verdadeira.

c) As asserções I e II são verdadeiras, e a II é uma justificativa correta da I.

d) As asserções I e II são verdadeiras, mas a II não é uma justificativa correta da I.

Gabarito: Letra "a".

Explicação 2.

Como prometido, explicarei com maiores detalhes o **ponto 3** da tabela: "... as diretrizes, objetivos e metas da administração pública federal..."

Diretrizes do PPA (Decore)

O PPA vigente trouxe em seu artigo 4º as diretrizes do governo para esse quadriênio.

➲ O desenvolvimento sustentável orientado pela inclusão social;

- A melhoria contínua da qualidade dos serviços públicos;
- A garantia dos direitos humanos com redução das desigualdades sociais, regionais, étnico-raciais, geracionais e de gênero;
- O estímulo e a valorização da educação, ciência, tecnologia e inovação e competitividade;
- A participação social como direito do cidadão;
- A valorização e o respeito à diversidade cultural;
- O aperfeiçoamento da gestão pública com foco no cidadão, na eficiência do gasto público, na transparência, e no enfrentamento à corrupção; e
- A garantia do equilíbrio das contas públicas.

Objetivos

Os objetivos sempre estarão associados aos resultados a serem alcançados pelo programa.

Exemplo:

Programa: Políticas para as Mulheres. Promoção da Igualdade e Enfrentamento à Violência

Objetivo – Promover a autonomia econômica, social, sexual e a garantia de direitos, considerando as mulheres em sua diversidade e especificidades.

Metas

As metas do PPA são metas qualitativas e quantitativas ou seja, que estradas seriam construídas, quantos quilômetros seriam construídos por ano; quais os programas de assistência social prioritários, qual o público-alvo desses programas, quantas famílias seriam atendidas em cada um dos quatro anos de vigência do PPA. São metas físicas.

Exemplo:

Programa: Políticas para as Mulheres. Promoção da Igualdade e Enfrentamento à Violência

Meta – 2016-2019: Capacitar 10.000 mulheres urbanas, rurais, do campo, da floresta e das águas para o fortalecimento de sua participação no mundo do trabalho.

Fique de olho também nos seguintes artigos da CF/88

A CF/88 trouxe diversos artigos que versam sobre o PPA e que veem servindo de base para as questões. Tenha bastante cuidado com os significados das palavras e com a interpretação do texto legal.

2.2.15. CF/88 – Art. 167 § 1°

"Nenhum investimento cuja execução ultrapasse um exercício financeiro poderá ser iniciado sem prévia inclusão no plano plurianual, ou sem lei que autorize a inclusão, sob pena de crime de responsabilidade."

As bancas quando exploram o dispositivo acima deixam *pistas* para o enquadramento da questão. Observe o que você poderá encontrar e como deverá elaborar a sua resposta.

Texto base:

Um Prefeito recém-empossado resolveu construir um hospital. O Projeto base apresentado ao Prefeito prevê um prazo para conclusão da obra de 1 ano e 10 meses. Depois de reunir-se com seus Secretários, o Chefe do Executivo descobriu que a obra não foi planejada no PPA deixado pelo seu antecessor. Para o governante iniciar a obra respeitando os preceitos Constitucionais e não cometendo crime de responsabilidade o que ele deverá fazer?

Agora, vamos analisar as ***pistas*** deixadas no texto base:

Pista 1: "Um Prefeito recém-empossado...;"

Você já aprendeu que no primeiro ano de mandato o governante não executará o primeiro ano do seu PPA.

Pista 2: "...resolveu construir um hospital. "

A obra é classificada, segundo o artigo 12 § 4° da lei n° 4.320/64, como despesa de capital investimento.

Pista 3: "O Projeto base apresentado ao Prefeito prevê um prazo para conclusão da obra de 1 ano e 10 meses."

Observe se a obra vai durar mais de um ano. No caso concreto, sim.

Pista 4: "Depois de reunir-se com seus Secretários, o Chefe do Executivo descobriu que a obra não foi planejada no PPA deixado pelo seu antecessor."

Essa é a grande deixa para enquadrarmos a situação no dispositivo em comento.

Pergunta-se: "Para o governante iniciar a obra respeitando os preceitos Constitucionais e não cometendo crime de responsabilidade o que ele deverá fazer?"

Agora vamos enquadrar o Art. 167, § 1º com as pistas fornecidas no texto.

- **1.** "Nenhum investimento..."

  Investimento é uma obra, uma construção. (Pista 2.)

- **2.** "...cuja execução ultrapasse um exercício financeiro..."

  Cuidado! Ultrapassar o exercício financeiro não significa que a obra começará em outubro de um ano a acabará em fevereiro do ano seguinte. A correta interpretação dessa passagem define o prazo de execução total da obra, ou seja, superior a um ano. (Pista 3.)

- **3.** "...poderá ser iniciado sem prévia inclusão no plano plurianual, ou sem lei que autorize a inclusão,..."

  Aqui temos a proibição constitucional. A obra só poderá ser iniciada caso tenha sido planejada no PPA ou venha a ser incluída, durante a vigência do PPA, através de um projeto de lei. (Pistas 1 e 4.)

- **4.** "...sob pena de crime de responsabilidade."

  Essa é a consequência da desobediência, CRIME DE RESPONSABILIDADE.

Conclusão: O governante deverá elaborar um projeto de lei propondo a alteração do PPA (com a inclusão da obra) e encaminhar ao Poder Legislativo local. Somente depois da aprovação é que a obra poderá ser iniciada. Caso contrário, crime de responsabilidade.

Atenção! Uma obra cuja execução esteja limitada a um exercício financeiro poderá ser iniciada sem a sua prévia inclusão no plano plurianual. Para isso, basta estar contida no contexto das prioridades da LDO e estar autorizada pela LOA.

2.2.16. CF/88 – Art. 165 § 4°

> "Os planos e programas nacionais, regionais e setoriais previstos nesta Constituição serão elaborados em consonância com o plano plurianual e apreciados pelo Congresso Nacional."

A CF/88 não exige a inclusão desses planos e programas no PPA. A exigência está na compatibilidade das despesas e na responsabilidade do Congresso Nacional em apreciá-los.

Exemplos: Programa de Aceleração do Crescimento (PAC) e Plano Brasil sem Miséria (PBSM).

Com a CF/88 há a possibilidade de se iniciar um plano ou programa de abrangência nacional, regional ou setorial sem a sua inclusão no PPA.

2.2.17. Prioridades do PPA 2016-2019

O PPA atual definiu suas prioridades em seu art. 3° e são as seguintes:

- as metas inscritas no Plano Nacional de Educação (Lei n° 13.005, de 25 de junho de 2014);
- o Programa de Aceleração do Crescimento – PAC, identificado nas leis orçamentárias anuais por meio de atributo específico e;
- o Plano Brasil sem Miséria – PBSM, identificado nas leis orçamentárias anuais por meio de atributo específico.

2.2.18. Anexos que integram o PPA 2016-2019

Os anexos que integram o PPA foram estabelecidos em seu art. 7° e são os seguintes:

- Anexo I – Programas Temáticos;
- Anexo II – Programas de Gestão, Manutenção e Serviços ao Estado; e
- Anexo III – Empreendimentos Individualizados como Iniciativas – acima do Valor de Referência; e,
- Anexo IV – Empreendimentos Individualizados como Iniciativas – Abaixo do Valor de Referência.

2.2.19. Gestão do PPA

A gestão do PPA 2016-2019 consiste na articulação dos meios necessários para viabilizar o alcance dos Objetivos e das Metas, sobretudo para a garantia de acesso às políticas públicas pelos segmentos populacionais mais vulneráveis, e busca o aperfeiçoamento (Art. 11):

- dos mecanismos de implementação e integração das políticas públicas;
- dos critérios de regionalização das políticas públicas;
- dos mecanismos de monitoramento, avaliação e revisão do Plano; e
- dos instrumentos de cooperação federativa

Quais são os Princípios que deverão ser observados para a Gestão do Plano?

Publicidade, eficiência, impessoalidade, economicidade e efetividade e compreenderá a implementação, o monitoramento, a avaliação e a revisão do Plano *(Art. 12 do PPA).*

2.2.20. Quadro resumo: PPA

PLANO PLURIANUAL (PPA)	
Novo modelo	Elevou o Plano a um nível mais estratégico.
Programas	• Temático = produto ofertado à sociedade. • Gestão, manutenção e serviços ao estado = produto ofertado ao próprio estado.

PLANO PLURIANUAL (PPA)	
Mudanças	• Reforçar o caráter estratégico do Plano, estruturando-o em uma Dimensão Estratégica, contendo uma Visão de Futuro e um conjunto de Eixos e Diretrizes Estratégicas. • Qualificar o conteúdo dos Programas Temáticos, que passam a expressar com maior clareza as escolhas estratégicas para cada área por meio de seus Objetivos, Metas e Iniciativas (OMI).
Dimensões	• Estratégica: Visão de Futuro, Eixos e Diretrizes Estratégicas. • Tática: define caminhos exequíveis para as transformações da realidade. É expressa nos Programas Temáticos e nos Programas de Gestão, Manutenção e Serviços ao Estado abordando as entregas de bens e serviços pelo Estado à sociedade. • Operacional: relaciona-se com a otimização na aplicação dos recursos disponíveis e a qualidade dos produtos entregues, sendo especialmente tratada no Orçamento.
Eixos estratégicos	• Educação de qualidade; • Inclusão social e redução de desigualdades; • Ampliação da produtividade e da competitividade da economia; • Fortalecimento das instituições públicas.
Prazos	Envio do projeto de lei ao Legislativo: 31/08 Devolução ao Executivo: 22/12
Vigência	Até o final do primeiro exercício financeiro do mandato presidencial subseqüente.
Prioridades	• Plano Nacional de Educação • PAC • PBSM
Princípios	Publicidade, eficiência, impessoalidade, economicidade e efetividade.

2.3. LEI DE DIRETRIZES ORÇAMENTÁRIAS – LDO

Criada pela CF/88 coube à Lei de Diretrizes Orçamentárias o papel de estabelecer a ligação entre O PPA e a LOA, destacando do PPA os investimentos e gastos prioritários que deverão compor a LOA, e de definir as regras e normas que orientam a elaboração da lei orçamentária que irá vigorar no exercício seguinte ao da sua edição. Em razão de a LDO está subordinada ao PPA não poderá contemplar dispositivos que o contrariem. Caso isso acontece prevalecerá o disposto no PPA. Lembre-se que a LDO está no nível tático, ela orienta a elaboração e execução da LOA.

2.3.1. LDO na CF/88: Art. 165 § 2°

"A lei de diretrizes orçamentárias compreenderá as metas e prioridades da administração pública federal, incluindo as despesas de capital para o exercício financeiro subseqüente, orientará a elaboração da lei orçamentária anual, disporá sobre as alterações na legislação tributária e estabelecerá a política de aplicação das agências financeiras oficiais de fomento."

➘ Quadro explicativo

PONTO	FRAGMENTO	DESCOMPLICANDO
1	A lei de diretrizes orçamentárias compreenderá as metas e prioridades da administração pública federal...	• As metas da LDO são metas fiscais. Não confundam com as do PPA que são metas físicas. **Atenção!** Se determinado projeto não for incluído na relação de prioridades e metas da lei de diretrizes orçamentárias, sua inclusão na lei orçamentária anual NÃO será vedada.
2	...incluindo as despesas de capital para o exercício financeiro subseqüente,...	• Cuidado com a troca do incluindo por excluindo. • Para o exercício financeiro subseqüente (seguinte) e não para os próximos exercícios.
3	orientará a elaboração da lei orçamentária anual, disporá sobre as alterações na legislação tributária...	• A LDO é uma cartilha que direciona e orienta a elaboração e a execução da LOA, a qual deve estar, para sua aprovação, em plena consonância com as disposições do Plano Plurianual. • Disporá sobre alterações não significa que a LDO trará as alterações. Jamais a LDO será utilizada para autorizar a criação de um tributo já que esse tema não é objeto do Direito Financeiro.
4	e estabelecerá a política de aplicação das agências financeiras oficiais de fomento.	Não confundam as agências financeiras oficiais de fomento (Banco do Brasil, Caixa Econômica Federal, BNDES, etc.) com os bancos comerciais.

2.3.2. Outras matérias tratadas na LDO segundo a CF/88

- dívida pública federal;
- as despesas da União com pessoal e encargos sociais;
- a fiscalização pelo Poder Legislativo sobre as obras e os serviços com indícios de irregularidades graves.

- estabelecer limites para que os Tribunais, o Ministério Público e a Defensoria Pública possam elaborar suas propostas parciais de orçamento.
- estabelecer prazo para o encaminhamento das propostas parciais dos Tribunais, Ministério Público e da Defensoria Pública.

2.3.3. Matérias tratadas na LDO segundo a LRF

Com a vigência da LRF a LDO ganhou novas atribuições. Fique atento com as questões que cobrem características da LDO segundo a CF/88 ou segundo a LRF.

A LRF tratou de outras matérias conforme constam nos artigos 4º, 5º, 16º, e 26º (esse assunto será estudado com maiores detalhes no capítulo 12).

> **Art. 4º** A lei de diretrizes orçamentárias atenderá o disposto no § 2º do art. 165 da Constituição e:
> I – disporá também sobre:
> a) equilíbrio entre receitas e despesas;
> b) critérios e forma de limitação de empenho, a ser efetivada nas hipóteses previstas na alínea b do inciso II deste artigo, no art. 9º e no inciso II do § 1º do art. 31;
> c) (vetado)
> d) (vetado)
> e) normas relativas ao controle de custos e à avaliação dos resultados dos programas financiados com recursos dos orçamentos;
> f) demais condições e exigências para transferências de recursos a entidades públicas e privadas;
> § 1º. Integrará o projeto de lei de diretrizes orçamentárias Anexo de Metas Fiscais, em que serão estabelecidas metas anuais, em valores correntes e constantes, relativas a receitas, despesas, resultados nominal e primário e montante da dívida pública, para o exercício a que se referirem e para os dois seguintes.
> § 2º. O Anexo conterá, ainda:
> I – avaliação do cumprimento das metas relativas ao ano anterior;
> II – demonstrativo das metas anuais, instruído com memória e metodologia de cálculo que justifiquem os resultados pretendidos, comparando-as com as fixadas nos três exercícios anteriores, e evidenciando a consistência delas com as premissas e os objetivos da política econômica nacional;
> III – evolução do patrimônio líquido, também nos últimos três exercícios, destacando a origem e a aplicação dos recursos obtidos com a alienação de ativos;

IV – avaliação da situação financeira e atuarial:
a) dos regimes geral de previdência social e próprio dos servidores públicos e do Fundo de Amparo ao Trabalhador;
b) dos demais fundos públicos e programas estatais de natureza atuarial;
V – demonstrativo da estimativa e compensação da renúncia de receita e da margem de expansão das despesas obrigatórias de caráter continuado.
§ 3º. A lei de diretrizes orçamentárias conterá Anexo de Riscos Fiscais, onde serão avaliados os passivos contingentes e outros riscos capazes de afetar as contas públicas, informando as providências a serem tomadas, caso se concretizem.

Art. 5º O projeto de lei orçamentária anual,...
III – conterá reserva de contingência, cuja forma de utilização e montante, definido com base na receita corrente líquida, serão estabelecidos na lei de diretrizes orçamentárias, destinada ao:
b) atendimento de passivos contingentes e outros riscos e eventos fiscais imprevistos.

Art. 16. A criação, expansão ou aperfeiçoamento de ação governamental que acarrete aumento da despesa será acompanhado de:
I – ...
II – declaração do ordenador da despesa de que o aumento tem adequação orçamentária e financeira com a lei orçamentária anual e compatibilidade com o plano plurianual e com a lei de diretrizes orçamentárias.

Art. 26. A destinação de recursos para, direta ou indiretamente, cobrir necessidades de pessoas físicas ou déficits de pessoas jurídicas deverá ser autorizada por lei específica, atender às condições estabelecidas na lei de diretrizes orçamentárias e estar prevista no orçamento ou em seus créditos adicionais.

2.3.4. Prazos

CF/88 Art. 35, § 2º, ADCT:
II – o projeto de lei de diretrizes orçamentárias será encaminhado até oito meses e meio antes do encerramento do exercício financeiro e devolvido para sanção até o encerramento do primeiro período da sessão legislativa;

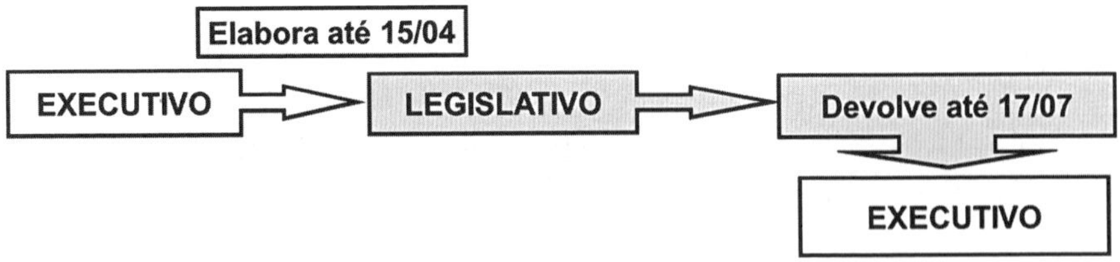

As bancas costumam trocar "encerramento do primeiro período da sessão legislativa" por encerramento da sessão legislativa.

2.3.5. Vigência

Observe o preâmbulo da LDO/2018:

> **Lei nº 13.473, de 08 de agosto de 2017.**
> Dispõe sobre as diretrizes para a elaboração e execução da Lei Orçamentária de 2018 e dá outras providências.

Perceba que a missão da LDO não é apenas a de orientar a elaboração da LOA, mas também orientar a sua execução. Em razão disso a sua vigência acompanhará a execução da LOA.

Observe a figura abaixo e entenda melhor.

Atenção! Obedecendo aos prazos legais, teremos sempre duas LDOs vigendo. Uma orientando a LOA que está em fase de execução e a outra orientando a LOA que está em fase de elaboração. A LDO é anual, porém a sua vigência ultrapassará o exercício financeiro.

2.4. LEI ORÇAMENTÁRIA ANUAL (LOA)

Para viabilizar a concretização das situações planejadas no Plano Plurianual, obviamente, transformá-las em realidade, obedecida a Lei de Diretrizes Orçamentárias, elabora-se o Orçamento Anual, onde são programadas as **ações a serem executadas**, visando alcançar os objetivos determinados. É nesse instrumento que os governantes executam ações com o propósito de atender as necessidades públicas. Lembre-se que a LOA está no nível operacional, ela executa, materializa, coloca a mão na massa.

2.4.1. LOA na CF/88

A Lei Orçamentária Anual não foi criada pela Carta Magna de 1988, mas recebeu novas características que chamarei de ***nova roupagem***. Estudaremos agora alguns artigos da CF/88 que são cobrados em provas de concursos.

> **Art. 165, § 8º**
> "A lei orçamentária anual não conterá dispositivo estranho à previsão da receita e à fixação da despesa, não se incluindo na proibição a autorização para abertura de créditos suplementares e contratação de operações de crédito, ainda que por antecipação de receita, nos termos da lei."

LOA	
RECEITA PREVISTA	**DESPESA FIXADA**

➘ Previsão da receita

Segundo o MTO/2018 (pág. 26) efetuar a previsão implica planejar e estimar a arrecadação das receitas que constará na proposta orçamentária. Isso deverá ser realizado em conformidade com as normas técnicas e legais correlatas e, em especial, com as disposições constantes na LRF. Sobre o assunto, vale citar o art. 12 da referida norma:

> **LRF**
> **Art. 12.** As previsões de receita observarão as normas técnicas e legais, considerarão os efeitos das alterações na legislação, da variação do índice de preços, do crescimento econômico ou de qualquer outro fator relevante e serão acompanhadas de demonstrativo de sua evolução nos últimos três anos, da projeção para os dois seguintes àquele a que se referirem, e da metodologia de cálculo e premissas utilizadas.

Fixação da despesa

Segundo o Manual da Despesa Nacional, 2008 (pág. 58) a fixação da despesa orçamentária insere-se no processo de planejamento e compreende a adoção de medidas em direção a uma situação idealizada, tendo em vista os recursos disponíveis e observando as diretrizes e prioridades traçadas pelo governo.

Para que você entenda melhor a fixação da despesa na LOA compare-a com um cartão de crédito. Digamos que eu recebi um cartão de crédito com um limite dado pela operadora de 10.000. Nesse momento eu tenho autorização para gastar, mas como de costume, não tenho um real no bolso. E aí? Posso utilizar o cartão? Claro que sim, basta que eu respeite o limite autorizado pela operadora que é de 10.000. Na administração pública funciona de forma parecida. A operadora, seguindo esse exemplo, é o Poder Legislativo que ao autorizar a LOA liberará dotações orçamentárias (créditos) para que o Poder executivo possa realizar seus gastos pagando à vista ou a prazo. Portanto, a existência do crédito orçamentário não significa disponibilidade financeira, mas sim a autorização para executar o orçamento.

- Caso um órgão tenha créditos orçamentários e não tenha recursos ele **poderá** executar o orçamento.
- Caso esse mesmo órgão não tenha créditos orçamentários e tenha recursos ele **não** poderá executar o orçamento.
- Fixar a despesa significa impor um limite, e esse limite jamais poderá ser ultrapassado.

2.4.2. Art. 165 § 5°

Nesse dispositivo legal encontra-se a *nova roupagem da LOA*. Com a CF/88 a LOA compreende três orçamentos: Fiscal, Investimento das empresas e o da Seguridade Social. São três orçamentos dentro de uma única lei orçamentária e não três Leis Orçamentárias distintas. Não existe a Lei do Orçamento Fiscal ou Lei do Orçamento de Investimento ou Lei do Orçamento da Seguridade Social.

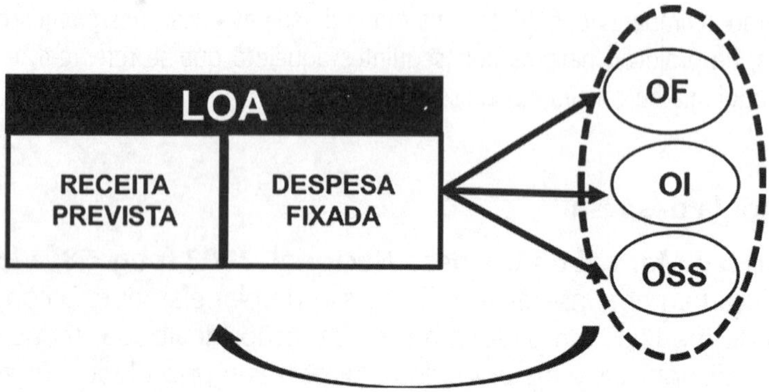

Art. 165 § 5º – A lei orçamentária anual compreenderá:
I – o orçamento fiscal referente aos Poderes da União, seus fundos, órgãos e entidades da administração direta e indireta, inclusive fundações instituídas e mantidas pelo Poder Público;
II – o orçamento de investimento das empresas em que a União, direta ou indiretamente, detenha a maioria do capital social com direito a voto;
III – o orçamento da seguridade social, abrangendo todas as entidades e órgãos a ela vinculados, da administração direta ou indireta, bem como os fundos e fundações instituídos e mantidos pelo Poder Público.

a) Orçamento Fiscal (OF)

Compreendem os poderes da União, os Fundos, Órgãos, Autarquias, inclusive as especiais e Fundações instituídas e mantidas pela União. Abrange também, as empresas públicas e sociedades de economia mista em que a União, direta ou indiretamente, detenha a maioria do capital social com direito a voto e que recebam desta quaisquer recursos que não sejam provenientes de participação acionária, pagamentos de serviços prestados, transferências para aplicação em programas de financiamento atendendo ao disposto na alínea "c" do inciso I do art. 159 da CF e refinanciamento da dívida externa.

Composição – resumo:
Poder Executivo, Legislativo e Judiciário;
Ministério Público e Tribunal de Contas;
Fundos especiais, órgãos e entidades da administração direta;
Órgãos e entidades da administração indireta;
Empresas públicas dependentes e Sociedades de economia mista dependentes (Estatais dependentes).
Despesas do Banco Central do Brasil relativas à pessoal e encargos sociais, custeio administrativo e investimentos.

Estatais Dependentes.

◆ 1. Estatal = Controlada

O controle ocorrerá quando o Poder público detiver a **maioria** do capital social com direito a voto (50% + 1 ação ordinária).

> **LRF:**
> **Art. 2º.** II – empresa controlada: sociedade cuja maioria do capital social com direito a voto pertença, direta ou indiretamente, a ente da Federação;

As questões costumam trocar **maioria** por **qualquer participação** ou **totalidade**.

◆ 2. Dependente

A dependência ficará caracterizada apenas quando a estatal receber recursos para o pagamento de suas despesas de pessoal ou custeio em geral ou de capital. Qualquer recebimento de recursos para outra finalidade não provocará a dependência. Lembre-se disso, é muito importante.

> **LRF**
> **Art. 2º.** III – empresa estatal dependente: empresa controlada que receba do ente controlador recursos financeiros para pagamento de despesas com pessoal ou de custeio em geral ou de capital, excluídos, no último caso, aqueles provenientes de aumento de participação acionária;

b) Orçamento de Investimento das empresas (OI)

O Orçamento de Investimento das Empresas Estatais (OI) compreende os investimentos das empresas controladas pela União, ou seja, aquelas em que direta ou indiretamente detenha a maioria do capital social com direito a voto, e cujas programações não constam integralmente do Orçamento Fiscal e da Seguridade Social. O responsável pela elaboração da proposta do OI é o Departamento de Coordenação e Governança das Empresas Estatais (Dest), unidade integrante da estrutura do Ministério do Planejamento, Orçamento e Gestão.

São empresas controladas pelo Poder Público, mas não recebem recursos para o pagamento de suas despesas de pessoal ou de custeio em geral ou de capital. Exemplos: PETROBRAS, Correios, Caixa Econômica Federal.

O OI abrange os gastos com aquisição de bens classificáveis no ativo imobilizado de cada empresa. Não estão incluídos nesse orçamento os bens que envolvam arrendamento mercantil – o denominado leasing – e as benfeitorias realizadas em bens da União, bem como aquelas necessárias à infraestrutura de serviços públicos concedidos, também, pela União.

c) Orçamento da Seguridade Social (OSS)

Abrangendo todas as entidades e órgãos a ela vinculada, da administração direta ou indireta, bem como os fundos e fundações instituídos e **mantidos** pelo Poder Público.

> **CF/88**
> **Art. 194.** A seguridade social compreende um conjunto integrado de ações de iniciativa dos Poderes Públicos e da sociedade, destinadas a assegurar os direitos relativos à saúde, à previdência e à assistência social.

> **Dica:**
>
> A entidade ou o órgão foi instituído e é mantido pelo Poder Público? **Sim.** Atuam nas áreas de saúde, ou previdência, ou assistência social (SPA)? **Sim.** Então, deverá compor o Orçamento da Seguridade Social.

Qualquer recurso financeiro transferido do controlador para a sua controlada caracterizará a dependência?

NÃO, apenas quando a transferência ocorrer para o pagamento de despesas de pessoal ou de custeio em geral ou de capital. Observe o artigo 5º da LDO de 2016:

Art. 5º. Os Orçamentos Fiscal e da Seguridade Social compreenderão o conjunto das receitas públicas, bem como das despesas dos Poderes, do Ministério Público da União e da Defensoria Pública da União, seus fundos, órgãos, autarquias, inclusive especiais, e fundações instituídas e mantidas pelo Poder Público, bem como das empresas públicas, sociedades de economia mista e demais entidades em que a União, direta ou indiretamente, detenha a maioria do capital social com direito a voto e que dela recebam recursos do Tesouro Nacional, devendo a correspondente execução orçamentária e financeira, da receita e da despesa, ser registrada na modalidade total no Sistema Integrado de Administração Financeira do Governo Federal – SIAFI.
Parágrafo único. Excluem-se do disposto neste artigo:
I – os fundos de incentivos fiscais, que figurarão exclusivamente como informações complementares ao Projeto de Lei Orçamentária de 2016;
II – os conselhos de fiscalização de profissão regulamentada, constituídos sob a forma de autarquia; e
III – as empresas públicas ou sociedades de economia mista que recebam recursos da União apenas em virtude de:
a) participação acionária;
b) fornecimento de bens ou prestação de serviços;
c) pagamento de empréstimos e financiamentos concedidos; e
d) transferência para aplicação em programas de financiamento, nos termos do disposto na alínea "c" do inciso I do caput do art. 159, e no § 1º do art. 239, da Constituição Federal

Quadro resumo

Controlador transferiu para a Controlada	Caracteriza a dependência	
Recursos apenas para pagamento de despesa de pessoal.	Sim	
Recursos apenas para pagamento de custeio em geral.	Sim	
Recursos apenas para pagamento de despesa de capital.	Sim	
Recursos para pagamento de despesas de pessoal, custeio em geral ou de capital.	Sim	
Recursos apenas para aumento na participação acionária.		Não
Recursos apenas em decorrência do fornecimento de bens ou da prestação de serviços.		Não
Recursos para o pagamento de empréstimo e financiamentos.		Não
Recursos para aplicação em programas de financiamento.		Não

2.4.3. CF/88 – Art. 165 § 7°

"Os orçamentos previstos no § 5º, I e II, deste artigo, compatibilizados com o plano plurianual, terão entre suas funções a de reduzir desigualdades inter-regionais, segundo critério populacional. "

As questões costumam trocar os orçamentos previstos nos incisos I e II (Fiscal e Investimento) por Seguridade Social.

2.4.4. CF/88 – Art. 167

"São vedados II – a realização de despesas ou a assunção de obrigações diretas que excedam os créditos orçamentários ou adicionais;"

Percebeu? O orçamento só poderá ser executado por aqueles que tenham créditos orçamentários fixados no orçamento inicialmente ou adicionalmente e isso, como já vimos, independe da existência de recursos.

2.4.5. CF/88 – Art. 168

"Os recursos correspondentes às dotações orçamentárias, compreendidos os créditos suplementares e especiais, destinados aos órgãos dos Poderes Legislativo e Judiciário, do Ministério Público e da Defensoria Pública, ser-lhes-ão entregues até o dia 20 de cada mês, em duodécimos, na forma da lei complementar a que se refere o art. 165, § 9º."

Até o dia 20 de cada mês e não até o final do mês ou até outra data. Decore: 20 de cada mês.

A transferência ocorrerá mês a mês, portanto, serão 12 parcelas que não necessariamente terão os mesmos valores.

2.4.6. CF/88 – Art. 169

"A despesa com pessoal ativo e inativo da União, dos Estados, do Distrito Federal e dos Municípios não poderá exceder os limites estabelecidos em lei complementar."

Atualmente essa Lei Complementar é a LRF que estudaremos no capítulo 12.

"§ 1º. A concessão de qualquer vantagem ou aumento de remuneração, a criação de cargos, empregos e funções ou alteração de estrutura de carreiras, bem como a admissão ou contratação de pessoal, a qualquer título, pelos órgãos e entidades da administração direta ou indireta, inclusive fundações instituídas e mantidas pelo poder público, só poderão ser feitas:
I – se houver prévia dotação orçamentária suficiente para atender às projeções de despesa de pessoal e aos acréscimos dela decorrentes;
II – se houver autorização específica na lei de diretrizes orçamentárias, ressalvadas as empresas públicas e as sociedades de economia mista."

Aqui a CF/88 estabeleceu as suas regras para ocorrer à modificação na política de pessoal:

1ª. Existência de dotação na LOA (para o aumento do principal da folha + acréscimos legais);

2ª. Autorização específica na LDO.

2.4.7. Prazos

CF/88
Art. 35, § 2º ADCT
III – o projeto de lei orçamentária da União será encaminhado até quatro meses antes do encerramento do exercício financeiro e devolvido para sanção até o encerramento da sessão legislativa.

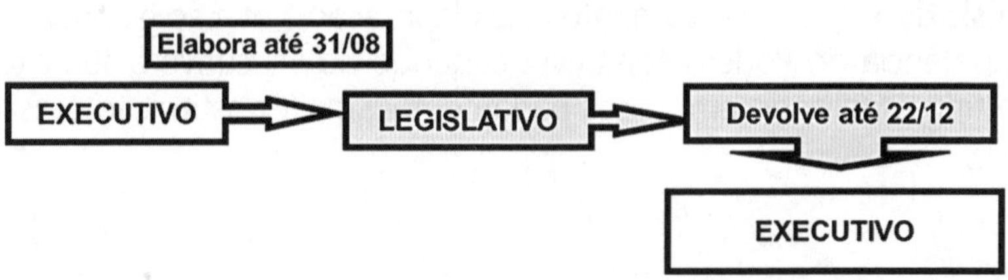

2.4.8. LOA X Lei nº 4.320/64

Art. 2º. A Lei do Orçamento conterá a discriminação da receita e despesa de forma a evidenciar a política econômica financeira e o programa de trabalho do Governo, obedecidos os princípios de unidade, universalidade e anualidade.
§ 1º. Integrarão a Lei de Orçamento:
I – Sumário geral da receita por fontes e da despesa por funções do Governo;
II – Quadro demonstrativo da Receita e Despesa segundo as Categorias Econômicas, na forma do Anexo nº 1;
III – Quadro discriminativo da receita por fontes e respectiva legislação;
IV – Quadro das dotações por órgãos do Governo e da Administração.
§ 2º. Acompanharão a Lei de Orçamento:
I – Quadros demonstrativos da receita e planos de aplicação dos fundos especiais;
II – Quadros demonstrativos da despesa, na forma dos Anexos nºs. 6 a 9;
III – Quadro demonstrativo do programa anual de trabalho do Governo, em termos de realização de obras e de prestação de serviços.
Art. 3º A Lei de Orçamento compreenderá todas as receitas, inclusive as de operações de crédito autorizadas em lei.
Parágrafo único. Não se consideram para os fins deste artigo as operações de crédito por antecipação da receita, as emissões de papel-moeda e outras entradas compensatórias no ativo e passivo financeiros.

Cuidado!
Integrarão ≠ Acompanharão

2.5. TIPOS DE ORÇAMENTOS SEGUNDO O REGIME POLÍTICO

O orçamento público apresentou características diversas ao longo das Constituições brasileiras. Observe abaixo quais os tipos de orçamento ao longo da história brasileira.

- **Legislativo**: que é o orçamento cuja elaboração, votação e aprovação é da competência do Poder Legislativo, cabendo ao Executivo a sua execução. Este tipo é utilizado em países parlamentaristas (Constituição brasileira de 1891);

- **Executivo**: é o orçamento cuja elaboração, aprovação é da competência do Poder Executivo. É utilizado em países onde impera o absolutismo do Chefe de Estado (Constituição brasileira de 1937);
- **Misto**: É o modelo no qual o orçamento é elaborado e executado pelo Poder Executivo, cabendo ao Legislativo a sua votação e controle. Esse tipo é utilizado pelos países em que as funções legislativas são exercidas pelo Congresso ou Parlamento, sendo sancionado pelo Chefe do Poder Executivo. No Brasil esse é o modelo consagrado pelos textos constitucionais (Constituições de 1934, 1946, 1967 e 1988).

Observação: Na história orçamentária brasileira foram utilizados os três tipos.

2.6. TÉCNICAS ORÇAMENTÁRIAS

O orçamento está ligado diretamente ao ato de controle. Tanto é verdade que associamos o surgimento do orçamento a histórica carta Magna Inglesa do Rei João sem terra, outorgada em 10 de junho 1215 com o objetivo de regular as atividades da corte. O documento limitava os poderes dos reis ingleses, garantindo que apenas poderiam elevar os impostos ou criar novas leis mediante aprovação de um grande conselho formado por nobres. Destaco abaixo o artigo 12 considerado o embrião do orçamento público.

> "Art. 12. Nenhum tributo ou auxílio será instituído no Reino, senão pelo seu conselho comum, exceto com o fim de resgatar a pessoa do Rei, fazer seu primogênito cavaleiro e casar sua filha mais velha uma vez, e os auxílios para esse fim serão razoáveis em seu montante".

Devemos considerar que este foi o embrião do que mais tarde teríamos como orçamento público moderno. O perfil do cidadão moderno, em face da escassez dos recursos, exige dos seus governantes maior qualidade nos serviços prestados com redução da carga tributária e maior eficiência na aplicação dos gastos públicos. Portanto, foram desenvolvidas muitas técnicas orçamentárias, fazendo frente às exigências e necessidades dos novos arranjos entre o Estado e a sociedade. Abaixo destacarei a evolução histórica ocorrida apontando as suas principais características, pois é isso que as bancas costumam cobrar.

2.6.1. Orçamento Tradicional ou Clássico

Antes da Lei nº 4.320/64 a técnica orçamentária de orçamentação produzia um orçamento que se restringia unicamente a previsão da receita e à autorização de despesas e sua função principal foi a de possibilitar aos órgãos de representação um controle político sobre os Executivos. Era um orçamento completamente dissociado do planejamento. Além disso, era corrigido de acordo com o que se gastava no exercício anterior aplicando apenas um percentual inflacionário.

O orçamento tradicional utilizava classificações apenas para materializar a execução das despesas. A primeira evidenciava as Unidades administrativas responsáveis pelo gasto. A segunda codificava o objeto do gasto (elemento ou item do gasto). Com as novas exigências da sociedade o orçamento tradicional evoluiu para o orçamento de desempenho ou realizações ou funcional.

2.6.2. Orçamento Desempenho, Realizações ou Funcional

Mostrar as coisas que o governo compra passa a ser menos importante em relação às coisas que o governo faz. O foco deixou de ser o gasto em si, ou seja, preocupa-se agora em saber o que o governo está fazendo pela sociedade. Portanto, os resultados são avaliados enfatizando a eficácia e não a eficiência.

Esse orçamento não é mais apenas um documento contábil que estima a receita e fixa a despesa, pois já podemos observar os objetivos a serem atingidos.

> Mesmo sendo considerado um passo importante na evolução orçamentária, esse tipo de orçamento ainda se encontra desvinculado ao Sistema de Planejamento.

2.6.3. Orçamento Base zero ou por Estratégia ou OBZ

O orçamento base zero é um instrumento de planejamento de curto prazo que obriga a demonstração e fundamentação de cada administrador para os recursos solicitados. Destarte, não existem direitos adquiridos sobre verbas anteriormente outorgadas. Em razão dessa característica, esse tipo de orçamento entra em conflito com os planejamentos de médio ou longo prazo.

Todos os projetos e atividades devem ser detalhados e relacionados obedecendo a uma ordem de importância.

Principais objetivos:

1. Planejamento orçamentário para o próximo exercício;

2. Obediência ao princípio da economicidade da elaboração do orçamento;

3. Estabelecimento de um planejamento procurando identificar as necessidades do órgão;

4. Acompanhamento sistemático dos programas;

Esse tipo de orçamento foi uma evolução do orçamento tradicional, constituindo-se numa técnica para a elaboração do orçamento-programa.

2.6.4. Orçamento Programa ou por Programas (Orçamento Moderno)

O Orçamento-programa surgiu no Brasil através do Decreto-Lei nº 200/67 que consagrou a integração entre o planejamento e o orçamento público, uma vez que, com o seu advento, surgiu à necessidade de se planejar as ações, antes de realizar os gastos. O Orçamento-programa deve ser visto como o principal instrumento para a mudança da cultura burocrática para uma cultura gerencial aproximando os instrumentos tradicionais de controle na busca incessante de se atingir o ideal filosófico da elaboração do orçamento moderno. Deixou de ser visto como um mero instrumento de controle contábil para uma poderosa ferramenta de planejamento.

Na esfera Federal esse conceito foi introduzido pelo Decreto-Lei nº 200/67 em seus artigos 16 a 18:

> **Art. 16.** Em cada ano, será elaborado um orçamento-programa, que pormenorizará a etapa do programa plurianual a ser realizada no exercício seguinte e que servirá de roteiro à execução coordenada do programa anual.
> Parágrafo único. Na elaboração do orçamento-programa serão considerados, além dos recursos consignados no Orçamento da União, os recursos extraorçamentários vinculados à execução do programa do Governo.
>
> **Art. 17.** Para ajustar o ritmo de execução do orçamento-programa ao fluxo provável de recursos, o Ministério do Planejamento e Coordenação Geral e

o Ministério da Fazenda elaborarão, em conjunto, a programação financeira de desembolso, de modo a assegurar a liberação automática e oportuna dos recursos necessários à execução dos programas anuais de trabalho.

Art. 18. Toda atividade deverá ajustar-se à programação governamental e ao orçamento-programa e os compromissos financeiros só poderão ser assumidos em consonância com a programação financeira de desembolso.

Quadro explicativo

NORMA LEGAL	DISPOSITIVO	DESCOMPLICANDO
Lei nº 4.320/64	**Art. 2º**	Cita, num primeiro momento, o programa de trabalho como instrumento a ser utilizado no processo de planejamento. A partir de 1964, com a edição da Lei 4.320/64 – marco divisor entre os orçamentos tradicionais ou clássicos e os orçamentos de desempenho ou realizações, o governo brasileiro começa a utilizar o orçamento-programa.
Dec.-Lei 200/67	**Arts. 16 a 18**	Conceitua o Orçamento Programa. O orçamento-programa é uma concepção gerencial do orçamento público. A expressão orçamento-programa é usada genericamente para designar o fato de orçamento conter o programa de trabalho da Administração Pública.
CF/88	**Arts. 165 a 169**	Define a composição do modelo orçamentário brasileiro. Plano Plurianual – PPA, a Lei de Diretrizes Orçamentárias – LDO e a Lei Orçamentária Anual – LOA.
Decreto 2.829/98	**Art. 1º**	Exige a inclusão dos programas no PPA e na LOA a partir do exercício financeiro de 2000. Foi somente após a edição do Decreto Federal nº 2.829/98 e das demais normas que disciplinaram a elaboração do PPA (2000-2003) e dos orçamentos anuais a ele vinculados que os esforços de implantação do orçamento programa na área federal tiveram efetivamente o seu início.

2.6.5. Orçamento tradicional X moderno

No quadro abaixo são apresentadas as principais características e diferenças entre o orçamento tradicional e o moderno.

Orçamento Tradicional	Orçamento Moderno
O processo orçamentário é dissociado dos processos de planejamento e programação.	O orçamento é o elo entre o planejamento e as funções executivas da organização.
A alocação dos recursos visa à aquisição de meios.	A alocação de recursos visa à consecução de objetivos e metas.
As decisões orçamentárias são tomadas tendo em vista as necessidades das unidades organizacionais.	As decisões orçamentárias são tomadas com base em avaliações e análises técnicas das alternativas possíveis.
A estrutura do orçamento dá ênfase aos aspectos contábeis de gestão.	A estrutura do orçamento está voltada para os aspectos administrativos e de planejamento.
Principais critérios classificatórios: unidades administrativas e elementos.	Principal critério de classificação: funcional-programático.
Inexistem sistemas de acompanhamento e medição do trabalho, assim como dos resultados.	Utilização sistemática de indicadores e padrões de medição do trabalho e dos resultados.
O controle visa avaliar a honestidade dos agentes governamentais e a legalidade no cumprimento do orçamento.	O controle visa avaliar a eficiência, a eficácia, a efetividade e a economicidade das ações governamentais.
Na elaboração do orçamento são consideradas as necessidades financeiras das unidades organizacionais.	Na elaboração do orçamento são considerados todos os custos dos programas inclusive os que extrapolam o exercício.

Orçamento Tradicional X Moderno (GIACOMONI, James. Orçamento Público. 6. ed. São Paulo: Atlas, 1996).

2.7. FUNÇÕES CLÁSSICAS DO ORÇAMENTO

São funções exercidas pelo governo através dos instrumentos de planejamento orçamentário por meio das quais o governo disciplina e baliza a ação dos agentes econômicos.

Conforme o economista alemão Richard Musgrave, um dos teóricos mais conhecidos da matéria, "Finanças Públicas é a terminologia que tem sido tradicionalmente aplicada ao conjunto de problemas da política econômica, que envolvem o uso de medidas de tributação e de dispêndios públicos".

O próprio Musgrave, além de definir as finanças públicas fez uma classificação das funções de governo (bastante cobrada pelas diversas bancas de concursos) – ou seja, o governo possui três funções:

2.7.1. Função alocativa

O Estado atua no sentido de fazer ajustamentos na alocação dos recursos produtivos.

Estimular a produção de bens que o setor produtivo não tem interesse em produzir ou produzem em quantidades insuficientes. É a priorização das necessidades públicas a serem atendidas. É geralmente feito por meio da LOA, implementada por meio da política fiscal. Com esta função o Governo pode criar incentivos para desenvolver certos setores econômicos em relação a outros.

Exemplos: Construir estradas, obras de infraestrutura que necessitam de alto investimento e alto risco, construção de escolas, hospitais, ferrovias, as PPP (Parcerias público-privadas) onde o Estado pode fornecer direta ou indiretamente esses bens.

2.7.2. Função (re)distributiva

O Estado promovendo alterações na forma pela qual o sistema econômico distribui a renda gerada entre as pessoas tentando reduzir desigualdades sociais e regionais. Como o mercado não tem interesse em resolver essas desigualdades **(falhas de mercado)**, o Estado o faz interferindo na distribuição da renda. Um bom exemplo é a Política tributária progressiva sobre a renda e com as transferências de renda (programas sociais como o bolsa família, por exemplo). Outra situação acontece quando o governo coloca serviços gratuitos a disposição da população.

A tributação, sob essa perspectiva é um instrumento de justiça social.

2.7.3. Função estabilizadora

É a aplicação das diversas políticas econômicas a fim de promover o emprego, o desenvolvimento e a estabilidade, diante da incapacidade do mercado em assegurar o atingimento de tais objetivos. Trata-se de controle dos ciclos econômicos implicando na atuação do Estado como uma espécie de monitor da economia. O Estado acompanha os índices como a taxa de inflação, taxa de câmbio, crescimento da produção industrial, nível de vendas do comércio, etc.

2.8. QUESTÕES DE CONCURSOS

1. **(CESPE/2017 – TCE PE)** A elaboração do projeto de lei orçamentária é condicionada à aprovação do plano plurianual do exercício de referência.

2. **(CESPE/2017 – TCE PE)** Despesas orçamentárias de agregação neutra, como dívidas e ressarcimentos, não integram o plano plurianual.

3. **(CESPE/2017 – TCE PE)** A lei de diretrizes orçamentárias deve prever medidas a serem tomadas nos casos de passivos contingentes capazes de afetar as contas públicas, caso se materializem.

4. **(CESPE/2017 – TCE PE)** No plano plurianual, é vedada a regionalização de metas por meio de critérios que abranjam territórios maiores que as macrorregiões econômicas.

5. **(CESPE/2017 – TCE PE)** Se determinado projeto não for incluído na relação de prioridades e metas da lei de diretrizes orçamentárias, sua inclusão na lei orçamentária anual será vedada.

6. **(CESPE/2017 – TRT 7ª Região)** Em determinado ano, devido à frustração de receitas públicas anteriormente estimadas e à dificuldade de se aprovarem no Congresso Nacional medidas consideradas na elaboração das leis orçamentárias e que permitiriam a redução de uma série de despesas, o governo federal verificou que não conseguiria cumprir a meta de resultado primário anteriormente estabelecida.

Considerando essa situação hipotética, assinale a opção correspondente ao diploma legal que o governo deve propor alterar para afastar a caracterização de descumprimento da referida meta.

a) LOA

b) Lei de Responsabilidade Fiscal (LRF)

c) Lei de Diretrizes Orçamentárias (LDO)

d) PPA

7. **(CESPE/2017 – TRT 7ª Região)** A PEC nº 55/2016, que limita por vinte anos os gastos públicos, foi aprovada pelos senadores e promulgada pelo Congresso Nacional. De acordo com seu texto, o teto para 2017, primeiro ano de vigência da Emenda, será definido com base na despesa primária paga em 2016 (incluídos os restos a pagar), com a correção de 7,2%, correspondente à inflação prevista para 2016.

A partir de 2018, os gastos federais só poderão aumentar de acordo com a inflação acumulada conforme o Índice Nacional de Preços ao Consumidor Amplo (IPCA). O regime valerá para os orçamentos fiscal e da seguridade social e para todos os órgãos e Poderes da República.

Com relação às funções do orçamento público e a sua evolução ao longo do tempo, a Emenda Constitucional nº 55/2016 cumpre finalidade essencialmente de

a) planejamento.

b) controle político.

c) controle econômico.

d) desempenho.

8. **(CESPE/2017 – TCE PE)** O orçamento base-zero facilita o processo de revisão da decisão a respeito da alocação dos recursos públicos, sendo, por essa razão, adequado às situações em que as despesas públicas são limitadas por um teto de gastos.

9. **(CESPE/2016 – DPU)** A função alocativa do orçamento visa à intervenção do governo na economia, com o objetivo de diminuir as desigualdades sociais no que se refere ao acesso a renda, bens e serviços públicos e benefícios da vida em sociedade.

10. **(CESPE/2016 – DPU)** Em caráter de urgência, é permitido iniciar programas que não estejam incluídos na LOA.

11. **(CESPE/2016 – DPU)** A CF não estabelece limite de despesas com pessoal ativo e inativo.

12. (CESPE/2016 – DPU) Considere que determinado investimento não esteja previsto no PPA. Nesse caso, quando da elaboração da LOA, não poderá ser consignada dotação para o referido investimento.

13. (CESPE/2016 – TCE PA) Cabe ao governo executar as funções econômicas exercidas pelo Estado, as quais se dividem em alocativa, distributiva e estabilizadora.

14. (FCC/2017 – FUNAPE) O denominado "Anexo de Riscos Fiscais" a que alude a Lei de Responsabilidade Fiscal, integra

a) a Lei Orçamentária Anual, constituindo exceção ao princípio da exclusividade, dado que não reflete previsão de receita ou fixação de despesa.

b) o Plano Plurianual, delimitando os eventos que podem impactar os programas nele estabelecidos.

c) a Lei de Diretrizes Orçamentárias, indicando os passivos contingentes e outros riscos capazes de afetar as contas públicas.

d) a Lei Orçamentária Anual, salvo se os efeitos correspondentes extrapolarem o exercício a que se refere, hipótese em que deverá integrar o Plano Plurianual.

e) a Lei de Diretrizes Orçamentárias e a Lei Orçamentária Anual, listando, na primeira, os passivos contingentes e, na segunda, os critérios para a mitigação dos efeitos de potencial materialização.

15. (FCC/2017 – TRE PR) Sobre o orçamento-programa, considere:

I. O orçamento é o elo entre o planejamento e as funções executivas da organização.

II. A alocação de recursos visa à consecução de objetivos e metas.

III. A alocação de recursos visa à aquisição de meios.

IV. A estrutura do orçamento dá ênfase aos aspectos contábeis de gestão.

V. O principal critério classificatório utilizado é por unidade administrativa.

VI. O controle visa a avaliar a legalidade no cumprimento do orçamento.

Está correto o que se afirma APENAS em:

a) I.

b) I e II.

c) I, II, IV e VI.
d) I, III e IV.
e) III, V e VI.

16. (FCC/2016 – TRF 3ª Região) A Constituição Federal de 1988, no que é pertinente ao orçamento público, estabelece que

a) o plano plurianual, as diretrizes orçamentárias e os orçamentos anuais devem ser elaborados mediante lei de iniciativa dos Poderes Executivo e Legislativo.
b) o relatório resumido da execução orçamentária será publicado pelo respectivo Poder trinta dias após o encerramento do bimestre.
c) normas de gestão financeira e patrimonial da Administração direta e indireta devem ser feitas mediante lei complementar.
d) emendas ao projeto de lei do orçamento anual devem ser apreciadas pela Câmara dos Deputados, cabendo ao Senado sua homologação.
e) emendas ao projeto de lei do orçamento anual que indiquem recursos provenientes de anulação de despesa que incida sobre o serviço da dívida podem ser aprovadas desde que compatíveis com o plano plurianual e com a lei de diretrizes orçamentárias.

17. (FCC/2016 – TRT 23ª Região) A Lei de Diretrizes Orçamentárias, instituída pela Constituição Federal, é o instrumento norteador da elaboração da Lei Orçamentária Anual, quando dispõe, no âmbito da União, para cada exercício financeiro sobre:

I. As diretrizes, os objetivos e as metas da Administração pública.
II. A fixação de percentual máximo de endividamento para cada mandato presidencial.
III. As alterações na legislação tributária.
IV. A política de aplicação dos recursos das agências financeiras oficiais de fomento.
V. As despesas com pessoal e encargos sociais.

Está correto o que consta APENAS em

a) II e IV.
b) III e IV.
c) III, IV e V.
d) I, II e V.
e) I, III e V.

18. **(FCC/2016 – TRT 23ª Região)** O ciclo de planejamento e orçamento público brasileiro é composto de três instrumentos principais: o Plano Plurianual – PPA; a Lei de Diretrizes Orçamentárias – LDO e a Lei Orçamentária Anual – LOA. Especificamente no que diz respeito à LDO, cabe a tal diploma legal estabelecer as metas e prioridades da Administração pública e orientar a lei orçamentária anual, bem como, entre outros aspectos, dispor sobre:

I. alterações na legislação tributária.

II. equilíbrio entre receitas e despesas.

III. limites para contratação de operações de crédito.

Está correto o que consta APENAS em

a) I e II.
b) II e III.
c) I e III.
d) III.
e) II.

19. **(FCC/2016 – TRT 20ª Região)** De acordo com as disposições constitucionais e legais que regulam a matéria, a Lei de Diretrizes Orçamentárias – LDO

a) deve ser aprovada conjuntamente com a Lei Orçamentária Anual, complementando-a, no que diz respeito à execução, no decorrer do exercício financeiro em curso.
b) compõe o Plano Plurianual, contendo os principais programas e ações que extrapolam o exercício financeiro subsequente.
c) constitui a peça subsequente à Lei Orçamentária Anual, disciplinando a abertura de créditos suplementares e, quando necessário, o contingenciamento de despesas.
d) precede e orienta a elaboração da Lei Orçamentária Anual, estabelecendo, entre outros temas, metas e prioridades para o exercício financeiro subsequente.
e) substitui a Lei Orçamentária Anual no último ano de mandato do Chefe do Executivo, não podendo contemplar restos a pagar não processados.

20. **(FCC/2016 – TRF 3ª Região)** Nos termos da Constituição Federal é conteúdo da Lei Orçamentária Anual:

I. Orçamento fiscal referente aos fundos da União.

II. O orçamento de investimento das empresas em que a União, direta ou indiretamente, detenha a maioria do capital social com direito a voto.

III. Autorização para abertura de créditos suplementares.

IV. Autorização para contratação de operação de crédito por antecipação de receita.

V. Critérios e formas para limitação de empenho.

Está correto o que consta APENAS em

a) I, II, III e IV.

b) II, III, IV e V.

c) I, III, IV e V.

d) I, II, IV e V.

e) I, II, III e V.

21. (FCC/2016 – TRF 3ª Região) Sobre a Lei de Diretrizes Orçamentárias, considere:

I. Condições e exigências para transferências de recursos a entidades públicas e privadas.

II. Metas anuais, em valores correntes e constantes, relativas a receitas, despesas, resultados nominal e primário e montante da dívida pública, para o exercício a que se referirem e para os dois seguintes.

III. Demonstrativo da estimativa e compensação da renúncia de receita.

IV. Demonstrativo da margem de expansão das despesas obrigatórias de caráter continuado.

V. Passivos contingentes e outros riscos capazes de afetar as contas públicas.

É conteúdo obrigatório da citada lei o que consta em

a) II, IV e V, apenas.

b) I, II e III, apenas.

c) II, III, IV e V, apenas.

d) I, II, III, IV e V.

e) I, III, IV e V, apenas.

22. (FGV/2017 – ALERJ) O orçamento surgiu no setor público como instrumento de controle. A consolidação da democracia e o crescimento das atribuições do Estado criaram a necessidade de desenvolvimento de modelos orçamentários condizentes com as necessidades da Administração Pública.

Um elemento que caracteriza a concepção moderna de orçamento público é:

a) ausência de integração entre planejamento e orçamento;

b) ênfase na redução dos gastos públicos;

c) influência da lógica empresarial;

d) neutralidade das finanças públicas;

e) papel secundário do aspecto econômico.

23. (FGV/2015 – TJ BA) A competência pela inciativa da Lei Orçamentária é:

a) circunscrita a cada Poder;

b) concorrente dos Poderes Executivo e Legislativo;

c) exclusiva do Poder Executivo;

d) exclusiva do Poder Legislativo;

e) partilhada pela administração direta e indireta.

24. (FGV/2015 – TJ PI) Um dos instrumentos previstos na Constituição Federal como parte do processo de planejamento é a Lei de Diretrizes Orçamentárias, que visa, entre outras coisas, orientar a elaboração do orçamento. NÃO faz parte da Lei de Diretrizes Orçamentárias dispor sobre:

a) critérios e forma de limitação de empenho;

b) despesas de capital para o exercício financeiro subsequente;

c) equilíbrio entre receitas e despesas;

d) política de aplicação das agências financeiras oficiais de fomento;

e) programas de duração continuada.

25. (FGV/2013 – SUDENE) Quanto ao **orçamento público**, analise as afirmativas a seguir.

I. O Poder Legislativo é responsável pela aprovação da proposta orçamentária elaborada pelo Poder Executivo, bem como pelo controle da execução orçamentária.

II. O instrumento constitucional de planejamento que liga o plano plurianual de investimento com a lei de diretrizes orçamentárias, é a lei orçamentária anual.

III. A lei orçamentária anual é exclusiva para as receitas e despesas públicas sendo aprovada no todo ou em partes de acordo com sua divisão em orçamento fiscal, da seguridade social e de investimentos em empresas estatais.

Assinale:

a) se somente a afirmativa I estiver correta.

b) se somente as afirmativas I e II estiverem corretas.

c) se somente as afirmativas I e III estiverem corretas.

d) se somente as afirmativas II e III estiverem corretas.

e) se todas as afirmativas estiverem corretas.

GABARITO

1	F	**6**	C	**11**	V	**16**	C	**21**	D
2	V	**7**	C	**12**	F	**17**	C	**22**	C
3	V	**8**	V	**13**	V	**18**	A	**23**	C
4	F	**9**	V	**14**	C	**19**	D	**24**	E
5	F	**10**	F	**15**	B	**20**	A	**25**	A

Assista à correção de algumas questões, deste capítulo, posicionando aqui o leitor do ***QR Code.***

https://editoraj.us/AFO02

Capítulo 3.
Princípios Orçamentários

3.1. INTRODUÇÃO

O que são princípios orçamentários?

São regras norteadoras básicas criadas para balizar todo o processo de elaboração, controle e execução dos orçamentos. São obrigatórios e devem ser aplicados por todos os entes da federação em qualquer esfera de governo, são estabelecidos e disciplinados tanto por normas constitucionais e infraconstitucionais quanto pela doutrina.

No presente capítulo serão analisados os princípios orçamentários de maior representatividade, especialmente os integrados na legislação brasileira. Procurar-se-á enfocar os principais pontos cobrados em concursos quais sejam: a sua denominação, regra geral, exceção (quando admitir) e a sua positivação legal, assim como os problemas que decorrem da inobservância de alguns deles.

Dica: Todos aqueles que integram o orçamento fiscal e o da seguridade social estarão obrigados a observar os princípios orçamentários.

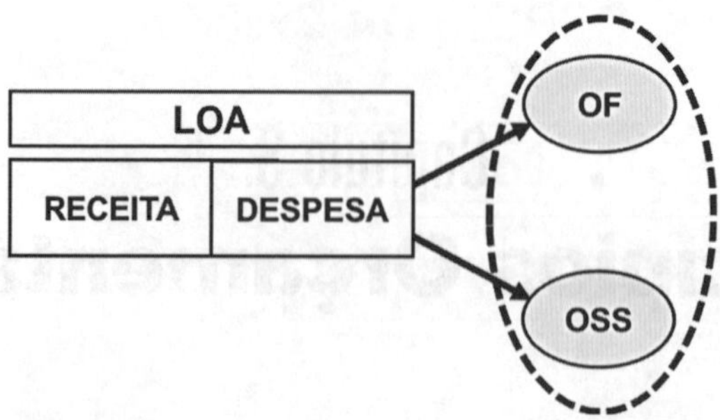

O que as bancas costumam cobrar?

Geralmente as questões exploram a denominação do princípio, regra geral, exceção (ou exceções) e a sua positivação legal.

Atenção! A exceção não desrespeita a regra do princípio.

Exemplo: *O princípio da não vinculação veda a vinculação das receitas de impostos a órgãos, fundos ou despesas. Portanto, a vinculação da receita de impostos para as ações e serviços públicos de saúde está indo de encontro ao referido princípio.*

Errado. Pois, a legislação admite essa vinculação tratando-a como exceção (CF/88 art. 167 IV).

3.2. PRINCÍPIO DA UNIDADE OU TOTALIDADE

De acordo com este princípio, o orçamento deve ser uno, ou seja, cada ente da federação deverá elaborar um único orçamento possibilitando uma visão do conjunto das receias e das despesas. Este princípio é mencionado no *caput* do art. 2º da Lei nº 4.320, de 1964, e visa evitar múltiplos orçamentos paralelos dentro da mesma pessoa política. Dessa forma, todas as receitas previstas e despesas fixadas, em cada exercício financeiro, devem integrar um único documento legal dentro de cada nível federativo.

Destarte, não existe a LOA do poder Executivo, a LOA do Poder Judiciário, a LOA do Poder Legislativo e a LOA do Ministério Público. Temos uma única LOA que totaliza todos os poderes e órgãos da administração pública.

DEPOIS DA CF/88

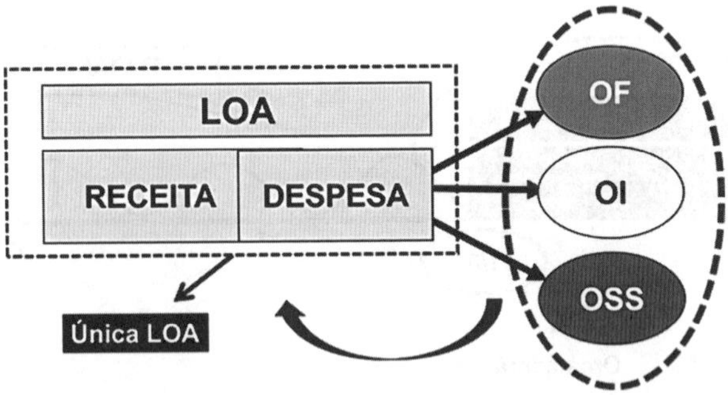

Fundamentação legal

> **4.320/64**
> Art. 2º. A Lei do Orçamento conterá a discriminação da receita e despesa de forma a evidenciar a política econômica financeira e o programa de trabalho do Governo, **obedecidos os princípios de unidade, universalidade e anualidade.**

Atenção! Caso a banca cobre os princípios explícitos ou textuais da lei nº 4.320/64 você deverá tomar um susto. **UAU!!!**

Percebeu? **U**nidade, **A**nualidade e **U**niversalidade.

Exceção: A regra geral desse princípio é absoluta, portanto não admite nenhuma exceção.

3.3. PRINCÍPIO DA UNIVERSALIDADE

Segundo este princípio, a LOA de cada ente federado deverá conter todas as receitas e as despesas de todos os Poderes, órgãos, entidades, fundos e fundações instituídas e mantidas pelo poder público. Este princípio é mencionado no *caput* do art. 2° da Lei n° 4.320, de 1964, recepcionado e normatizado pelo § 5° do art. 165 da CF.

Esse princípio evita que a arrecadação de algum recurso financeiro, bem como a sua consequente aplicação, fuja à competente apreciação e aprovação do Poder Legislativo.

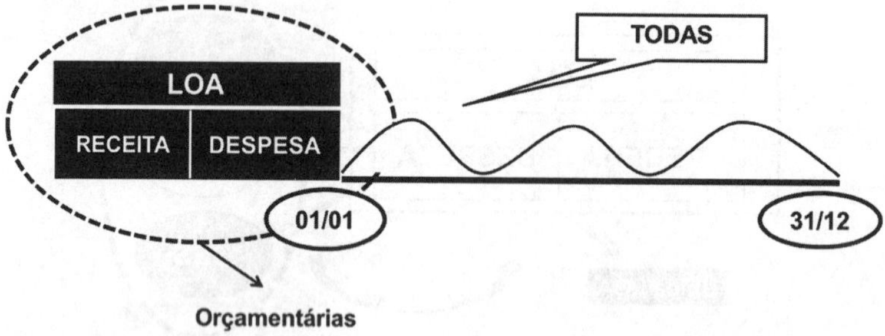

Atenção! A obrigatoriedade da inclusão se restringe apenas as receitas e despesas orçamentárias.

Fundamentação legal

CF/88

Art. 165, § 5º. A lei orçamentária anual compreenderá:

I – o orçamento fiscal referente aos Poderes da União, seus fundos, órgãos e entidades da administração direta e indireta, inclusive fundações instituídas e mantidas pelo Poder Público;

II – o orçamento de investimento das empresas em que a União, direta ou indiretamente, detenha a maioria do capital social com direito a voto;

III – o orçamento da seguridade social, abrangendo todas as entidades e órgãos a ela vinculados, da administração direta ou indireta, bem como os fundos e fundações instituídos e mantidos pelo Poder Público.

4.320/64

Art. 3º. A Lei de Orçamento compreenderá todas as receitas, inclusive as de operações de crédito autorizadas em lei.

Art. 4º. A Lei de Orçamento compreenderá todas as despesas próprias dos órgãos do Governo e da administração centralizada, ou que, por intermédio deles se devam realizar, observado o disposto no artigo 2°.

A regra geral desse princípio não é absoluta admitindo-se exceções.

Exceção 1.

Caso o projeto da Lei Orçamentária Anual tenha sido encaminhado e sancionado antes da criação de um novo tributo, este ao ser arrecadado no próximo exercício, mesmo não constando na LOA, deverá ser classificado como receita orçamentária. No Brasil, não se exige prévia autorização orçamentária para que possa ser cobrado um tributo em um exercício. Portanto, teremos a possibilidade de arrecadar uma receita orçamentária que não foi prevista na LOA. O que realmente caracteriza a receita como orçamentária é o fato de a renda pertencer ao Estado.

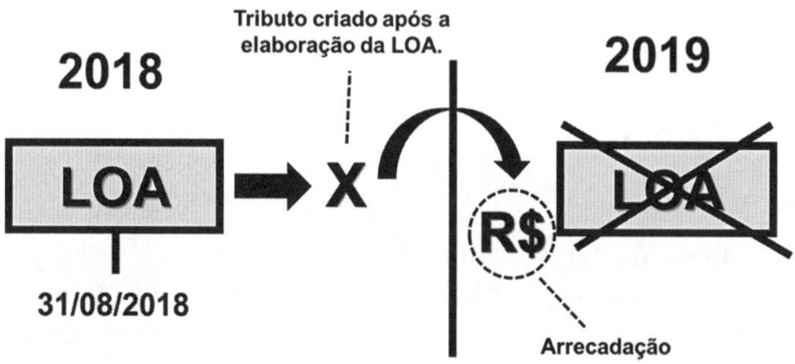

Exceção 2.

A Lei nº 4.320/64, em seu artigo 57, determina a classificação como receita orçamentária das operações de crédito mesmo que não prevista na LOA. Destarte, temos mais uma exceção ao referido princípio..

> **Art. 57.** Ressalvado o disposto no parágrafo único do artigo 3º desta lei serão classificadas como receita orçamentária, sob as rubricas próprias, todas as receitas arrecadadas, inclusive as provenientes de operações de crédito, ainda que não previstas no Orçamento.

3.4. PRINCÍPIO DA ANUALIDADE OU PERIODICIDADE

Estipulado, de forma literal, pelo caput do art. 2º da Lei nº 4.320/1964 (**U A U)**, delimita o exercício financeiro orçamentário como período de tempo ao qual a previsão das receitas e a fixação das despesas registradas na LOA irão se referir.

Segundo o art. 34 da Lei nº 4.320/1964, o exercício financeiro coincidirá com o ano civil, ou seja, de 1º de janeiro a 31 de dezembro de cada ano.

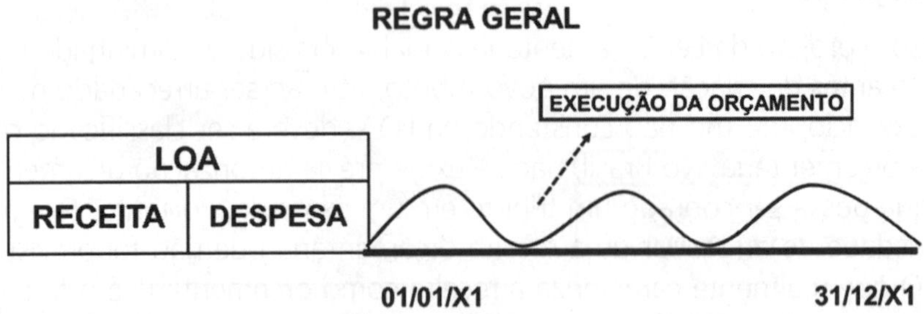

Esse princípio também permite que os planos sejam revistos, no máximo, anualmente, o que concorre para o aperfeiçoamento dos mesmos.

Atenção!

As bancas, na tentativa de lhe induzir ao erro, afirmam o seguinte: *A regra do princípio da anualidade determina a execução do orçamento dentro de um ano, contado a partir da sua publicação (ou aprovação).* **ERRADO.**

➘ Exceção

Créditos adicionais com vigência plurianual.

CF/88

Art. 167, § 2º. Os créditos especiais e extraordinários terão vigência no exercício financeiro em que forem autorizados, salvo se o ato de autorização for promulgado nos últimos quatro meses daquele exercício, caso em que, reabertos nos limites de seus saldos, serão incorporados ao orçamento do exercício financeiro subseqüente.

➘ Descomplicando:

1. Regra geral. O orçamento começará a ser executado em X1 e terminará também em X1 ("*Os créditos especiais e extraordinários terão vigência no exercício financeiro em que forem autorizados,...*").
2. Exceção. Parte do orçamento que iniciou em X1 será executado em X2 ("... *salvo se o ato de autorização for promulgado nos últimos quatro meses*

daquele exercício, caso em que, reabertos nos limites de seus saldos, serão incorporados ao orçamento do exercício financeiro subseqüente.").

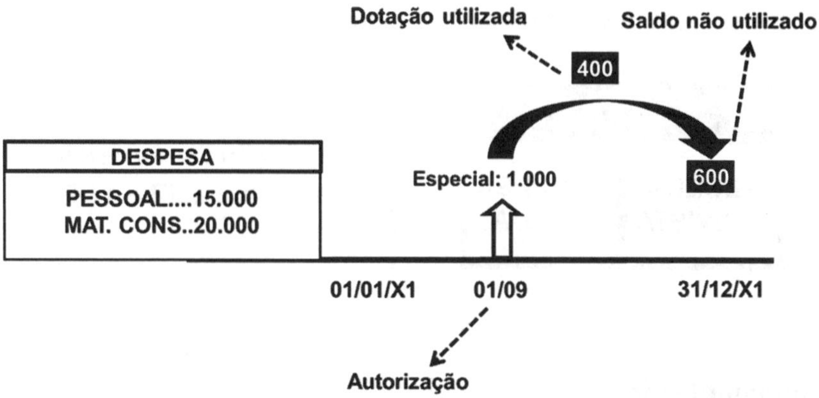

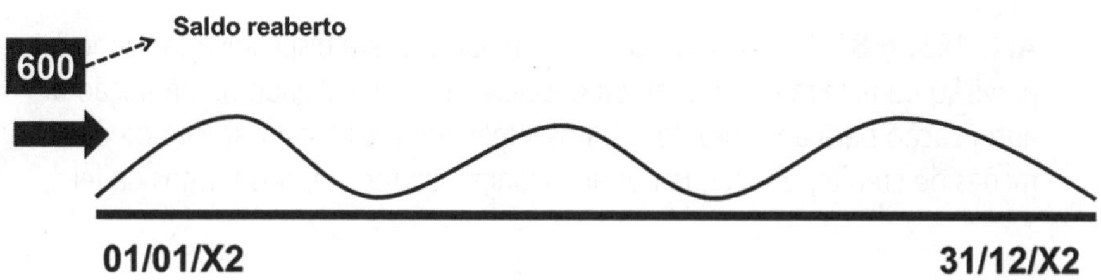

3. Observe pelas figuras acima que isso só será possível quando o ato de autorização dos créditos especiais ou extraordinários for promulgado nos últimos quatro meses do exercício (comece a contar a partir do dia 1° de setembro).
4. Desta forma, o saldo não utilizado poderá ser reaberto, se necessário, no próximo ano sendo incorporado ao orçamento do exercício subseqüente.

3.5. PRINCÍPIO DA EXCLUSIVIDADE

Orçamentos "rabilongos"

Rui Barbosa criou a expressão **orçamentos rabilongos**, para evidenciar aqueles orçamentos que apresentavam caudas orçamentárias. As *caudas orçamentárias* eram dispositivos alheios à receita prevista (RP) e a despesa fixada (DF) incluídos no orçamento do ente federativo.

O princípio da exclusividade, criado pela CF/88, acabou com essa prática ao estabelecer no § 8º do art. 165 que: a LOA não conterá dispositivo estranho à previsão da receita e à fixação da despesa. Além disso, as leis de créditos adicionais também devem observar esse princípio.

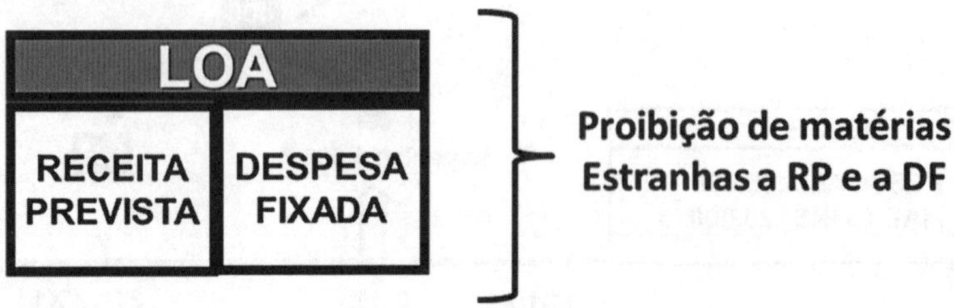

Fundamentação legal

CF/88

Art. 165, § 8º. A lei orçamentária anual não conterá dispositivo estranho à previsão da receita e à fixação da despesa, não se incluindo na proibição a autorização para abertura de créditos suplementares e contratação de operações de crédito, ainda que por antecipação de receita, nos termos da lei.

Exceção

As exceções tratam das **autorizações** para a abertura (**limitada**) dos créditos suplementares e para a contratação das operações de créditos (ainda que por antecipação da receita orçamentária – ARO).

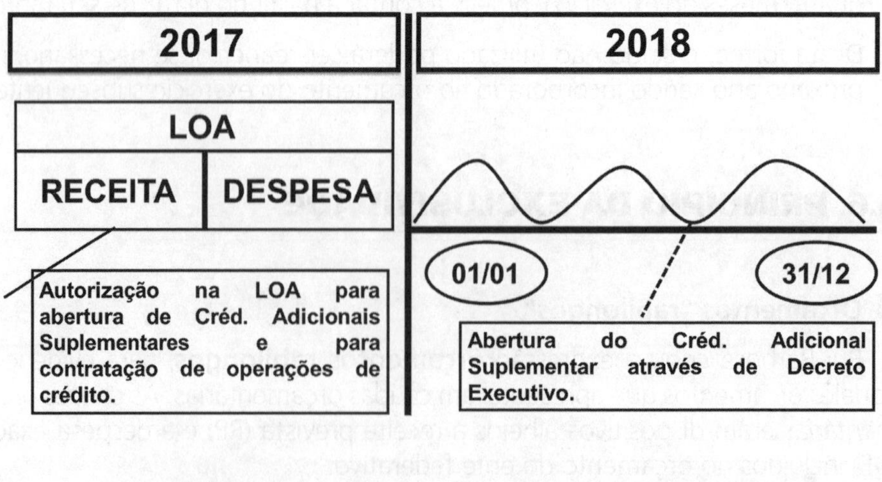

Observe pela figura acima que os créditos suplementares poderão ser abertos durante o exercício de 2018 mediante Decreto do Poder Executivo sem que haja necessidade de autorização legislativa. A autorização foi dada na própria LOA elaborada em 2017. A mesma lógica valerá para a contratação de operações de créditos (ainda que por antecipação de receita) que também poderão ser autorizadas na LOA.

> **LOA/2017**
> **Art. 7º.** Fica o Poder Executivo autorizado a abrir créditos suplementares, observados os limites e condições estabelecidos neste artigo, desde que as alterações promovidas na programação orçamentária estejam de acordo com a meta de resultado primário estabelecida para o exercício de 2017, vigente na data da publicação do ato de abertura do crédito, para as seguintes finalidades:
>
> **Art. 8º.** Em cumprimento ao disposto no art. 32, § 1º, inciso I, da LRF, ficam autorizadas a contratação das operações de crédito incluídas nesta Lei e a emissão de Títulos de Responsabilidade do Tesouro Nacional para o atendimento das despesas previstas nesta Lei com essa receita, sem prejuízo do que estabelece o art. 52, inciso V, da Constituição, no que se refere às operações de crédito externas."

Situação hipotética:

1. A Lei Orçamentária Anual limitou em 10% do total das dotações orçamentárias a abertura de créditos suplementares;
2. Durante o exercício financeiro todo o limite foi utilizado;
3. A abertura de um novo crédito suplementar (após a utilização do limite de 10%) dependerá de autorização específica a ser dada pelo Poder Legislativo.

3.6. PRINCÍPIO DO ORÇAMENTO BRUTO

O princípio do *orçamento bruto*, previsto no art. 6º da Lei nº 4.320, de 1964, preconiza o registro das receitas e despesas na LOA pelo valor total e bruto, vedadas quaisquer deduções.

James Giacomoni, em sua obra denominada *Orçamento Público*, nos ensina que "a regra pretende impedir a inclusão, no orçamento, de importâncias líquidas, isto é, a inclusão apenas do saldo positivo ou negativo resultante do confronto entre as receitas e as despesas de determinado serviço público". A regra desse princípio é absoluta, portanto, não admite exceção.

Fundamentação legal

4.320/64

Art. 6º. Todas as receitas e despesas constarão da Lei de Orçamento pelos seus totais, vedadas quaisquer deduções.

§ 1º. As cotas de receitas que uma entidade pública deva transferir a outra incluir-se-ão, como despesa, no orçamento da entidade obrigada à transferência e, como receita, no orçamento da que as deva receber.

Atenção!

- Caso a LOA apresente valores líquidos dois princípios estarão sendo desobedecidos o do Orçamento Bruto e o da Universalidade.
- Ao se elaborar a proposta orçamentária de uma unidade da federação os valores relativos à previsão das receitas a serem transferidas deverão ser fixados como despesa no orçamento da unidade transferidora e como receita prevista no orçamento dos entes que as receberão (§ 1º do art. 6º)

Universalidade X Unidade X Orçamento Bruto

Fique atento, pois há uma linha bastante tênue entre esses princípios.

PRINCÍPIO	REGRA GERAL
Universalidade	Determina a inclusão de todas as receitas e despesas **na** LOA.
Unidade	Determina a inclusão de todas as receitas e despesas **em uma única** LOA.
Orçamento Bruto	Determina a inclusão de todas as receitas e despesas na LOA **vedadas quaisquer deduções.**

3.7. PRINCÍPIO DA NÃO VINCULAÇÃO DA RECEITA DE IMPOSTOS

Também conhecido como NÃO AFETAÇÃO DE RECEITAS. Foi criado em 1988 pela Constituição Federal (Art. 167, inciso IV). Este princípio veda a vinculação da receita de impostos a órgão, fundo ou despesa, salvo exceções estabelecidas pela própria CF/88.

O princípio veda a vinculação das receitas de IMPOSTOS a:

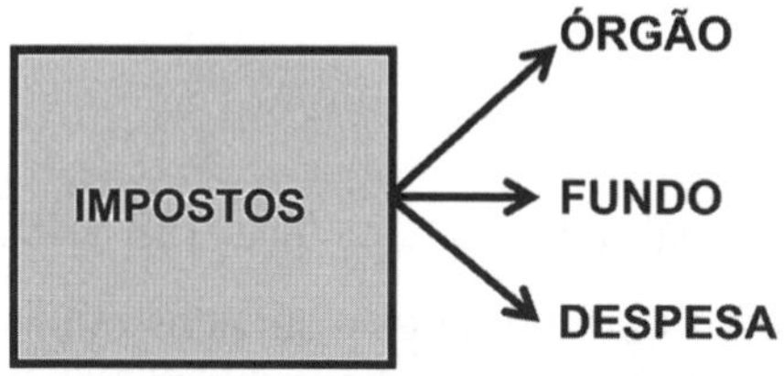

Atenção: A regra geral veda apenas a vinculação de receitas de impostos não vedando a vinculação das outras espécies tributárias.

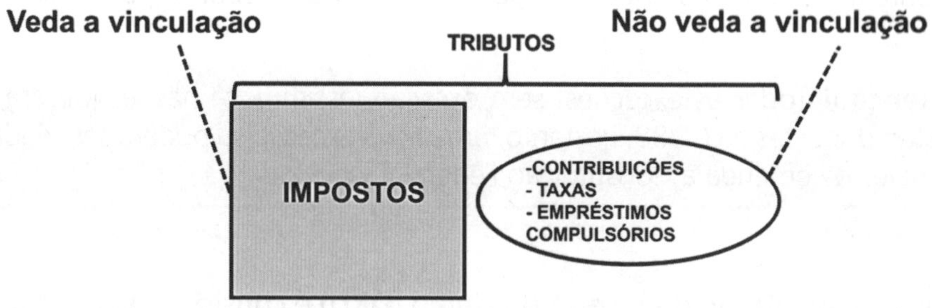

Fundamentação legal

CF/88 Art. 167. São vedados:

[...]

IV – a vinculação de receita de impostos a órgão, fundo ou despesa, **ressalvadas** a repartição do produto da arrecadação dos impostos a que se referem os arts. 158 e 159, a destinação de recursos para as ações e serviços públicos de saúde, para manutenção e desenvolvimento do ensino e para realização de atividades da administração tributária, como determinado, respectivamente, pelos arts. 198, § 2º, 212 e 37, XXII, e a prestação de garantias às operações de crédito por antecipação de receita, previstas no art. 165, § 8º, bem como o disposto no § 4º deste artigo;

[...]

§ 4º. É permitida a vinculação de receitas próprias geradas pelos impostos a que se referem os arts. 155 e 156, e dos recursos de que tratam os arts. 157, 158 e 159, I, a e b, e II, para a prestação de garantia ou contragarantia à União e para pagamento de débitos para com esta.

Exceções

1. Repartição constitucional dos impostos (arts 158 e 159);
2. Destinação de recursos para as ações e serviços públicos de saúde;
3. Destinação de recursos para manutenção e desenvolvimento do ensino;
4. Destinação de recursos para realização de atividades da administração tributária;
5. Prestação de garantias às operações de crédito por antecipação de receita (ARO);
6. Garantia e contragarantia à União e pagamento de débitos para União.

Atenção! Todas as exceções, sem exceção (assim você não esquecerá), estão dispostas na CF/88. Portanto, uma nova exceção só poderá ser criada através de emenda à Constituição Federal.

A Desvinculação da receita da União (DRU) é considerada mais uma exceção ao princípio ou é um reforço a sua regra geral?

Bem, a DRU é um mecanismo que permite ao governo federal usar livremente 20% de todos os tributos federais vinculados por lei a fundos ou despesas. A principal fonte de recursos da DRU são as contribuições sociais, que respondem a cerca de 90% do montante desvinculado.

Na prática, permite que o governo aplique os recursos destinados a áreas como educação, saúde e previdência social em qualquer despesa considerada prioritária e na formação de superávit primário. A DRU também possibilita o manejo de recursos para o pagamento de juros da dívida pública.

◆ **Portanto, a DRU reforça a regra geral do princípio.**

3.8. PRINCÍPIO DO EQUILÍBRIO

Esse princípio estabelece que o montante da despesa autorizada em cada exercício financeiro não poderá ser superior ao total de receitas estimadas para o mesmo período.

RECEITA = DESPESA

RECEITA > DESPESA

Conforme o caput do artigo 3° da Lei n° 4.320/1964, a Lei de Orçamento compreenderá todas as receitas, inclusive as de operações de créditos autorizadas em lei. Assim, o equilíbrio orçamentário pode ser obtido por meio de operações de crédito. É o chamado equilíbrio **FORMAL.** Caso não haja a previsão na LOA da fonte operações de créditos, teremos o equilíbrio **EFETIVO.**

↘ Equilíbrio Formal

LOA	
Tributária....................10.000	Pessoal................15.000
Patrimonial...................5.000	Mat. Cons............17.000
→ Op. de crédito...........20.000	Transferências......3.000
TOTAL.........................35.000	TOTAL..................35.000

Equilíbrio Efetivo

LOA	
Tributária....................10.000	Pessoal.................15.000
Patrimonial...................5.000	Mat. Cons.............17.000
Alienação de bens.....20.000	Transferências......3.000
TOTAL.........................35.000	TOTAL.................35.000

Atenção! O princípio do equilíbrio tem merecido maior atenção, fora do âmbito específico do orçamento, interessando outras áreas econômicas, como finanças públicas, política fiscal e desenvolvimento econômico.

Fundamentação legal

CF/88
Art. 167. São vedados:
II – a realização de despesas ou a assunção de obrigações diretas que excedam os créditos orçamentários ou adicionais;
III – a realização de operações de créditos que excedam o montante das despesas de capital, ressalvadas as autorizadas mediante créditos suplementares ou especiais com finalidade precisa, aprovados pelo Poder Legislativo por maioria absoluta;
V – a abertura de crédito suplementar ou especial sem prévia autorização legislativa e sem indicação dos recursos correspondentes;

3.9. PRINCÍPIO DA PROGRAMAÇÃO

Princípio orçamentário segundo o qual o orçamento público deve ser estruturado sob a forma de programação, isto é, deve expressar o programa de trabalho de cada entidade do setor público, detalhando por meio de categorias apropriadas, como, onde e com que amplitude o setor público irá atuar no exercício a que se refere à Lei Orçamentária (Sanches 2004, p.283).

O princípio da programação é considerado como moderno princípio orçamentário e surgiu a partir da necessidade de otimizar os recursos escassos. Portanto, com esse princípio, "os governos passarem a utilizar o orçamento, até então instrumento de autorização e controle parlamentar, como auxiliar efetivo da administração, especialmente como técnica de ligação entre as funções de planejamento e de gerência" (Giacomoni, 2005, p. 87).

3.10. PRINCÍPIO DA ESPECIFICAÇÃO, DISCRIMINAÇÃO OU ESPECIALIZAÇÃO

O art. 5º da Lei nº 4.320/64 incorpora às suas disposições o princípio orçamentário da especificação ao determinar que a Lei de Orçamento não consignará dotações globais destinadas a atender indiferentemente a despesas de pessoal, material, serviços de terceiros, transferências ou quaisquer outras, ressalvado o disposto no artigo 20 e seu parágrafo único.

Segundo Giacomoni, (2005, p.82), o princípio da especialização, discriminação ou especificação:

É mais uma das regras clássicas dispostas com a finalidade de apoiar o trabalho fiscalizador dos parlamentos sobre as finanças executivas. De acordo com esse princípio, as receitas e as despesas devem aparecer no orçamento de maneira discriminada, de tal forma que se possa saber, pormenorizadamente, a origem dos recursos e sua aplicação.

A observância desta regra inibe as autorizações genéricas que possibilitariam ao Poder Executivo grande flexibilidade na utilização dos créditos orçamentários. A receita será discriminada por Fonte e a despesa, no mínimo, por elemento.

Fundamentação legal

4.320/64
Art. 5º. A Lei de Orçamento não consignará dotações globais destinadas a atender indiferentemente a despesas de pessoal, material, serviços de terceiros, transferências ou quaisquer outras, ressalvado o disposto no artigo 20 e seu parágrafo único.

Art. 15. Na Lei de Orçamento a discriminação da despesa far-se-á, no mínimo, por elementos.

§ 1º. Entende-se por elementos o desdobramento da despesa com pessoal, material, serviços, obras e outros meios de que se serve a administração pública para consecução dos seus fins.

LOA	
TRIBUTÁRIA......10.000 PATRIMONIAL.....5.000 OP. CRÉD..........20.000	PESSOAL..........15.000 MAT. CONS........17.000 TRANSF.............3.000
TOTAL...............35.000	TOTAL..............35.000
FONTE DA RECEITA	ELEMENTO DA DESPESA

Exceções

1. Programas especiais de trabalho (Investimentos em regime de execução especial);
2. Reserva de Contingência (Art. 91 do Decreto-Lei 200/67).

4.320/64
Art. 5º. A Lei de Orçamento não consignará dotações globais destinadas a atender indiferentemente a despesas de pessoal, material, serviços de terceiros, transferências ou quaisquer outras, **ressalvado o disposto no artigo 20 e seu parágrafo único.**

Art. 20. Os investimentos serão discriminados na Lei de Orçamento segundo os projetos de obras e de outras aplicações.
Parágrafo único. Os programas especiais de trabalho que, por sua natureza, não possam cumprir-se subordinadamente às normas gerais de execução da despesa poderão ser custeadas por dotações globais, classificadas entre as Despesas de Capital.

Decreto-Lei nº 200/67
Art. 91. Sob a denominação de Reserva de Contingência, o orçamento anual poderá conter dotação global não especificamente destinada a determinado órgão, unidade orçamentária, programa ou categoria econômica, cujos recursos serão utilizados para abertura de créditos adicionais.

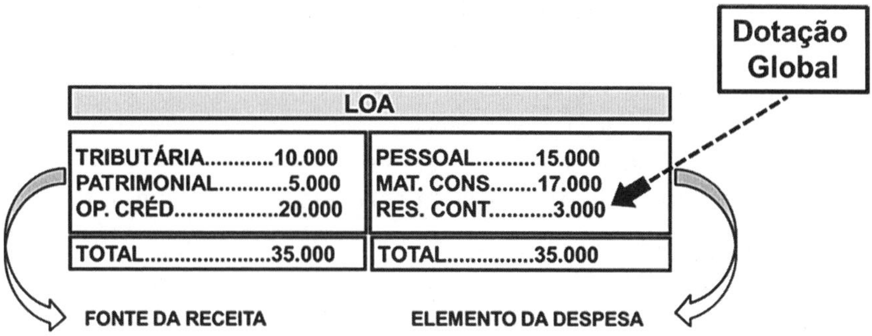

A dotação global funciona como um coringa em um jogo de baralho e poderá ser utilizada, no caso dos programas especiais de trabalho, para despesas de capital classificadas como investimentos e no caso da reserva de contingência para qualquer categoria econômica (corrente ou de capital) servindo como fonte para abertura de créditos adicionais.

3.11. PRINCÍPIO DA CLAREZA

Sanches (2004, f. 62), define como:

> Princípio orçamentário clássico segundo o qual a Lei Orçamentária deve ser estruturada por meio de categorias e elementos que facilitem sua compreensão até mesmo por pessoas de limitado conhecimento técnico no campo das finanças públicas.

3.12. PRINCÍPIO DA LEGALIDADE

A essência desse princípio passa pela necessidade de autorização legislativa em matéria orçamentária. Para que o plano político do governo (PPA, LDO e LOA) possa ser colocado em prática deverá passar pelo crivo (autorização) do Poder Legislativo. Esse é um dos princípios da administração pública que mais afeta a atividade financeira do Estado.

Tem o mesmo fundamento do princípio esculpido nos artigos 5º e 37 da Constituição segundo o qual a administração se subordina aos ditames da lei.

> **Art. 37.** A administração pública direta e indireta de qualquer dos Poderes da União, dos Estados, do Distrito Federal e dos Municípios obedecerá aos princípios de legalidade, impessoalidade, moralidade, publicidade e eficiência e, também, ao seguinte:...
>
> **Art. 5º.**
> II – ninguém será obrigado a fazer ou deixar de fazer alguma coisa senão em virtude de lei.

Fundamentação legal

CF/88

Art. 165. Leis de iniciativa do Poder Executivo estabelecerão:
I – o plano plurianual;
II – as diretrizes orçamentárias;
III – os orçamentos anuais.

Art. 167. São vedados:
I – o início de programas ou projetos não incluídos na lei orçamentária anual;
II – a realização de despesas ou a assunção de obrigações diretas que excedam os créditos orçamentários ou adicionais;
III – a realização de operações de créditos que excedam o montante das despesas de capital, ressalvadas as autorizadas mediante créditos suplementares ou especiais com finalidade precisa, aprovados pelo Poder Legislativo por maioria absoluta;
V – a abertura de crédito suplementar ou especial sem prévia autorização legislativa e sem indicação dos recursos correspondentes;
VI – a transposição, o remanejamento ou a transferência de recursos de uma categoria de programação para outra ou de um órgão para outro, sem prévia autorização legislativa;
VIII – a utilização, sem autorização legislativa específica, de recursos dos orçamentos fiscal e da seguridade social para suprir necessidade ou cobrir déficit de empresas, fundações e fundos, inclusive dos mencionados no art. 165, § 5º;
IX – a instituição de fundos de qualquer natureza, sem prévia autorização legislativa.

Atenção! A Emenda Constitucional nº 85 de 27/02/2015 permite a transposição, o remanejamento ou a transferência de recursos de uma categoria de programação para outra ou de um órgão para outro SEM PRÉVIA AUTORIZAÇÃO LEGISLATIVA.

Fique atento, pois as bancas poderão considerar como exceção ao princípio da legalidade (orçamentária).

CF/88

Artigo 167, § 5º. A transposição, o remanejamento ou a transferência de recursos de uma categoria de programação para outra poderão ser admitidos, **no âmbito das atividades de ciência, tecnologia e inovação**, com o objetivo de viabilizar os resultados de projetos restritos a essas funções, mediante ato do Poder Executivo, **sem necessidade da prévia autorização legislativa** prevista no inciso VI deste artigo. (Grifo nosso)

3.13. PRINCÍPIO DA RESERVA LEGAL

A iniciativa para propor as leis do PPA, LDO e LOA e de créditos adicionais é privativa (não cabendo à delegação) do Poder Executivo. Essa exclusividade de matéria orçamentária é denominada de reserva legal. Não confunda o princípio da Legalidade com o da Reserva Legal.

Essência do Princípio da **Legalidade**: Necessita de autorização legislativa.

Essência do Princípio da **Reserva Legal**: A competência para iniciar o processo orçamentário sempre será do chefe do Poder Executivo.

Fundamentação legal

CF/88

Art. 84. Compete privativamente ao Presidente da República:

XXIII – enviar ao Congresso Nacional o plano plurianual, o projeto de lei de diretrizes orçamentárias e as propostas de orçamento previstos nesta Constituição;

Art. 165. Leis de iniciativa do Poder Executivo estabelecerão:
I – o plano plurianual;
II – as diretrizes orçamentárias;
III – os orçamentos anuais.

Atenção! Caso a questão mencione o texto do artigo 165, I, II e III você deverá assinalar a alternativa que apresente ou o Princípio da Legalidade ou da Reserva Legal.

3.14. PRINCÍPIO DA PROIBIÇÃO DO ESTORNO DE VERBAS

Depois de aprovada a LOA o Chefe do Poder Executivo não poderá, com uma simples canetada, transpor, remanejar ou transferir recursos sem autorização Legislativa. Essa é a regra geral.

CF/88
Art. 167. São vedados
VI – a transposição, o remanejamento ou a transferência de recursos de uma categoria de programação para outra ou de um órgão para outro, sem prévia autorização legislativa;

Contudo, a Emenda Constitucional nº 85/2015, em seu art. 167 § 5º, permite que isso aconteça, sem prévia autorização legislativa, **no âmbito das atividades de ciência, tecnologia e inovação**, com o objetivo de viabilizar os resultados de projetos restritos a essas funções, **mediante ato do Poder Executivo**. Trate essa situação como a exceção do princípio.

Atenção! Caso a questão mencione o texto do artigo 167, IV você deverá assinalar a alternativa que apresente ou o Princípio da Legalidade ou da Proibição do estorno de verbas.

3.15. PRINCÍPIO DA PUBLICIDADE

A Publicação da lei orçamentária é uma exigência para que a lei possa surtir seus efeitos. Os entes governamentais de maior porte possuem meios de divulgação das leis e dos demais atos formais de seu interesse. A publicação dá conhecimento aos particulares tornando a lei eficaz para o público.

O art. 37 da CF/88 trata do princípio que rege toda à administração pública já o art. 165 § 3° trata do princípio em matéria orçamentária.

> **CF/88**
> **Art. 165 § 3º** – O Poder Executivo publicará, até trinta dias após o encerramento de cada bimestre, relatório resumido da execução orçamentária.
>
> **LDO/2018:**
> **Art. 131**. A ELABORAÇÃO e a aprovação dos Projetos da Lei Orçamentária de 2018 e de créditos adicionais, bem como a execução das respectivas leis, deverão ser realizadas de acordo com os princípios da publicidade e da clareza, promovendo-se a transparência da gestão fiscal e permitindo-se o amplo acesso da sociedade a todas as informações relativas a cada uma dessas etapas.
>
> **Art. 144**. A EXECUÇÃO da Lei Orçamentária de 2018 e dos créditos adicionais obedecerá aos princípios constitucionais da legalidade, impessoalidade, moralidade, publicidade e eficiência na administração pública federal, não podendo ser utilizada para influir na apreciação de proposições legislativas em tramitação no Congresso Nacional.(Destaques nosso)

3.16. QUADRO RESUMO

PRINCÍPIO	REGRA GERAL	EXCEÇÕES
Unidade	O orçamento deve ser uno, ou seja, cada ente da federação deverá elaborar um único orçamento.	Não admite
Universalidade	A LOA de cada ente federado deverá conter todas as receitas e as despesas de todos os Poderes, órgãos, entidades, fundos e fundações instituídas e mantidas pelo poder público.	1. Tributos criados após a elaboração do orçamento mas antes do início do exercício financeiro. 2. Operações de créditos não previstas mas arrecadadas durante o exercício.

PRINCÍPIO	REGRA GERAL	EXCEÇÕES
Anualidade	Delimita o exercício financeiro orçamentário como período de tempo ao qual a previsão das receitas e a fixação das despesas registradas na LOA irão se referir.	Créditos adicionais com vigência plurianual.
Exclusividade	Proíbe a inclusão de matérias estranhas à previsão de receita e a fixação das despesas na LOA.	Autorização para abertura de créditos suplementares e para contratação de operações de crédito incluindo a ARO.
Orçamento Bruto	As receitas e despesas serão registradas na LOA pelo valor total e bruto, vedadas quaisquer deduções.	Não admite
Não vinculação da receita de impostos ou não afetação.	Veda a vinculação da receita de impostos a órgão, fundo ou despesa.	Repartição constitucional dos impostos; Destinação de recursos para as ações e serviços públicos de saúde; Destinação de recursos para manutenção e desenvolvimento do ensino; Destinação de recursos para realização de atividades da administração tributária; Prestação de garantias às operações de crédito por antecipação de receita (ARO); Garantia e contragarantia à União e pagamento de débitos para União.
Equilíbrio	O montante da despesa autorizada em cada exercício financeiro não poderá ser superior ao total de receitas estimadas para o mesmo período.	Não admite
Programação	O orçamento público deve ser estruturado sob a forma de programação, isto é, deve expressar o programa de trabalho de cada entidade do setor público,	Não admite
Especificação, Discriminação ou Especialização	A Lei de Orçamento não consignará dotações globais destinadas a atender indiferentemente a despesas de pessoal, material, serviços de terceiros, transferências ou quaisquer outras,	Programas especiais de trabalho (Investimentos em regime de execução especial); Reserva de Contingência (Art. 91 do Decreto-Lei 200/67).

PRINCÍPIO	REGRA GERAL	EXCEÇÕES
Clareza	A Lei Orçamentária deve ser estruturada por meio de categorias e elementos que facilitem sua compreensão até mesmo por pessoas de limitado conhecimento técnico no campo das finanças públicas.	Não admite.
Legalidade	Necessidade de autorização legislativa em matéria orçamentária.	*As bancas poderão considerar como exceção a prevista no art. 167 § 5º.
Reserva legal.	A iniciativa para propor as leis do PPA, LDO e LOA e de créditos adicionais é privativa (não cabendo à delegação) do Poder Executivo.	Não admite.
Proibição do Estorno de Verbas	A CF/88 veda a transposição, o remanejamento ou transferência de recursos sem autorização Legislativa.	No âmbito das atividades de ciência, tecnologia e inovação, ato do Poder Executivo poderá transpor, remanejar ou transferir.
Publicidade	Dá conhecimento aos particulares tornando a lei eficaz para o público.	Não admite.

3.17. QUESTÕES DE CONCURSOS

1. **(CESPE/2017 – TCE PE)** O tratamento dado aos recursos destinados à educação e à saúde constitui uma exceção ao princípio orçamentário da não vinculação.

2. **(CESPE/2017 – TCE PE)** De acordo com o princípio orçamentário da não afetação – que, no Brasil, é aplicável somente às receitas de impostos –, as receitas públicas não podem estar vinculadas a qualquer tipo de despesa pública.

3. **(CESPE/2017 – TCE PE)** Em decorrência do princípio da anualidade orçamentária, os créditos orçamentários, ordinários ou adicionais abertos para determinado exercício financeiro possuem vigência restrita ao ano civil, sem qualquer exceção.

4. (CESPE/2017 – TRT 7ª Região) Na tramitação da Lei Orçamentária Anual (LOA), um deputado federal apresentou emenda propondo a criação de uma agência de fomento no Centro-Oeste, com o objetivo de incentivar projetos de desenvolvimento econômico e social da região por meio da concessão de empréstimos e financiamentos.

Em decorrência de seu objetivo, a emenda proposta pelo parlamentar, nessa situação hipotética, viola o princípio da

a) discriminação.
b) universalidade.
c) unidade.
d) exclusividade.

5. (CESPE/2017 – TRE BA) Na elaboração do orçamento público, devem-se respeitar determinados princípios. Um deles, previsto no caput do artigo nº 37 da Constituição Federal de 1988, é basilar e refere-se à obrigação de fixação do orçamento em lei que autorize os poderes a executar a despesa, para o fim específico de torná-lo conhecido dos interessados. Esse princípio é o da

a) exclusividade.
b) periodicidade.
c) publicidade.
d) legalidade.
e) transparência.

6. (CESPE/2017 – TCE PE) O caixa único do Tesouro Nacional destina-se a efetivar o princípio orçamentário da unidade.

7. (CESPE/2016 – DPU) De acordo com o princípio da universalidade orçamentária, cada unidade orçamentária deve possuir apenas um orçamento.

8. (CESPE/2016 – TCE PA) De acordo com o princípio da exclusividade, autorizações para aberturas de créditos suplementares e contratações de operações de crédito, apesar de constituírem dispositivos estranhos à previsão de receitas e à fixação de despesas, podem constar da lei orçamentária anual (LOA).

9. **(CESPE/2016 – TCE PA)** De acordo com o princípio da unidade orçamentária, a vigência do orçamento deverá ser limitada a um exercício financeiro.

10. **(CESPE/2015 – STJ)** A transferência da contabilização de uma obrigação resultante de despesa realizada no exercício atual para o subsequente está associada à quebra dos princípios da totalidade e da publicidade.

11. **(CESPE/2015 – TCE RN)** A transposição, o remanejamento ou a transferência de recursos de uma categoria de programação para outra ou de um órgão para outro são proibidos se não houver prévia autorização legislativa, exceto no âmbito das atividades de ciência, tecnologia e inovação, quando o objetivo for viabilizar os resultados de projetos restritos a essas funções.

12. **(CESPE/2015 – TCE RN)** Comumente, confundem-se os princípios da legalidade e da reserva legal. O primeiro, contudo, é mais abrangente e representa o dever de submissão e respeito à lei. O segundo, por sua vez, consiste na imposição constitucional de que determinadas matérias sejam regulamentadas por lei formal.

13. **(CESPE/2015 – TRE GO)** De acordo com o princípio do orçamento bruto, o montante total de despesas orçamentárias deve ser igual ao montante total de receitas orçamentárias.

14. **(CESPE/2015 – TCE RN)** O princípio do equilíbrio orçamentário deixará de ser observado, caso um crédito adicional seja aberto sem a indicação da fonte de recursos necessária à cobertura da despesa.

15. **(CESPE/2017 – TCE PE)** O caixa único do Tesouro Nacional destina-se a efetivar o princípio orçamentário da unidade.

16. **(FCC/2017 – FUNAPE)** Considere que o Estado de Pernambuco pretenda instituir um Fundo Especial de Despesa, na forma disciplinada na Lei federal nº 4.320/64, para custear programas na área de proteção a direitos humanos e combate a práticas discriminatórias. Para tanto,

pretende vincular produto de multas aplicadas a estabelecimentos comerciais autuados por condutas discriminatórias, bem como taxas cobradas pelo exercício de poder de polícia por órgãos fiscalizadores envolvidos, além de um percentual do produto da arrecadação do ICMS no âmbito do Estado. Considerando as disposições da Constituição Federal e as normas gerais de âmbito nacional aplicáveis à espécie, tal pretensão afigura-se juridicamente

a) inviável, em sua totalidade, eis que o princípio orçamentário da não vinculação interdita a destinação direta de quaisquer receitas a ações ou fundos, salvo os instituídos para custear ações e programas de Educação e Saúde.

b) viável, apenas no que diz respeito à destinação das multas, sendo inviável em relação às taxas e percentual de ICMS, eis que a Constituição Federal proíbe a vinculação de tributos a fundos de despesa. (C) viável, desde que o fundo seja instituído por lei complementar, no exercício da competência suplementar do Estado para dispor sobre finanças públicas, observadas as normas gerais editadas pela União.

d) viável, apenas no que diz respeito às multas, que, por não constituírem receita orçamentária de natureza ordinária, são de livre destinação na forma da lei específica que as institui.

e) viável, parcialmente, devendo o fundo ser instituído por lei específica na qual serão estabelecidas as receitas vinculadas às suas finalidades, vedada, contudo, a vinculação de percentual de ICMS por expressa proibição constitucional de vinculação de produto de imposto.

17. (FCC/2016 – TRT 20ª Região) O orçamento público, um dos instrumentos de planejamento previstos na Constituição Federal, deve atender as regras básicas dos princípios orçamentários, a fim de conferir racionalidade, eficiência e transparência aos processos de elaboração, execução e controle. Quanto aos princípios orçamentários, é certo afirmar:

a) A não afetação das receitas – veda a vinculação da receita de impostos a órgão, fundo ou despesa, exceto para reajuste de servidores e pagamento da dívida pública.

b) O orçamento bruto – preconiza o registro das receitas e despesas na Lei Orçamentária Anual – LOA pelo valor total e bruto, permitindo apenas as deduções de receitas pertencentes a outras entidades públicas.

c) A exclusividade – estabelece que a LOA não conterá dispositivo estranho à previsão da receita e à fixação da despesa. Ressalvam-se dessa proibição a autorização para abertura de créditos suplementares e a contratação de operações de crédito, ainda que por Antecipação de Receitas Orçamentárias – ARO, nos termos da lei.

d) A anualidade ou periodicidade – apregoa que a previsão das receitas e a fixação das despesas deve referir a um período de tempo que corresponda, pelo menos, um exercício financeiro.

e) A universalidade – determina que nos orçamentos dos entes públicos a despesa fixada não pode ser superior a receita prevista.

18. (FCC/2016 – TRF 3ª Região) **Um analista judiciário examinou o orçamento previsto para o Poder Judiciário referente ao exercício de 2015 e verificou que a peça orçamentária abordou aspecto relacionado ao cumprimento do princípio orçamentário da exclusividade. Ele chegou a essa conclusão porque a peça orçamentária**

a) foi elaborada para um período determinado.

b) autorizou a contratação de operação de crédito.

c) conteve dotações específicas para despesas com pessoal.

d) foi autorizada pelo Poder Legislativo.

e) incluiu todas as receitas e todas as despesas.

19. (FCC/2016 – TRF 3ª Região) **Um Analista Judiciário – Especialidade Contadoria – verificou a peça orçamentária do Poder Judiciário Federal e constatou que foi incluída a concessão de isenção para determinadas taxas judiciais. Esse aspecto feriu o princípio orçamentário da**

a) especificação.

b) programação.

c) universalidade.

d) exclusividade.

e) clareza.

20. (FGV/2017 – ALERJ) **A elaboração do orçamento público é baseada em alguns princípios que servem como balizadores do formato e do conteúdo do orçamento.**

A elaboração detalhada do orçamento, que expresse a origem dos recursos e sua aplicação em cada exercício está em consonância com o princípio da:

a) clareza;

b) especificação;

c) exclusividade;

d) publicidade;

e) transparência.

21. **(FGV/2015 – DPE RO)** Em decorrência da falta de pessoal capacitado para elaborar as peças orçamentárias e de falta de recursos para contratar esse serviço de terceiros, uma prefeitura apresentou uma proposta orçamentária ao Poder Legislativo com dotações globais destinadas a atender indistintamente a despesas de pessoal, material, serviços de terceiros e investimentos, comprometendo-se a prestar contas ao final do exercício financeiro.

Não obstante as razões apresentadas e a obrigação inequívoca de prestar contas, esta situação está em desacordo com o princípio orçamentário da:

a) especificação;

b) exclusividade;

c) legalidade;

d) publicidade;

e) universalidade.

22. **(FGV/2015 – PGE RO)** Na elaboração da proposta de Lei Orçamentária, a Secretaria Estadual de Planejamento (SEPLAN) de um ente da Federação estimou o montante da arrecadação dos dois principais tributos para o ente: Imposto sobre Operações relativas à Circulação de Mercadorias e sobre Prestações de Serviços de Transporte Interestadual e Intermunicipal e de Comunicação e o Imposto sobre Propriedade de Veículos Automotores.

A Constituição Federal estabelece que um percentual desses dois tributos deve ser transferido aos municípios do Estado. No documento da proposta de Lei Orçamentária, a SEPLAN apresentou os valores apurados para transferência como despesa fixada para o exercício.

A análise da situação permite afirmar que os procedimentos adotados estão em consonância com o princípio do(a):

a) clareza;

b) exatidão;
c) especificação;
d) orçamento bruto;
e) transparência.

23. **(FGV/2015 – TJ PI)** Ao elaborar a proposta orçamentária em uma unidade da federação, os responsáveis pela secretaria de planejamento apresentaram os valores relativos à previsão das receitas a serem transferidas aos municípios como despesa no orçamento da unidade; da mesma forma, os respectivos valores deverão ser apresentados como receita prevista no orçamento dos entes que as receberão.

Conforme disposições da Lei nº 4.320/1964, essa prática está em estrita consonância com o princípio do (a):

a) discriminação;
b) não afetação das receitas;
c) orçamento bruto;
d) transparência;
e) unidade.

24. **(FGV/2015 – TJ PI)** A Lei nº 4.320/1964 dispõe sobre o princípio do Orçamento Bruto, que preconiza que todas as receitas e despesas constem da Lei de Orçamento pelos seus totais, sem deduções. Quando se analisam as transferências feitas pela União a Estados e Municípios a título da repartição das receitas tributárias sob a perspectiva desse princípio, é correto entender que:

a) há um conflito com o princípio da especificação;
b) no orçamento do ente transferidor constam despesas cujos recursos serão destinados a outros fins;
c) o ente transferidor apresenta desequilíbrio orçamentário em decorrência da transferência;
d) o orçamento do ente recebedor não pode fazer estimativas prévias das receitas a serem transferidas;
e) tem-se déficit de transparência do orçamento do ente recebedor.

25. **(FGV/2015 – TJ RO)** Em um determinado município, após a aprovação da proposta orçamentária pela Câmara de Vereadores, a Lei

Orçamentária Anual foi sancionada e publicada no Diário Oficial. Porém, por ocasião da execução de procedimentos de controle pelo tribunal de contas, os auditores constataram que a Lei Orçamentária publicada não era a mesma que fora aprovada pelos vereadores.

O princípio orçamentário explicitamente descumprido nesse caso foi:

a) exclusividade;

b) legalidade;

c) publicidade;

d) transparência;

e) unidade.

GABARITO

1	V	6	F	11	V	16	E	21	A
2	V	7	F	12	V	17	C	22	D
3	F	8	V	13	F	18	B	23	C
4	D	9	F	14	F	19	D	24	B
5	C	10	F	15	F	20	B	25	B

Assista à correção de algumas questões, deste capítulo, posicionando aqui o leitor do ***QR Code****.*

https://editoraj.us/AFO03

Capítulo 4.
Ciclo Orçamentário

4.1. INTRODUÇÃO

O ciclo orçamentário pode ser definido como uma série de fenômenos relacionados às atividades típicas do orçamento público e que se renovam periodicamente indo desde sua elaboração até a sua avaliação e controle. É a sequência de fases ou etapas que devem ser cumpridas como parte do processo orçamentário.

As fases do ciclo orçamentário são as seguintes:

1. Elaboração da proposta orçamentária.
2. Apreciação por parte do Poder Legislativo.
3. Execução.
4. Controle e avaliação dos resultados.

Atenção!!

Avaliação é diferente de acompanhamento

(CESPE) O ciclo orçamentário é constituído de uma sequência de quatro fases, ou etapas, que devem ser cumpridas como parte do processo orçamentário: elaboração, aprovação, execução e acompanhamento.

Questão errada.

Portanto, o ciclo orçamentário é um processo **contínuo**, dinâmico e flexível, por meio do qual se elabora/planeja, aprova, executa, controla/avalia a programação de dispêndios do setor público nos aspectos físico e financeiro.

LOA: 1 ano
PPA: 4 anos

O ciclo orçamentário começa antes do início do exercício financeiro, em vista do prazo que a constituição Federal determina para o envio do projeto de lei orçamentária ao Congresso Nacional (**Art. 35, III**, **ADCT** – *o projeto de lei orçamentária da União será encaminhado até quatro meses antes do encerramento do exercício financeiro e devolvido para sanção até o encerramento da sessão legislativa*), e termina após o encerramento do mesmo, já que a avaliação somente poderá ser feita após a execução do orçamento. Se pensarmos em termos do **PPA** e **LDO**, o ciclo orçamentário se estenderá por um período ainda maior, trazendo a visão de longo prazo.

Ciclo orçamentário é o período de tempo necessário para que o orçamento esgote suas quatro fases: elaboração, apreciação, execução e controle e avaliação. Não confunda com exercício financeiro que é o período de tempo durante no qual se exercem todas as atividades administrativas e financeiras relativas à execução do orçamento. Cuidado com as questões que afirmem que o ciclo orçamentário se desenvolve integralmente dentro do exercício financeiro. **Errado!**

4.2. FASES DO CICLO ORÇAMENTÁRIO

4.2.1. Elaboração da proposta

A elaboração das leis orçamentárias é de competência do Poder Executivo, que todo ano deve encaminhar ao Poder Legislativo o orçamento segundo os prazos estabelecidos na Constituição Federal (no caso da União).

No âmbito do Governo Federal, a proposta orçamentária é construída por meio do Sistema de Planejamento e de Orçamento Federal, conforme definido pela Lei nº 10.180, de 6 de fevereiro de 2001, que é composto pelo Órgão Central (Ministério do Planejamento) e pelos Órgãos Setoriais (Ministérios). Sendo assim, cabe ao Poder Executivo elaborar os seguintes projetos de lei: PLPPA, PLDO e PLOA observando a compatibilidade que devem ter entre si e fazendo a integração entre o planejamento de médio prazo (PPA) e a execução orçamentária (LOA).

Os órgãos dos Poderes Legislativo e Judiciário, do Ministério Público da União e da Defensoria Pública da União encaminharão à Secretaria de Orçamento Federal do Ministério do Planejamento, Orçamento e Gestão, por meio do Sistema Integrado de Planejamento e Orçamento – SIOP, suas respectivas propostas orçamentárias, para fins de consolidação do Projeto de Lei Orçamentária. Anualmente a LDO estabelece a data limite para que essas propostas possam ser enviadas. Portanto, o Poder Executivo não é o responsável pela elaboração de todas as propostas dos Poderes e Órgão, mas sim da elaboração do Projeto de Lei que consolida as propostas parciais.

CF/88

Art. 99. Ao Poder Judiciário é assegurada autonomia administrativa e financeira.

§ 1º. Os tribunais elaborarão suas propostas orçamentárias dentro dos limites estipulados conjuntamente com os demais Poderes na lei de diretrizes orçamentárias.

§ 2º. O encaminhamento da proposta, ouvidos os outros tribunais interessados, compete:

I – no âmbito da União, aos Presidentes do Supremo Tribunal Federal e dos Tribunais Superiores, com a aprovação dos respectivos tribunais;

II – no âmbito dos Estados e no do Distrito Federal e Territórios, aos Presidentes dos Tribunais de Justiça, com a aprovação dos respectivos tribunais.

§ 3º. Se os órgãos referidos no § 2º não encaminharem as respectivas propostas orçamentárias dentro do prazo estabelecido na lei de diretrizes orçamentárias, o Poder Executivo considerará, para fins de consolidação da proposta orçamentária anual, os valores aprovados na lei orçamentária vigente, ajustados de acordo com os limites estipulados na forma do § 1º deste artigo.

§ 4º. Se as propostas orçamentárias de que trata este artigo forem encaminhadas em desacordo com os limites estipulados na forma do § 1º, o Poder Executivo procederá aos ajustes necessários para fins de consolidação da proposta orçamentária anual.

Art. 127.

§ 3º. O Ministério Público elaborará sua proposta orçamentária dentro dos limites estabelecidos na lei de diretrizes orçamentárias.

§ 4º. Se o Ministério Público não encaminhar a respectiva proposta orçamentária dentro do prazo estabelecido na lei de diretrizes orçamentárias, o Poder Executivo considerará, para fins de consolidação da proposta orçamentária anual, os valores aprovados na lei orçamentária vigente, ajustados de acordo com os limites estipulados na forma do § 3º.

§ 5º. Se a proposta orçamentária de que trata este artigo for encaminhada em desacordo com os limites estipulados na forma do § 3º, o Poder Executivo procederá aos ajustes necessários para fins de consolidação da proposta orçamentária anual.

LDO/2018

Art. 24. Os órgãos dos Poderes Legislativo e Judiciário, do Ministério Público da União e da Defensoria Pública da União encaminharão à Secretaria de

Orçamento Federal do Ministério do Planejamento, Orçamento e Gestão, por meio do Sistema Integrado de Planejamento e Orçamento – SIOP, até 15 de agosto de 2017, suas respectivas propostas orçamentárias, para fins de consolidação do Projeto de Lei Orçamentária de 2018, observadas as disposições desta Lei.

Quadro resumo

Pergunta	Resposta	Fundamentação
O Poder Judiciário e o MP gozam de autonomia orçamentária?	Sim	CF/88: Art. 99 e Art. 127 § 3º
No âmbito do Poder Judiciário, os Tribunais elaboram suas próprias propostas parciais?	Sim	CF/88: Art. 99 § 1º
O MP é o responsável pela elaboração da sua proposta orçamentária?	Sim	CF/88: Art. 127 § 3º
Qual o instrumento de planejamento que estabelece os limites para a elaboração das propostas do Judiciário e do MP?	LDO	CF/88: Art. 99 § 1º e Art. 127 § 3º
Caso os Tribunais ou o MP não encaminhem suas propostas no prazo estabelecido na LDO o que acontecerá?	**Repeteco*	CF/88: Art. 99 § 3º e Art. 127 § 4º
Qual a consequência caso os Tribunais ou o MP encaminhem suas propostas acima do limite estabelecido na LDO?	**Tesourada*	CF/88: Art. 99 § 5º e Art. 127 § 5º
No âmbito Federal, qual o sistema utilizado para o envio das propostas parciais do Judiciário e do MP?	SIOP	LDO Art. 24
Qual o órgão responsável pela consolidação das propostas parciais?	SOF	LDO Art. 24
Qual a data limite para o envio das propostas parciais referentes ao exercício de 2016?	15/08/2015	LDO Art. 24

◆ **Observação:** Utilize a mesma linha de raciocínio para a Defensoria Pública.

Dica:

1. Caso a proposta não seja encaminhada no prazo estipulado pela LDO: ***Repeteco* (§ 3º do art. 99 e § 4º do art. 127).**
2. Proposta encaminhada acima do limite estipulado pela LDO: ***Tesourada* (§ 4º do art. 99 e § 5º do art. 127).**

a) A alocação dos recursos e o papel dos agentes do Sistema de Planejamento e de Orçamento Federal

O processo de alocação de recursos no orçamento compõe-se das seguintes etapas:

1. FIXAÇÃO DA META FISCAL
2. PROJEÇÃO DAS RECEITAS
3. PROJEÇÃO DAS DESPESAS OBRIGATÓRIAS
4. APURAÇÃO DAS DESPESAS DISCRICIONÁRIAS

O Manual Técnico de Orçamento/2018 (MTO/2018) assim definiu o papel dos agentes do Sistema de Planejamento e de Orçamento Federal

Secretaria de Orçamento Federal (SOF)

O trabalho desenvolvido pela SOF, no cumprimento de sua missão institucional, tem sido norteado por um conjunto de competências, amparadas no art. 8º da Lei nº 10.180, de 2001, assim relacionadas:

> **Art. 8º.** Compete às unidades responsáveis pelas atividades de orçamento:
> I – coordenar, consolidar e supervisionar a elaboração dos projetos da lei de diretrizes orçamentárias e da lei orçamentária da União, compreendendo os orçamentos fiscal, da seguridade social e de investimento das empresas estatais;
> II – estabelecer normas e procedimentos necessários à elaboração e à implementação dos orçamentos federais, harmonizando-os com o plano plurianual;
> III – realizar estudos e pesquisas concernentes ao desenvolvimento e ao aperfeiçoamento do processo orçamentário federal;
> IV – acompanhar e avaliar a execução orçamentária e financeira, sem prejuízo da competência atribuída a outros órgãos;
> V – estabelecer classificações orçamentárias, tendo em vista as necessidades de sua harmonização com o planejamento e o controle;
> VI – propor medidas que objetivem a consolidação das informações orçamentárias das diversas esferas de governo.

Essa missão pressupõe uma constante articulação com os agentes envolvidos na tarefa de elaboração das propostas orçamentárias setoriais das diversas instâncias da Administração Pública Federal e dos demais Poderes da União.

Órgão Setorial (OS)

O órgão setorial desempenha o papel de articulador no âmbito da sua estrutura, coordenando o processo decisório no nível subsetorial (UO). Sua atuação no processo orçamentário envolve:

- estabelecimento de diretrizes setoriais para elaboração e alterações orçamentárias;
- definição e divulgação de instruções, normas e procedimentos a serem observados no âmbito do órgão durante o processo de elaboração e alteração orçamentária;
- avaliação da adequação da estrutura programática e mapeamento das alterações necessárias;
- coordenação do processo de atualização e aperfeiçoamento das informações constantes do cadastro de programas e ações;
- fixação, de acordo com as prioridades setoriais, dos referenciais monetários para apresentação das propostas orçamentárias e dos limites de movimentação e empenho e de pagamento de suas respectivas UO;
- análise e validação das propostas e das alterações orçamentárias de suas UOs; e
- consolidação e formalização da proposta e das alterações orçamentárias do órgão.

Unidade Orçamentária (UO)

A UO, apesar de não integrarem o Sistema de Planejamento e Orçamento previsto nos caput art. 4º da Lei nº 10.180, de 2001, ficam sujeitas à orientação normativa e à supervisão técnica do órgão central e também, no que couber, do respectivo órgão setorial, e desempenha o papel de coordenação do processo de elaboração da proposta orçamentária no seu âmbito de atuação, integrando e articulando o trabalho das suas unidades administrativas, tendo em vista a consistência da programação de sua unidade.

As UOs são responsáveis pela apresentação da programação orçamentária detalhada da despesa por *programa*, *ação* e *subtítulo*. Sua atuação no processo orçamentário compreende:

- estabelecimento de diretrizes no âmbito da UO para elaboração da proposta e alterações orçamentárias;
- estudos de adequação da estrutura programática;
- formalização, ao órgão setorial, da proposta de alteração da estrutura programática sob a responsabilidade de suas unidades administrativas;
- coordenação do processo de atualização e aperfeiçoamento das informações constantes do cadastro de ações orçamentárias;
- fixação dos referenciais monetários para apresentação das propostas orçamentárias e dos limites de movimentação e empenho e de pagamento de suas respectivas unidades administrativas;
- análise e validação das propostas orçamentárias das unidades administrativas; e
- consolidação e formalização de sua proposta orçamentária.

b) Fluxo do processo de elaboração

Fonte: MTO/2018, pág. 84

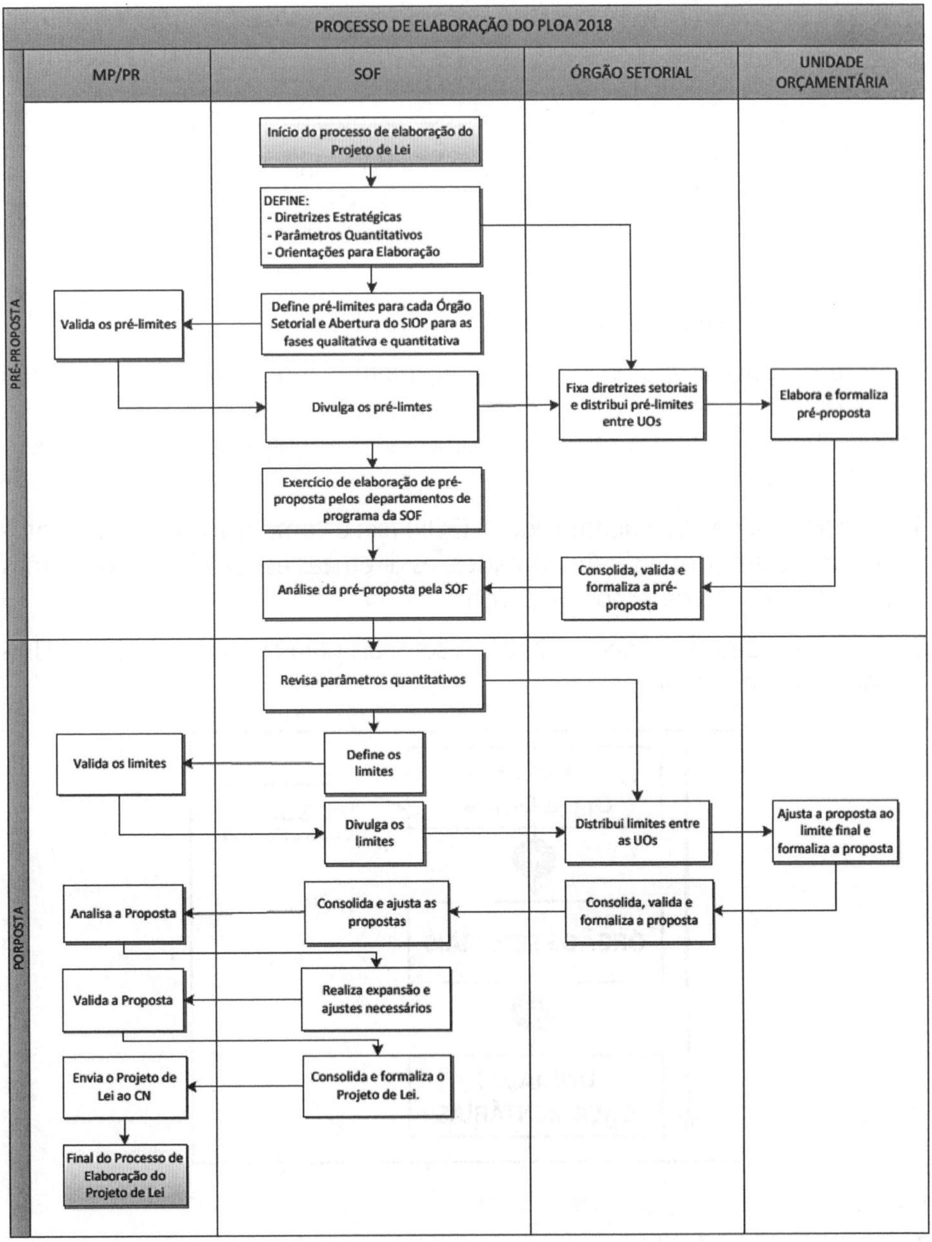

Atenção! O artigo 14 da Lei nº 4.320/64 determina que as dotações orçamentárias serão consignadas as UO's e em casos excepcionais as Unidades Administrativas.

> **Art. 14.** Constitui unidade orçamentária o agrupamento de serviços subordinados ao mesmo órgão ou repartição a que serão consignadas dotações próprias.
>
> Parágrafo único. Em casos excepcionais, serão consignadas dotações a unidades administrativas subordinadas ao mesmo órgão.

Síntese do fluxo do processo de elaboração

Observe que existe uma hierarquia orçamentária, ou seja, o Órgão Central não se comunica diretamente com as Unidades Orçamentárias. Observe pelas figuras abaixo, de forma resumida, como esses agentes atuam no processo de elaboração.

1. A Secretaria de Orçamento Federal (SOF) fixa e comunica aos Órgãos Setoriais os parâmetros a serem adotados, as diretrizes estratégicas e as normas para elaboração da proposta parcial.
2. Os Órgãos Setoriais fixarão diretrizes setoriais para as suas respectivas Unidades Orçamentárias.

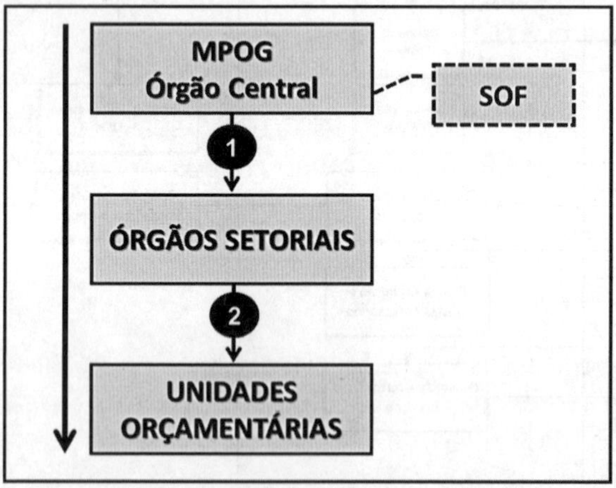

3. Com base nas diretrizes setoriais as Unidades Orçamentárias deverão elaborar os seus programas de trabalho devendo encaminhar, ao final da discussão, o resultado para o seu Órgão setorial de origem.

4. Depois de promover os ajustes (se necessário), consolidar, validar e formalizar as propostas de suas Unidades Orçamentárias os Órgãos Setoriais deverão encaminhar a SOF as suas propostas consolidadas.

5. Caberá a SOF comparar os limites e programações, efetuar os ajustes (se necessário), consolidar e formalizar o projeto de lei que será enviado ao Congresso Nacional pelo Presidente da República.

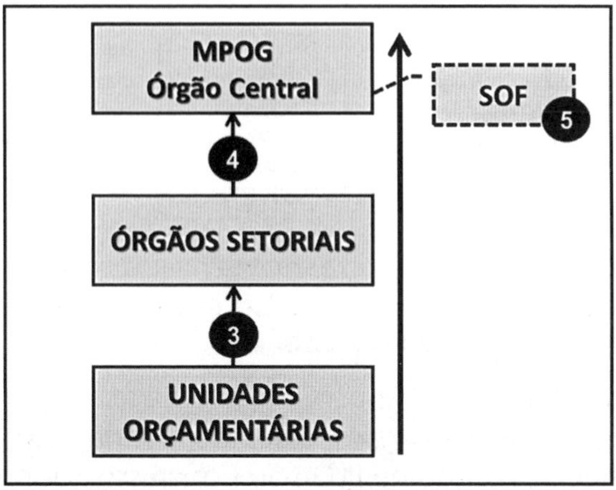

Em que momento os órgãos dos Poderes Legislativo e Judiciário, do Ministério Público e da Defensoria Pública encaminharão suas propostas parciais?

As propostas parciais dos Poderes Legislativo e Judiciário, do Ministério Público e da Defensoria Pública não serão elaboradas pelo Chefe do Executivo, mas sim pelos próprios Poderes e órgão citados. A competência privativa se aplica ao envio do PLOA (consolidado) ao Congresso Nacional e não a elaboração de todas as propostas.

LDO/2018

Art. 24. Os órgãos dos Poderes Legislativo e Judiciário, do Ministério Público da União e da Defensoria Pública da União encaminharão à Secretaria de Orçamento Federal do Ministério do Planejamento, Orçamento e Gestão, por meio do Sistema Integrado de Planejamento e Orçamento – SIOP, até 15 de agosto de 2017, suas respectivas propostas orçamentárias, para fins de consolidação do Projeto de Lei Orçamentária de 2018, observadas as disposições desta Lei.

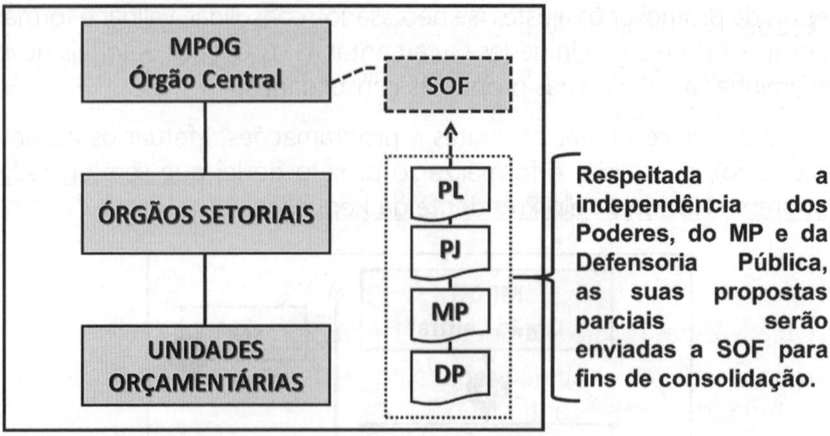

Cuidado com uma questão do tipo:

Compete privativamente ao Presidente da República a elaboração de todas as propostas dos Poderes e Órgãos. **Questão errada!** Compete privativamente ao Presidente o envio do PLOA ao Congresso Nacional.

c) Etapas e produtos do processo de elaboração

As etapas do processo de elaboração, os responsáveis e os produtos gerados estão relacionados no esquema abaixo:

◆ **1ª Etapa:** Planejamento do Processo de Elaboração

Responsável: SOF

Produto:

- Definição da estratégia do processo de elaboração.
- Etapas, produtos e agentes responsáveis no processo.
- Papel dos agentes.
- Metodologia de projeção de receitas e despesas.
- Fluxo do processo.
- Instruções para detalhamento da proposta setorial.

◆ **2ª Etapa:** Definição de Macrodiretrizes

Responsáveis: SOF; Assessoria Econômica /MP; Órgãos Setoriais; MF; Casa Civil/ Presidência da República

Produto:

- Diretrizes para a elaboração da LOA: LDO – Parâmetros Macroeconômicos
- Metas fiscais
- Riscos fiscais
- Objetivos das políticas monetária, creditícia e cambial.
- Demonstrativo da estimativa da margem de expansão das despesas obrigatórias de caráter continuado.

◆ **3ª Etapa:** Revisão da Estrutura Programática

Responsáveis: SOF, SPI e DEST; Órgãos Setoriais; UOs

Produto: Estrutura programática do orçamento (Programa com o detalhamento das atividades, projetos e operações especiais).

◆ **4ª Etapa:** Elaboração de Pré-proposta

Responsáveis: SOF; MP; Órgãos Setoriais; Unidades Orçamentárias (UOs)

Produto:

- Elaboração de estudos e projeções fiscais para 2018 – cenário PLDO
- Definição e validação dos pré-limites
- Divulgação dos referenciais monetários prévios
- Exercício de elaboração de versão de pré-proposta pela SOF
- Captação no SIOP da proposta Qualitativa
- Captação da pré-proposta por órgão, análise e discussão com órgãos setoriais

◆ **5ª Etapa:** Avaliação da NFGC (Necessidade de Financiamento do Governo Central) para a Proposta Orçamentária

Responsáveis: SOF; Assessoria Econômica/ MP; Órgãos Setoriais; MF; Casa Civil/ Presidência da República

Produto: Estimativa das receitas e das despesas que compõem a NFGC, para a proposta orçamentária.

- **6ª Etapa:** Estudo, Definição e Divulgação de Limites para a Proposta Setorial

  Responsáveis: SOF; MP; Casa Civil/ Presidência da República

  Produto: Referencial monetário para apresentação da proposta orçamentária dos órgãos setoriais.

- **7ª Etapa:** Captação da Proposta Setorial

  Responsáveis: UOs; Órgãos Setoriais

  Produto: Proposta orçamentária dos órgãos setoriais, detalhada no SIOP (Sistema Integrado de Planejamento e Orçamento).

- **8ª Etapa:** Análise e Ajuste da Proposta Setorial

  Responsáveis: SOF

  Produto: Proposta orçamentária analisada, ajustada e definida.

- **9ª Etapa:** Fechamento, Compatibilização e Consolidação da Proposta Orçamentária

  Responsáveis: SOF; MP; Casa Civil/ Presidência da República.

  Produto: Proposta orçamentária aprovada pelo MP e pela Presidência da República, fonteada, consolidada e compatibilizada em consonância com a CF, o PPA, a LDO e a LRF.

- **10ª Etapa:** Elaboração e Formalização da Mensagem Presidencial e do Projeto de Lei Orçamentária

  Responsáveis: SOF e DEST; Assessoria Econômica/ MP; Órgãos Setoriais; Casa Civil/ Presidência da República

  Produto: Mensagem presidencial, texto e anexos do PLOA, elaborados e entregues ao Congresso Nacional

- **11ª Etapa:** Elaboração e Formalização das Informações Complementares ao PLOA

  Responsáveis: SOF e DEST; Área Econômica; Órgãos Setoriais; Casa Civil/ Presidência da República

  Produto: Informações complementares ao PLOA, elaboradas e entregues ao Congresso Nacional.

Agora, observe como o esquema será utilizado para responder as questões:

1. **(CESPE)** As propostas apresentadas pelos órgãos setoriais de planejamento e orçamento são consolidadas por programas, com o detalhamento das atividades, projetos e operações especiais.

Questão correta.

3ª Etapa: Revisão da Estrutura Programática

Responsáveis: SOF, SPI e DEST; **Órgãos Setoriais**; UOs

Produto: Estrutura programática do orçamento (Programa com o detalhamento das atividades, projetos e operações especiais).

2. **(CESPE)** Caso o processo orçamentário de determinado ente público se encontre na fase de definição dos limites para as propostas setoriais, a fase de revisão da estrutura programática já terá sido executada.

Questão correta. A fase da definição dos limites é a 5ª, portanto, a 3ª fase que é a da revisão Programática já ocorreu.

3ª Etapa: Revisão da Estrutura Programática

Responsáveis: SOF, SPI e DEST; Órgãos Setoriais; UOs

Produto: Estrutura programática do orçamento (Programa com o detalhamento das atividades, projetos e operações especiais).

6ª Etapa: Estudo, Definição e Divulgação de Limites para a Proposta Setorial

Responsáveis: SOF; MP; Casa Civil/ Presidência da República

Produto: Referencial monetário para apresentação da proposta orçamentária dos órgãos setoriais.

d) Não envio do PLOA

No caso do não recebimento da proposta orçamentária no prazo estipulado, o Poder Legislativo deve considerar como proposta a lei orçamentária vigente, conforme dispõe o art. 32 da Lei nº 4.320/64:

> **Art. 32**. Se não receber a proposta orçamentária no prazo fixado nas Constituições ou nas Leis Orgânicas dos Municípios, o Poder Legislativo considerará como proposta a Lei de Orçamento vigente.

Destarte, o Poder Legislativo considerará como proposta o orçamento vigente (***repeteco***) efetuando os devidos ajustes. Essa regra vale até ser editada a Lei Complementar Federal citada no art. 165, § 9º, I da CF/88. A omissão do Chefe do Executivo caracteriza crime de responsabilidade (CF/88 – *Art. 85. São crimes de responsabilidade os atos do Presidente da República que atentem contra a Constituição Federal e, especialmente, contra: VI – a lei orçamentária;*).

e) Mensagem Presidencial

A Mensagem Presidencial é o instrumento de comunicação oficial entre o Presidente da República e o Congresso Nacional com a finalidade de encaminhar o Projeto de Lei Orçamentária Anual e conterá:

> **Lei nº 4.320/64**
> **Art. 22.** A proposta orçamentária que o Poder Executivo encaminhará ao Poder Legislativo nos prazos estabelecidos nas Constituições e nas Leis Orgânicas dos Municípios, compor-se-á de:
> I – Mensagem, que conterá: exposição circunstanciada da situação econômico-financeira, documentada com demonstração da dívida fundada e flutuante, saldos de créditos especiais, restos a pagar e outros compromissos financeiros exigíveis; exposição e justificação da política econômico-financeira do Governo; justificação da receita e despesa, particularmente no tocante ao orçamento de capital;

LDO/2018

Art. 10. A Mensagem que encaminhar o Projeto de Lei Orçamentária de 2018 conterá:

I – resumo da política econômica do País, análise da conjuntura econômica e atualização das informações de que trata o § 4º do art. 4º da Lei de Responsabilidade Fiscal, com indicação do cenário macroeconômico para 2018, e suas implicações sobre a proposta orçamentária de 2018;

II – resumo das políticas setoriais do Governo;

III – avaliação das necessidades de financiamento do Governo Central relativas aos Orçamentos Fiscal e da Seguridade Social, explicitando as receitas e despesas e os resultados primário e nominal implícitos no Projeto de Lei Orçamentária de 2018, na Lei Orçamentária de 2017 e em sua reprogramação e aqueles realizados em 2016, de modo a evidenciar:

a) a metodologia de cálculo de todos os itens computados na avaliação das necessidades de financiamento; e

b) os parâmetros utilizados, informando, separadamente, as variáveis macroeconômicas de que trata o Anexo de Metas Fiscais referido no inciso II do § 2º do art. 4º da Lei de Responsabilidade Fiscal, verificadas em 2016 e suas projeções para 2017 e 2018;

IV – indicação do órgão que apurará os resultados primário e nominal, para fins de avaliação do cumprimento das metas;

V – justificativa da estimativa e da fixação, respectivamente, dos principais agregados da receita e da despesa;

VI – demonstrativo sintético, por empresa, do Programa de Dispêndios Globais, informando as fontes de financiamento, com o detalhamento mínimo igual ao estabelecido no § 3º do art. 42, bem como a previsão da sua respectiva aplicação, e o resultado primário dessas empresas com a metodologia de apuração do resultado; e

VII – demonstrativo da compatibilidade dos valores máximos da programação constante do Projeto de Lei Orçamentária de 2018 com os limites individualizados de despesas primárias calculados na forma do § 1º do art. 107 do Ato das Disposições Constitucionais Transitórias.

4.2.2. Apreciação da proposta

Esta fase é de **competência do Poder Legislativo** e tem como significado a participação indireta do povo, através dos seus representantes, na decisão pela busca de suas aspirações, bem como na maneira como alcançá-las.

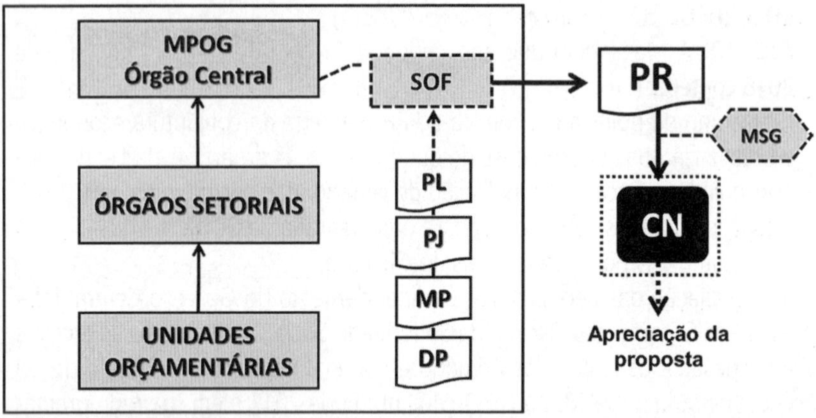

- Após o recebimento do PLOA, encaminhado por meio de mensagem presidencial ao Congresso Nacional, inicia-se a discussão pelos parlamentares, que envolve a proposição de emendas, voto do relator, redação final e proposição em plenário, conforme definido pelo art. 166 da Constituição Federal de 1988.
- O projeto será recebido pela Comissão Mista de Planos, Orçamentos Públicos e Fiscalização (CMO), que possui a competência para examinar e emitir parecer.

> **CF/88**
> **Art. 166.** Os projetos de lei relativos ao plano plurianual, às diretrizes orçamentárias, ao orçamento anual e aos créditos adicionais serão apreciados pelas duas Casas do Congresso Nacional, na forma do regimento comum.
> § 1º. Caberá a uma Comissão mista permanente de Senadores e Deputados:
> I – examinar e emitir parecer sobre os projetos referidos neste artigo e sobre as contas apresentadas anualmente pelo Presidente da República;
> II – examinar e emitir parecer sobre os planos e programas nacionais, regionais e setoriais previstos nesta Constituição e exercer o acompanhamento e a fiscalização orçamentária, sem prejuízo da atuação das demais comissões do Congresso Nacional e de suas Casas, criadas de acordo com o art. 58.

Dica:

Apreciar..........Congresso Nacional

Parecer...........Comissão Mista de Orçamento

a) Comissão Mista de Orçamento (CMO)

1. **Composição:** 40 (quarenta) membros titulares, sendo 30 (trinta) Deputados e 10 (dez) Senadores, com igual número de suplentes e renovados integralmente a cada sessão legislativa.

2. **Escolha:** Na segunda quinzena do mês de fevereiro de cada sessão legislativa, a Mesa do Congresso Nacional fixará as representações dos partidos e blocos parlamentares na CMO, observado o critério da proporcionalidade partidária.

3. **Início dos trabalhos:** Os trabalhos da CMO somente serão iniciados com a presença mínima de 1/6 (um sexto) de sua composição em cada Casa.

4. **Comitês Permanentes:** Serão constituídos os seguintes comitês permanentes:
   - Comitê de Avaliação, Fiscalização e Controle da Execução Orçamentária;
   - Comitê de Avaliação da Receita;
   - Comitê de Avaliação das Informações sobre Obras e Serviços com Indícios de Irregularidades Graves;
   - Comitê de Exame da Admissibilidade de Emendas.

5. **Relatório dos Comitês Permanentes:** Os relatórios elaborados pelos comitês permanentes serão aprovados pela maioria absoluta dos seus membros, cabendo aos coordenadores o voto de desempate. Os relatórios mencionados serão encaminhados para conhecimento e deliberação da CMO.

6. **Áreas Temáticas:** O PLOA será dividido nas seguintes áreas temáticas, cujos relatórios ficarão a cargo dos respectivos Relatores Setoriais:
   - Infraestrutura;
   - Saúde;
   - Integração Nacional e Meio Ambiente;
   - Educação, Cultura, Ciência e Tecnologia e Esporte;
   - Planejamento e Desenvolvimento Urbano;
   - Fazenda, Desenvolvimento e Turismo;
   - Justiça e Defesa;
   - Poderes do Estado e Representação;

- Agricultura e Desenvolvimento Agrário;
- Trabalho, Previdência e Assistência Social.

7. **Relatório Setorial:** Para cada área temática é designado um relator setorial, que deve avaliar o projeto encaminhado, analisar as emendas apresentadas e elaborar relatório setorial com as suas conclusões e pareceres. Os relatórios setoriais são discutidos e votados individualmente na CMO.

8. **Relatório Geral:** Após a aprovação dos relatórios setoriais, é tarefa do Relator Geral compilar as decisões setoriais em um único documento, chamado Relatório Geral, que será submetido à CMO. O Relatório Geral é lido, discutido e votado no plenário da CMO. O relatório aprovado em definitivo pela Comissão constitui o parecer da CMO, o qual será encaminhado à Secretaria-Geral da Mesa do Congresso Nacional, para ser submetido à deliberação das duas Casas, em sessão conjunta.

9. Os Congressistas podem solicitar destaque para a votação em separado de emendas, com o objetivo de modificar os pareceres aprovados na CMO. Esse requerimento deve ser assinado por um décimo dos congressistas e apresentado à Mesa do Congresso Nacional até o dia anterior ao estabelecido para discussão da matéria no Plenário do Congresso Nacional.

10. **Redação Final:** Último trabalho realizado no âmbito da CMO.

11. **Autógrafo:** O texto do projeto ou do substitutivo aprovado definitivamente em sua redação final assinado pelo Presidente do Congresso, que será enviado à Casa Civil da Presidência da República para sanção.

A Comissão Mista de Orçamento é permanente, mas seus integrantes são temporários sendo renovados (titulares e suplentes) a cada sessão legislativa.

b) Emendas

As emendas são prerrogativas constitucionais que o Poder Legislativo possui para aperfeiçoar as propostas dos instrumentos de planejamento e orçamento enviadas pelo Poder Executivo.

As emendas podem ser relativas a:

➲ Previsão de receita;

➲ Ao texto da lei; e

➲ A autorização de despesas.

Durante a fase de discussão o PLOA poderá ser emendado pelas Comissões permanentes do Senado e da Câmara com relação às matérias que lhe sejam afetas, pelas Mesas Diretoras, pelas Bancadas Estaduais e pelos Parlamentares individualmente.

CF/88

Art. 166

§ 2º. As emendas serão apresentadas na Comissão mista, que sobre elas emitirá parecer, e apreciadas, na forma regimental, pelo Plenário das duas Casas do Congresso Nacional.

§ 3º.As emendas ao projeto de lei do orçamento anual ou aos projetos que o modifiquem somente podem ser aprovadas caso:

I – sejam compatíveis com o plano plurianual e com a lei de diretrizes orçamentárias;

II – indiquem os recursos necessários, admitidos apenas os provenientes de anulação de despesa, excluídas as que incidam sobre:

a) dotações para pessoal e seus encargos;

b) serviço da dívida;

c) transferências tributárias constitucionais para Estados, Municípios e Distrito Federal;

ou

III – sejam relacionadas:

a) com a correção de erros ou omissões;

b) com os dispositivos do texto do projeto de lei.

§ 4º. As emendas ao projeto de lei de diretrizes orçamentárias não poderão ser aprovadas quando incompatíveis com o plano plurianual.

§ 5º. O Presidente da República poderá enviar mensagem ao Congresso Nacional para propor modificação nos projetos a que se refere este artigo enquanto não iniciada a votação, na Comissão mista, da parte cuja alteração é proposta.

Uma emenda ao PLOA, ainda que incompatível com o PPA, poderá ser apresentada na CMO por qualquer parlamentar?

Sim, observe que o art. 166 § 4º exige a compatibilidade para aprovação e não para a apresentação.

Portanto...Apresentação ≠ Aprovação.

◆ Quais são as dotações que não poderão ser canceladas para fins de proposição de emendas? Você vai lembrar assim:

O que possibilita a reestimativa da receita por parte dos parlamentares?

> **LRF**
>
> **Art. 12, § 1º.**
>
> Reestimativa de receita por parte do Poder Legislativo só será admitida se comprovado erro ou omissão de ordem técnica ou legal.

Como se emenda os dispositivos do <u>texto</u> do projeto de lei?

Através das emendas de redação feita a projetos e matérias legislativas apenas para melhorar e adequar o texto, sem modificar seu conteúdo.

Cuidado com as armadilhas do art. 166, § 5º:

> § 5º. O Presidente da República poderá enviar mensagem ao Congresso Nacional para propor modificação nos projetos a que se refere este artigo enquanto não iniciada a votação, na Comissão mista, da parte cuja alteração é proposta.

Texto correto	Texto incorreto
O Presidente da República poderá enviar **mensagem**...	O Presidente da República poderá enviar **projeto de lei**...
...ao **Congresso Nacional** para propor modificação nos projetos a que se refere este artigo...	...a **Comissão Mista** para propor modificação nos projetos a que se refere este artigo....

Texto correto	Texto incorreto
...enquanto não **iniciada** a votação, na **Comissão Mista**,...	...enquanto não **concluída** a votação no **plenário do Congresso**,...
... **da parte** cuja alteração é proposta.	**...do projeto de lei.**

Percebeu? Qualquer uma dessas mudanças invalidará a questão.

A Lei nº 4.320/64 em seu artigo 33 veda a proposição de emendas que visem a:

- alterar a dotação solicitada para despesa de custeio, salvo quando provada, nesse ponto, a inexatidão da proposta;
- conceder dotação para o início de obra cujo projeto não esteja aprovado pelos órgãos competentes;
- conceder dotação para instalação ou funcionamento de serviço que não esteja anteriormente criado;
- conceder dotação superior aos quantitativos previamente fixados em resolução do Poder Legislativo para concessão de auxílios e subvenções.

Emendas relacionadas às despesas

Resolução nº 01/2006 do CN. Artigos 38, 39 e 40.	
Emenda	**Características**
Remanejamento	E a que propõe acréscimo ou inclusão de dotações e, simultaneamente, como fonte exclusiva de recursos, a anulação equivalente de dotações constantes do projeto, exceto as da Reserva de Contingência. A emenda de remanejamento somente poderá ser aprovada com a anulação das dotações indicadas na própria emenda, observada a compatibilidade das fontes de recursos.
Apropriação	É a que propõe acréscimo ou inclusão de dotações e, simultaneamente, como fonte de recursos, a anulação equivalente de valores da Reserva de Contingência de Recursos ou outras dotações definidas no Parecer Preliminar.
Cancelamento	É a que propõe, exclusivamente, a redução de dotações constantes do projeto.

Após aprovado, o PLOA seguirá para a sanção presidencial, podendo, porém, sofrer vetos por parte do Presidente da República. Os vetos serão apreciados pelo Congresso Nacional, podendo ser confirmados ou rejeitados.

CF/88

Art. 66. A Casa na qual tenha sido concluída a votação enviará o projeto de lei ao Presidente da República, que, aquiescendo, o sancionará.

§ 1º. Se o Presidente da República considerar o projeto, no todo ou em parte, inconstitucional ou contrário ao interesse público, vetá-lo-á total ou parcialmente, no prazo de quinze dias úteis, contados da data do recebimento, e comunicará, dentro de quarenta e oito horas, ao Presidente do Senado Federal os motivos do veto.

§ 2º. O veto parcial somente abrangerá texto integral de artigo, de parágrafo, de inciso ou de alínea.

§ 3º. Decorrido o prazo de quinze dias, o silêncio do Presidente da República importará sanção.

§ 4º. O veto será apreciado em sessão conjunta, dentro de trinta dias a contar de seu recebimento, só podendo ser rejeitado pelo voto da maioria absoluta dos Deputados e Senadores.

§ 5º. Se o veto não for mantido, será o projeto enviado, para promulgação, ao Presidente da República.

As regras do artigo 66 da CF/88 estão inseridas no processo legislativo comum, mas antes de observá-las devemos priorizar as regras do processo orçamentário.

CF/88

Art. 166, § 7º. Aplicam-se aos projetos mencionados neste artigo, no que não contrariar o disposto nesta seção, as demais normas relativas ao processo legislativo.

c) Não devolução do PLOA

Essa é uma situação que ocorre com frequência, tanto na prática quanto na prova e que ainda não foi regulada pelo ordenamento jurídico brasileiro. A doutrina, na tentativa de resolver essa lacuna orçamentária, recorre à LDO como instrumento regulador autorizando o Executivo a gastar determinada proporção (x/12) da proposta que ainda está tramitando no Legislativo.

Pela figura abaixo temos:

1. O Presidente da República (PR) encaminhou o PLOA/2016 ao Poder Legislativo (PL) dentro do prazo estabelecido na CF/88;

2. O Poder Legislativo (PL), até o final do exercício, não aprovou o PLOA ficando o ente federativo sem orçamento para o exercício seguinte;
3. Em 2016, com o objetivo de destravar a execução orçamentária, a LDO autorizará a execução parcial das dotações que ainda estão tramitando no Congresso.

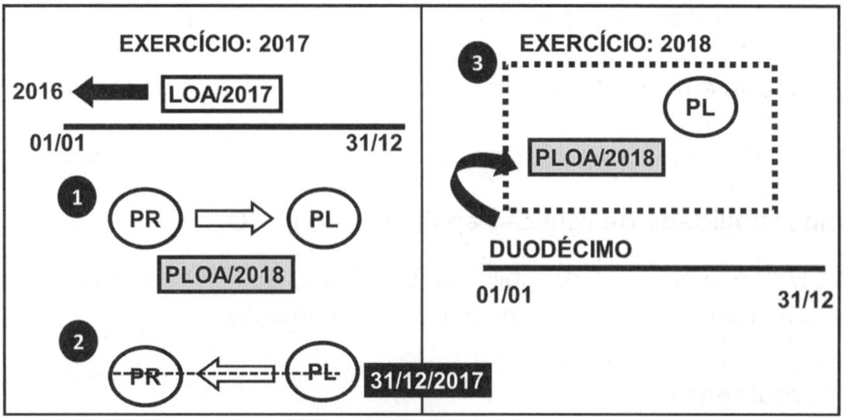

LDO/2018

Art. 56. Se o Projeto de Lei Orçamentária de 2018 não for sancionado pelo Presidente da República até 31 de dezembro de 2017, a programação dele constante poderá ser executada para o atendimento de:

I – despesas com obrigações constitucionais ou legais da União relacionadas na Seção I do Anexo III;

II – ações de prevenção a desastres classificadas na subfunção Defesa Civil;

III – concessão de financiamento ao estudante;

IV – dotações destinadas à aplicação mínima em ações e serviços públicos de saúde, classificadas com o Identificador de Uso 6 – IU 6;

V – outras despesas correntes de caráter inadiável, até o limite de um doze avos do valor previsto para cada órgão no Projeto de Lei Orçamentária de 2018, multiplicado pelo número de meses decorridos até a data de publicação da respectiva Lei; e

VI – realização de eleições e continuidade da implantação do sistema de automação de identificação biométrica de eleitores pela Justiça Eleitoral.

Atenção!

- Em situações específicas a LDO poderá autorizar a execução de despesas.

- Apenas as despesas autorizadas pela LDO é que poderão ser executadas antes da publicação da LOA.
- As despesas mencionadas no inciso XI obedecerão ao limite de 1/12 avos do valor previsto, multiplicado pelo número de meses decorridos até a publicação da LOA. Exemplo: Caso o PLOA não for sancionado até o final de abril do exercício a que se refere o orçamento, as dotações poderão ser utilizadas até o limite de 4/12 avos do seu valor fixado no projeto que ainda está em tramitação.

d) Impossibilidade de rejeição ao PLPPA e o PLDO

A CF/88 não admite a possibilidade de rejeição ao PLPPA e ao PLDO. Utilizarei dois argumentos para amparar esse impedimento.

◆ 1º argumento

CF/88
Art. 57, § 2º. A sessão legislativa não será interrompida sem a aprovação do projeto de lei de diretrizes orçamentárias.

◆ 2º argumento

Ato das Disposições Constitucionais Transitórias (Art. 35, § 2º)
I – o projeto do plano plurianual, para vigência até o final do primeiro exercício financeiro do mandato presidencial subseqüente, será encaminhado até quatro meses antes do encerramento do primeiro exercício financeiro e devolvido para sanção até o encerramento da sessão legislativa;
II – o projeto de lei de diretrizes orçamentárias será encaminhado até oito meses e meio antes do encerramento do exercício financeiro e devolvido para sanção até o encerramento do primeiro período da sessão legislativa;

Observe que nesse caso o legislador aventou apenas a possibilidade de sanção ficando afastada a possibilidade da rejeição. Sancionar significa concordar com o que já foi aprovado.

e) Possibilidade de rejeição do PLOA

O raciocínio utilizado na impossibilidade de rejeição do PLPPA e ao PLDO não poderá ser empregado nesse caso, pois a própria CF/88 permitiu a rejeição em seu art. **166 § 8º** ao afirmar que os recursos que, em decorrência de veto, emenda ou rejeição do projeto de lei orçamentária anual, ficarem sem despesas correspondentes poderão ser utilizados, conforme o caso, mediante créditos especiais ou suplementares, com prévia e específica autorização legislativa.

f) Descomplicando a fase de deliberação e positivação do processo legislativo

Quadro explicativo

FASE	DESCOMPLICANDO
Decretação	Determinação aprovada pela Casa Legislativa, condicionada à manifestação do Poder Executivo para tornar-se lei, mediante a SANÇÃO do Executivo.
Sanção	Consiste no ato pelo qual o Executivo concorda com a manifestação de vontade do Legislativo, objetivando forjá-la em espécie legislativa, nos termos do **decreto/autógrafo,** operando-se de maneira **expressa**, através de manifestação nos autos do competente processo, artigo 66, parte final, da Constituição Federal, ou **tácita**, de modo que o silêncio do Executivo, no prazo de 15 (quinze) dias, importe na **SANÇÃO** – **SANÇÃO** tácita da propositura.
Promulgação	Não passa de mera comunicação, aos destinatários da lei, de que esta foi criada com determinado conteúdo. Nesse sentido, pode-se dizer que é o meio de constatar a existência da lei; esta é perfeita antes de ser promulgada; a promulgação não faz a lei, mas os efeitos dela somente se produzem depois daquela.
Publicação	A Publicação da lei orçamentária não é um ato de aprovação, mas é exigência para que a lei possa surtir seus efeitos. Os entes governamentais de maior porte possuem meios de divulgação das leis e dos demais atos formais de seu interesse.
Promulgação X Publicação	A diferença entre a promulgação e a publicação é que a primeira tem por objetivo dar conhecimento da existência da lei para os órgãos da administração, aos encarregados de dar a sua execução, enquanto a publicação dá conhecimento aos particulares. Pela promulgação a lei torna-se eficaz para as pessoas administrativas e pela publicação a eficácia é para o público.

4.2.3. Execução

A execução do orçamento constitui na concretização dos objetivos e metas traçados nas etapas de elaboração, estudo e aprovação dos instrumentos de planejamento e compreende a mobilização dos recursos humanos, materiais e financeiros fundamentados na programação. Fase em que é realizado aquilo que fora previsto nos projetos e atividades da referida Lei do Orçamento.

> Lembre-se que a execução orçamentária independe da existência de recursos financeiros. A condição para se executar o orçamento é a existência de créditos orçamentários.

Até 30 dias após a publicação dos orçamentos, nos termos que dispuser a LDO, o Poder Executivo estabelecerá a programação financeira e o cronograma de execução mensal de desembolso.

Deverá ainda, também até trinta dias após a publicação do orçamento anual, efetuar o desdobramento das receitas em metas bimestrais de arrecadação, informando quais medidas serão adotadas para o combate à sonegação, a cobrança da dívida ativa e os créditos executáveis pela via administrativa.

Essas metas serão utilizadas como parâmetros para a limitação de empenho e movimentação financeira (também chamado de contingenciamento).

Regras previstas na CF/88

> **Art. 165, § 3º**. O Poder Executivo publicará, até trinta dias após o encerramento de cada bimestre, relatório resumido da execução orçamentária.
>
> **Art. 168.** Os recursos correspondentes às dotações orçamentárias, compreendidos os créditos suplementares e especiais, destinados aos órgãos dos Poderes Legislativo e Judiciário, do Ministério Público e da Defensoria Pública, ser-lhe-ão entregues até o dia 20 de cada mês, em duodécimos, na forma da lei complementar a que se refere o art. 165, § 9º.

> **Cuidado com a armadilha!** Até o dia 20 de cada mês e não até o dia 30 ou até o final do mês como as bancas costumam colocar.

4.2.4. Controle e Avaliação

a) Controle

O controle permite assegurar se os recursos serão aplicados conforme previsto nas leis orçamentárias.

> **4.320/64**
> **Art. 75.** O controle da execução orçamentária compreenderá:
> I – a legalidade dos atos de que resultem a arrecadação da receita ou a realização da despesa, o nascimento ou a extinção de direitos e obrigações;
> II – a fidelidade funcional dos agentes da administração, responsáveis por bens e valores públicos;
> III – o cumprimento do programa de trabalho expresso em termos monetários e em termos de realização de obras e prestação de serviços.
> (...)
>
> **Art. 81.** O controle da execução orçamentária, pelo Poder Legislativo, terá por objetivo verificar a probidade da administração, a guarda e legal emprego dos dinheiros públicos e o cumprimento da Lei de Orçamento.

Controle interno e externo

Existem dois sistemas de controle da execução orçamentária: interno e externo. O controle interno é aquele realizado pelo órgão no âmbito da própria Administração, dentro de sua estrutura.

O controle externo é aquele realizado por uma instituição independente e autônoma. No caso da União, o controle externo é exercido pelo Congresso Nacional, auxiliado pelo Tribunal de Contas da União – TCU.

Há ainda o **controle social**: qualquer cidadão, partido político, associação ou sindicato é parte legítima para, na forma da lei, denunciar irregularidades ou ilegalidades perante o Tribunal de Contas da União.

b) Avaliação

A avaliação orçamentária é a parte do controle orçamentário que analisa a eficácia e a eficiência dos cursos de ação cumpridos, e proporciona elementos de juízo aos responsáveis da gestão administrativa para adotar as medidas tendentes à consecução de seus objetivos e à otimização do uso dos recursos colocados à sua disposição, o que contribui para realimentar o processo de

Administração Orçamentária. O propósito da avaliação é de contribuir para a qualidade da elaboração de uma nova proposta orçamentária, reiniciando um novo ciclo orçamentário. Essa definição traz dois critérios de análise, o de eficiência e o de eficácia. Trata-se de atribuição do sistema de controle interno de cada Poder, conforme art. 74, I da Constituição.

> **Art. 74.** Os Poderes Legislativo, Executivo e Judiciário manterão, de forma integrada, sistema de controle interno com a finalidade de:
> I – avaliar o cumprimento das metas previstas no plano plurianual, a execução dos programas de governo e dos orçamentos da União;

4.3. EXECUÇÃO ORÇAMENTÁRIA X EXECUÇÃO FINANCEIRA

Precisamos diferenciar o verdadeiro significado da execução orçamentária com a execução financeira. São conceitos diferentes apesar de ocorrerem concomitantemente e de estarem atrelados um ao outro.

Na técnica orçamentária é habitual se fazer a distinção entre as palavras **crédito** e **recurso**. Reserva-se o termo crédito para designar o lado orçamentário e recurso para o lado financeiro. Crédito e Recurso são duas faces de uma mesma moeda. O crédito é orçamentário, dotação ou autorização de gasto ou sua descentralização, e recurso é financeiro, portanto, dinheiro ou saldo de disponibilidade bancária.

Para que você entenda melhor vou repetir aquele exemplo do cartão de crédito apresentado no Capítulo 2 dessa obra. Imagine que eu recebi um cartão de crédito com um limite dado pela operadora de 10.000 (*lembraram*?). Nesse momento eu tenho autorização para gastar, mas como de costume, não tenho um real no bolso (*continuo liso*). E aí? Posso utilizar o cartão? Claro que sim, basta que eu respeite o limite que é de 10.000. Agora, vamos à explicação. Mesmo possuindo autorização para gastar (cartão) tenho que compatibilizar a utilização dos créditos com os recursos financeiros que ainda receberei (salário, aulas, venda do livro, etc). Trazendo para o linguajar orçamentário pode-se definir execução orçamentária como sendo a utilização dos créditos consignados no Orçamento ou Lei Orçamentária Anual – LOA. Já a execução financeira, por sua vez, representa a utilização de recursos financeiros, visando atender à realização dos projetos e/ou atividades atribuídas às Unidades Orçamentárias pelo Orçamento. *Tenho que arrumar dinheiro para pagar a fatura do cartão que chegou.*

Destarte, com o orçamento o Poder Legislativo fixa os gastos e estima a arrecadação futura. Os **recursos financeiros não vêm junto com o orçamento**. Eles vão se tornando disponíveis na medida em que os contribuintes e demais devedores do tesouro público recolhem seus tributos e outros valores.

4.3.1. Programação Orçamentária e Financeira[2]

A Programação Orçamentária e Financeira compreende um conjunto de atividades com o objetivo de ajustar o ritmo de execução do orçamento ao fluxo provável de recursos financeiros.

Logo após sancionar à Lei Orçamentária aprovada pelo Congresso Nacional, o Poder Executivo, mediante decreto, estabelece em até trinta dias a programação financeira e o cronograma de desembolso mensal por órgãos, observadas as metas de resultados fiscais dispostas na Lei de Diretrizes Orçamentárias.

A Programação Financeira se realiza em três níveis distintos, sendo a Secretaria do Tesouro Nacional o órgão central, contando ainda com a participação das Subsecretárias de Planejamento, Orçamento e Administração (ou equivalentes os órgãos setoriais – OSPF) e as Unidades Gestoras Executoras (UGE).

Compete ao Tesouro Nacional estabelecer as diretrizes para a elaboração e formulação da programação financeira mensal e anual, bem como a adoção dos procedimentos necessários a sua execução. Aos órgãos setoriais competem a consolidação das propostas de programação financeira dos órgãos vinculados (UGE) e a descentralização dos recursos financeiros recebidos do órgão central. Às Unidades Gestoras Executoras cabem a realização da despesa pública nas suas três etapas, ou seja: o empenho, a liquidação e o pagamento.

> **Lei nº 4.320/64**
> **Art. 47.** Imediatamente após a promulgação da Lei de Orçamento e com base nos limites nela fixados, o Poder Executivo aprovará um quadro de cotas trimestrais da despesa que cada unidade orçamentária fica autorizada a utilizar.
>
> **Art. 48** A fixação das cotas a que se refere o artigo anterior atenderá aos seguintes objetivos:
> a) assegurar às unidades orçamentárias, em tempo útil, a soma de recursos necessários e suficientes a melhor execução do seu programa anual de trabalho;

2. http://www3.tesouro.fazenda.gov.br/programacao_financeira/index.asp

b) manter, durante o exercício, na medida do possível, o equilíbrio entre a receita arrecadada e a despesa realizada, de modo a reduzir ao mínimo eventuais insuficiências de tesouraria.

Art. 49. A programação da despesa orçamentária, para efeito do disposto no artigo anterior, levará em conta os créditos adicionais e as operações extra-orçamentárias.

Art. 50. As cotas trimestrais poderão ser alteradas durante o exercício, observados o limite da dotação e o comportamento da execução orçamentária.

➘ As bancas exploram bastante os artigos 47, 48, 49 e 50 da Lei nº 4.320/64.

a) Decreto de Programação Orçamentária e Financeira

Em vista do que dispõem o artigo. 72 do Decreto-lei nº 200/67, as normas de execução orçamentária e programação financeira da despesa autorizada na Lei Orçamentária Anual serão definidas anualmente por Decreto do Executivo. A LRF estabeleceu procedimentos para auxiliar a programação orçamentária e financeira em seus arts 8º e 9º.

Decreto-lei nº 200/67
Art. 72. Com base na lei orçamentária, créditos adicionais e seus atos complementares, o órgão central da programação financeira fixará as cotas e prazos de utilização de recursos pelos órgãos da Presidência da República, pelos Ministérios e pelas autoridades dos Poderes Legislativo e Judiciário para atender à movimentação dos créditos orçamentários ou adicionais.
§ 1º. Os Ministros de Estado e os dirigentes de Órgãos da Presidência da República aprovarão a programação financeira setorial e autorizarão às unidades administrativas a movimentar os respectivos créditos, dando ciência ao Tribunal de Contas.

LRF
Art. 8º. Até trinta dias após a publicação dos orçamentos, nos termos em que dispuser a lei de diretrizes orçamentárias e observado o disposto na alínea c do inciso I do art. 4º, o Poder Executivo estabelecerá a programação financeira e o cronograma de execução mensal de desembolso. [...]

Art. 9º Se verificado, ao final de um bimestre, que a realização da receita poderá não comportar o cumprimento das metas de resultado primário ou nominal estabelecidas no Anexo de Metas Fiscais, os Poderes e o Ministério Público promoverão, por ato próprio e nos montantes necessários, nos trinta dias subsequentes, limitação de empenho e movimentação financeira, segundo os critérios fixados pela lei de diretrizes orçamentárias.

Com a publicação do Decreto de Programação Orçamentária e Financeira ocorre tecnicamente o contingenciamento que limita os valores autorizados na LOA, relativos às despesas discricionárias ou não legalmente obrigatórias (investimentos e custeio em geral). O Decreto de Contingenciamento, também assim chamado, apresenta como anexos limites orçamentários para a movimentação e o empenho de despesas, bem como limites financeiros que impedem pagamento de despesas empenhadas e inscritas em restos a pagar, inclusive de anos anteriores. Portanto, o contingenciamento consiste no retardamento ou, ainda, na inexecução de parte da programação de despesa prevista na Lei Orçamentária em função da insuficiência de receitas.

Objetivo

O Decreto de Programação Orçamentária e Financeira tem por objetivo compatibilizar a realização da receita e a execução da despesa, observando-se as metas de resultado primário estabelecidas, fixando limites para a movimentação e empenho e para o pagamento das despesas dos grupos "outras despesas correntes", "investimento" e "inversões financeiras" dos órgãos do Poder Executivo e respectivos restos a pagar de exercícios anteriores.

Execução Orçamentária x Execução Financeira

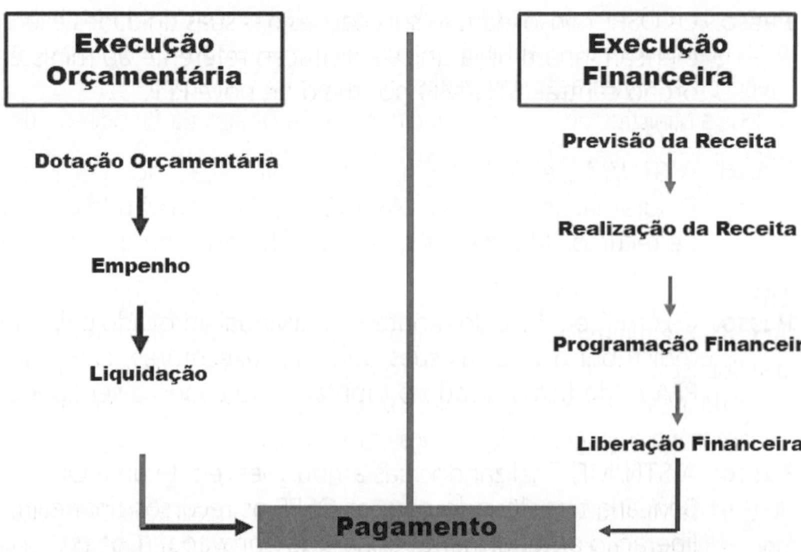

b) Fluxo de etapas da programação financeira

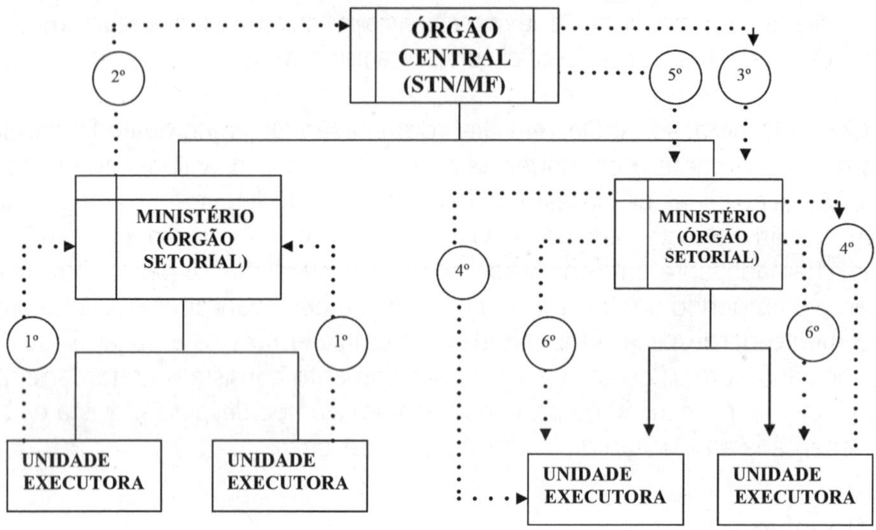

- **1º Passo**: As unidades executoras elaboram a Proposta de Programação Financeira (PPF) solicitando ao Órgão Setorial de Programação Financeira (OSPF) o montante de recursos financeiros que necessitam para atender seus gastos.

- **2º Passo**: Os OSPF consolidam as solicitações das suas unidades executoras e encaminham uma única solicitação referente ao ministério ao órgão central (STN/MF) por meio de nova PPF.

- **3º Passo**: A STN/MF, após examinar cada solicitação dos OSPF, emite a Programação Financeira Aprovada (PFA) aprovando o montante de recursos financeiros que serão liberados para cada OSPF.

- **4º Passo:** Os OSPF, em face do montante individual aprovado pela STN/MF, redistribui o valor às suas unidades executoras, emitindo nova PFA onde fica indicado o montante aprovado a ser liberado.

- **5º Passo**: A STN/MF, finalizando suas atribuições, emite uma OB – Ordem Bancária transferindo para os OSPF os recursos financeiros cuja liberação anteriormente tinha sido aprovada. (**Cotas**)

- **6º Passo**: Os OSPF, finalizando todo o processo de programação financeira e depois de receberem os recursos financeiros da STN/MF, fazem nova transferência dos mesmos, destinando a cada uma de suas unidades executoras o valor antes aprovado pelo próprio OSPF. (**Repasse, Sub-Repasse, Ordem de Transferência Concedida – OTC**). Após conclusão do processo de programação financeira, tem início a descentralização.

c) Descentralização Orçamentária X Descentralização Financeira

1. Descentralização Orçamentária

É a transferência de uma unidade orçamentária ou administrativa para outra do poder de utilizar os créditos orçamentários ou adicionais que estejam sob a sua supervisão, ou lhe tenham sido dotados ou transferidos. Ocorrendo a transferência a unidade cedente continuará detentora do crédito.

As descentralizações de créditos orçamentários ocorrem quando for efetuada movimentação de parte do orçamento, mantidas as classificações institucional, funcional, programática e econômica, para que outras unidades administrativas possam executar a despesa orçamentária.

Quando a descentralização envolver unidades gestoras de um mesmo órgão tem-se a descentralização interna, também chamada de provisão.

Se, porventura, ocorrer entre unidades gestoras de órgãos ou entidades de estrutura diferente, ter-se-á uma descentralização externa, também denominada de destaque. A descentralização orçamentária entre o Órgão Central e os Órgãos Setoriais será classificada como Dotação.

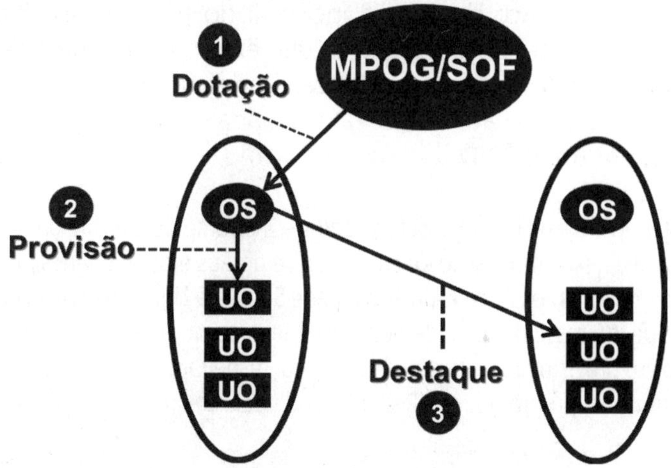

- **Dotação:** 1ª etapa da descentralização orçamentária. Ocorre quando o Órgão Central transfere créditos orçamentários para os Órgãos Setoriais.
- **Provisão** ou descentralização interna de créditos: Quando envolver unidades gestoras de um mesmo órgão, ministério ou entidade integrante dos orçamentos fiscal e da seguridade social.
- **Destaque** ou descentralização externa de créditos: Quando envolver unidades gestoras de órgãos, ministérios ou entidades de estruturas administrativas diferentes (de um órgão para o outro).

Segundo o MCASP (7ª edição, pág. 98-99) As descentralizações de créditos orçamentários não se confundem com transferências e transposição, pois:

a) não modificam a programação ou o valor de suas dotações orçamentárias (créditos adicionais); e

b) não alteram a unidade orçamentária (classificação institucional) detentora do crédito orçamentário aprovado na lei orçamentária ou em créditos adicionais.

◆ **Ainda segundo o referido Manual:**

Na descentralização, as dotações serão empregadas obrigatória e integralmente na consecução do objetivo previsto pelo programa de trabalho pertinente, respeitadas fielmente a classificação funcional e a estrutura programática.

Portanto, a única diferença é que a execução da despesa orçamentária será realizada por outro órgão ou entidade.

Para a União, de acordo com o inciso III do § 1º do art.1º do Decreto nº 6.170/2007, a descentralização de crédito externa dependerá de **termo de cooperação**, **ficando vedada a celebração de convênio para esse efeito.**

> **Decreto nº 6.170/2007**
> **Art. 1º, § 1º.**
> III – termo de execução descentralizada – instrumento por meio do qual é ajustada a descentralização de crédito entre órgãos e/ou entidades integrantes dos Orçamentos Fiscal e da Seguridade Social da União, para execução de ações de interesse da unidade orçamentária descentralizadora e consecução do objeto previsto no programa de trabalho, respeitada fielmente a classificação funcional programática. (Redação dada pelo Decreto nº 8.180, de 2013)

Art. 2º. É vedada a celebração de convênios e contratos de repasse:
III – entre órgãos e entidades da administração pública federal, caso em que deverá ser observado o art. 1º, § 1º, inciso III; (Redação dada pelo Decreto nº 7.568, de 2011)

A execução de despesas da competência de órgãos e unidades do ente da Federação poderá ser descentralizada ou delegada, no todo ou em parte, a órgão ou entidade de outro ente da Federação, desde que se mostre legal e tecnicamente possível.

Tendo em vista o disposto no art. 35 da Lei nº 10.180, de 6 de fevereiro de 2001, a execução de despesas mediante descentralização a outro ente da Federação processar-se-á de acordo com os mesmos procedimentos adotados para as transferências voluntárias, ou seja, empenho, liquidação e pagamento na unidade descentralizadora do crédito orçamentário e inclusão na receita e na despesa do ente recebedor dos recursos-objeto da descentralização, identificando-se como recursos de convênios ou similares.

2. Descentralização Financeira

Juntamente à Descentralização Orçamentária, ocorre a Descentralização Financeira, que consiste na movimentação dos recursos financeiros do órgão central de programação financeira para as Unidades Gestoras tendo como finalidade o pagamento das despesas orçamentárias legalmente empenhadas e liquidadas.

A liberação de recursos se dará por meio de:

- **Cota** é a primeira etapa da descentralização de recursos financeiros, caracterizada pela transferência de recursos do órgão central de programação financeira para os órgãos setoriais do sistema.
- **Repasse** é a descentralização dos recursos financeiros vinculados ao orçamento, recebidos anteriormente sob a forma de cota. O repasse é caracterizado pela transferência de recursos financeiros entre órgãos de estruturas administrativas diferentes podendo ocorrer:
  a) do órgão setorial de programação financeira para entidades da Administração indireta, e entre estas;
  b) da entidade da Administração indireta para órgão da Administração direta, ou entre estes, se de outro órgão ou Ministério;
- **Sub-repasse** é a descentralização dos recursos financeiros vinculados ao orçamento, recebidos anteriormente sob a forma de cota realizada pelos Órgãos Setoriais de programação financeira para as Unidades Gestoras de

sua jurisdição e entre as Unidades Gestoras de um mesmo ministério, órgão ou entidade.

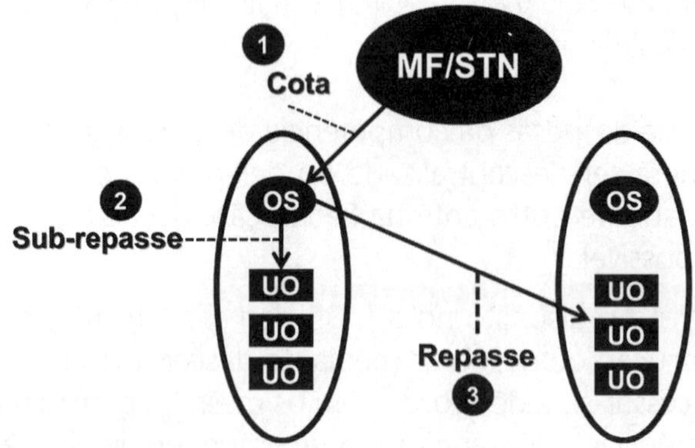

A figura abaixo demonstra a correta associação entre a Descentralização Orçamentária X Descentralização Financeira.

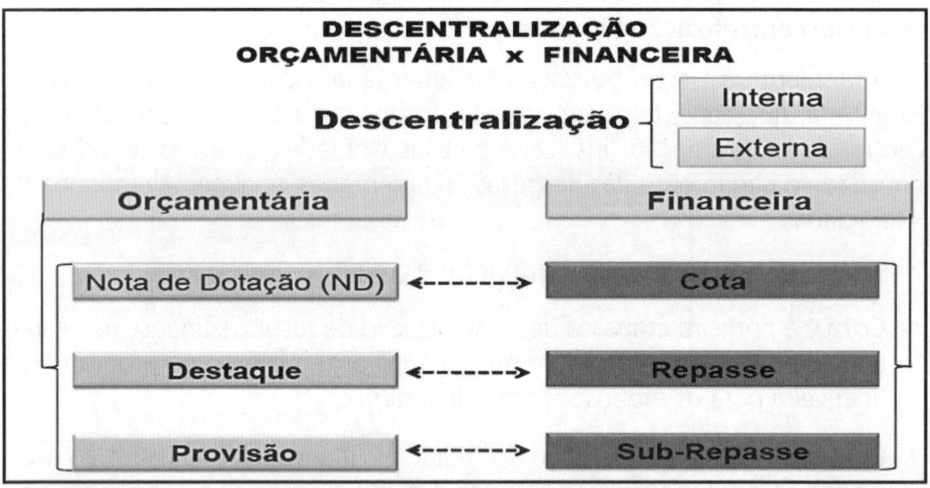

Em suma, temos:

A dotação está para a cota assim como o destaque está para o repasse e a provisão está para o sub-repasse.

Portanto, uma unidade ao receber seus créditos orçamentários através de provisão, essa mesma unidade deverá receber seus recursos financeiros através de sub-repasse. Caso receba seus créditos através de destaque os recursos serão transferidos a através de repasse. O repasse poderá ser realizado sem que tenha havido um destaque prévio.

Descentralização			
Orçamentária		Financeira	
Dotação	1ª etapa	Cota	1ª etapa
Provisão	Interna	Sub-repasse	Interna
Destaque	Externa	Repasse	Externa

4.4. ORÇAMENTO IMPOSITIVO

A Lei de Diretrizes Orçamentárias – LDO 2014 (Lei nº 12.919, de 24 de dezembro de 2013) trouxe uma novidade para disciplinar a programação e execução orçamentária, o orçamento impositivo, que torna obrigatória a execução orçamentária e financeira das emendas individuais inseridas na Lei Orçamentária Anual – LOA 2014. A execução obrigatória deve corresponder a 1,2% da receita corrente líquida realizada no exercício anterior, sendo que metade deste percentual será destinada a serviços públicos de saúde.

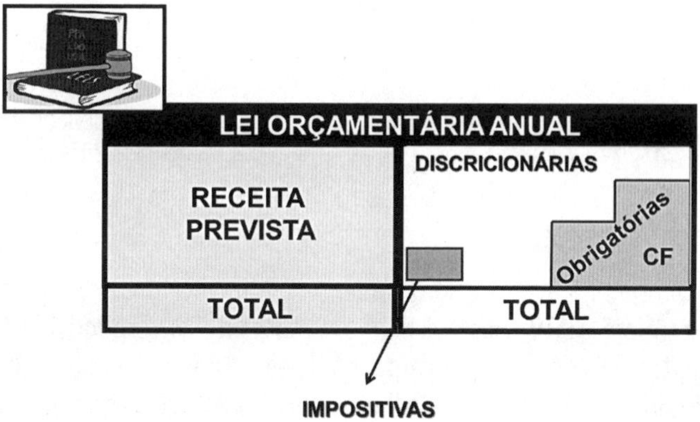

Descomplicando o orçamento impositivo

CF/88, Art. 166.

§ 9º. As emendas individuais ao projeto de lei orçamentária serão aprovadas no limite de 1,2% (um inteiro e dois décimos por cento) da receita corrente líquida prevista no projeto encaminhado pelo Poder Executivo, sendo que a metade deste percentual será destinada a ações e serviços públicos de saúde.

Fique atento, pois o cálculo será feito com base na Receita Corrente Líquida PREVISTA para o PRÓXIMO exercício e METADE (0,6%) será destinada a ações e serviços públicos de saúde.

E a outra metade? Livre aplicação!!!!

> § 10. A execução do montante destinado a ações e serviços públicos de saúde previsto no § 9º, inclusive custeio, será computada para fins do cumprimento do inciso I do § 2º do art. 198, vedada a destinação para pagamento de pessoal ou encargos sociais.
>
> § 11. É obrigatória a execução orçamentária e financeira das programações a que se refere o § 9º deste artigo, em montante correspondente a 1,2% (um inteiro e dois décimos por cento) da receita corrente líquida realizada no exercício anterior, conforme os critérios para a execução equitativa da programação definidos na lei complementar prevista no § 9º do art. 165.

1. O **cálculo** para execução orçamentária e financeira obrigatória será feito com base na Receita Corrente Líquida REALIZADA no ano anterior.

2. **Execução Orçamentária** – é a utilização dos créditos consignados no Orçamento Geral da União.

- **Execução Financeira** – representa a utilização dos recursos financeiros, visando atender a realização dos projetos e atividades atribuídos a cada unidade.

Exercício financeiro: 2018

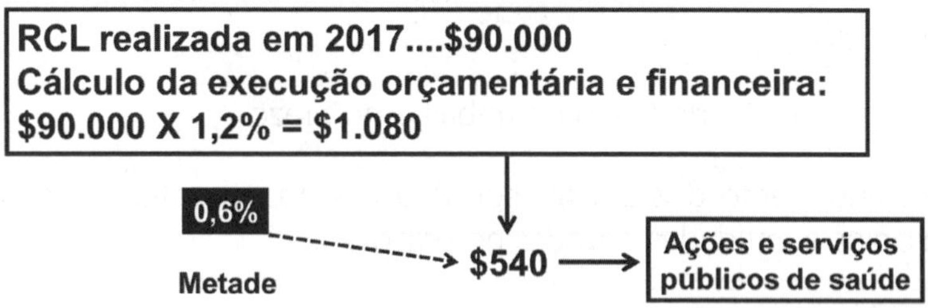

- <u>Não esqueça</u>

- **Cálculo do limite das emendas individuais dos parlamentares:**

  1,2% X RCL PREVISTA para o próximo exercício.

- **Cálculo para execução orçamentária e financeira das emendas individuais dos parlamentares:**

  1,2% X RCL REALIZADA no exercício anterior.

◆ 3. Execução equitativa

ART. 165, § 9º. Cabe à lei complementar:
III – dispor sobre critérios para a execução equitativa, além de procedimentos que serão adotados quando houver impedimentos legais e técnicos, cumprimento de restos a pagar e limitação das programações de caráter obrigatório, para a realização do disposto no § 11 do art. 166.

ART. 166, § 18. Considera-se equitativa a execução das programações de caráter obrigatório que atenda de forma igualitária e impessoal às emendas apresentadas, independentemente da autoria.

§ 12. As programações orçamentárias previstas no § 9º deste artigo não serão de execução obrigatória nos casos dos impedimentos de ordem técnica.

- **Impedimentos de ordem técnica** podem ser entendidos como elementos que obstem o curso regular da realização da despesa referente à emenda individual de execução obrigatória.

  São exemplos de impedimentos de ordem técnica:

1. Não indicação do beneficiário e respectivo valor da emenda no prazo estabelecido.
2. Não apresentação do plano de trabalho no prazo.
3. Não atendimento dos ajustes solicitados pelos ministérios aos estados, municípios e entidades privadas no prazo.
4. Desistência do proponente.
5. Incompatibilidade do objeto indicado com a finalidade da ação orçamentária.

   Exemplo: Ação orçamentária para fomento ao setor agropecuário e o objeto da proposta é custear festa junina.
6. Incompatibilidade do objeto indicado com o programa do órgão ou entidade executora.

   Exemplo: O programa do Ministério possui itens padronizados e a proposta indica aquisição de um bem não existente na lista.
7. Falta de razoabilidade dos valores, incompatibilidade do valor proposto com o cronograma de execução do projeto ou proposta de valor que impeça a conclusão de uma etapa útil do projeto.

   Exemplo: A emenda é de R$ 100 mil e a proposta é de obra no valor de R$ 400 mil.
8. Não aprovação do Plano de Trabalho.

> § 13. Quando a transferência obrigatória da União, para a execução da programação prevista no § 11 deste artigo, for destinada a Estados, ao Distrito Federal e a Municípios, independerá da adimplência do ente federativo destinatário e não integrará a base de cálculo da receita corrente líquida para fins de aplicação dos limites de despesa de pessoal de que trata o caput do art. 169.

Os Estados, Distrito Federal e os Municípios receberão os recursos provenientes das transferências mesmo no caso de não estarem em dia com suas obrigações financeiras e a transferência recebida não integrará a base de cálculo da Receita Corrente Líquida prevista no art. 2°, IV da LRF para fins de aplicação dos limites de despesa de pessoal.

§ 14. No caso de impedimento de ordem técnica, no empenho de despesa que integre a programação, na forma do § 11 deste artigo, serão adotadas as seguintes medidas:

I – até 120 (cento e vinte) dias após a publicação da lei orçamentária, o Poder Executivo, o Poder Legislativo, o Poder Judiciário, o Ministério Público e a Defensoria Pública enviarão ao Poder Legislativo as justificativas do impedimento;

Obrigação dos órgãos de execução de enviar ao Legislativo as **justificativas de eventual impedimento** nas programações (prazo de 120 dias após a publicação da LOA).

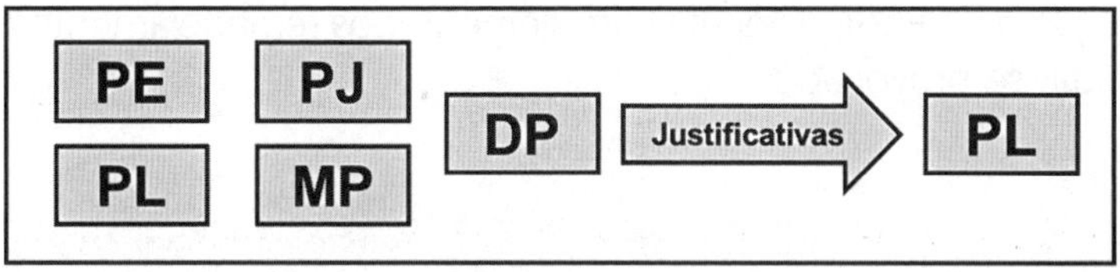

II – até 30 (trinta) dias após o término do prazo previsto no inciso I, o Poder Legislativo indicará ao Poder Executivo o remanejamento da programação cujo impedimento seja insuperável;

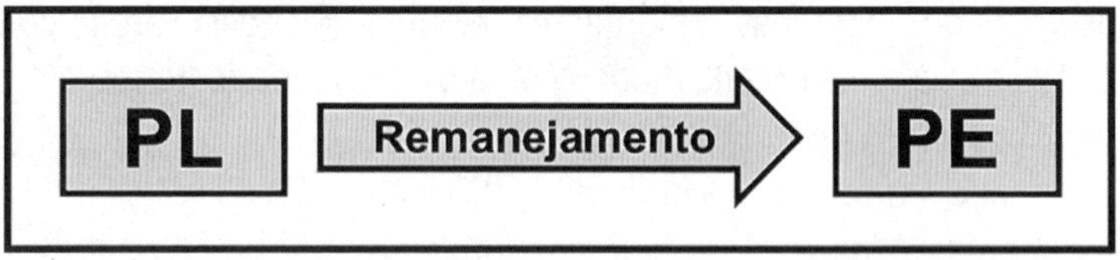

III – até 30 de setembro ou até 30 (trinta) dias após o prazo previsto no inciso II, o Poder Executivo encaminhará projeto de lei sobre o remanejamento da programação cujo impedimento seja insuperável;

- **Prerrogativa do Legislativo de remanejamento** das programações impedidas, observado o devido processo orçamentário-legislativo que obriga o Executivo a enviar o respectivo projeto de lei.

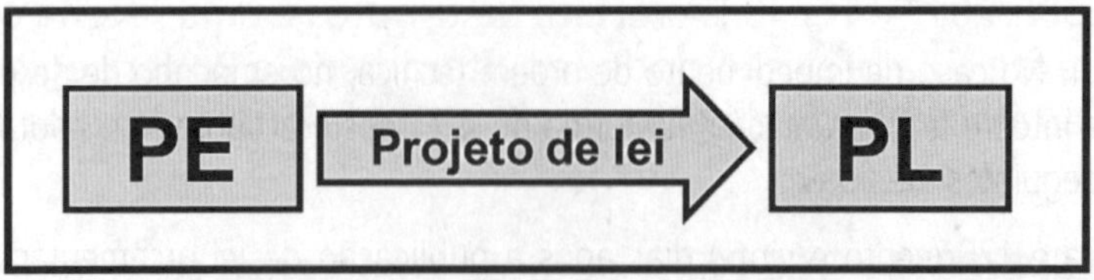

> IV – se, até 20 de novembro ou até 30 (trinta) dias após o término do prazo previsto no inciso III, o Congresso Nacional não deliberar sobre o projeto, o remanejamento será implementado por ato do Poder Executivo, nos termos previstos na lei orçamentária.

Obrigação de o Poder Executivo implementar os remanejamentos na forma estabelecida, se provocado.

> § 15. Após o prazo previsto no inciso IV do § 14, as programações orçamentárias previstas no § 11 não serão de execução obrigatória nos casos dos impedimentos justificados na notificação prevista no inciso I do § 14.
>
> § 16. Os restos a pagar poderão ser considerados para fins de cumprimento da execução financeira prevista no § 11 deste artigo, até o limite de 0,6% (seis décimos por cento) da receita corrente líquida realizada no exercício anterior.
>
> § 17. Se for verificado que a reestimativa da receita e da despesa poderá resultar no não cumprimento da meta de resultado fiscal estabelecida na lei de diretrizes orçamentárias, o montante previsto no § 11 deste artigo poderá ser reduzido em até a mesma proporção da limitação incidente sobre o conjunto das despesas discricionárias.

4.5. QUESTÕES DE CONCURSOS

1. (CESPE/2017 – TCE PE) A receita de tributos é uma receita orçamentária corrente cuja previsão pode ser alterada pelo Poder Legislativo, se comprovada ocorrência de erro ou omissão de ordem técnica ou legal.

2. (CESPE/2017 – TCE PE) A dotação caracteriza-se pela descentralização orçamentária entre a unidade central de programação orçamentária e um órgão setorial contemplado diretamente no orçamento.

3. (CESPE/2017 – TCE PE) Para que determinada emenda ao projeto de lei orçamentária seja aprovada, é suficiente que ela tenha sido apresentada na Comissão Mista de Orçamentos e não anule despesas de pessoal e encargos sociais, do serviço da dívida ou de transferências constitucionais.

4. (CESPE/2017 – TRT 7ª Região) Na tramitação da LOA, a Comissão de Finanças e Tributação da Câmara dos Deputados apresentou proposta de emenda que estabelecia acréscimo de R$ 4 milhões à programação orçamentária, com vistas ao provimento de cargos de promotor no Ministério Público Federal (MPF).

Nessa situação hipotética, após analisar a proposta, a Comissão Mista de Planos, Orçamentos Públicos e Fiscalização deverá rejeitá-la, uma vez que é inadmissível a apresentação de emenda

a) que disponha sobre dotação para pessoal e seus encargos.
b) referente ao MPF por iniciativa diversa do presidente da República.
c) por comissão temática.
d) de despesa que inclua dotações.

5. (CESPE/2017 – TRE BA) O ciclo orçamentário é o período de tempo em que se processam as atividades típicas do orçamento público. Em sua concepção ampliada – adotada pela Constituição Federal de 1988 –, tal ciclo desdobra-se em oito fases. Uma dessas fases corresponde à elaboração da proposta de orçamento pelo Poder Executivo e a sua submissão ao Poder Legislativo. Essa fase ocorre

a) juntamente com a proposição de metas e prioridades para a administração pelo Poder Executivo.

b) logo após a aprovação pelo Poder Legislativo da política de alocação de recursos proposta pelo Poder Executivo.

c) logo após a apreciação e a adequação da lei de diretrizes orçamentárias pelo Poder Legislativo.

d) imediatamente antes da execução do orçamento pelo Poder Executivo.

e) imediatamente após a apreciação e a aprovação do plano plurianual pelo Poder Legislativo.

6. (CESPE/2017) Constituído por diversas etapas, desde a proposta orçamentária até a aprovação da lei orçamentária, o ciclo orçamentário é, ao longo de todo exercício, um processo intermitente no que diz respeito a análises e decisões.

7. (CESPE/2017 – TCE PE) As metas e os riscos fiscais são gerados na etapa de planejamento do processo de elaboração do orçamento anual.

8. (CESPE/2017 – TCE PE) Uma descentralização orçamentária é pré-requisito indispensável para a execução de uma descentralização financeira.

9. (CESPE/2016 – DPU) O ciclo orçamentário pode ser definido como um rito legalmente estabelecido, com etapas que se repetem periodicamente e que envolvem elaboração, discussão, votação, controle e avaliação do orçamento.

10. (CESPE/2016 – DPU) Após a sanção presidencial à LOA aprovada pelo Congresso Nacional, o Poder Executivo, mediante decreto, deve estabelecer, em até sessenta dias, a programação financeira e o cronograma de desembolso mensal por órgãos.

11. (CESPE/2016 – TCE PA) As fases do processo orçamentário incluem previsões, fixação de valores, determinação de limites e processo legislativo.

12. **(CESPE/2016 – TCE PA)** O processo orçamentário é concluído com a aprovação das diversas leis orçamentárias que, em seu decorrer, foram elaboradas.

13. **(CESPE/2016 – TCE PA)** No processo orçamentário, depois de o Congresso Nacional apreciar o projeto de lei orçamentária, cabe ao presidente da República aprová-lo ou vetá-lo integralmente. Nesse processo, vetos parciais não são cabíveis.

14. **(CESPE/2016 – TCE PA)** Um objetivo do acompanhamento da execução orçamentária é monitorar o processo de cumprimento das metas de superávit primário.

15. **(CESPE/2016 – TCE PA)** Considerando-se a definição dos termos crédito e recurso no contexto da técnica orçamentária, é correto afirmar que a execução financeira trata da utilização dos créditos consignados na LOA.

16. **(CESPE/2016 – TCE PA)** Descentralização financeira corresponde ao repasse, em caráter emergencial, de recursos da União para os estados, o Distrito Federal e os municípios.

17. **(CESPE/2016 – TCE PA)** O processo orçamentário envolve a fase de elaboração das leis orçamentárias e a fase de execução orçamentária.

18. **(CESPE/2016 – TCE PA)** A fase final do processo orçamentário é a prestação de contas.

19. **(CESPE/2016 – TCE PA)** A descentralização de créditos interna é denominada provisão e a externa, cota. Ambas caracterizam-se pela cessão de crédito orçamentário entre unidades orçamentárias ou unidades gestoras.

20. **(CESPE/2016 – TCE PA)** A movimentação de recursos financeiros entre as diversas unidades orçamentárias e administrativas compreende cota, repasse e despesa.

21. **(FCC/2017 – FUNAPE)** A Emenda Constitucional nº 86, de 2015, introduziu o caráter equitativo para a execução orçamentária e financeira, segundo critérios a serem definidos em lei complementar, consolidando o que se convencionou chamar de "orçamento impositivo", que, entre outros aspectos, contempla

a) a obrigatoriedade da execução orçamentária e financeira das emendas individuais ao projeto de lei orçamentária, aprovadas no limite de 1,2% da receita corrente líquida do exercício anterior, das quais 50% deverão, necessariamente, ser destinadas à ações e serviços públicos na área da saúde, afastada a obrigatoriedade no caso de impedimentos de ordem técnica.

b) a inviabilidade de apresentação de emendas parlamentares ao projeto de lei orçamentária encaminhado pelo Poder Executivo, salvo se respaldadas na revisão das estimativas das projeções de receita constantes do anexo de metas fiscais que integra a Lei de Diretrizes Orçamentárias ou para ações destinadas à área da saúde.

c) a obrigatoriedade de destinar ao menos um terço do valor da estimativa de receitas prevista na Lei Orçamentária Anual para emendas individuais de parlamentares, das quais 50% deverão, necessariamente, ser destinadas a ações e serviços públicos na área da educação e saúde.

d) a vedação à apresentação de emendas individuais de parlamentares ao projeto de lei orçamentária anual encaminhado pelo Poder Executivo, salvo para correção de erros e inexatidões, ou para assegurar a aplicação dos limites mínimos previstos na Constituição Federal para programas e ações nas áreas da saúde e educação.

e) a obrigatoriedade do estrito cumprimento da execução orçamentária e financeira dos programas consignados na Lei Orçamentária Anual, inclusive os oriundos de emendas individuais de qualquer natureza, salvo na hipótese de revisão das metas fiscais ou materialização de passivos contingentes.

22. **(FCC/2016 – TRF 3ª Região) De acordo com a Constituição Federal de 1988, em relação às emendas ao projeto de lei do orçamento anual que indiquem recursos provenientes de anulação de despesa, considere:**

I. Dotação para pessoal e seus encargos.

II. Transferências tributárias constitucionais para Estados, Municípios ou Distrito Federal.

III. Dotação para construção de fóruns.

IV. Dotação para aquisição de computadores pelo Poder Judiciário.

Entre outros requisitos, as emendas somente podem ser aprovadas se a anulação da despesa incidir sobre o que consta APENAS em

a) III e IV.

b) I e II.

c) I e III.

d) II, III e IV.

e) I, II e IV.

23. (FCC/2016 – TRF 3ª Região) Quanto ao processo de elaboração, discussão, votação e aprovação da proposta orçamentária, a Constituição Federal estabelece que

a) o projeto de lei relativo ao orçamento anual será apreciado pela Câmara dos Deputados, cabendo ao Senado apenas o acompanhamento do atendimento aos limites constitucionais.

b) uma das fontes de recursos admitida para emendas ao projeto de lei do orçamento anual é a anulação de despesa que incida sobre dotações de pessoal e encargos.

c) no caso de emendas ao projeto da lei do orçamento anual, somente são admitidas as indicações de recursos advindos de anulação de despesa.

d) as emendas ao projeto da lei do orçamento anual serão apresentadas ao Presidente da República, responsável por sua apreciação.

e) em qualquer momento o Presidente da República pode enviar mensagem ao Congresso Nacional para propor modificações no projeto da lei orçamentária anual.

24. (FCC/2015 – CNMP) Relativamente às finalidades do Sistema de Controle Interno do Poder Executivo Federal, considere:

I. Avaliar o cumprimento das metas previstas no plano plurianual, a execução dos programas de governo e dos orçamentos da União.

II. Elaborar a programação financeira do Tesouro Nacional, gerenciar a Conta Única do Tesouro Nacional e subsidiar a formulação da política de financiamento da despesa pública.

III. Avaliar os recursos dos orçamentos vigentes, as alterações decorrentes de créditos adicionais, as receitas prevista e arrecadada, a despesa empenhada, liquidada e paga à conta desses recursos e as respectivas disponibilidades.

IV. Exercer o controle das operações de crédito, avais e garantias, bem como dos direitos e haveres da União.

V. Consolidar os balanços da União, dos Estados, do Distrito Federal e dos Municípios, com vistas à elaboração do Balanço do Setor Público Nacional.

Está correto o que se afirma APENAS em

a) I, II, III e V.
b) I e IV.
c) IV e V.
d) I, III e V.
e) II, III e IV.

25. **(FCC/2015 – TCE CE)** A proposta da Lei Orçamentária Anual deve ser encaminhada pelo Poder Executivo ao Legislativo acompanhada de exposição circunstanciada da situação econômico-financeira.

Essa exposição é denominada

a) razão orçamentária.
b) tabela explicativa.
c) mensagem.
d) exposição orçamentária.
e) fundamentação orçamentária.

26. **(FCC/2015 – TCE CE)** Em março de 2015, as mesas da Câmara dos Deputados e do Senado Federal promulgaram a Emenda Constitucional nº 86/15, que trata do chamado ORÇAMENTO IMPOSITIVO. Essa emenda, que acrescentou vários dispositivos ao texto constitucional, inseriu, no art. 166 da Constituição Federal, nove parágrafos novos. O § 9º desse artigo estabelece que as emendas individuais ao projeto de lei orçamentária serão aprovadas no limite de 1,2% da receita corrente líquida prevista no projeto encaminhado pelo Poder Executivo, sendo que a metade deste percentual será destinada a ações e serviços públicos de saúde.

Afastada a possibilidade de não cumprimento da meta de resultado fiscal estabelecida na Lei de Diretrizes Orçamentárias, a execução orçamentária e financeira das programações referidas no § 9º, acima transcrito, é

a) obrigatória, inclusive nos casos de impedimento de ordem técnica, em montante correspondente a 1,2% da receita corrente líquida realizada no exercício anterior, conforme os critérios para a execução equitativa da programação definidos em Resolução do Senado Federal, de iniciativa do Presidente da República.

b) obrigatória, exceto nos casos de impedimento de ordem técnica, em montante correspondente a 0,6% da média da receita corrente líquida realizada nos três exercícios imediatamente anteriores conforme os critérios para a execução equitativa da programação definidos em lei ordinária federal.

c) obrigatória, exceto nos casos de impedimento de ordem técnica, em montante correspondente a 1,2% da receita corrente líquida realizada no exercício anterior conforme os critérios para a execução equitativa da programação, sendo considerada equitativa a execução das programações de caráter obrigatório que atenda de forma igualitária e impessoal às emendas apresentadas, independentemente da autoria.

d) voluntária, em montante correspondente a 0,6% da receita corrente líquida realizada no exercício anterior conforme os critérios para a execução equitativa da programação, sendo considerada equitativa a execução das programações de caráter obrigatório que atenda de forma igualitária e impessoal a todas as unidades federadas, independentemente de critérios quantitativos populacionais e da representação política parlamentar do proponente da emenda.

e) obrigatória, inclusive nos casos de impedimento de ordem técnica, em montante correspondente a 0,6% da receita corrente líquida realizada no exercício anterior conforme os critérios para a execução equitativa da programação definidos na lei complementar prevista no § 9º do art. 165 da Constituição Federal, sendo considerada equitativa a execução das programações de caráter obrigatório que atenda de forma proporcional a todas as unidades federadas, tendo em conta critérios quantitativos populacionais e de representação política parlamentar do proponente da emenda.

27. (FCC/2015 – TRE RR) O projeto de Lei orçamentária de determinado ente público, para o exercício de 2015, estimou receitas no valor de R$ 36.550.000,00. O Poder Legislativo do ente público reestimou a receita para o valor de R$ 38.750.000,00. Neste caso, nos termos da Lei Complementar nº 101/2000 a reestimativa de receita por parte do Poder Legislativo só será admitida

a) para compensar aumento nas despesas de caráter continuado.

b) se comprovada a necessidade de abertura de créditos adicionais especiais.
c) para garantir pagamento de despesas de exercícios anteriores.
d) se comprovado erro ou omissão de ordem técnica ou legal.
e) para comportar o cumprimento das metas de resultado primário ou nominal estabelecidas no Anexo de Metas Fiscais.

28. (FGV/2017 – ALERJ) A operação que envolve o repasse de recursos financeiros da Secretaria de Fazenda do Estado do Rio de Janeiro para a Assembleia Legislativa do Estado do Rio de Janeiro é denominada:

a) destaque;
b) descentralização interna;
c) provisão;
d) transposição;
e) transferência financeira.

29. (FGV/2015 – TJ PI) O Tribunal de Justiça do Estado do Piauí obteve autorização para receber uma descentralização de créditos orçamentários para execução de despesas negociadas com o Gabinete do Governo do Estado. O registro desse fato deve ser feito sob a forma de:

a) descentralização interna;
b) destaque;
c) provisão;
d) transferência;
e) transposição.

30. (ESAF/2015 – MPOG) A respeito dos conceitos orçamento impositivo versus orçamento autorizativo e das práticas observadas na elaboração e execução do orçamento no Brasil em anos recentes, é correto afirmar, exceto:

a) existe um rol de despesas que as leis e a Constituição Federal definem como obrigatórias.
b) restos a pagar não processados podem ser prorrogados para além do exercício subsequente ao exercício de sua inscrição.
c) a Emenda Constitucional 86/2015 tornou obrigatória a execução de todo o orçamento aprovado no âmbito do Poder Executivo.

d) as transferências constitucionais não podem ser objeto de limitação de empenhos determinados pela Lei de Responsabilidade Fiscal.

e) a emissão da nota de empenho por unidade gestora não garante a realização da despesa, uma vez que pode ser anulado.

GABARITO

1	V	**7**	F	**13**	F	**19**	F	**25**	C
2	V	**8**	F	**14**	V	**20**	V	**26**	C
3	F	**9**	V	**15**	F	**21**	A	**27**	D
4	A	**10**	F	**16**	F	**22**	A	**28**	E
5	C	**11**	V	**17**	V	**23**	C	**29**	B
6	F	**12**	F	**18**	F	**24**	B	**30**	C

*Assista à correção de algumas questões, deste capítulo, posicionando aqui o leitor do **QR Code**.*

https://editoraj.us/AFO04

Capítulo 5.
Lei 10.180/2001 – Sistemas

Conforme a Lei nº 10.180, de 6 de fevereiro de 2001 as atividades de planejamento e de orçamento federal são organizadas pelos seguintes sistemas:

1. Sistema de Planejamento e Orçamento federal.
2. Sistema de Administração Financeira Federal.
3. Sistema de Contabilidade Federal.
4. Sistema de Controle Interno do Poder Executivo Federal.

5.1. SISTEMA DE PLANEJAMENTO E ORÇAMENTO FEDERAL

5.1.1. Finalidades

Art. 2º. O Sistema de Planejamento e de Orçamento Federal tem por finalidade:
I – formular o planejamento estratégico nacional;

II – formular planos nacionais, setoriais e regionais de desenvolvimento econômico e social;
III – formular o plano plurianual, as diretrizes orçamentárias e os orçamentos anuais;
IV – gerenciar o processo de planejamento e orçamento federal;
V – promover a articulação com os Estados, o Distrito Federal e os Municípios, visando a compatibilização de normas e tarefas afins aos diversos Sistemas, nos planos federal, estadual, distrital e municipal.

5.1.2. Organização e competências

Art. 3°. O Sistema de Planejamento e de Orçamento Federal compreende as atividades de elaboração, acompanhamento e avaliação de planos, programas e orçamentos, e de realização de estudos e pesquisas sócio-econômicas.

Art. 4°. Integram o Sistema de Planejamento e de Orçamento Federal:
I – o Ministério do Planejamento, Orçamento e Gestão, como órgão central;
II – órgãos setoriais;
III – órgãos específicos.
§ 1°. Os órgãos setoriais são as unidades de planejamento e orçamento dos Ministérios, da Advocacia-Geral da União, da Vice-Presidência e da Casa Civil da Presidência da República.
§ 2°. Os órgãos específicos são aqueles vinculados ou subordinados ao órgão central do Sistema, cuja missão está voltada para as atividades de planejamento e orçamento.
§ 3°. Os órgãos setoriais e específicos ficam sujeitos à orientação normativa e à supervisão técnica do órgão central do Sistema, sem prejuízo da subordinação ao órgão em cuja estrutura administrativa estiverem integrados.
§ 4°. As unidades de planejamento e orçamento das entidades vinculadas ou subordinadas aos Ministérios e órgãos setoriais ficam sujeitas à orientação normativa e à supervisão técnica do órgão central e também, no que couber, do respectivo órgão setorial.
§ 5°. O órgão setorial da Casa Civil da Presidência da República tem como área de atuação todos os órgãos integrantes da Presidência da República, ressalvados outros determinados em legislação específica.

Art. 5°. Sem prejuízo das competências constitucionais e legais de outros Poderes, as unidades responsáveis pelos seus orçamentos ficam sujeitas à orientação normativa do órgão central do Sistema.

Art. 6º. Sem prejuízo das competências constitucionais e legais de outros Poderes e órgãos da Administração Pública Federal, os órgãos integrantes do Sistema de Planejamento e de Orçamento Federal e as unidades responsáveis pelo planejamento e orçamento dos demais Poderes realizarão o acompanhamento e a avaliação dos planos e programas respectivos.

5.1.3. Planejamento Federal

Art. 7º. Compete às unidades responsáveis pelas atividades de planejamento:
I – elaborar e supervisionar a execução de planos e programas nacionais e setoriais de desenvolvimento econômico e social;
II – coordenar a elaboração dos projetos de lei do plano plurianual e o item, metas e prioridades da Administração Pública Federal, integrantes do projeto de lei de diretrizes orçamentárias, bem como de suas alterações, compatibilizando as propostas de todos os Poderes, órgãos e entidades integrantes da Administração Pública Federal com os objetivos governamentais e os recursos disponíveis;
III – acompanhar física e financeiramente os planos e programas referidos nos incisos I e II deste artigo, bem como avaliá-los, quanto à eficácia e efetividade, com vistas a subsidiar o processo de alocação de recursos públicos, a política de gastos e a coordenação das ações do governo;
IV – assegurar que as unidades administrativas responsáveis pela execução dos programas, projetos e atividades da Administração Pública Federal mantenham rotinas de acompanhamento e avaliação da sua programação;
V – manter sistema de informações relacionados a indicadores econômicos e sociais, assim como mecanismos para desenvolver previsões e informação estratégica sobre tendências e mudanças no âmbito nacional e internacional;
VI – identificar, analisar e avaliar os investimentos estratégicos do Governo, suas fontes de financiamento e sua articulação com os investimentos privados, bem como prestar o apoio gerencial e institucional à sua implementação;
VII – realizar estudos e pesquisas sócio-econômicas e análises de políticas públicas;
VIII – estabelecer políticas e diretrizes gerais para a atuação das empresas estatais.
Parágrafo único. Consideram-se empresas estatais, para efeito do disposto no inciso VIII, as empresas públicas, as sociedades de economia mista, suas subsidiárias e controladas e demais empresas em que a União, direta ou indiretamente, detenha a maioria do capital social com direito a voto.

5.1.4. Orçamento Federal

Art. 8º. Compete às unidades responsáveis pelas atividades de orçamento:
I – coordenar, consolidar e supervisionar a elaboração dos projetos da lei de diretrizes orçamentárias e da lei orçamentária da União, compreendendo os orçamentos fiscal, da seguridade social e de investimento das empresas estatais;
II – estabelecer normas e procedimentos necessários à elaboração e à implementação dos orçamentos federais, harmonizando-os com o plano plurianual;
III – realizar estudos e pesquisas concernentes ao desenvolvimento e ao aperfeiçoamento do processo orçamentário federal;
IV – acompanhar e avaliar a execução orçamentária e financeira, sem prejuízo da competência atribuída a outros órgãos;
V – estabelecer classificações orçamentárias, tendo em vista as necessidades de sua harmonização com o planejamento e o controle;
VI – propor medidas que objetivem a consolidação das informações orçamentárias das diversas esferas de governo.

5.1.5. Papel dos agentes do sistema de planejamento e de orçamento federal

a) Secretaria de Orçamento Federal (SOF)

O trabalho desenvolvido pela SOF, no cumprimento de sua missão institucional, tem sido norteado por um conjunto de competências, descritas no art. 20 do Anexo I do Decreto nº 8.189, de 21 de janeiro de 2014, e amparado no art. 8º da Lei nº 10.180, de 2001, assim relacionadas:

Art. 20. À Secretaria de Orçamento Federal compete:
I – coordenar, consolidar e supervisionar a elaboração da lei de diretrizes orçamentárias e da proposta orçamentária da União, compreendendo os orçamentos fiscal e da seguridade social;
II – estabelecer as normas necessárias à elaboração e à implementação dos orçamentos federais sob sua responsabilidade;
III – proceder, sem prejuízo da competência atribuída a outros órgãos, ao acompanhamento da execução orçamentária;
IV – realizar estudos e pesquisas concernentes ao desenvolvimento e ao aperfeiçoamento do processo orçamentário federal;
V – orientar, coordenar e supervisionar tecnicamente os órgãos setoriais de orçamento;
VI – exercer a supervisão da Carreira de Analista de Planejamento e Orçamento, em articulação com a Secretaria de Planejamento e Investimentos

Estratégicos, observadas as diretrizes emanadas do Comitê de Gestão das Carreiras do Ministério do Planejamento, Orçamento e Gestão;
VII – estabelecer as classificações orçamentárias da receita e da despesa; e
VIII – acompanhar e avaliar o comportamento da despesa pública e de suas fontes de financiamento, bem como desenvolver e participar de estudos econômico-fiscais, voltados ao aperfeiçoamento do processo de alocação de recursos.

Essa missão pressupõe uma constante articulação com os agentes envolvidos na tarefa de elaboração das propostas orçamentárias setoriais das diversas instâncias da Administração Pública Federal e dos demais Poderes da União.

b) Órgão setorial

O órgão setorial desempenha o papel de articulador no âmbito da sua estrutura, coordenando o processo decisório no nível subsetorial (UO). Sua atuação no processo orçamentário envolve:

- estabelecimento de diretrizes setoriais para elaboração e alterações orçamentárias;
- definição e divulgação de instruções, normas e procedimentos a serem observados no âmbito do órgão durante o processo de elaboração e alteração orçamentária;
- avaliação da adequação da estrutura programática e mapeamento das alterações necessárias;
- coordenação do processo de atualização e aperfeiçoamento das informações constantes do cadastro de programas e ações;
- fixação, de acordo com as prioridades setoriais, dos referenciais monetários para apresentação das propostas orçamentárias e dos limites de movimentação e empenho e de pagamento de suas respectivas UO;
- análise e validação das propostas e das alterações orçamentárias de suas UOs; e
- consolidação e formalização da proposta e das alterações orçamentárias do órgão.

c) Unidade Orçamentária (UO)

A UO, apesar de não integrarem o Sistema de Planejamento e Orçamento previsto nos caput art. 4º da Lei nº 10.180, de 2001, ficam sujeitas à orientação normativa e à supervisão técnica do órgão central e também, no que couber, do respectivo órgão setorial, e desempenha o papel de coordenação do processo de elaboração da proposta orçamentária no seu âmbito de atuação, integrando e articulando o trabalho das suas unidades administrativas, tendo em vista a consistência da programação de sua unidade.

As UOs são responsáveis pela apresentação da programação orçamentária detalhada da despesa por *programa, ação* e *subtítulo*. Sua atuação no processo orçamentário compreende:

- estabelecimento de diretrizes no âmbito da UO para elaboração da proposta e alterações orçamentárias;
- estudos de adequação da estrutura programática;
- formalização, ao órgão setorial, da proposta de alteração da estrutura programática sob a responsabilidade de suas unidades administrativas;
- coordenação do processo de atualização e aperfeiçoamento das informações constantes do cadastro de ações orçamentárias;
- fixação dos referenciais monetários para apresentação das propostas orçamentárias e dos limites de movimentação e empenho e de pagamento de suas respectivas unidades administrativas;
- análise e validação das propostas orçamentárias das unidades administrativas; e
- consolidação e formalização de sua proposta orçamentária.

5.2. SISTEMA DE ADMINISTRAÇÃO FINANCEIRA FEDERAL

5.2.1. Finalidade

Art. 9º. O Sistema de Administração Financeira Federal visa ao equilíbrio financeiro do Governo Federal, dentro dos limites da receita e despesa públicas.

5.2.2. Organização e competências

Art. 10. O Sistema de Administração Financeira Federal compreende as atividades de programação financeira da União, de administração de direitos e haveres, garantias e obrigações de responsabilidade do Tesouro Nacional e de orientação técnico-normativa referente à execução orçamentária e financeira.

Art. 11. Integram o Sistema de Administração Financeira Federal:
I – a Secretaria do Tesouro Nacional, como órgão central;
II – órgãos setoriais.
§ 1º. Os órgãos setoriais são as unidades de programação financeira dos Ministérios, da Advocacia-Geral da União, da Vice-Presidência e da Casa Civil da Presidência da República.
§ 2º. Os órgãos setoriais ficam sujeitos à orientação normativa e à supervisão técnica do órgão central do Sistema, sem prejuízo da subordinação ao órgão em cuja estrutura administrativa estiverem integrados.

Art. 12. Compete às unidades responsáveis pelas atividades do Sistema de Administração Financeira Federal:
I – zelar pelo equilíbrio financeiro do Tesouro Nacional;
II – administrar os haveres financeiros e mobiliários do Tesouro Nacional;
III – elaborar a programação financeira do Tesouro Nacional, gerenciar a Conta Única do Tesouro Nacional e subsidiar a formulação da política de financiamento da despesa pública;
IV – gerir a dívida pública mobiliária federal e a dívida externa de responsabilidade do Tesouro Nacional;
V – controlar a dívida decorrente de operações de crédito de responsabilidade, direta e indireta, do Tesouro Nacional;
VI – administrar as operações de crédito sob a responsabilidade do Tesouro Nacional;
VII – manter controle dos compromissos que onerem, direta ou indiretamente, a União junto a entidades ou organismos internacionais;
VIII – editar normas sobre a programação financeira e a execução orçamentária e financeira, bem como promover o acompanhamento, a sistematização e a padronização da execução da despesa pública;
IX – promover a integração com os demais Poderes e esferas de governo em assuntos de administração e programação financeira.

Art. 13. Subordinam-se tecnicamente à Secretaria do Tesouro Nacional os representantes do Tesouro Nacional nos conselhos fiscais, ou órgãos equivalentes das entidades da administração indireta, controladas direta ou indiretamente pela União.
Parágrafo único. Os representantes do Tesouro Nacional nos conselhos fiscais deverão ser, preferencialmente, servidores integrantes da carreira Finanças e Controle que não estejam em exercício nas áreas de controle interno no ministério ou órgão equivalente ao qual a entidade esteja vinculada.

5.3. SISTEMA DE CONTABILIDADE FEDERAL

5.3.1. Finalidades

Art. 14. O Sistema de Contabilidade Federal visa a evidenciar a situação orçamentária, financeira e patrimonial da União.

Art. 15. O Sistema de Contabilidade Federal tem por finalidade registrar os atos e fatos relacionados com a administração orçamentária, financeira e patrimonial da União e evidenciar:
I – as operações realizadas pelos órgãos ou entidades governamentais e os seus efeitos sobre a estrutura do patrimônio da União;
II – os recursos dos orçamentos vigentes, as alterações decorrentes de créditos adicionais, as receitas prevista e arrecadada, a despesa empenhada, liquidada e paga à conta desses recursos e as respectivas disponibilidades;
III – perante a Fazenda Pública, a situação de todos quantos, de qualquer modo, arrecadem receitas, efetuem despesas, administrem ou guardem bens a ela pertencentes ou confiados;
IV – a situação patrimonial do ente público e suas variações;
V – os custos dos programas e das unidades da Administração Pública Federal;
VI – a aplicação dos recursos da União, por unidade da Federação beneficiada;
VII – a renúncia de receitas de órgãos e entidades federais.
Parágrafo único. As operações de que resultem débitos e créditos de natureza financeira não compreendidas na execução orçamentária serão, também, objeto de registro, individualização e controle contábil.

5.3.2. Organização e competências

Art. 16. O Sistema de Contabilidade Federal compreende as atividades de registro, de tratamento e de controle das operações relativas à administração orçamentária, financeira e patrimonial da União, com vistas à elaboração de demonstrações contábeis.

Art. 17. Integram o Sistema de Contabilidade Federal:
I – a Secretaria do Tesouro Nacional, como órgão central;
II – órgãos setoriais.
§ 1º. Os órgãos setoriais são as unidades de gestão interna dos Ministérios e da Advocacia-Geral da União.
§ 2º. O órgão de controle interno da Casa Civil exercerá também as atividades de órgão setorial contábil de todos os órgãos integrantes da Presidência da

República, da Vice-Presidência da República, além de outros determinados em legislação específica.

§ 3º. Os órgãos setoriais ficam sujeitos à orientação normativa e à supervisão técnica do órgão central do Sistema, sem prejuízo da subordinação ao órgão em cuja estrutura administrativa estiverem integrados.

Art. 18. Compete às unidades responsáveis pelas atividades do Sistema de Contabilidade Federal:

I – manter e aprimorar o Plano de Contas Único da União;

II – estabelecer normas e procedimentos para o adequado registro contábil dos atos e dos fatos da gestão orçamentária, financeira e patrimonial nos órgãos e nas entidades da Administração Pública Federal;

III – com base em apurações de atos e fatos inquinados de ilegais ou irregulares, efetuar os registros pertinentes e adotar as providências necessárias à responsabilização do agente, comunicando o fato à autoridade a quem o responsável esteja subordinado e ao órgão ou unidade do Sistema de Controle Interno;

IV – instituir, manter e aprimorar sistemas de informação que permitam realizar a contabilização dos atos e fatos de gestão orçamentária, financeira e patrimonial da União e gerar informações gerenciais necessárias à tomada de decisão e à supervisão ministerial;

V – realizar tomadas de contas dos ordenadores de despesa e demais responsáveis por bens e valores públicos e de todo aquele que der causa a perda, extravio ou outra irregularidade que resulte dano ao erário;

VI – elaborar os Balanços Gerais da União;

VII – consolidar os balanços da União, dos Estados, do Distrito Federal e dos Municípios, com vistas à elaboração do Balanço do Setor Público Nacional;

VIII – promover a integração com os demais Poderes e esferas de governo em assuntos de contabilidade.

5.4. SISTEMA DE CONTROLE INTERNO DO PODER EXECUTIVO FEDERAL

5.4.1. Finalidades

Art. 19. O Sistema de Controle Interno do Poder Executivo Federal visa à avaliação da ação governamental e da gestão dos administradores públicos federais, por intermédio da fiscalização contábil, financeira, orçamentária, operacional e patrimonial, e a apoiar o controle externo no exercício de sua missão institucional.

Art. 20. O Sistema de Controle Interno do Poder Executivo Federal tem as seguintes finalidades:
I – avaliar o cumprimento das metas previstas no plano plurianual, a execução dos programas de governo e dos orçamentos da União;
II – comprovar a legalidade e avaliar os resultados, quanto à eficácia e eficiência, da gestão orçamentária, financeira e patrimonial nos órgãos e nas entidades da Administração Pública Federal, bem como da aplicação de recursos públicos por entidades de direito privado;
III – exercer o controle das operações de crédito, avais e garantias, bem como dos direitos e haveres da União;
IV – apoiar o controle externo no exercício de sua missão institucional.

5.4.2. Organização e competências

Art. 21. O Sistema de Controle Interno do Poder Executivo Federal compreende as atividades de avaliação do cumprimento das metas previstas no plano plurianual, da execução dos programas de governo e dos orçamentos da União e de avaliação da gestão dos administradores públicos federais, utilizando como instrumentos a auditoria e a fiscalização.

Art. 22. Integram o Sistema de Controle Interno do Poder Executivo Federal:
I – a Secretaria Federal de Controle Interno, como órgão central;
II – órgãos setoriais.
§ 1º. A área de atuação do órgão central do Sistema abrange todos os órgãos do Poder Executivo Federal, excetuados aqueles indicados no parágrafo seguinte.
§ 2º. Os órgãos setoriais são aqueles de controle interno que integram a estrutura do Ministério das Relações Exteriores, do Ministério da Defesa, da Advocacia-Geral da União e da Casa Civil.
§ 3º. O órgão de controle interno da Casa Civil tem como área de atuação todos os órgãos integrantes da Presidência da República e da Vice-Presidência da República, além de outros determinados em legislação específica.
§ 4º. Os órgãos central e setoriais podem subdividir-se em unidades setoriais e regionais, como segmentos funcionais e espaciais, respectivamente.
§ 5º. Os órgãos setoriais ficam sujeitos à orientação normativa e à supervisão técnica do órgão central do Sistema, sem prejuízo da subordinação ao órgão em cuja estrutura administrativa estiverem integrados.

Art. 23. Fica instituída a Comissão de Coordenação de Controle Interno, órgão colegiado de coordenação do Sistema de Controle Interno do Poder Executivo Federal, com o objetivo de promover a integração e homogeneizar entendimentos dos respectivos órgãos e unidades.

Art. 24. Compete aos órgãos e às unidades do Sistema de Controle Interno do Poder Executivo Federal:

I – avaliar o cumprimento das metas estabelecidas no plano plurianual;

II – fiscalizar e avaliar a execução dos programas de governo, inclusive ações descentralizadas realizadas à conta de recursos oriundos dos Orçamentos da União, quanto ao nível de execução das metas e objetivos estabelecidos e à qualidade do gerenciamento;

III – avaliar a execução dos orçamentos da União;

IV – exercer o controle das operações de crédito, avais, garantias, direitos e haveres da União;

V – fornecer informações sobre a situação físico-financeira dos projetos e das atividades constantes dos orçamentos da União;

VI – realizar auditoria sobre a gestão dos recursos públicos federais sob a responsabilidade de órgãos e entidades públicos e privados;

VII – apurar os atos ou fatos inquinados de ilegais ou irregulares, praticados por agentes públicos ou privados, na utilização de recursos públicos federais e, quando for o caso, comunicar à unidade responsável pela contabilidade para as providências cabíveis;

VIII – realizar auditorias nos sistemas contábil, financeiro, orçamentário, de pessoal e demais sistemas administrativos e operacionais;

IX – avaliar o desempenho da auditoria interna das entidades da administração indireta federal;

X – elaborar a Prestação de Contas Anual do Presidente da República a ser encaminhada ao Congresso Nacional, nos termos do art. 84, inciso XXIV, da Constituição Federal;

XI – criar condições para o exercício do controle social sobre os programas contemplados com recursos oriundos dos orçamentos da União.

5.5. QUESTÕES DE CONCURSOS

1. (FCC/2015 – CNMP) Relativamente às finalidades do Sistema de Controle Interno do Poder Executivo Federal, considere:

I. Avaliar o cumprimento das metas previstas no plano plurianual, a execução dos programas de governo e dos orçamentos da União.

II. Elaborar a programação financeira do Tesouro Nacional, gerenciar a Conta Única do Tesouro Nacional e subsidiar a formulação da política de financiamento da despesa pública.

III. Avaliar os recursos dos orçamentos vigentes, as alterações decorrentes de créditos adicionais, as receitas prevista e arrecadada, a despesa empenhada, liquidada e paga à conta desses recursos e as respectivas disponibilidades.
IV. Exercer o controle das operações de crédito, avais e garantias, bem como dos direitos e haveres da União.
V. Consolidar os balanços da União, dos Estados, do Distrito Federal e dos Municípios, com vistas à elaboração do Balanço do Setor Público Nacional.

Está correto o que se afirma APENAS em

a) I, II, III e V.
b) I e IV.
c) IV e V.
d) I, III e V.
e) II, III e IV.

2. **(CESPE/2015 – STJ)** O órgão central de planejamento e orçamento é responsável pela definição de cotas trimestrais de despesas para cada unidade orçamentária, no uso de suas prerrogativas de acompanhamento da execução orçamentária.

3. **(CESPE/2015 – STJ)** O Ministério do Planejamento, Orçamento e Gestão, como órgão central do Sistema de Planejamento e de Orçamento Federal, é responsável pela orientação normativa aos órgãos setoriais e específicos, às unidades de planejamento e orçamento das entidades vinculadas aos ministérios, e às unidades responsáveis pelos orçamentos de outros poderes.

4. **(CESPE/2015 – TCE RN)** A elaboração do projeto de lei orçamentária anual é iniciada e controlada pelo órgão central do sistema de administração financeira federal.

5. **(CESPE/2013 – CNJ)** As unidades de planejamento e orçamento das entidades vinculadas ou subordinadas aos ministérios e órgãos setoriais estão sujeitas à orientação normativa e à supervisão técnica do Ministério do Planejamento, Orçamento e Gestão, assim como as unidades responsáveis pelos orçamentos dos demais poderes estão sujeitas à orientação normativa do órgão central do Sistema de Planejamento e de Orçamento Federal.

6. (CESPE/2013 – CNJ) O Sistema de Planejamento e de Orçamento Federal abrange as atividades de elaboração, acompanhamento e avaliação de planos, programas e orçamento e a realização de estudos e pesquisas socioeconômicas, tendo entre seus objetivos a formulação do Plano Plurianual, as diretrizes orçamentárias e os orçamentos anuais.

7. (ESAF/2015 – MPOG) Em relação às atribuições e funcionamento dos órgãos central e setoriais do Sistema de Planejamento e Orçamento Federal, é correto afirmar:

a) o órgão central do sistema, nesta condição, subordina os setoriais dos demais Poderes em razão da necessidade de coordenação definida pela Constituição Federal.
b) os órgãos setoriais e específicos estão sujeitos à orientação normativa do órgão central do sistema sem prejuízo da subordinação ao órgão a qual pertencem.
c) os órgãos integrantes da Presidência da República, em razão da sua importância estratégica, possuem cada um o seu próprio órgão setorial.
d) os órgãos setoriais são as unidades de planejamento, orçamento e finanças dos Ministérios, da Advocacia-Geral da União, da Vice-Presidência e da Casa Civil da Presidência da República.
e) os órgãos integrantes do Sistema de Planejamento têm competência exclusiva para realizar a avaliação dos planos e programas no âmbito da Administração Pública Federal.

8. (ESAF/2015 – MPOG) Assinale a opção que indica uma finalidade que não pertence ao Sistema de Planejamento e Orçamento Federal.

a) Gerenciar o processo de planejamento e orçamento federal.
b) Formular planos nacionais, setoriais e regionais de desenvolvimento econômico e social.
c) Formular o planejamento estratégico nacional.
d) Supervisionar a execução, pelos demais entes da federação, de planos nacionais em que a participação desses entes seja determinada por lei.
e) Promover a articulação com os Estados, o Distrito Federal e os Municípios, visando a compatibilização de normas e tarefas afins aos diversos Sistemas.

9. (CESPE/2016 – TCE PA) Entre as finalidades do sistema de planejamento e de orçamento federal inclui-se a formulação do planejamento estratégico nacional.

10. (CESPE/2016 – TCE PA) Por estarem sujeitos à supervisão técnica do órgão central do Sistema de Contabilidade Federal, os órgãos setoriais desse sistema não estão subordinados aos órgãos em cuja estrutura administrativa estão integrados.

11. (CESPE/2016 – TCE PA) Além de exercer o papel de órgão central do Sistema de Contabilidade Federal, a Secretaria do Tesouro Nacional também exerce a atividade de órgão setorial contábil dos órgãos integrantes da Presidência da República.

GABARITO

1	B
2	F
3	V
4	F
5	V
6	V

7	B
8	D
9	V
10	F
11	F

*Assista à correção de algumas questões, deste capítulo, posicionando aqui o leitor do **QR Code**.*

https://editoraj.us/AFO05

Capítulo 6.
Receita: Conceitos, Classificações e Estágios

6.1. INTRODUÇÃO

O orçamento é instrumento de planejamento de qualquer entidade, seja pública ou privada, e representa o fluxo previsto dos ingressos (Receita) e das aplicações de recursos (Despesa) em determinado período.

Para fazer face a suas necessidades, o Estado dispõe de recursos ou rendas que lhe são entregues pela contribuição da coletividade. Entre os recursos que o Estado aufere, temos as entradas que se incorporam de forma definitiva ao patrimônio e aquelas que são restituíveis no futuro. No primeiro grupo, temos as Receitas Orçamentárias/Receitas Públicas (*strictu sensu)*; no segundo, temos os Ingressos Públicos, cuja característica é a restituibilidade futura, pois são simples **movimentos de fundos** (Receita Extraorçamentária).

A matéria pertinente à receita é disciplinada, em linhas gerais, pelos artigos. 3º, 9º, 11, 35 e 57 da **Lei nº 4.320, de 1964.**

Art. 3º. A Lei de Orçamento compreenderá todas as receitas, inclusive as de operações de crédito autorizadas em lei.
Parágrafo único. Não se consideram para os fins deste artigo as operações de crédito por antecipação da receita, as emissões de papel-moeda e outras entradas compensatórias no ativo e passivo financeiros.

Art. 9º. Tributo é a receita derivada instituída pelas entidades de direito público, compreendendo os impostos, as taxas e contribuições nos termos da Constituição e das leis vigentes em matéria financeira, destinando-se o seu produto ao custeio de atividades gerais ou específicas exercidas por essas entidades.

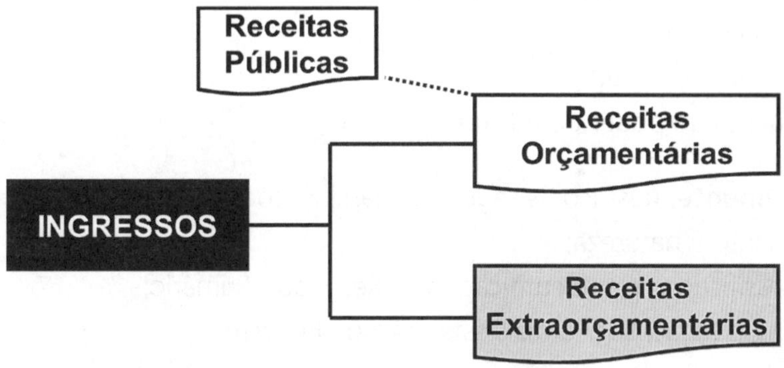

Os artigos 11, 35 e 57, estudaremos mais adiante.

6.2. CONCEITOS

Enfoque orçamentário

Receita, pelo enfoque orçamentário, são todos os ingressos disponíveis para cobertura das despesas públicas, em qualquer esfera governamental.

Enfoque patrimonial

Receita é um termo utilizado mundialmente pela contabilidade para evidenciar a variação positiva da situação líquida patrimonial resultante do aumento de ativos ou da redução de passivos de uma entidade.

Abordarei nesta obra apenas o enfoque orçamentário, pois o patrimonial é estudado em Contabilidade Aplicada ao Setor Público.

Classificações da Receita

- **Doutrinariamente** a Receita da Administração pública pode ser classificada nos seguintes aspectos:
  - quanto ao grupo;
  - quanto a coercitividade;
  - quanto à afetação patrimonial;
  - quanto à regularidade;
  - quanto ao sentido;
  - quanto ao poder de tributar.

- **Legalmente**, destaco as seguintes classificações:
  - quanto a natureza;
  - classificação por Identificador de Resultado Primário;
  - classificação por Fonte/Destinação de Recursos;
  - esfera orçamentária.

6.3. CLASSIFICAÇÃO QUANTO AO GRUPO

A Lei nº 4.320/64 regulamenta os ingressos de disponibilidades de todos os entes da federação, classificando-os em dois grupos: orçamentários e extraorçamentários.

6.3.1. Receita Orçamentária (Receita Pública)

São os ingressos que pertencem ao ente público, arrecadados exclusivamente para aplicação em programas e ações governamentais.

Essas receitas pertencem ao Estado, transitam pelo patrimônio do Poder Público, aumentam-lhe o saldo financeiro, e, via de regra, por força do princípio orçamentário da universalidade, estão previstas na Lei Orçamentária Anual – LOA.

Exemplos: Tributos recebidos, aluguéis, alienação de bens, recebimento da dívida ativa, etc.

Nesse contexto, embora haja obrigatoriedade de a LOA registrar a previsão de arrecadação das receitas, a mera ausência formal desse registro não lhes retira o caráter orçamentário, haja vista o art. 57 da Lei nº 4.320, de 1964, classificar como receita orçamentária toda receita arrecadada que represente ingresso financeiro orçamentário, inclusive a proveniente de operações de crédito.

O Manual Técnico de Orçamento/2018 adota a definição no sentido estrito; dessa forma, quando houver citação ao termo "receita pública", implica referência às "receitas orçamentárias".

6.3.2. Receita Extraorçamentária (REO)

São os ingressos que pertencem a terceiros, arrecadados pelo ente público exclusivamente para fazer face às exigências contratuais pactuadas para posterior devolução. Esses ingressos possuem caráter temporário, do qual o Estado é mero agente depositário. Sua devolução não se sujeita a autorização legislativa, portanto, não integram a Lei Orçamentária Anual (LOA). Por serem constituídos por ativos e passivos exigíveis, os ingressos extraorçamentários em geral não têm reflexos no Patrimônio Líquido da Entidade.

São exemplos de ingressos extraorçamentários: os depósitos em caução, as fianças, as operações de crédito por antecipação de receita orçamentária (ARO), a emissão de moeda, e outras entradas compensatórias no Ativo e Passivo financeiros.

4.320/64
Art. 3º. A Lei de Orçamento compreenderá todas as receitas, inclusive as de operações de crédito autorizadas em lei.
Parágrafo único. Não se consideram para os fins deste artigo as operações de crédito por antecipação da receita, as emissões de papel-moeda e outras entradas compensatórias no ativo e passivo financeiros.

Art. 105, § 1º. O Ativo Financeiro compreenderá os créditos e valores realizáveis independentemente de autorização orçamentária e os valores numerários.

Art. 105, § 3º. O Passivo Financeiro compreenderá os compromissos exigíveis cujo pagamento independa de autorização orçamentária.

Observe na figura abaixo que a REO ao ser arrecadada provocará um aumento na disponibilidade financeira, classificada no Ativo Financeiro, e terá como contrapartida a incorporação de uma obrigação classificada no Passivo Financeiro.

A Receita Extraorçamentária é uma renda que pertence a terceiros e, portanto, deverá ser devolvida tão logo haja o cumprimento das formalidades legais pactuadas quando da sua arrecadação.

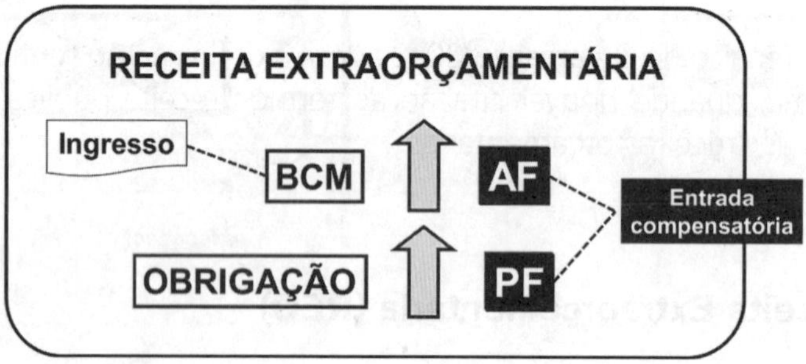

Receita Orçamentária X Receita Extraorçamentária

Como diferenciá-las?

Diante do ingresso pergunte:

O ingresso pertence ao Estado ou a terceiros? Caso a resposta a sua pergunta seja: **Pertence ao Estado.** Então, você estará diante de uma RO. **Caso pertença a terceiros** será uma REO.

A principal característica da RO é o fato de a renda pertencer ao Estado.

Exemplos: Tributos arrecadados, alienação de bens, Aluguel recebido, Operação de crédito, etc.

Atenção! Toda receita prevista na LOA deverá ser classificada como orçamentária, mas nem toda receita orçamentária estará prevista na LOA. Lembre-se da exceção ao princípio da universalidade:

Caso o projeto da Lei Orçamentária Anual tenha sido encaminhado e sancionado antes da criação de um novo tributo, este ao ser arrecadado no próximo exercício, mesmo não constando na LOA, deverá ser classificado como receita orçamentária. No Brasil, não se exige prévia autorização orçamentária para que possa ser cobrado um tributo em um exercício. Portanto, teremos a arrecadação de uma receita orçamentária não prevista na LOA.

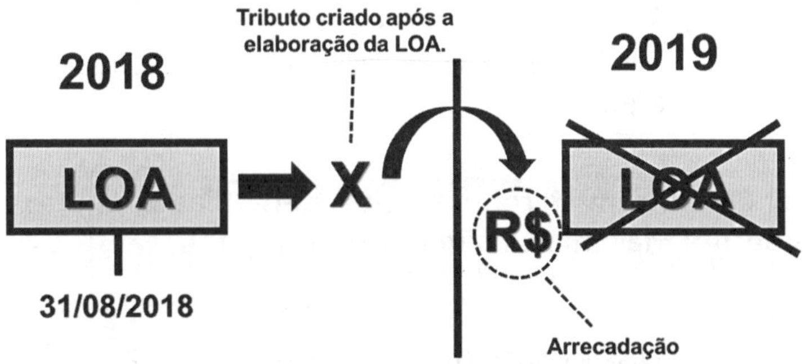

6.4. CLASSIFICAÇÃO QUANTO A COERCITIVIDADE (PROCEDÊNCIA)

A doutrina classifica as receitas públicas, quanto à procedência, em originárias e derivadas. Essa classificação possui uso acadêmico e não é normatizada; portanto, não é utilizada como classificador oficial da receita pelo poder público.

6.4.1. Originária ou de Economia Privada

Segundo a doutrina, são as arrecadadas por meio da exploração de atividades econômicas pela Administração Pública. Resultam, principalmente, de rendas do patrimônio mobiliário e imobiliário do Estado (receita de aluguel), de preços públicos, de prestação de serviços comerciais e de venda de produtos industriais ou agropecuários (rendas arrecadadas de modo espontâneo).

6.4.2. Derivada ou de Economia Pública

São recursos oriundos do **poder** que o Estado tem de **exigir uma prestação pecuniária** sobre bens, rendas e lucros dos particulares. Destarte, são auferidas de forma impositiva.

Exemplo: Tributos, Empréstimos e Contribuições compulsórias, em geral, todas as receitas cuja percepção dependa de disposição legal.

> **4.320/64 Art. 9º** Tributo é a receita **derivada** instituída pelas entidades de direito público, compreendendo os impostos, as taxas e contribuições nos termos da Constituição e das leis vigentes em matéria financeira, destinando-se o seu produto ao custeio de atividades gerais ou específicas exercidas por essas entidades.

Atenção! Classificam-se como receitas derivadas as multas e penalidades pecuniárias (multa não é tributo).

CLASSIFICAÇÃO QUANTO A COERCITIVIDADE	
DERIVADA	**ORIGINÁRIA**
Receitas de economia pública ou de direito público.	Receitas de economia privada ou de direito privado.
Oriundas do poder que o Estado tem de exigir uma prestação pecuniária sobre bens, rendas e lucros dos particulares.	Decorrentes da exploração do patrimônio do Estado.
Obtidas mediante a soberania estatal (impositivas).	Arrecadadas de modo espontâneo.
Reguladas pelo Direito Público.	Reguladas pelo Direito Privado.
Não é utilizada como classificador oficial da receita pelo poder público.	Não é utilizada como classificador oficial da receita pelo poder público.
Taxa é uma receita Derivada.	Tarifa é uma receita originária.

6.5. CLASSIFICAÇÃO QUANTO A AFETAÇÃO PATRIMONIAL

A receita orçamentária poderá ser classificada como efetiva ou não efetiva. Já a receita extraorçamentária sempre será classificada como não efetiva.

Como diferenciar a receita efetiva da não efetiva? As receitas efetivas são aquelas em que podemos identificar um ingresso financeiro sem a correspondente desincorporação de direitos ou incorporação de obrigações ocasionando sempre um aumento no Patrimônio Líquido (PL). A receita classificada como não efetiva se origina de fatos permutativos, que por natureza não alteram o Patrimônio Líquido.

- Toda receita corrente é efetiva exceto o recebimento da dívida ativa
- Toda receita de capital é não efetiva exceto as transferências de capital.

Legenda:

AF = Ativo Financeiro

AP = Ativo Permanente

PF = Passivo Financeiro

PP = Passivo Permanente

PL = Patrimônio Líquido

6.5.1. Receita orçamentária Efetiva

Exemplo: Arrecadação de tributos no valor de $40

Patrimônio antes do fato

ATIVO	PASSIVO
AF = 100	PF = 20 PP = 80
AP = 200	PL = 200
Total = 300	Total = 300

Patrimônio depois do fato

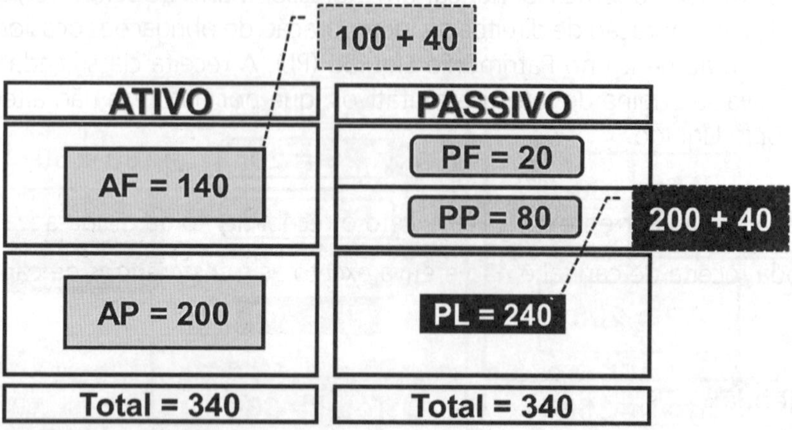

Observe que no momento do recebimento, aumenta o PL da entidade constituindo um fato contábil modificativo aumentativo.

6.5.2. Receita orçamentária Não Efetiva

➘ Exemplo 1: Arrecadação de operações de crédito no valor de $60

Patrimônio antes do fato

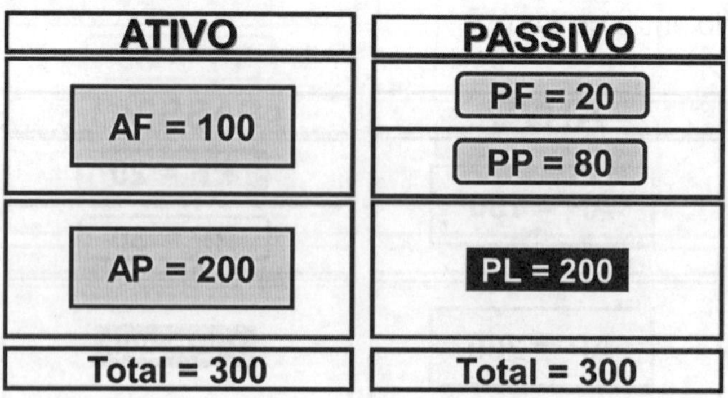

Patrimônio depois do fato

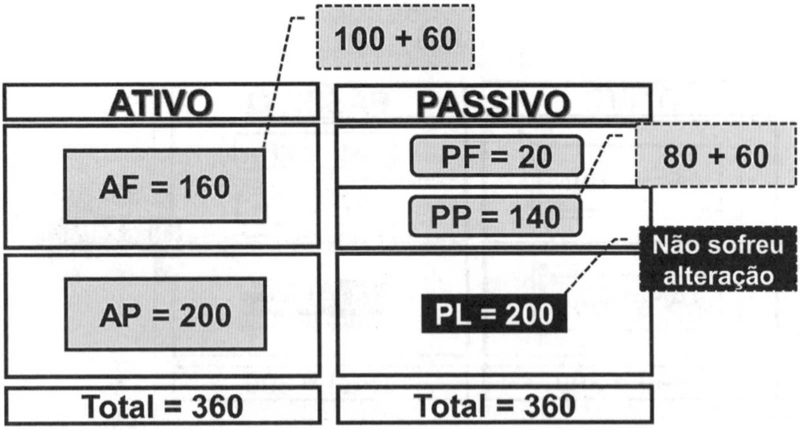

Observe que não houve alteração no **PL** tendo em vista o ingresso ter gerado um fato contábil permutativo (O **AF** aumentou em $60 e o **PP** também aumentou em $60).

Exemplo 2: Alienação de bens no valor de $50

Patrimônio antes do fato

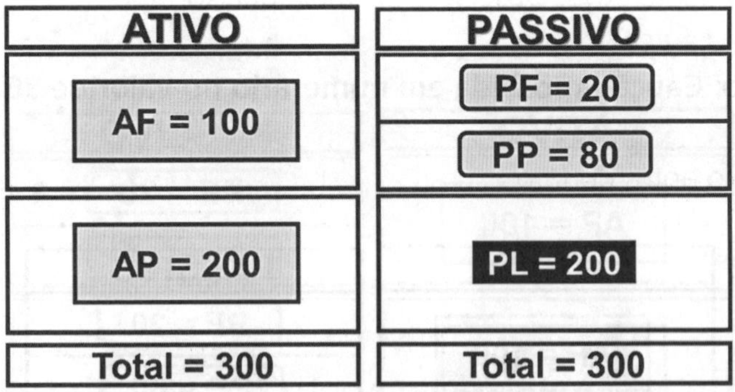

Patrimônio depois do fato

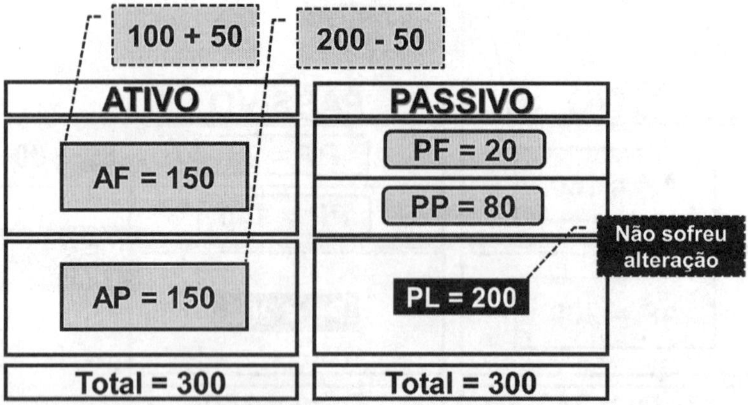

A receita Orçamentária Não Efetiva é aquela que não altera o PL no momento do recebimento e, por isso, constitui fato contábil permutativo.

6.5.3. Receita Extraorçamentária

Toda receita extraorçamentária, quanto à afetação patrimonial, será classificada como não efetiva. Observe o exemplo abaixo.

➘ Exemplo: Caução recebida em numerário no valor de 30

Patrimônio antes do fato

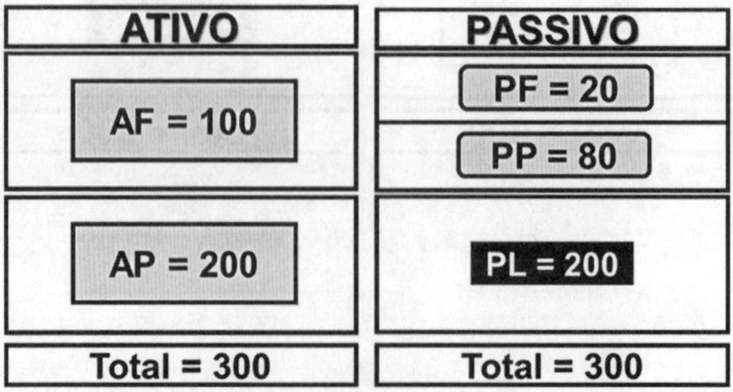

Patrimônio depois do fato

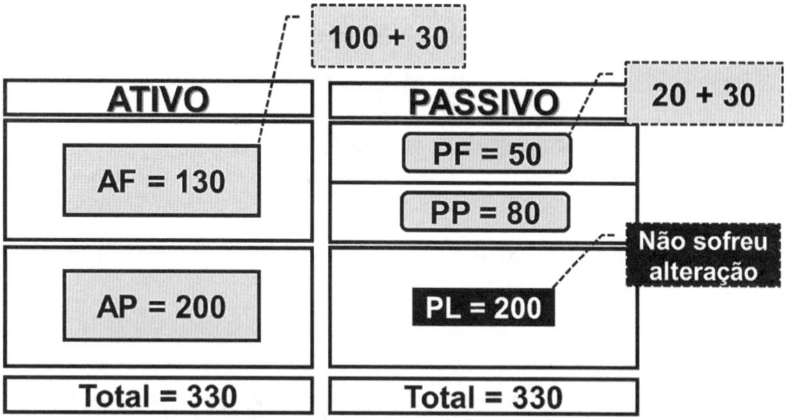

6.5.4. Impacto no patrimônio da Receita Orçamentária

1. Receita Efetiva:

2. Receita Orçamentária Não Efetiva:

Conclusão:

1. **Receita Efetiva** = Aumenta o AF e o PL produzindo um fato modificativo aumentativo.

2. **Receita Orçamentária Não Efetiva:**

   2.1. Aumenta o AF e o PP não alterando o PL, pois produz um fato permutativo; ou

   2.2. Aumenta o AF e diminui o AP não alterando o PL, pois produz um fato permutativo.

6.5.5. Impacto no patrimônio da Receita Extraorçamentária

1. Receita Não Efetiva:

1. **Receita Extraorçamentária =** Aumenta o AF e o PF não alterando o PL, pois produz um fato permutativo.

6.6. CLASSIFICAÇÃO QUANTO A REGULARIDADE

6.6.1. Receitas ordinárias

São as receitas que ocorrem regularmente em cada período financeiro. Exemplos: impostos, taxas, contribuições, etc.

6.6.2. Receitas extraordinárias

São aquelas que decorrem de situações emergenciais ou em função de outras de caráter eventual. Exemplos: empréstimos compulsórios, doações, imposto lançado por motivo de guerra, etc.

6.7. CLASSIFICAÇÃO QUANTO AO SENTIDO

6.7.1. Amplo (lato)

É toda a entrada ou ingressos de recursos que, a qualquer título, adentra os cofres públicos, independentemente de haver contrapartida no passivo. Como exemplo, fianças, cauções, antecipações de receitas orçamentárias (ARO), operações de crédito, receitas tributárias, patrimoniais, empréstimos compulsórios, etc.

6.7.2. Restrito

É toda entrada ou ingresso de recursos que se incorporam ao patrimônio público SEM COMPROMISSO de devolução posterior. Por exemplo: receita tributária, patrimonial, de serviços, alienação de bens, etc.

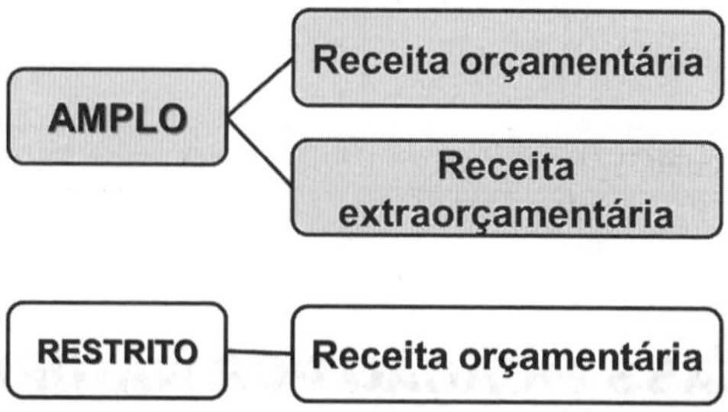

6.8. CLASSIFICAÇÃO QUANTO AO PODER DE TRIBUTAR

➲ <u>Federal</u>; competência da União

➲ <u>Estadual</u>; competência dos Estados

➲ <u>Municipal</u>; competência dos Municípios

Agora, observe como as bancas podem explorar essas classificações doutrinárias

Imposto lançado por motivo de guerra		
Classificação		Característica
Quanto ao grupo	Orçamentária	Renda do Estado
Quanto a coercitividade	Derivada	Impositiva
Quanto a afetação patrimonial	Efetiva	Aumenta o PL
Quanto a regularidade	Extraordinária	Esporádica
Quanto ao sentido	Restrito	Renda do Estado
Quanto ao poder de tributar	Federal	CF/88, art. 154, inciso I

Aluguel recebido		
Classificação		**Característica**
Quanto ao grupo	Orçamentária	Renda do Estado
Quanto a coercitividade	Originária	Espontânea
Quanto a afetação patrimonial	Efetiva	Aumenta o PL
Quanto a regularidade	Ordinária	Regular
Quanto ao sentido	Restrito	Renda do Estado
Quanto ao poder de tributar	X	X

6.9. NOVA CLASSIFICAÇÃO POR NATUREZA DE RECEITA (NR)

A classificação orçamentária por natureza de receita é estabelecida pelo § 4º do art. 11 da Lei nº 4.320, de 1964. No âmbito da União, sua codificação é normatizada por meio de Portaria da Secretaria de Orçamento Federal (SOF), órgão do Ministério do Planejamento, Orçamento e Gestão (MPOG). A normatização da codificação válida para Estados e Municípios é feita por meio de Portaria Interministerial (SOF e STN).

O § 1º do art. 8º da Lei nº 4.320, de 1964, define que os itens da discriminação da receita, mencionados no art. 11 dessa Lei, serão identificados por números de código decimal. Convencionou-se denominar esse código de **natureza de receita.**

> **4.320/64**
> **Art. 8º § 1º** Os itens da discriminação da receita e da despesa, mencionados nos artigos 11, § 4º, e 13, serão identificados por números de códigos decimal, na forma dos Anexos nºs. 3 e 4.

Importante destacar que a classificação da receita por natureza é utilizada por todos os entes da Federação e visa identificar a origem do recurso segundo o fato gerador: acontecimento real que ocasionou o ingresso da receita nos cofres públicos.

A previsão de receita para o exercício de 2016 contempla a nova estrutura de codificação das Naturezas de Receita de forma a prover melhorias na estrutura de formação dos códigos da classificação, aplicando lógica integralmente voltada para a gestão das receitas orçamentárias. A nova proposta estrutura os códigos de forma a proporcionar extração de informações imediatas, a fim de prover celeridade, simplicidade e transparência, sem a necessidade de qualquer procedimento paralelo para concatenar dados. Essa é a premissa que pauta a estrutura de codificação da classificação orçamentária.

PORTARIA INTERMINISTERIAL Nº 05 , DE 25 DE AGOSTO DE 2015

Altera o Anexo I e os arts. 2º e 4º da Portaria Interministerial STN/SOF nº 163, de 4 de maio de 2001.

Art. 3º Esta Portaria entra em vigor na data de sua publicação, aplicando-se seus efeitos:

I - a partir do exercício financeiro de 2016, inclusive no que se refere à elaboração do respectivo projeto de lei orçamentária, para a União; e

II - a partir do exercício financeiro de 2018, inclusive no que se refere à elaboração do respectivo projeto de lei orçamentária, para os Estados, o Distrito Federal e os Municípios.

Fique atente:

1. Quem é o responsável pela normatização da codificação no âmbito da União?

Resposta: Secretaria de Orçamento Federal (SOF) por meio de portaria.

2. Quem é o responsável pela normatização da codificação no âmbito dos Estados e Municípios?

Resposta: Secretaria de Orçamento Federal (SOF) e Secretaria do Tesouro Nacional (STN) por meio de portaria interministerial.

3. A União, os Estados e Municípios se viram obrigados a adotar a nova estrutura a partir de quando?

Resposta:

União 2016

Estados e Municípios 2018

Qual o motivo da mudança?

Alguns problemas foram detectados como:

1. Padrão de codificação dificulta a análise de arrecadação por desvincular NR entre classificação do principal e das Multas e Juros;
2. Quando estiver inscrito em Dívida Ativa (principal, juros e multa) sofre tal segregação. Isso sem um padrão na codificação;
3. Algumas naturezas de receitas se encontram com classificação inadequada;
4. Necessidade de ajustes em códigos das Naturezas de Receitas; e
5. Detalhamento desnecessário.

A atual estrutura da codificação cria possibilidade de associar, de forma imediata, a receita principal com aquelas dela originadas: *Multas e Juros, Dívida Ativa, Multas e Juros da Dívida Ativa.* A classificação anterior utilizava inúmeras contas para registrar fatos derivados da receita orçamentária propriamente dita.

A nova codificação das Naturezas de Receita em vigor para a União, Estados e Municípios, aplica lógica integralmente voltada para a gestão das receitas orçamentárias. Os códigos são estruturados de forma a proporcionar extração de informações imediatas e nesse contexto, considera que a arrecadação das receitas ocorre de forma concatenada e sequencial no tempo, sendo que, por regra, existem arrecadações inter-relacionadas que dependem da existência de um fato gerador inicial a partir do qual, por decurso de prazo sem pagamento, originam-se outros, na ordem lógica dos acontecimentos jurídicos.

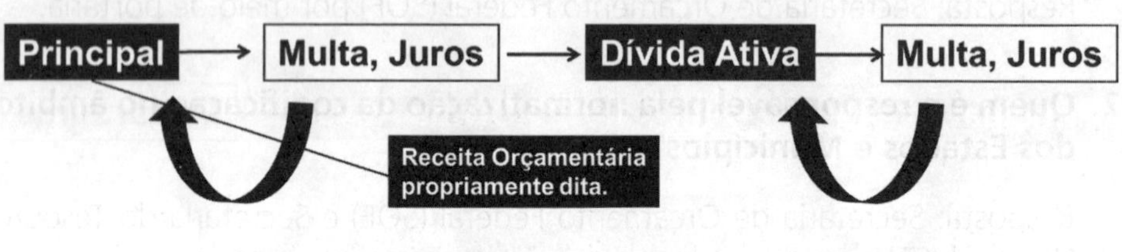

a) Primeiro, o fato gerador da *Receita Orçamentária Propriamente Dita*, que ocorre quando da subsunção do fato, no mundo real, à norma jurídica;

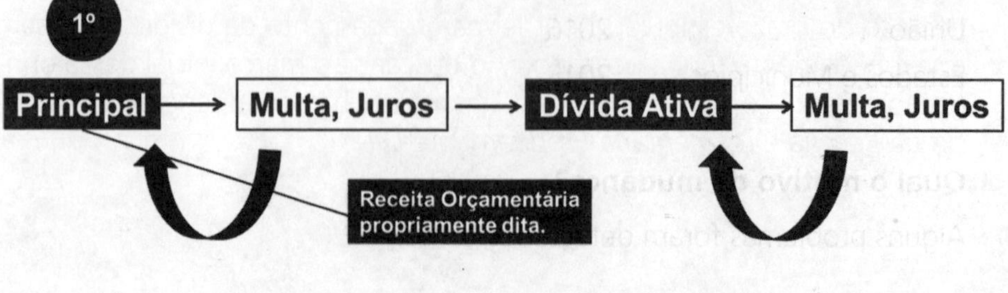

b) Segundo, a obrigação de recolher multas e juros incidentes sobre a *Receita Orçamentária Propriamente Dita*, cujo fato gerador é o decurso do prazo estipulado por lei para pagamento, sem que isso tenha ocorrido. (Esse fato gerador depende, nos primórdios – na *origem* –, da existência da *Receita Orçamentária Propriamente Dita*);

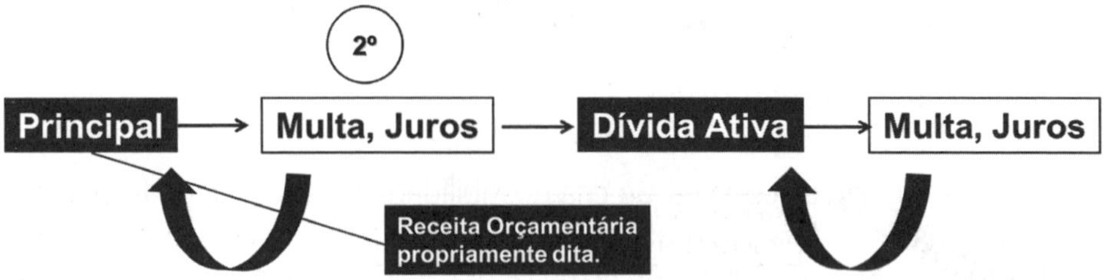

c) Terceiro, a obrigação de pagar a dívida ativa referente à *Receita Orçamentária Propriamente Dita* e às multas e aos juros dessa receita, cujo fato gerador é a inscrição em dívida ativa, que decorre do transcurso de novo prazo e da permanência do não pagamento da receita e das multas e juros que lhe são afetos. (Novamente, ao remetermos para o início do processo – a *origem* – há dependência da existência do fato gerador primeiro, inicial: a existência da *Receita Orçamentária Propriamente Dita*);

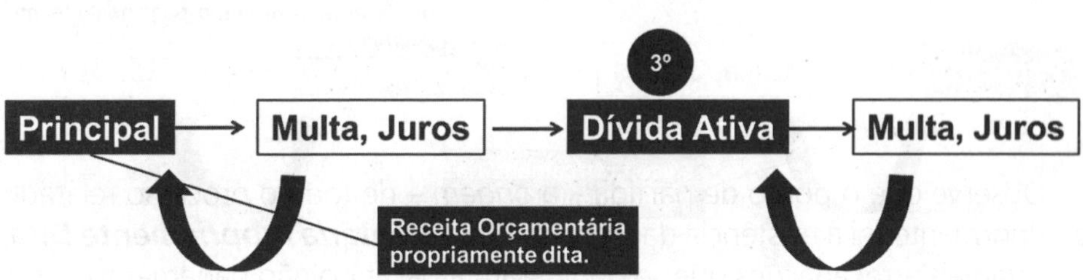

d) Quarto, a obrigação de recolher multas e juros incidentes sobre a dívida ativa *da Receita Orçamentária Propriamente Dita*, cujo fato gerador é o decurso do prazo estipulado por lei para pagamento da dívida ativa, sem que o pagamento tenha ocorrido. (Ao buscar-se o marco inicial dessa obrigação, conclui-se, novamente, que, na *origem*, há dependência da existência da *Receita Orçamentária Propriamente Dita*).

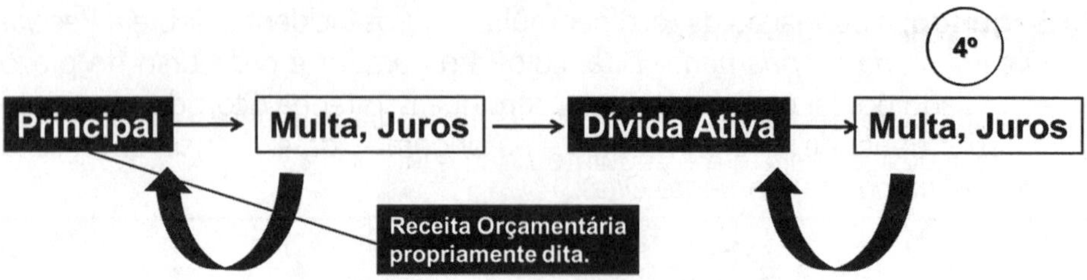

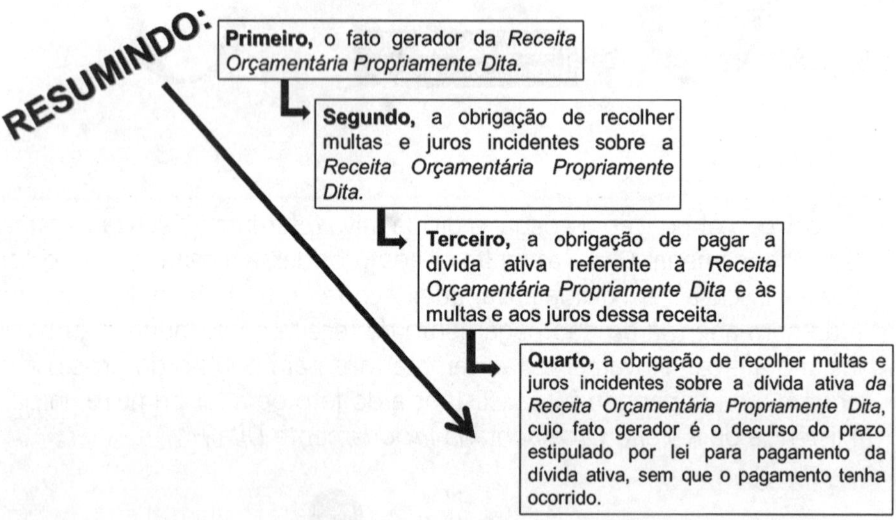

Observe que o ponto de partida – a *origem* – de todo o processo relatado anteriormente foi a existência da ***Receita Orçamentária Propriamente Dita***, e as demais arrecadações que se originaram a partir do não pagamento dessa receita foram, na sequência temporal dos acontecimentos: *multas e juros* da receita, *dívida ativa* da receita e *multas e juros da dívida ativa* da receita.

O raciocínio estruturado acima explora o fato de que se a existência de *multas, juros, dívida ativa e multas e juros da dívida ativa* decorrem do não pagamento da *Receita Orçamentária Propriamente Dita* dentro dos prazos estabelecidos em lei, então dependem da existência dessa receita e nela tiveram *origem*.

6.9.1. Estrutura da conta

A associação é efetuada por meio de um código numérico de 8 dígitos, cujas posições ordinais têm o seguinte significado:

DÍGITO:	1º	2º	3º	4º a 7º	8º
SIGNIFICADO:	Categoria Econômica	Origem	Espécie	Desdobramentos para identificação de peculiaridades da receita	Tipo

6.9.2. Análise dos níveis

a) Categorias Econômicas

DÍGITO:	1º	2º	3º	4º a 7º	8º
SIGNIFICADO:	Categoria Econômica	Origem	Espécie	Desdobramentos para identificação de peculiaridades da receita	Tipo

Quanto à *categoria econômica*, os §§ 1º e 2º do art. 11 da Lei nº 4.320, de 1964, classificam as receitas orçamentárias em Receitas Correntes (código 1) e Receitas de Capital:

1. **Receitas Correntes**: são arrecadadas dentro do exercício, aumentam as disponibilidades financeiras do Estado, em geral com efeito positivo sobre o Patrimônio Líquido, e constituem instrumento para financiar os objetivos definidos nos *programas* e *ações* correspondentes às políticas públicas.
2. **Receitas de Capital:** aumentam as disponibilidades financeiras do Estado. Porém, de forma diversa das Receitas Correntes, as Receitas de Capital em geral não provocam efeito sobre o Patrimônio Líquido.

DÍGITO:	1º	2º	3º	4º a 7º	8º
SIGNIFICADO:	Categoria Econômica	Origem	Espécie	Desdobramentos para identificação de peculiaridades da receita	Tipo

1 = Corrente **2 = Capital**

b) Origem

DÍGITO:	1º	2º	3º	4º a 7º	8º
SIGNIFICADO:	Categoria Econômica	Origem	Espécie	Desdobramentos para identificação de peculiaridades da receita	Tipo

A *origem* é o detalhamento das *categorias econômicas* Receitas Correntes e Receitas de Capital, com vistas a identificar a procedência das receitas no momento em que ingressam nos cofres públicos.

Os códigos da *origem* para as Receitas Correntes e de Capital são:

Categoria Econômica (1º Dígito)	Origem (2º Dígito)
1. Receitas Correntes 7. Receitas Correntes Intraorçamentárias	1. Impostos, Taxas e Contribuições de Melhoria 2. Contribuições 3. Receita Patrimonial 4. Receita Agropecuária 5. Receita Industrial 6. Receita de Serviços 7. Transferências Correntes 9. Outras Receitas Correntes
2. Receitas de Capital 8. Receitas de Capital Intraorçamentárias	1. Operações de Crédito 2. Alienação de Bens 3. Amortização de Empréstimos 4. Transferências de Capital 9. Outras Receitas de Capital

Origens que compõem as Receitas Correntes:

- **Impostos, Taxas e Contribuições de Melhoria:** são decorrentes da arrecadação dos tributos previstos no art. 145 da Constituição Federal.
- **Contribuições:** são oriundas das contribuições sociais, de intervenção no domínio econômico e de interesse das categorias profissionais ou econômicas, conforme preceitua o art. 149 da CF.
- **Receita Patrimonial:** são provenientes da fruição de patrimônio pertencente ao ente público, tais como as decorrentes de aluguéis, dividendos, compensações financeiras/royalties, concessões, entre outras.

- **Receita Agropecuária:** receitas de atividades de exploração ordenada dos recursos naturais vegetais em ambiente natural e protegido. Compreende as atividades de cultivo agrícola, de cultivo de espécies florestais para produção de madeira, celulose e para proteção ambiental, de extração de madeira em florestas nativas, de coleta de produtos vegetais, além do cultivo de produtos agrícolas.

- **Receita Industrial:** são provenientes de atividades industriais exercidas pelo ente público, tais como a extração e o beneficiamento de matérias-primas, a produção e a comercialização de bens relacionados às indústrias mecânica, química e de transformação em geral.

- **Receita de Serviços:** decorrem da prestação de serviços por parte do ente público, tais como comércio, transporte, comunicação, serviços hospitalares, armazenagem, serviços recreativos, culturais, etc. Tais serviços são remunerados mediante preço público, também chamado de tarifa.

- **Transferências Correntes:** são provenientes do recebimento de recursos financeiros de outras pessoas de direito público ou privado destinados a atender despesas de manutenção ou funcionamento que não impliquem contraprestação direta em bens e serviços a quem efetuou essa transferência. Por outro lado, a utilização dos recursos recebidos vincula-se à determinação constitucional ou legal, ou ao objeto pactuado. Tais transferências ocorrem entre entidades públicas de diferentes esferas ou entre entidades públicas e instituições privadas.

- **Outras Receitas Correntes:** constituem-se pelas receitas cujas características não permitam o enquadramento nas demais classificações da receita corrente, tais como indenizações, restituições, ressarcimentos, multas previstas em legislações específicas, entre outras.

Origens que compõem as Receitas de Capital:

- **Operações de Crédito:** recursos financeiros oriundos da colocação de títulos públicos ou da contratação de empréstimos junto a entidades públicas ou privadas, internas ou externas.

- **Alienação de Bens:** ingressos financeiros provenientes da alienação de bens móveis, imóveis ou intangíveis de propriedade do ente público. O art. 44 da LRF veda a aplicação da receita de capital derivada da alienação de bens e direitos que integram o patrimônio público para o financiamento de despesa corrente, salvo se destinada por lei aos regimes de previdência social, geral e próprio dos servidores públicos.

- **Amortização de Empréstimos:** ingressos financeiros provenientes da amortização de financiamentos ou empréstimos que o ente público haja previamente concedido. Embora a amortização do empréstimo seja *origem* da *categoria econômica* Receitas de Capital, os juros recebidos associados ao empréstimo são classificados em Receitas Correntes / de Serviços / Serviços e Atividades Financeiras / Retorno de Operações, Juros e Encargos Financeiros, pois os juros representam a remuneração do capital.

- **Transferências de Capital:** recursos financeiros recebidos de outras pessoas de direito público ou privado destinados a atender despesas com investimentos ou inversões financeiras, independentemente da contraprestação direta a quem efetuou essa transferência. Por outro lado, a utilização dos recursos recebidos vincula-se ao objeto pactuado. Tais transferências ocorrem entre entidades públicas de diferentes esferas ou entre entidades públicas e instituições privadas.

- **Outras Receitas de Capital:** registram-se nesta *origem* receitas cujas características não permitam o enquadramento nas demais classificações da receita de capital, tais como resultado do Banco Central, remuneração das disponibilidades do Tesouro, entre outras.

➘ Observe agora o detalhamento das categorias econômicas segundo a lei nº 4.320/64:

Os §§ 1º e 2º do art. 11 da Lei nº 4.320/1964, classificam as receitas orçamentárias em "Receitas Correntes" e "Receitas de Capital".

> **Art. 11.** A receita classificar-se-á nas seguintes categorias econômicas: Receitas Correntes e Receitas de Capital
> § 1º. São Receitas Correntes as receitas tributária, de contribuições, patrimonial, agropecuária, industrial, de serviços e outras e, ainda, as provenientes de recursos financeiros recebidos de outras pessoas de direito público ou privado, quando destinadas a atender despesas classificáveis em Despesas Correntes.
> § 2º. São Receitas de Capital as provenientes da realização de recursos financeiros oriundos de constituição de dívidas; da conversão, em espécie, de bens e direitos; os recursos recebidos de outras pessoas de direito público ou privado, destinados a atender despesas classificáveis em Despesas de Capital e, ainda, o superávit do Orçamento Corrente.
> § 3º. O superávit do Orçamento Corrente resultante do balanceamento dos totais das receitas e despesas correntes, apurado na demonstração a que se refere o Anexo nº 1, não constituirá item de receita orçamentária.

Fique atento a parte final dos §§ 2º e 3º:

"...e, ainda, o superávit do Orçamento Corrente".

"...não constituirá item de receita orçamentária.."

O que isso significa? O Superávit do Orçamento Corrente é uma RECEITA DE CAPITAL, mas NÃO CONSTITUI ITEM DA RECEITA ORÇAMENTÁRIA.

Descomplicando:

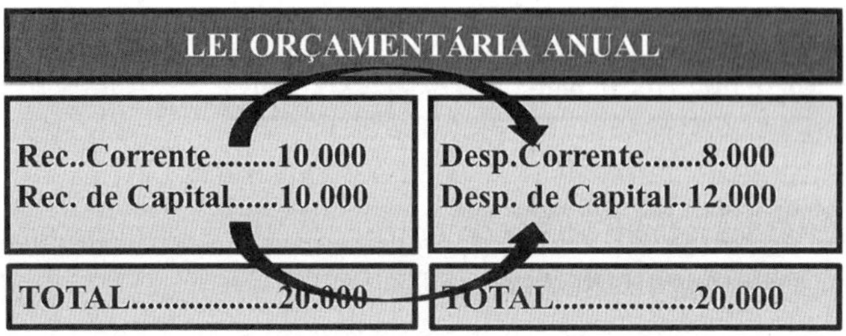

1. A LOA acima apresenta um superávit corrente no valor de 2.000, obtido através da diferença entre a Receita Corrente Prevista menos a Despesa Corrente Fixada (10.000 – 8.000).

2. Agora compare a Receita Prevista de Capital com a Despesa Fixada de Capital. Qual o resultado? Déficit de capital de 2.000 (10.000 – 12.000);

3. Analisando a Receita Prevista pelo seu total e a Despesa Fixada também pelo seu total você encontrará um equilíbrio: RP....20.000 = DF....20.000;

4. Ou seja, o superávit do orçamento corrente está sendo utilizado para cobrir o déficit de capital. E, por isso, deve ser é classificado como receita de capital.

5. Caso considerássemos o superávit do orçamento corrente como mais um item da receita orçamentária, estaríamos contando duas vezes o mesmo valor. Observe a figura abaixo:

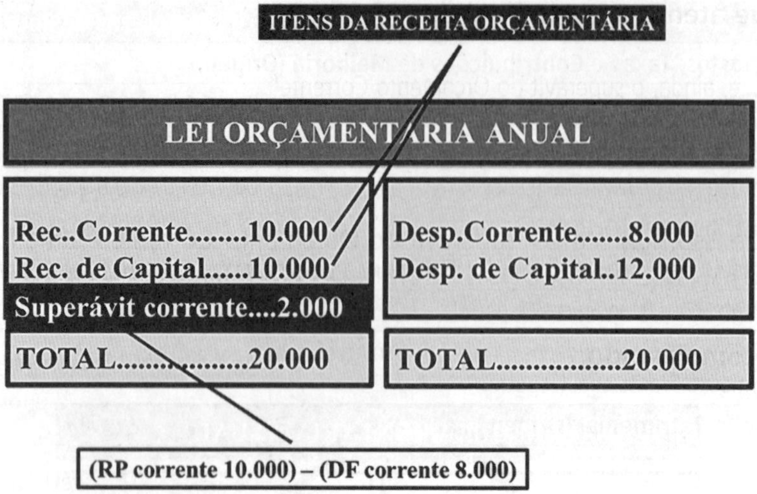

6. Conclusão: O superávit do orçamento corrente é uma receita de capital, mas não constitui item da receita orçamentária.

> **Art. 11, § 4º.** A classificação da receita obedecerá ao seguinte esquema:
> Receitas Correntes:
> Receita Tributária: Impostos; Taxas; Contribuições de Melhoria. Receita de Contribuições; Receita Patrimonial; Receita Agropecuária; Receita Industrial; Receita de Serviços; Transferências Correntes;
> Receitas de Capital:
> Operações de Crédito; Alienação de Bens; Amortização de Empréstimos; Transferências de Capital; Outras Receitas de Capital.

c) Espécie

DÍGITO:	1º	2º	3º	4º a 7º	8º
SIGNIFICADO:	Categoria Econômica	Origem	Espécie	Desdobramentos para identificação de peculiaridades da receita	Tipo

A *espécie*, nível de classificação vinculado à *origem*, permite qualificar com maior detalhe o fato gerador das receitas. Por exemplo, dentro da *origem* "Contribuições", identificam-se as espécies "Contribuições Sociais", "Contribuições Econômicas" e "Contribuições para Entidades Privadas de Serviço Social e de Formação Profissional".

1 – RECEITA CORRENTE (Categoria Econômica)	Naturezas de Receita
1 – Impostos, Taxas e Contribuições de Melhoria (Origem)	
1 – Impostos (Espécie)	De 1.1.1.0.00.0.0 até 1.1.1.9.01.1.0
2 – Taxas (Espécie)	De 1.1.2.0.00.0.0 até 1.1.2.2.01.1.0
3 – Contribuição de Melhoria (Espécie)	De 1.1.3.0.00.0.0 até 1.1.3.0.00.1.0
2 – Contribuições (Origem)	
1 – Contribuições Sociais (Espécie)	De 1.2.1.0.00.0.0 até 1.2.1.0.99.1.0
2 – Contribuições Econômicas (Espécie)	De 1.2.2.0.00.0.0 até 1.2.2.0.99.1.0
3 – Contribuições para Entidades Privadas de Serviço Social e de Formação Profissional (Espécie)	De 1.2.3.0.00.0.0 até 1.2.3.0.01.1.0
3 – Receita Patrimonial (Origem)	
1 – Exploração do Patrimônio Imobiliário do Estado (Espécie)	De 1.3.1.0.00.0.0 até 1.3.1.0.99.1.0
2 – Valores Mobiliários (Espécie)	De 1.3.2.0.00.0.0 até 1.3.2.9.00.1.0
3 – Delegação de Serviços Públicos Mediante Concessão, Permissão, Autorização ou Licença (Espécie)	De 1.3.3.0.00.0.0 até 1.3.3.9.99.1.0
4 – Exploração de Recursos Naturais (Espécie)	De 1.3.4.0.00.0.0 até 1.3.4.9.99.1.0
5 – Exploração do Patrimônio Intangível (Espécie)	De 1.3.5.0.00.0.0 até 1.3.5.0.03.1.0
6 – Cessão de Direitos (Espécie)	De 1.3.6.0.00.0.0 até 1.3.6.0.01.1.0
9 – Demais Receitas Patrimoniais (Espécie)	De 1.3.9.0.00.0.0 até 1.3.9.0.00.1.0
4 – Receita Agropecuária (Origem)	De 1.4.0.0.00.0.0 até 1.4.0.0.00.1.0
5 – Receita Industrial (Origem)	De 1.5.0.0.00.0.0 até 1.5.0.0.00.1.0
6 – Receita de Serviços (Origem)	
1 – Serviços Administrativos e Comerciais Gerais (Espécie)	De 1.6.1.0.00.0.0 até 1.6.1.0.04.1.0
2 – Serviços e Atividades Referentes à Navegação e ao Transporte (Espécie)	De 1.6.2.0.00.0.0 até 1.6.2.0.04.3.0
3 – Serviços e Atividades Referentes à Saúde (Espécie)	De 1.6.3.0.00.0.0 até 1.6.3.0.02.2.0
4 – Serviços e Atividades Financeiras (Espécie)	De 1.6.4.0.00.0.0 até 1.6.4.0.03.1.0
9 – Outros Serviços (Espécie)	De 1.6.9.0.00.0.0 até 1.6.9.0.99.1.0
7 – Transferências Correntes (Origem)	De 1.7.0.0.00.0.0 até 1.7.0.0.08.1.0
9 – Outras Receitas Correntes (Origem)	
1 – Multas Administrativas, Contratuais e Judiciais (Espécie)	De 1.9.1.0.00.0.0 até 1.9.1.0.11.1.0
2 – Indenizações, Restituições e Ressarcimentos (Espécie)	De 1.9.2.0.00.0.0 até 1.9.2.2.99.1.0
3 – Bens, Direitos e Valores Incorporados ao Patrimônio Público (Espécie)	De 1.9.3.0.00.0.0 até 1.9.3.0.04.1.0
9 – Demais Receitas Correntes (Espécie)	De 1.9.9.0.00.0.0 até 1.9.9.0.99.2.0

2 – RECEITA DE CAPITAL (Categoria Econômica)	Naturezas de Receita
1 – Operações de Crédito (Origem)	
1 – Operações de Crédito – Mercado Interno (Espécie)	De 2.1.1.0.00.0.0 até 2.1.1.9.00.1.0
2 – Operações de Crédito – Mercado Externo (Espécie)	De 2.1.2.0.00.0.0 até 2.1.2.9.00.1.0
2 – Alienação de Bens (Origem)	
1 – Alienação de Bens Móveis (Espécie)	De 2.2.1.0.00.0.0 até 2.2.1.3.00.1.0
2 – Alienação de Bens Imóveis (Espécie)	De 2.2.2.0.00.0.0 até 2.2.2.0.00.1.0
3 – Alienação de Bens Intangíveis (Espécie)	De 2.2.3.0.00.0.0 até 2.2.3.0.00.1.0
3 – Amortização de Empréstimos (Origem)	De 2.3.0.0.00.0.0 até 2.3.0.0.80.1.0
4 – Transferências de Capital (Origem)	De 2.4.0.0.00.0.0 até 2.4.0.0.08.1.0
9 – Outras Receitas de Capital (Origem)	
1 – Integralização de Capital Social (Espécie)	De 2.9.1.0.00.0.0 até 2.9.1.0.00.1.0
2 – Resultado do Banco Central (Espécie)	De 2.9.2.0.00.0.0 até 2.9.2.0.00.2.0
3 – Remuneração das Disponibilidades do Tesouro (Espécie)	De 2.9.3.0.00.0.0 até 2.9.3.0.00.1.0
4 – Resgate de Títulos do Tesouro (Espécie)	De 2.9.4.0.00.0.0 até 2.9.4.0.00.1.0
9 – Demais Receitas de Capital (Espécie)	De 2.9.9.0.00.0.0 até 2.9.9.0.00.1.0

d) Desdobramentos para identificação de peculiaridades da receita

DÍGITO:	1º	2º	3º	4º a 7º	8º
SIGNIFICADO:	Categoria Econômica	Origem	Espécie	Desdobramentos para identificação de peculiaridades da receita	Tipo

Foram reservados 4 dígitos para desdobramentos com a finalidade de identificar peculiaridades de cada receita, caso seja necessário. Desse modo, esses dígitos podem ou não ser utilizados conforme a necessidade de especificação do recurso.

No caso de receitas exclusivas de Estados e Municípios, o quarto dígito utilizará o número "8" (Ex.: 1.9.0.8.xx.x.x – Outras Receitas Correntes exclusivas de Estados e Municípios).

Importante destacar que a Portaria SOF nº 45, de 26 de agosto de 2015, que dispôs sobre o desdobramento da classificação por natureza de receita para aplicação no âmbito da União, publicou apenas as naturezas agregadoras, ficando criadas automaticamente, para todos os fins, as naturezas valorizáveis, terminadas em "1", "2", "3" e "4".

Além disso, de acordo com o art. 2º, § 4º, inciso V, alínea "f", da Portaria Interministerial STN/SOF nº 163, de 4 de maio de 2001, os dígitos correspondentes aos tipos "5" a "9" serão utilizados quando se tratar de outros desdobramentos a serem criados, caso a caso, pela Secretaria de Orçamento Federal, mediante Portaria específica.

Exemplo disso foi a publicação da Portaria SEAFI nº 3, de 9 de dezembro de 2016, que utilizou os dígitos "7" e "8" para indicar os desdobramentos de códigos de natureza de receita valorizáveis referentes às multas da dívida ativa e aos juros de mora da dívida ativa de impostos e contribuições administrados pela Secretaria da Receita Federal do Brasil, a fim de tornar possível o registro em separado dessas receitas, uma vez que as referidas multas destinam-se à subconta especial do FUNDAF gerida pela PGFN, enquanto os citados juros de mora destinam-se à conta do FUNDAF gerida pela RFB.

e) Tipo

DÍGITO:	**1º**	**2º**	**3º**	**4º a 7º**	**8º**
SIGNIFICADO:	**Categoria Econômica**	**Origem**	**Espécie**	**Desdobramentos para identificação de peculiaridades da receita**	**Tipo**

O tipo, correspondente ao último dígito na natureza de receita, tem a finalidade de identificar o tipo de arrecadação a que se refere aquela natureza, sendo:

- "0", quando se tratar de natureza de receita não valorizável ou agregadora;
- "1", quando se tratar da arrecadação *Principal* da receita;
- "2", quando se tratar de *Multas e Juros de Mora* da respectiva receita;
- "3", quando se tratar de *Dívida Ativa* da respectiva receita; e
- "4", quando se tratar de *Multas e Juros de Mora da Dívida Ativa* da respectiva receita.

Assim, todo código de natureza de receita será finalizado com um dos dígitos mencionados, e as arrecadações de cada recurso – sejam elas da receita propriamente dita ou de seus acréscimos legais – ficarão agrupadas sob um mesmo código, sendo diferenciadas apenas no último dígito, conforme detalhamento a seguir:

Dígito:	1º	2º	3º	4º a 7º	8º	
Significado:	Cat. Econ.	Origem	Espécie	Desdobramentos	Tipo	Descrição-Padrão dos Códigos de Tipo:
Código:					0	Natureza Agregadora
					1	Receita Principal
	x	x	x	x . xx . x	2	Multa e Juros da Receita Principal
					3	Dívida Ativa da Receita Principal
					4	Multa e Juros da Dívida Ativa da Receita Principal

➘ Conclusão:

Como fica a codificação do Imposto de Renda Pessoa física arrecadado na data do vencimento?

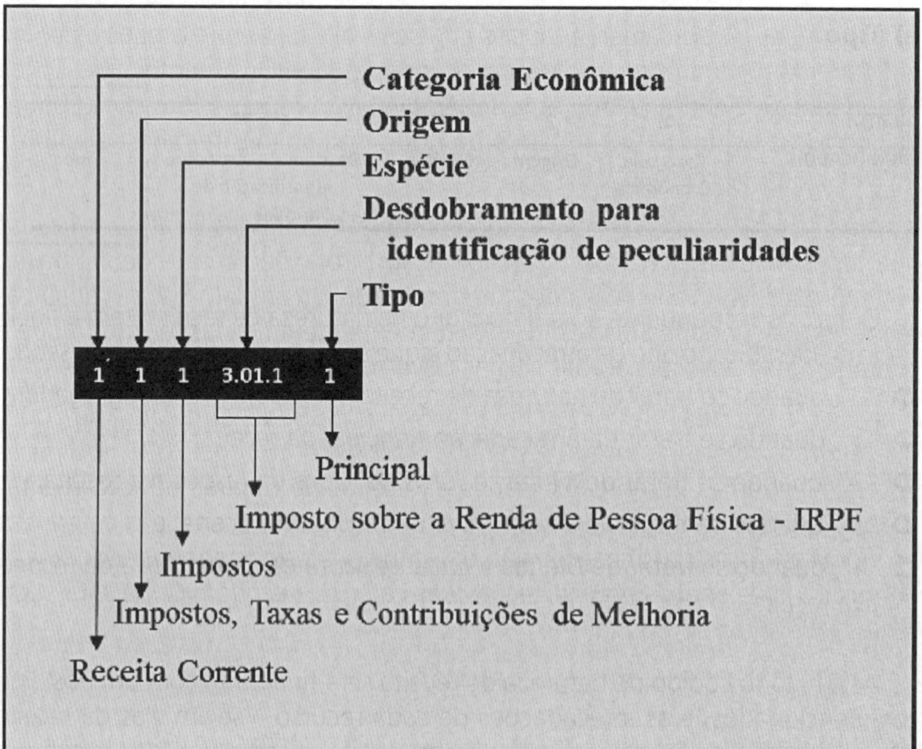

Observações:

1. Caso o recolhimento ocorresse fora do prazo de vencimento legal, incidindo multa e juros, será utilizado o Tipo 2;
2. Havendo a inscrição em Dívida Ativa e posterior arrecadação, será utilizado o tipo 3;
3. Arrecadando a Dívida Ativa fora do prazo legal, será utilizado o Tipo 4.

Como se depreende do nível de detalhamento apresentado, a classificação por natureza é a de nível mais analítico da receita; por isso, auxilia na elaboração de análises econômico-financeiras sobre a atuação estatal.

6.10. RECEITAS DE OPERAÇÕES INTRAORÇAMENTÁRIAS[3]

Operações Intraorçamentárias são aquelas realizadas entre órgãos e demais entidades da Administração Pública integrantes dos Orçamentos Fiscal e da Seguridade Social do mesmo ente federativo. Não representam novas entradas de recursos nos cofres públicos do ente, mas apenas remanejamento de receitas entre seus órgãos.

As receitas Intraorçamentárias são contrapartida de despesas classificadas na *modalidade de aplicação* 91 – Aplicação Direta Decorrente de Operação entre Órgãos, Fundos e Entidades Integrantes do Orçamento Fiscal e do Orçamento da Seguridade Social, que, devidamente identificadas, evitam a dupla contagem na consolidação das contas governamentais.

Assim, a Portaria Interministerial STN/SOF nº 338, de 26 de abril de 2006, que alterou a Portaria Interministerial STN/SOF nº 163, de 2001, incluiu as Receitas Correntes Intraorçamentárias e Receitas de Capital Intraorçamentárias representadas, respectivamente, pelos códigos 7 e 8 em suas *categorias econômicas*. Essas classificações não constituem novas *categorias econômicas* de receita, mas apenas especificações das *categoria econômica* Receitas Correntes e Receitas de Capital.

3. MTO/2018

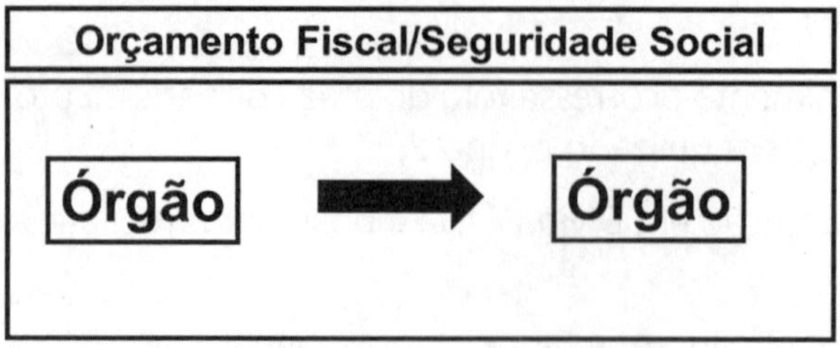

Observe abaixo o que as bancas costumam exigir:

1. Classificação utilizada apenas entre órgãos e demais entidades da Administração Pública integrantes dos Orçamentos Fiscal e da Seguridade Social do mesmo ente federativo.

2. Não representam novas entradas de recursos nos cofres públicos do ente, mas apenas remanejamento de receitas entre seus órgãos.

3. São contrapartida de despesas classificadas na *modalidade de aplicação* 91.

4. Evitam a dupla contagem na consolidação das contas governamentais.

5. Não constituem novas *categorias econômicas* de receita, mas apenas especificações das *categoria econômica* Receitas Correntes e Receitas de Capital.

Dessa forma, os códigos a serem utilizados seriam:

CÓDIGO	CATEGORIA ECONÔMICA
1 7	Receitas Correntes Receitas Correntes Intraorçamentárias
2 8	Receitas de Capital Receitas de Capital Intraorçamentárias

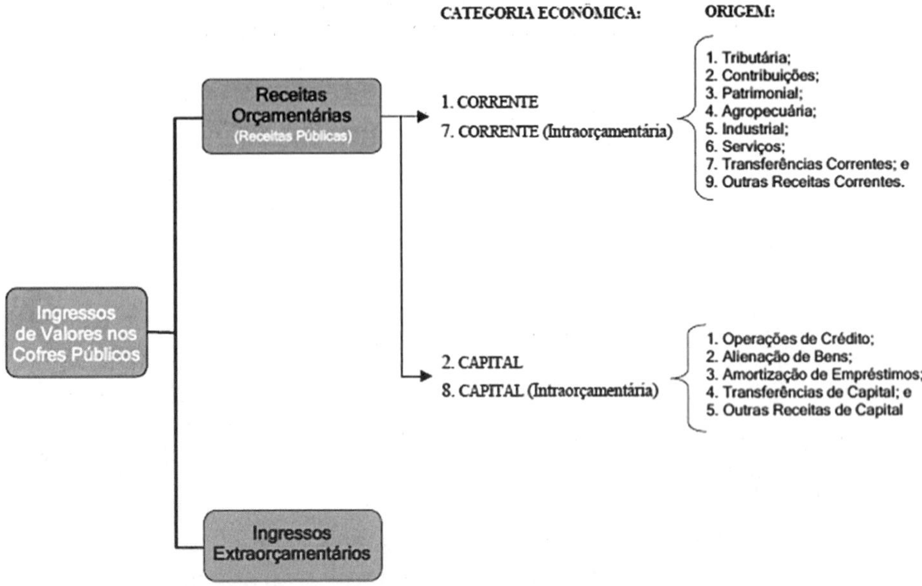

6.11. CLASSIFICAÇÃO POR IDENTIFICADOR DE RESULTADO PRIMÁRIO

Segundo o MTO/2018, as receitas do Governo Federal podem ser divididas em:

a) primárias (P), quando seus valores são incluídos no cálculo do resultado primário; e

b) financeiras (F), quando não são incluídas no citado cálculo.

As receitas **primárias** referem-se, predominantemente, às receitas correntes que advêm dos tributos, das contribuições sociais, das concessões, dos dividendos recebidos pela União, da cota-parte das compensações financeiras, das decorrentes do próprio esforço de arrecadação das UOs, das provenientes de doações e convênios e outras também consideradas primárias.

As receitas **financeiras** são aquelas que não alteram o endividamento líquido do Governo (setor público não financeiro) no exercício financeiro correspondente, uma vez que criam uma obrigação ou extinguem um direito, ambos de natureza financeira, junto ao setor privado interno e/ou externo. São adquiridas junto ao mercado financeiro, decorrentes da emissão de títulos, da contratação de operações de crédito por organismos oficiais, das receitas de aplicações financeiras da União (juros recebidos, por exemplo), das privatizações e outras.

6.12. CLASSIFICAÇÃO POR FONTE/DESTINAÇÃO DE RECURSOS

Instrumento criado para assegurar que receitas vinculadas por lei a finalidade específica sejam exclusivamente aplicadas em programas e ações que visem a consecução desse objetivo. As fontes/destinações de recursos agrupam determinadas naturezas de receita, conforme haja necessidade de mapeamento dessas aplicações de recursos no orçamento público, segundo diretrizes estabelecidas pela SOF.

Como mecanismo integrador entre a receita e a despesa, o código de fonte/destinação de recursos exerce duplo papel no processo orçamentário: na receita, indica o destino de recursos para o financiamento de determinadas despesas; na despesa, identifica a origem dos recursos que estão sendo utilizados.

Assim, o mesmo código utilizado para controle das destinações da receita também é utilizado na despesa, para controle das fontes financiadoras.

Dessa forma, esse mecanismo contribui para o atendimento do parágrafo único do art. 8º, parágrafo único, e do art. 50, inciso I, da LRF:

> **Art. 8º** [...]
> Parágrafo único. Os recursos legalmente vinculados a finalidade específica serão utilizados exclusivamente para atender ao objeto de sua vinculação, ainda que em exercício diverso daquele em que ocorrer o ingresso. [...]
>
> **Art. 50.** Além de obedecer às demais normas de contabilidade pública, a escrituração das contas públicas observará as seguintes:
> I – a disponibilidade de caixa constará de registro próprio, de modo que os recursos vinculados a órgão, fundo ou despesa obrigatória fiquem identificados e escriturados de forma individualizada.

Enquanto a natureza de receita orçamentária busca identificar a origem do recurso segundo seu fato gerador, a fonte/destinação de recursos possui a finalidade precípua de identificar o destino dos recursos arrecadados. Em linhas gerais, pode-se dizer que há destinações vinculadas e não vinculadas:

a) **destinação vinculada:** processo de vinculação entre a origem e a aplicação de recursos, em atendimento às finalidades específicas estabelecidas pela norma.

b) **destinação não vinculada (ou ordinária):** é o processo de alocação livre entre a origem e a aplicação de recursos, para atender a quaisquer finalidades, desde que dentro do âmbito das competências de atuação do órgão ou entidade.

A vinculação de receitas deve ser pautada em mandamentos legais que regulamentam a aplicação de recursos e os direcionam para despesas, entes, órgãos, entidades ou fundos.

A classificação de fonte/destinação consiste em um código de três dígitos. O 1° dígito representa o *grupo de fonte*, enquanto o 2° e o 3° representam a *especificação da fonte*.

1° DÍGITO	2° e 3° DÍGITOS
Grupo da Fonte de Recursos	**Especificação da Fonte de Recurso**

O Anexo IV da Portaria SOF n° 1, de 19 de fevereiro de 2001 lista os *grupos de fontes* e as respectivas *especificações das fontes* de recursos vigentes:

Cód.	GRUPO da Fonte de Recurso (1° Dígito)
1	Recursos do Tesouro – Exercício Corrente
2	Recursos de Outras Fontes – Exercício Corrente
3	Recursos do Tesouro – Exercícios Anteriores
6	Recursos de Outras Fontes – Exercícios Anteriores
9	Recursos Condicionados

Exemplos de fontes/destinação de recursos:

1° DÍGITO (Grupo da Fonte)	2° e 3° DÍGITOS (Especificação da Fonte)	Fonte
1 – Recursos do Tesouro – Exercício Corrente	12 – Recursos destinados à manutenção e Desenvolvimento do Ensino.	112
2 – Recursos de Outras Fontes – Exercício Corrente	93 – Produto de Aplicação dos Recursos à conta do Salário-Educação	293

1º DÍGITO (Grupo da Fonte)	2º e 3º DÍGITOS (Especificação da Fonte)	Fonte
3 – Recursos do Tesouro – Exercícios Anteriores	12 – Recursos Destinados à Manutenção e Desenvolvimento do Ensino	312
6 – Recursos de Outras Fontes – Exercícios Anteriores	93 – Produto de Aplicação dos Recursos à conta do Salário-Educação	693
9 – Recursos Condicionados	00 – Recursos Ordinários	900

6.13. CLASSIFICAÇÃO POR ESFERA

A classificação por esfera orçamentária tem por finalidade identificar se a receita pertence ao Orçamento Fiscal, da Seguridade Social ou de Investimento das Empresas Estatais, conforme distingue o § 5º do art. 165 da CF.

Além das características comuns à classificação da despesa por esfera orçamentária, vale destacar os seguintes pontos:

- Receitas do Orçamento Fiscal: Referem-se às receitas arrecadadas pelos Poderes da União, seus órgãos, entidades fundos e fundações, inclusive pelas empresas estatais dependentes, excluídas as receitas vinculadas à Seguridade Social e as receitas das Empresas Estatais não dependentes que compõe o Orçamento de Investimento.

- Receitas do Orçamento da Seguridade Social: abrangem as Contribuições Sociais destinadas por lei à Seguridade Social e as receitas de todos os órgãos, entidades, fundos e fundações vinculados à Seguridade Social, ou seja, às áreas de Saúde, Previdência Social e Assistência Social.

  No caso do Orçamento da Seguridade Social, a complementação dos recursos para financiar a totalidade das despesas de seguridade provém de transferências do Orçamento Fiscal.

- Receitas do Orçamento de Investimento das Empresas Estatais: referem-se aos recursos das empresas estatais não dependentes [não enquadradas no art. 2º, inciso III, da LRF] em que a União, direta ou indiretamente, detenha a maioria do capital social com direito a voto.

6.14. OUTRAS DEFINIÇÕES DE RECEITA

Receita financeira

São as receitas decorrentes de aplicações financeiras, operações de crédito, alienação de ativos e outras.

Receita não-financeira

São as receitas oriundas de tributos, contribuições, patrimoniais, agropecuárias, industriais, serviços e outras.

Receita compartilhada

Receita orçamentária pertencente a mais de um beneficiário independente da forma de arrecadação e distribuição.

Receita vinculada

É a receita arrecadada com destinação específica estabelecida em dispositivos legais. A vinculação da receita torna a programação financeira menos flexível, reservando parte dos recursos disponíveis para uma determinada destinação.

Receitas compulsórias

São receitas cujas origens encontram-se nas legislações que impõem aos particulares uma obrigação. São casos de receita compulsória: os tributos, as contribuições etc.

Receitas facultativas

As receitas facultativas possuem sua origem nos atos jurídicos bilaterais, ou seja, aquelas decorrentes da vontade das pessoas. Como exemplos, temos os aluguéis (Receita Patrimonial), preços públicos, etc.

Receitas próprias

São as receitas provenientes do esforço de arrecadação de cada Órgão, isto é, receitas que o Órgão tem a competência legal de prever e arrecadar.

Receita de ressarcimento

Recebimento que representa reembolso de valores anteriormente gastos em nome de terceiros e que agora estão sendo devolvidos, geralmente, resultante de procedimentos pactuados entre as partes. Reposição de custos por uma das partes envolvidas quando foram utilizados de meios da outra para atingir determinado fim.

Receita de restituição

Recebimento resultado da devolução de recurso que estava em posse de outrem, indevidamente ou por disposição legal. A restituição pode ser motivada por fato superveniente que alterou a situação anteriormente estabelecida, criando direito a uma reintegração de valor.

Receita de indenização

Recebimento que resulta da compensação de prejuízo causado por terceiros, visando a reparar dano sofrido ou perda de um direito.

6.15. ETAPAS / ESTÁGIOS DA RECEITA ORÇAMENTÁRIA

As etapas da receita seguem a ordem de ocorrência dos fenômenos econômicos, levando-se em consideração o modelo de orçamento existente no País. Dessa forma, a ordem sistemática inicia-se com a etapa de previsão e termina com a de recolhimento.

Etapas da Receita Orçamentária

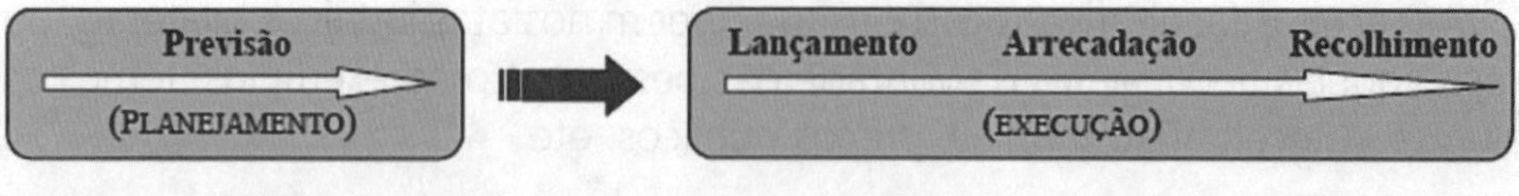

6.15.1. Planejamento (Previsão)

Compreende a previsão de arrecadação da receita orçamentária constante da Lei Orçamentária Anual (LOA), resultante de metodologias de projeção usualmente adotadas, observada as disposições constantes na Lei de Responsabilidade Fiscal (LRF).

A previsão implica planejar e estimar a arrecadação das receitas orçamentárias que constarão na proposta orçamentária. Isso deverá ser realizado em conformidade com as normas técnicas e legais correlatas e, em especial, com as disposições constantes na LRF.

A previsão não é considerada um estágio da execução da receita, mas sim doutrinário. Caso você se depare com uma questão que cobre os estágios segundo a lei nº 4.320/67, segundo a legislação vigente ou estágios da execução da receita não marque a alternativa que apresente **previsão** como resposta.

◆ Atenção!

Toda receita orçamentária deverá estar prevista na LOA? **Não!**

Toda receita prevista na LOA será classificada como orçamentária, mas nem toda receita orçamentária estará prevista na LOA. Caso o projeto da Lei Orçamentária Anual tenha sido encaminhado e sancionado antes da criação de um novo tributo, este ao ser arrecadado no próximo exercício, mesmo não constando na LOA, deverá ser classificado como receita orçamentária.

Outro exemplo é a não previsão da operação de crédito na LOA e a sua arrecadação no exercício financeiro seguinte.

> **4.320/64**
> **Art. 57.** Ressalvado o disposto no parágrafo único do artigo 3º desta lei serão classificadas como receita orçamentária, sob as rubricas próprias, todas as receitas arrecadadas, inclusive as provenientes de operações de crédito, ainda que não previstas no Orçamento.

6.15.2. Execução da receita orçamentária

A realização da receita se dá em três estágios: o lançamento, a arrecadação e o recolhimento.

a) Lançamento

Segundo o Código Tributário Nacional, art. 142, é o procedimento administrativo tendente a verificar a ocorrência do fato gerador da obrigação correspondente, determinar a matéria tributável, calcular o montante do tributo devido, identificar o sujeito passivo e, sendo o caso, propor a aplicação da penalidade cabível.

Com um exemplo prático você entenderá melhor:

Ao receber o carnê do IPTU (ou equivalente) a administração pública lhe identificará como contribuinte devedor. Perceba que no documento em questão teremos as seguintes informações:

- Nome do contribuinte;
- Endereço;
- Data de vencimento;
- Valor;
- Base de cálculo;
- outros.

Toda receita orçamentária deverá passar pelo estágio do lançamento? Resposta: **Não.**

> **Artigo 52 da lei nº 4.320/64**
> São objeto de lançamento os impostos diretos e quaisquer outras rendas com vencimento determinado em lei, regulamento ou contrato.

Descomplicando

Um tributo quando arrecadado deverá ser classificado como receita orçamentária. Da mesma forma o aluguel recebido pelo Estado. Perceba que nos dois casos descritos a renda pertence ao Estado, e é isso que caracteriza a receita orçamentária. Essas receitas pertencem ao Estado, transitam pelo patrimônio do Poder Público, aumentam-lhe o saldo financeiro.

E uma doação recebida em dinheiro? Também é uma receita orçamentária? Sim, pois atende ao mesmo preceito do tributo e do aluguel (rendas do Estado). Agora, será que o Estado, em algum momento, vai identificar um cidadão que está lhe devendo uma doação? *Claro que não! Só faltava essa!* Destarte, nem todas as receitas orçamentárias passarão pelo estágio do lançamento, pois não há como o Estado exigir a sua cobrança.

◆ **Conclusão:** Apenas os impostos diretos e quaisquer outras rendas com vencimento determinado em lei, regulamento ou contrato é que percorrerão o estágio do lançamento.

b) Arrecadação

Corresponde à entrega dos recursos devidos ao Tesouro pelos contribuintes ou devedores, por meio dos agentes arrecadadores ou instituições financeiras autorizadas pelo ente.

Lei 4.320/64
Art. 55. Os agentes da arrecadação devem fornecer recibos das importâncias que arrecadarem.
§ 1º. Os recibos devem conter o nome da pessoa que paga a soma arrecadada, proveniência e classificação, bem como a data e assinatura do agente arrecadador.
§ 2º. Os recibos serão fornecidos em uma única via.

c) Recolhimento

É a transferência dos valores arrecadados à conta específica do Tesouro, responsável pela administração e controle da arrecadação e programação financeira, observando-se o princípio da unidade de tesouraria ou de caixa, conforme determina o art. 56 da Lei nº 4.320, de 1964.

Art. 56. O recolhimento de todas as receitas far-se-á em estrita observância ao princípio de unidade de tesouraria, vedada qualquer fragmentação para criação de caixas especiais.

Em termos didáticos, a ordem dos estágios da Receita Pública é a seguinte:

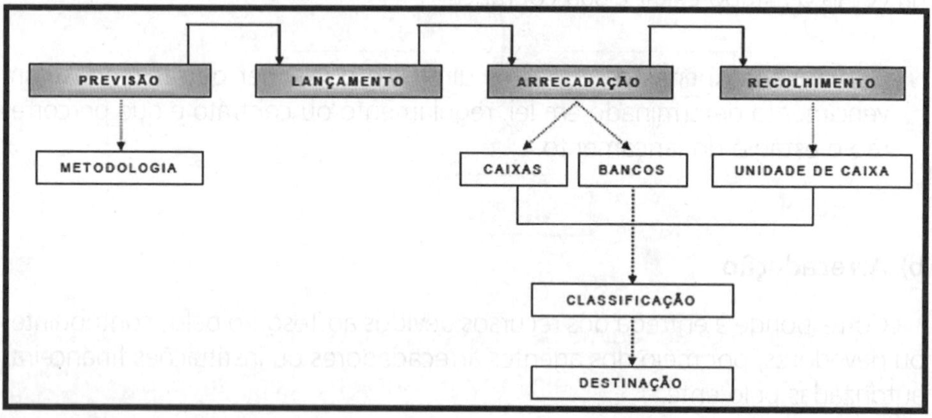

6.15.3. Reconhecimento da receita orçamentária

Ao final do exercício financeiro à Administração Pública deverá apurar o seu resultado orçamentário que será obtido através da diferença entre a receita orçamentária e a despesa orçamentária.

RESULTADO ORÇAMENTÁRIO = RO - DO

Pelo enfoque orçamentário, o reconhecimento da receita orçamentária ocorrerá no momento da arrecadação, conforme artigo 35 da Lei nº 4.320/64.

> **Art. 35.** Pertencem ao exercício financeiro:
> I – as receitas nele arrecadadas;
> II – as despesas nele legalmente empenhadas.

A interpretação do artigo 35 da Lei nº 4.320/1964 nos leva ao regime de caixa para a receita e de competência para a despesa.

1. Receita obedece ao regime de caixa pela arrecadação;
2. Despesa obedece ao regime de competência pelo empenho; e
3. O regime adotado pela Administração Pública é o Misto.

6.16. QUESTÕES DE CONCURSOS

1. **(CESPE/2017 – TCE PE)** A classificação da receita orçamentária é de utilização obrigatória por todos os entes da Federação.

2. **(CESPE/2017 – TCE PE)** A previsão de arrecadação na lei orçamentária anual é obrigatória e constitui condição para que uma receita seja classificada como orçamentária.

3. **(CESPE/2017 – TCE PE)** De acordo com a classificação econômica da receita, a receita corrente tributária não se amolda à classificação tripartite dos tributos, pois não inclui as receitas com contribuições de melhoria, apesar de incluir a arrecadação das multas decorrentes de impostos e taxas.

4. **(CESPE/2017 – TRT 7ª Região)** Em busca de reforço no caixa para garantir o cumprimento da meta fiscal, o Ministério da Fazenda iniciou a venda de ações do Banco do Brasil (BB) que fazem parte do patrimônio do Fundo Soberano do Brasil (FSB). Esse fundo é uma espécie de poupança que o governo federal mantém desde 2008, para ser usada em momentos de necessidade de receitas.

Sem alarde, um primeiro lote de 1 milhão dessas ações foi vendido em junho. O movimento, no entanto, só foi detectado pelo mercado financeiro nos últimos dias, o que obrigou o Ministério da Fazenda a confirmar a operação. Nos primeiros quinze dias de julho, outras 5,6 milhões de ações do BB foram vendidas.

Considerando-se o critério de origem, as receitas descritas na reportagem classificam-se como

a) outras receitas correntes.
b) alienação de bens.
c) receita patrimonial.
d) receita de serviços.

etapas da receita orçamentária

5. **(CESPE/2017 – TRE BA)** A figura precedente representa as etapas da receita orçamentária.

Com relação a esse assunto, julgue os itens a seguir.

I O princípio da unidade de tesouraria está relacionado à etapa da arrecadação.
II A etapa que precede a fixação da despesa é a previsão da receita.
III Uma doação em espécie é uma receita sem lançamento.

Assinale a opção correta.

a) Apenas o item I está certo.
b) Apenas o item II está certo.
c) Apenas os itens I e III estão certos.
d) Apenas os itens II e III estão certos.
e) Todos os itens estão certos.

6. (CESPE/2017 – TCE PE) Para identificar a origem de determinada receita pública de acordo com o acontecimento real que ocasionou o ingresso da receita nos cofres públicos, utiliza-se a classificação por natureza de receita.

7. (CESPE/2017 – TCE PE) No estágio da previsão da receita orçamentária, é verificada a procedência do crédito fiscal.

8. (CESPE/2016 – DPU) No orçamento público, a receita é composta de toda a arrecadação feita pelo Estado em determinado período do ano civil.

9. (CESPE/2016 – DPU) Recursos financeiros de caráter temporário, como as fianças, integram as receitas na LOA.

10. (CESPE/2016 – DPU) As receitas públicas são classificadas como provisórias e definitivas.

11. (FCC/2017 – DPE RS) Em março de 2017, a Defensoria Pública de um determinado Estado caracterizou-se como beneficiária e a União como transferidora de R$ 990.000,00 que foram classificados com o código 1 quanto ao primeiro dígito da classificação da receita orçamentária por natureza. Assim, o recurso recebido pela Defensoria Pública, no que se refere à origem e à espécie da receita, classificam-se, respectivamente, como

a) transferências correntes; transferências intragovernamentais.
b) transferências correntes; transferências intergovernamentais.
c) outras receitas correntes; transferências intragovernamentais.
d) transferências de capital; transferências intragovernamentais.
e) transferências de capital; transferências intergovernamentais.

12. (FCC/2016: TRF 3ª R – AJ AD) No que se refere às receitas públicas, a Lei nº 4.320/1964 estabelece que

a) receita tributária e receita não tributária são espécies de categorias econômicas.
b) receitas tributária e patrimonial são espécies de receitas de capital.

c) o superávit do orçamento corrente resultante do balanceamento dos totais das receitas e despesas correntes não constitui item de receita orçamentária.

d) a receita proveniente da realização de recursos financeiros oriundos de constituição de dívidas é classificada como receita corrente.

e) a receita advinda de tributo tem seu produto destinado a custear apenas atividades gerais.

Atenção: Para responder as questões de números 13 e 14, considere as seguintes informações:

Na elaboração da proposta orçamentária para o exercício de 2017 de determinado ente da federação, foi definido que seriam previstas e fixadas, respectivamente, as seguintes receitas e despesas orçamentárias.

Receitas Orçamentárias	
Indenizações Causadas por Danos ao Patrimônio Público	1.200
Contratação de Empréstimos de Longo Prazo	2.300
Impostos Sobre o Patrimônio e a Renda	6.400
Alienação de dois imóveis	1.650
Imposto Sobre a Produção e a Circulação	4.800
Transferências da União para construção de dois hospitais públicos	700
Taxa de Fiscalização de Vigilância Sanitária	1.100
Contribuições Sociais	1.200
Multas e Juros de Mora dos Tributos	400
Alugueis de Imóveis Urbanos de Propriedade do ente federado	1.400
Remuneração de Depósitos Bancários	800
Receita da Dívida Ativa – Impostos	3.900
Amortização de Empréstimos	900
Concessões e Permissões – Direitos de Uso de Bens Públicos	2.400
Participação na Receita da União	3.900

13. (FCC/2016 – TRT 20ª Região) O montante das receitas de capital soma

a) 5.550

b) 6.750

c) 4.650
d) 6.850
e) 7.950

14. **(FCC/2016 – TRT 20ª Região)** As receitas patrimoniais totalizam
a) 3.800
b) 3.200
c) 6.250
d) 5.300
e) 4.600

15. **(FCC/2016 – TRF 3ª Região)** Sobre as formas de ingresso de receita, considere:

I. Originário ou derivado.
II. Ordinário ou extraordinário.
III. De natureza orçamentária ou extraorçamentária.
IV. Geral ou vinculado.

Nos termos do Decreto nº 93.872/1986, considera-se receita da União todo e qualquer ingresso que tenha sido decorrente, produzido ou realizado direta ou indiretamente pelos órgãos competentes, desde que na forma que consta em

a) I, II e III, apenas.
b) II, III e IV, apenas.
c) I, II, III e IV.
d) I e IV, apenas.
e) II e III, apenas.

16. **(FCC/2015 – Defensor Público) Com o objetivo de evidenciar o impacto no patrimônio, a contabilidade deve registrar a variação patrimonial, resultante ou independentemente da execução orçamentária. No que tange aos regimes da Contabilidade Aplicada ao Setor Público, no Balanço**

a) Orçamentário, a receita orçamentária é reconhecida pelo regime de caixa independentemente do exercício financeiro que ocorreu o fato gerador.

b) Patrimonial, a receita orçamentária é reconhecida pelo regime de competência e a variação patrimonial aumentativa pelo regime de caixa.

c) Financeiro, a receita orçamentária é reconhecida pelo regime misto, quando se referir ao fato gerador de exercício financeiro anterior a sua arrecadação

d) Patrimonial, a receita e a despesa orçamentária são reconhecidas pelo regime de caixa.

e) Orçamentário, a receita e a despesa orçamentária são reconhecidas pelo regime de competência.

17. (FCC/2015 – Defensor Público RR) **No que tange ao regime orçamentário, de acordo com a Lei Federal nº 4.320/1964, pertence ao exercício financeiro de 2015 a realização da seguinte transação:**

a) o pagamento, no mês de fevereiro de 2015, de despesas empenhadas no exercício de 2014.

b) a depreciação mensal, no exercício de 2015, de bens móveis.

c) a emissão de nota de empenho no mês de abril de 2015 para aquisição de veículos.

d) o reconhecimento de crédito tributário a receber referente as receitas de impostos previstas na Lei Orçamentária do exercício de 2015.

e) a inscrição, no mês de julho de 2015, em dívida ativa, de impostos lançados no exercício de 2014.

18. (FCC/2015 – TCE AM) **A Lei Federal nº 4.320 foi promulgada em 1964, vários anos antes, portanto, da promulgação do Código Tributário Nacional. Por sua vez, o ato de lançamento definido na referida Lei é essencialmente diferente, tanto em forma, como em substância, do procedimento de lançamento definido no CTN.**

Sob a óptica do Direito Financeiro, e de acordo com o que estabelece a Lei Federal nº 4.320/1964, o lançamento da receita é

a) ato da repartição competente e tem por finalidade, verificar a procedência do crédito fiscal, verificar a pessoa que é devedora desse crédito e inscrever o débito desse devedor.

b) procedimento da repartição competente e tem por finalidade verificar a procedência do crédito fiscal, verificar a existência de causas extintivas, suspensivas e excludentes desse crédito, e verificar a pessoa que é dele devedora.

c) ato do contribuinte ou da repartição competente e tem por finalidade verificar a procedência do crédito fiscal, verificar a existência de causas extintivas desse crédito e inscrever o débito desse devedor.

d) procedimento da repartição competente e tem por finalidade, apenas, verificar a pessoa que é devedora desse crédito e inscrever o débito desse devedor.

e) procedimento do contribuinte ou da repartição competente e tem por finalidade verificar a procedência do crédito fiscal, verificar a existência de causas extintivas, suspensivas e excludentes desse crédito e inscrever o débito desse devedor.

19. (FCC/2015 – TCM RJ: Auditor Substituto Conselheiro) Receitas correntes

I. não decorrem de uma mutação patrimonial, e, portanto, são consideradas receitas efetivas.

II. e de capital intraorçamentárias constituem novas categorias econômicas da receita orçamentária.

III. decorrem de uma mutação patrimonial e, portanto, não são consideradas receitas efetivas.

Está correto o que se afirma APENAS em

a) I e III.

b) II.

c) III.

d) I.

e) I e II.

20. (FCC/2015 – TRT 4ª Região) No mês de agosto de 2015, a Prefeitura do Município de Pantanal do Sul arrecadou, concomitantemente ao momento do reconhecimento do crédito, os valores referentes a:

- alienações de bens imóveis 350
- rendimentos de aplicações financeiras 150
- operações de créditos de longo prazo 250
- impostos sobre a prestação de serviços – ISS 400
- concessões e permissões de serviços públicos................ 100

O montante das receitas efetivas arrecadadas em agosto de 2015 foi de

a) 700.
b) 650.
c) 500.
d) 750.
e) 550.

21. (FGV/2017 – ALERJ) O estágio de execução da receita orçamentária que, a partir da ocorrência do fato gerador, identifica o sujeito passivo é o (a):

a) arrecadação;
b) empenho;
c) lançamento;
d) liquidação;
e) previsão.

22. (FGV/2015 – PGE RO) Na elaboração do orçamento, a conceituação e a previsão adequada de receitas são consideradas fatores significativos, pois são determinantes na fixação dos limites de despesas, uma vez que nem todas as receitas arrecadadas durante o exercício podem ser destinadas para a cobertura das despesas. Uma característica exclusiva das receitas extraorçamentárias é que:

a) constituem receitas não efetivas;
b) decorrem da exploração do patrimônio público;
c) não constam na Lei Orçamentária;
d) possuem caráter transitório;
e) representam disponibilidades de recursos.

23. (FGV/2015 – TJ BA) As receitas arrecadadas pelas entidades públicas derivadas de sua competência tributária e também originárias da exploração do patrimônio público se destinam a cobrir as despesas incorridas para prestar serviços públicos. No sistema contábil, a receita se processa em estágios. O estágio em que se realiza a verificação da procedência do crédito fiscal e a pessoa que lhe é devedora e inscreve o débito desta é o(a):

a) empenho;

b) lançamento;
c) liquidação;
d) previsão;
e) recolhimento.

24. (FGV/2015 – TJ PI) A receita pública pode ser entendida a partir de uma perspectiva ampla, considerando o volume de ingressos de recursos financeiros nos cofres do Estado. Mas também pode ser concebida a partir de uma perspectiva mais restrita, aproximando-se do conceito de receita orçamentária. Um recurso que deve ser considerado apenas na perspectiva ampla da receita é aquele proveniente de:

a) alienação de bens;
b) emissão de títulos do tesouro;
c) exploração do patrimônio;
d) prestação de serviços;
e) operação de crédito por antecipação da receita.

25. (FGV/2015) A Lei nº 4.320/1964 representa o marco fundamental da receita orçamentária. Acerca das receitas orçamentárias e extraorçamentárias, assinale a opção correta.

a) São receitas correntes as receitas tributária, patrimonial, industrial e diversa, excluindo-se as provenientes de recursos financeiros recebidos de outras pessoas de direito público ou privado, quando destinadas a atender despesas classificáveis em despesas de capital ou em despesas correntes.
b) A receita pública pode ser considerada orçamentária mesmo se não estiver incluída na lei orçamentária anual.
c) As receitas extraorçamentárias são valores provenientes de toda e qualquer arrecadação que não figure no orçamento, mas que constitui renda do Estado.
d) São receitas de capital as provenientes da realização de recursos financeiros oriundos de constituição de dívidas; da conversão em espécie, de bens e direitos; além dos recursos recebidos de outras pessoas de direito público ou privado destinados a atender despesas classificáveis em despesas correntes.
e) O superávit do orçamento corrente que corresponde à diferença entre receitas e despesas correntes é considerado receita corrente.

GABARITO

1	V	**6**	V	**11**	B	**16**	A	**21**	C
2	F	**7**	F	**12**	C	**17**	C	**22**	D
3	F	**8**	V	**13**	A	**18**	A	**23**	B
4	B	**9**	F	**14**	E	**19**	D	**24**	E
5	D	**10**	F	**15**	C	**20**	B	**25**	B

Assista à correção de algumas questões, deste capítulo, posicionando aqui o leitor do ***QR Code****.*

https://editoraj.us/AFO06

Capítulo 7.
Despesa Pública: Conceitos, Classificações e Estágios

7.1. INTRODUÇÃO

Nesse capítulo vamos entender como a legislação conceituou os gastos realizados pela Administração Pública, como codificou as contas que representam dispêndios e qual a ordem que deverá ser obedecida até que o numerário chegue às mãos dos credores.

Você aprendeu em capítulos anteriores que o orçamento é estruturado de modo a agrupar as despesas e receitas segundo determinados critérios, os quais são definidos com o objetivo de atender às necessidades de informação demandadas pelos participantes do processo. Portanto, fique atento as classificações da despesa que serão estudadas nesse capítulo. De acordo com o dicionário Aurélio, classificar significa "distribuir em classes e/ou grupos, segundo sistema ou método de classificação". Os métodos de classificação evoluíram ao longo do tempo de forma a homogeneizar as estruturas de informação segundo um esquema único com o objetivo de atender simultaneamente às diversas necessidades de informação.

Conceito amplo de despesa

Despesa é o conjunto de dispêndios do Estado no atendimento aos programas e objetivos de governo, fixados em lei orçamentária ou em leis específicas, ou ainda relativos à restituição ou pagamento de importâncias recebidas a título de cauções, depósitos, consignações e outros assemelhados que independem de autorização legislativa para a sua realização.

7.2. CLASSIFICAÇÕES DOUTRINÁRIAS

Nesse item não vamos classificar a despesa com base nos códigos orçamentários, mas sim abordando a sua origem e o seu impacto patrimonial.

7.2.1. Quanto a origem

Os dispêndios, assim como os ingressos, são tipificados em orçamentários e extraorçamentários.

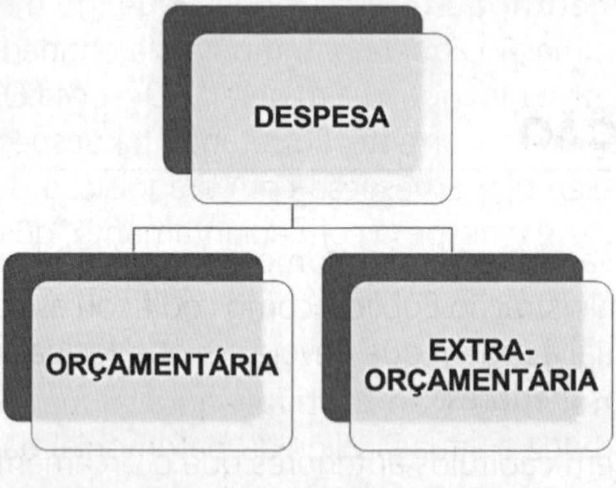

a) Despesa orçamentária (DO)

Representam os gastos fixados no orçamento público ou que derivem dos créditos adicionais e a sua realização depende de prévia autorização legislativa. Dessa forma, **despesa orçamentária** é toda transação que depende de autorização legislativa, na forma de consignação de dotação orçamentária, para ser efetivada.

b) Despesa extraorçamentária (DEO)

É aquela que não consta da lei orçamentária nem depende de autorização legislativa para ser realizada e compreendem as diversas saídas de numerário decorrentes do levantamento de depósitos, cauções, resgate de operações de crédito por antecipação de receita, bem como quaisquer valores que se revistam de características de simples transitoriedade, recebidos anteriormente e que, na oportunidade, constituíram receitas extraorçamentárias.

7.2.2. Quanto ao impacto patrimonial (afetação patrimonial)

Analisando o impacto causado pela despesa orçamentária e extraorçamentária no Patrimônio Líquido, podemos classificá-las como Efetiva ou Não efetiva.

a) **Despesa Orçamentária Efetiva** – aquela que, no momento da sua realização, reduz a situação líquida patrimonial da entidade constituindo fato contábil modificativo diminutivo. Em geral, a Despesa Orçamentária Efetiva coincide com a Despesa Corrente. Entretanto, há despesa corrente não efetiva como, por exemplo, a despesa com a aquisição de materiais de consumo para estoque e a despesa com adiantamento, que representam fatos permutativos.

b) **Despesa Orçamentária Não Efetiva** – aquela que, no momento da sua realização, não reduz a situação líquida patrimonial da entidade e constitui fato contábil permutativo. Neste caso, além da despesa orçamentária, registra-se concomitantemente conta de variação ativa para anular o efeito dessa despesa sobre o patrimônio líquido da entidade. Em geral, a despesa não efetiva coincide com a despesa de capital. Entretanto, há despesa de capital que é efetiva como, por exemplo, as transferências de capital que causam decréscimo patrimonial e, por isso, classificam-se como despesa efetiva.

- Toda despesa corrente é efetiva? **Não.** A aquisição de material de consumo para estoque, concessão de adiantamento de numerário são despesas correntes **não efetivas** pois não alteram o Patrimônio Líquido (fato permutativo).
- Toda despesa de capital é não efetiva? **Não.** As transferências de capital provocam um fato modificativo diminutivo, portanto, são classificadas quanto a afetação patrimonial como efetivas.

Para os exemplos a seguir, considere:

AF = Ativo Financeiro

AP = Ativo Permanente

PF = Passivo Financeiro

PP = Passivo Permanente

PL = Patrimônio Líquido

◆ DESPESA ORÇAMENTÁRIA EFETIVA

➘ Pagamento de despesas com pessoal no valor de $30.

Patrimônio antes do fato

ATIVO	PASSIVO
AF = 100	PF = 20 PP = 80
AP = 200	PL = 200
Total = 300	Total = 300

Patrimônio depois do fato

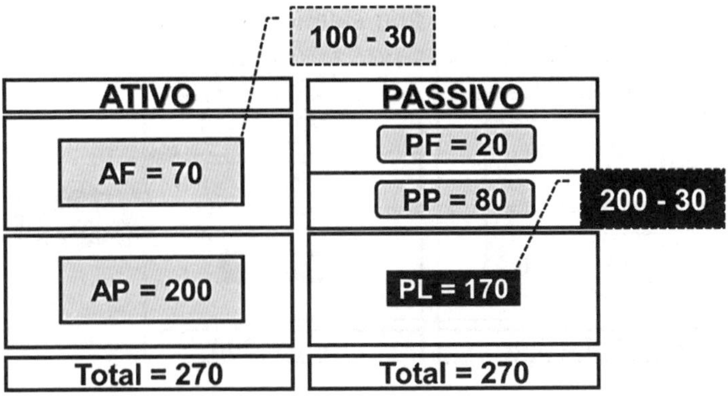

Observe que o AF foi reduzido em $30 (pagamento da folha) e como não houve a incorporação de nenhum bem ou direito ou desincorporação de uma obrigação classificada no PP, o Patrimônio Líquido diminuiu também em $30 (Fato Modificativo Diminutivo).

◆ DESPESA ORÇAMENTÁRIA NÃO EFETIVA

Exemplo 1: Aquisição de bens permanentes no valor de $40

Patrimônio antes do fato

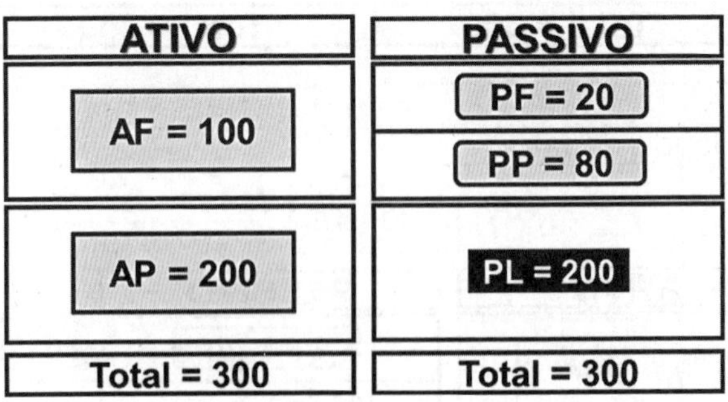

Patrimônio depois do fato

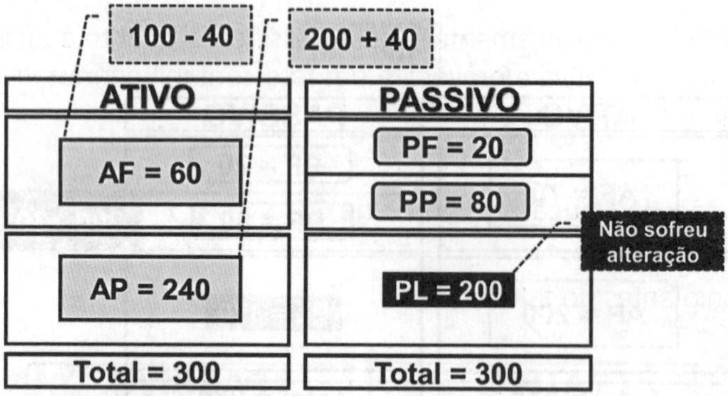

Redução do AF em $40 e Aumento do AP em $40 (Fato Permutativo).

Exemplo 2: Amortização da dívida fundada no valor de $10

Patrimônio antes do fato

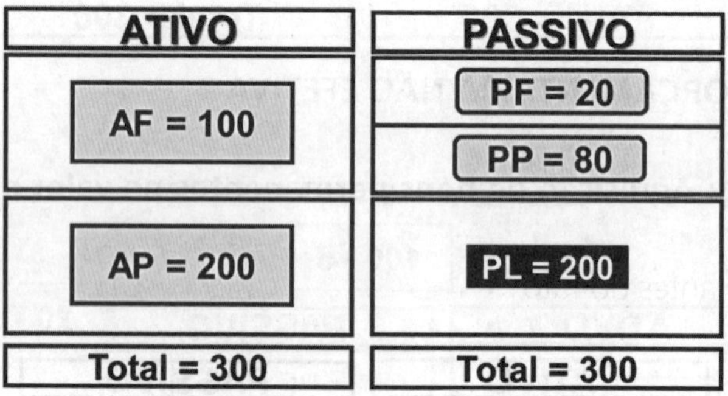

Patrimônio depois do fato

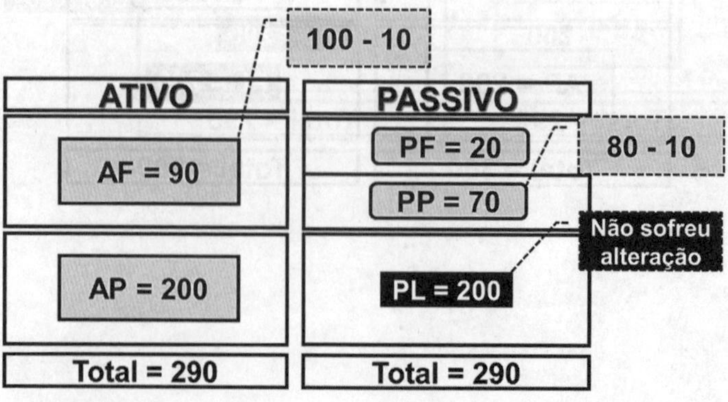

c) Despesa Extraorçamentária (Não Efetiva)

Toda despesa extraorçamentária será classificada quanto à afetação patrimonial como não efetiva e provocará um fato contábil permutativo não alterando o Patrimônio Líquido.

Devolução da Caução no valor de $5

Patrimônio antes do fato

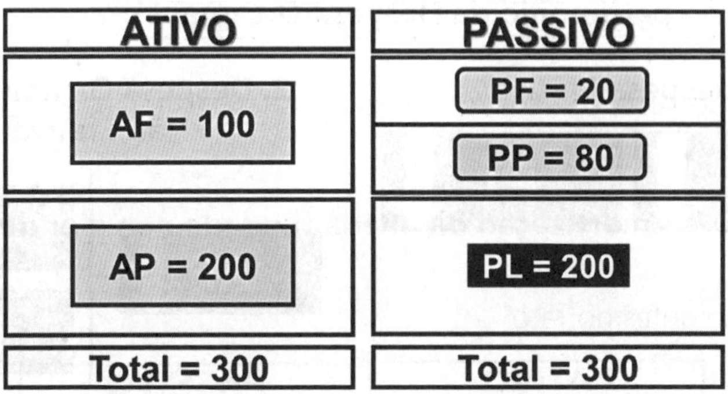

Patrimônio depois do fato

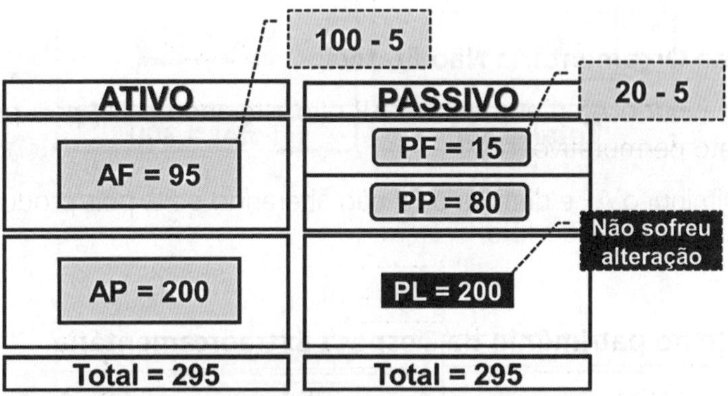

◆ **Importante!**

DESPESA ORÇAMENTÁRIA	
Despesa Efetiva	**Despesa não-efetiva**
Altera o Saldo Patrimonial. Produz fatos modificativos diminutivos. É despesa no conceito contábil. Não produz mutação patrimonial.	Não altera o Saldo Patrimonial. Produz fatos permutativos. Não é despesa no conceito contábil. Produz mutação patrimonial.

d) Impacto no patrimônio da Despesa Orçamentária

1. Despesa Efetiva:

2. Despesa Orçamentária Não Efetiva:

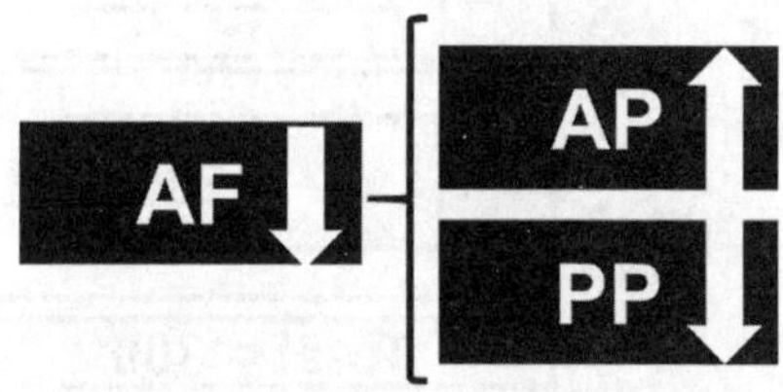

Conclusão:

1. **Despesa Efetiva** = Diminui o AF e o PL produzindo um fato modificativo diminutivo.

2. **Despesa Orçamentária Não Efetiva:**

   2.1. Diminui o AF e aumenta o AP não alterando o PL, pois produz um fato permutativo; ou

   2.2. Diminui o AF e diminui o PP não alterando o PL, pois produz um fato permutativo

e) Impacto no patrimônio da Despesa Extraorçamentária.

3. Despesa Não Efetiva:

3. **Despesa Extraorçamentária** = Diminui o AF e o PF não alterando o PL, pois produz um fato permutativo.

7.3. CLASSIFICAÇÕES LEGAIS DA DESPESA ORÇAMENTÁRIA

A compreensão do orçamento exige o conhecimento de sua estrutura e sua organização, implementadas por meio de um sistema de classificação estruturado. Esse sistema tem o propósito de atender às exigências de informação demandadas por todos os interessados nas questões de finanças públicas, como os poderes públicos, as organizações públicas e privadas e a sociedade em geral.

As classificações orçamentárias permitem a visualização da despesa sob diferentes enfoques ou abordagens, conforme o ângulo que se pretende analisar. Cada uma delas possui uma função ou finalidade específica e um objetivo original que justificam sua criação e pode ser associada a uma questão básica que procura responder:

1. Em qual orçamento?
2. Quem é o responsável por fazer?
3. Em que áreas de despesa a ação governamental será realizada?
4. Qual o tema da política pública? O que se pretende alcançar com a implementação da Política Pública?
5. O que será adquirido e qual o efeito econômico da realização da despesa?

Importante!

Associe corretamente as perguntas com as respectivas classificações. Isso vai ajudar a responder a questão.

Na estrutura atual do orçamento público, as programações orçamentárias estão organizadas em *programas de trabalho*, que contêm informações qualitativas e quantitativas, sejam *físicas* ou *financeiras*.

7.3.1. Programação Qualitativa

O *programa de trabalho*, que define qualitativamente a programação orçamentária, deve responder, de maneira clara e objetiva, às perguntas clássicas que caracterizam o ato de orçar, sendo, do ponto de vista operacional, composto dos seguintes blocos de informação: classificação por *esfera*, classificação institucional, classificação funcional, estrutura programática e principais informações do Programa e da Ação, conforme detalhado a seguir:

BLOCOS DA ESTRUTURA	ITEM DA ESTRUTURA	PERGUNTA A SER RESPONDIDA
Classificação por Esfera	Esfera Orçamentária	Em qual Orçamento?
Classificação Institucional	Órgão Unidade Orçamentária	Quem é o responsável por fazer?
Classificação Funcional	Função Subfunção	Em que áreas de despesa a ação governamental será realizada?
Estrutura Programática	Programa	Qual o tema da Política Pública?
Informações Principais do Programa	Objetivo	O que se pretende alcançar com a implementação da Política Pública?
	Iniciativa	O que será entregue pela Política Pública?
Informações Principais da Ação	Ação	O que será desenvolvido para alcançar o objetivo do programa?
	Descrição	O que é feito? Para que é feito?
	Forma de Implementação	Como é feito?
	Produto	O que será produzido ou prestado?
	Unidade de Medida	Como é mensurado?
	Subtítulo	Onde é feito? Onde está o beneficiário do gasto?

7.3.2. Programação Quantitativa

A programação orçamentária quantitativa tem duas dimensões: a física e a financeira.

A dimensão física define a quantidade de bens e serviços a serem entregues.

ITEM DA ESTRUTURA	PERGUNTA A SER RESPONDIDA
Meta Física	Quanto se pretende entregar no exercício?

A dimensão financeira estima o montante necessário para o desenvolvimento da ação orçamentária de acordo com os seguintes classificadores:

ITEM DA ESTRUTURA	PERGUNTA A SER RESPONDIDA
Natureza da Despesa	
Categoria Econômica da Despesa	Qual o efeito econômico da realização da despesa?
Grupo de Natureza de Despesa (GND)	Em qual classe de gasto será realizada a despesa?
Modalidade de Aplicação	De que forma serão aplicados os recursos?
Elemento de Despesa	Quais os insumos que se pretende utilizar ou adquirir?
Identificador de Uso (IDUSO)	Os recursos são destinados para contrapartida?
Fonte de Recursos	De onde virão os recursos para realizar a despesa?
Identificador de Doação e de Operação de Crédito (IDOC)	A que operação de crédito ou doação os recursos se relacionam?
Identificador de Resultado Primário	Qual o efeito da despesa sobre o Resultado Primário da União?
Dotação	Qual o montante alocado?

7.4. CLASSIFICAÇÃO POR ESFERA ORÇAMENTÁRIA

Pergunta a ser respondida: Qual o orçamento?

Resposta: Com essa classificação você identificará o orçamento que está sendo executado.

Na LOA, a *esfera* tem por finalidade identificar se a despesa pertence ao Orçamento Fiscal, da Seguridade Social ou de Investimento das Empresas Estatais, conforme disposto no § 5º do art. 165 da CF.

O classificador de esfera é identificado com as letras "F", "S" ou "I" ou com números 10, 20 ou 30.

Na base de dados do SIOP, o campo destinado à *esfera orçamentária* é composto de dois dígitos e será associado à *ação orçamentária*:

CÓDIGO		ESFERA ORÇAMENTÁRIA
10	F	ORÇAMENTO FISCAL
20	S	ORÇAMENTO DA SEGURIDADE SOCIAL
30	I	ORÇAMENTO DE INVESTIMENTO

- **Orçamento Fiscal – F (código 10)**: referente aos Poderes da União, seus fundos, órgãos e entidades da administração direta e indireta, inclusive fundações instituídas e mantidas pelo Poder Público;

- **Orçamento da Seguridade Social – S (código 20):** abrange todas as entidades e órgãos a ela vinculados, da administração direta ou indireta, bem como os fundos e fundações instituídos e mantidos pelo Poder Público; e

- **Orçamento de Investimento – I (código 30):** orçamento das empresas em que a União, direta ou indiretamente, detenha a maioria do capital social com direito a voto.

7.5. CLASSIFICAÇÃO INSTITUCIONAL

Pergunta a ser respondida: Quem é o responsável por fazer?

Resposta: Identifica o responsável pelo gasto através do órgão e da unidade orçamentária.

A classificação institucional reflete a estrutura de alocação dos créditos orçamentários e está estruturada em dois níveis hierárquicos: **órgão orçamentário e unidade orçamentária.** A classificação institucional possibilita conhecer a aplicação dos recursos por níveis tendo por finalidade alocar o montante das dotações necessárias à realização das tarefas atribuídas a cada órgão.

É subordinada aos três níveis de Governo: União, Estados e Municípios, cada um com autonomia financeira própria, nos termos da Constituição.

O código da classificação institucional compõe-se de cinco dígitos, sendo os dois primeiros reservados à identificação do órgão orçamentário e os demais à UO.

ÓRGÃO ORÇAMENTÁRIO		UNIDADE ORÇAMENTÁRIA		
1º dígito	2º dígito	3º dígito	4º dígito	5º dígito

Os níveis aqui mencionados podem ser:

7.5.1. Órgão

Corresponde ao maior nível de agregação de serviços ou atribuições dos Poderes Constituídos, do Ministério Público e dos Tribunais de Contas. É representado pelos dois primeiros dígitos da codificação usual adotada.

7.5.2. Unidade Orçamentária

Corresponde ao nível intermediário e/ou final de agregação de serviços afins a cargo de cada órgão. É representada pelos três dígitos seguintes a indicação do órgão (*desdobramento do órgão)*

> **4.320/64**
> **Art. 14.** Constitui unidade orçamentária o agrupamento de serviços subordinados ao mesmo órgão ou repartição a que serão consignadas dotações próprias.

7.5.3. Estrutura da conta

ÓRGÃO ORÇAMENTÁRIO		UNIDADE ORÇAMENTÁRIA		
1º dígito	2º dígito	3º dígito	4º dígito	5º dígito

Evidencia o Poder

Dígito	Poder
0	Legislativo
1	Judiciário
2 a 6	Executivo
7 e 9	Especiais

Evidenciam a UO e indica a sua natureza

Dígito	Poder
1	Adm. Direta
2, 3 ou 4	Adm. Indireta
9	Fundo

Combinado com o 1º dígito evidencia o órgão

Exemplos:

◆ **Poder Legislativo**

CÓDIGO	1º e 2º DÍGITOS		3º, 4º E 5º DÍGITOS	
	PODER	ÓRGÃO	UO	NATUREZA
01 000	Legislativo	Câmara dos Deputados	–	–
01 101	Legislativo	Câmara dos Deputados	Câmara dos Deputados	Administração Direta
01 901	Legislativo	Câmara dos Deputados	Fundo Rotativo da Câmara dos Deputados	Fundo
02 000	Legislativo	Senado Federal	–	–
02 101	Legislativo	Senado Federal	Senado Federal	Administração Direta
03 000	Legislativo	Tribunal de Contas da União	–	–
03 101	Legislativo	Tribunal de Contas da União	Tribunal de Contas da União	Administração Direta

◆ **Poder Judiciário**

CÓDIGO	1º e 2º DÍGITOS		3º, 4º E 5º DÍGITOS	
	PODER	ÓRGÃO	UO	NATUREZA
10 000	Judiciário	Supremo Tribunal Federal	–	–
10 101	Judiciário	Supremo Tribunal Federal	Supremo Tribunal Federal	Administração Direta
11 000	Judiciário	Superior Tribunal de Justiça	–	–
11 101	Judiciário	Superior Tribunal de Justiça	Superior Tribunal de Justiça	Administração Direta
12 000	Judiciário	Justiça Federal	–	–
12 106	Judiciário	Justiça Federal	Tribunal Regional Federal da 5ª Região	Administração Direta
14 000	Judiciário	Justiça Eleitoral	–	–

CÓDIGO	1º e 2º DÍGITOS		3º, 4º E 5º DÍGITOS	
	PODER	ÓRGÃO	UO	NATUREZA
14 124	Judiciário	Justiça Eleitoral	Tribunal Regional Eleitoral de São Paulo	Administração Direta
14 901	Judiciário	Justiça Eleitoral	Fundo Partidário	Fundo

◆ Poder Executivo

CÓDIGO	1º e 2º DÍGITOS		3º, 4º E 5º DÍGITOS	
	PODER	ÓRGÃO	UO	NATUREZA
20 000	Executivo	Presidência da República	–	–
20 101	Executivo	Presidência da República	Presidência da República	Administração Direta
20 118	Executivo	Presidência da República	Agência Brasileira de Inteligência – ABIN	Administração Direta
20 415	Executivo	Presidência da República	Empresa Brasil de Comunicação S. A. EBC	Administração Indireta
20 927	Executivo	Presidência da República	Fundo de Imprensa Nacional	Fundo

CÓDIGO	1º e 2º DÍGITOS		3º, 4º E 5º DÍGITOS	
	PODER	ÓRGÃO	UO	NATUREZA
25 000	Executivo	Ministério da Fazenda	–	–
25 101	Executivo	Ministério da Fazenda	Ministério da Fazenda	Administração Direta
25 103	Executivo	Ministério da Fazenda	Secretaria da Receita Federal	Administração Direta
25 203	Executivo	Ministério da Fazenda	Comissão de Valores Mobiliários CVM	Administração Indireta
25 914	Executivo	Ministério da Fazenda	Fundo de Garantia à Exportação – FGE	Fundo

CÓDIGO	1º e 2º DÍGITOS		3º, 4º E 5º DÍGITOS	
	PODER	ÓRGÃO	UO	NATUREZA
47 000	Executivo	Ministério do Planejamento Orçamento e Gestão	–	–
47 101	Executivo	Ministério do Planejamento Orçamento e Gestão	Ministério do Planejamento Orçamento e Gestão	Administração Direta
47 205	Executivo	Ministério do Planejamento Orçamento e Gestão	Fundação Instituto Brasileiro de Geografia e Estatística – IBGE	Administração Indireta

Atenção!

Cabe ressaltar que uma unidade orçamentária não corresponde necessariamente a uma estrutura administrativa, como ocorre, por exemplo, com alguns fundos especiais e com as Unidades Orçamentárias "Transferências a Estados, Distrito Federal e Municípios", "Encargos Financeiros da União", "Operações Oficiais de Crédito", "Refinanciamento da Dívida Pública Mobiliária Federal" e "Reserva de Contingência".

➘ Exemplos:

71 000 – Encargos Financeiros da União

73 000 – Transferências a Estados, Distrito Federal e Municípios

74 000 – Operações Oficiais de Crédito

75 000 – Refinanciamento da Dívida Pública Mobiliária Federal

90 000 – Reserva de Contingência

7.6. CLASSIFICAÇÃO FUNCIONAL

Pergunta a ser respondida: Em que áreas de despesa a ação governamental será realizada?

Resposta: Identifica a área de ação do responsável pelo gasto

A atual classificação funcional foi instituída pela Portaria nº 42, de 14 de abril de 1999, do então Ministério do Orçamento e Gestão, e é composta de um rol de funções e subfunções **prefixadas**, que servem como agregador dos gastos públicos por área de ação governamental nas três esferas de Governo.

Trata-se de classificação de aplicação comum e obrigatória, no âmbito da União, dos Estados, do Distrito Federal e dos Municípios, o que permite a consolidação nacional dos gastos do setor público.

A classificação funcional é representada por cinco dígitos. Os dois primeiros referem-se à função, enquanto que os três últimos dígitos representam a subfunção, que podem ser traduzidos como agregadores das diversas áreas de atuação do setor público, nas esferas legislativa, executiva e judiciária.

Estrutura da conta

FUNÇÃO		SUBFUNÇÃO		
1º	2º	3º	4º	5º

Prefixadas = Padronizadas

Todos os entes deverão classificar suas despesas, por área de ação governamental, de acordo com os códigos apresentados na Portaria SOF 42/99.

7.6.1. Função

Segundo a Portaria da SOF nº 42/99, entende-se como função o maior nível de agregação das diversas áreas de despesa que competem ao setor público. A função quase sempre se relaciona com a missão institucional do órgão, por exemplo, cultura, educação, saúde, defesa, que, na União, de modo geral, guarda relação com os respectivos Ministérios.

7.6.2. Subfunção

A subfunção representa uma partição da função, visando a agregar determinado subconjunto de despesa do setor público.

7.6.3. Rol de Funções e Subfunções

FUNÇÕES	SUBFUNÇÕES
01 – Legislativa	031 – Ação Legislativa 032 – Controle Externo
02 – Judiciária	061 – Ação Judiciária 062 – Defesa do Interesse Público no Processo Judiciário
03 – Essencial à Justiça	091 – Defesa da Ordem Jurídica 092 – Representação Judicial e Extrajudicial
04 – Administração	121 – Planejamento e Orçamento 122 – Administração Geral 123 – Administração Financeira 124 – Controle Interno 125 – Normatização e Fiscalização 126 – Tecnologia da Informação 127 – Ordenamento Territorial 128 – Formação de Recursos Humanos 129 – Administração de Receitas 130 – Administração de Concessões 131 – Comunicação Social
05 – Defesa Nacional	151 – Defesa Área 152 – Defesa Naval 153 – Defesa Terrestre
06 – Segurança Pública	181 – Policiamento 182 – Defesa Civil 183 – Informação e Inteligência
07 – Relações Exteriores	211 – Relações Diplomáticas 212 – Cooperação Internacional
08 – Assistência Social	241 – Assistência ao Idoso 242 – Assistência ao Portador de Deficiência 243 – Assistência à Criança e ao Adolescente 244 – Assistência Comunitária
09 – Previdência Social	271 – Previdência Básica 272 – Previdência do Regime Estatutário 273 – Previdência Complementar 274 – Previdência Especial

FUNÇÕES	SUBFUNÇÕES
10 – Saúde	301 – Atenção Básica 302 – Assistência Hospitalar e Ambulatorial 303 – Suporte Profilático e Terapêutico 304 – Vigilância Sanitária 305 – Vigilância Epidemiológica 306 – Alimentação e Nutrição
11 – Trabalho	331 – Proteção e Benefícios ao Trabalhador 332 – Relações de Trabalho 333 – Empregabilidade 334 – Fomento ao Trabalho
12 – Educação	361 – Ensino Fundamental 362 – Ensino Médio 363 – Ensino Profissional 364 – Ensino Superior 365 – Educação Infantil 366 – Educação de Jovens e Adultos 367 – Educação Especial
13 – Cultura	391 – Patrimônio Histórico, Artístico e Arqueológico 392 – Difusão Cultural
14 – Direitos da Cidadania	421 – Custódia e Reintegração Social 422 – Direitos Individuais, Coletivos e Difusos 423 – Assistência aos Povos Indígenas
15 – Urbanismo	451 – Infra-Estrutura Urbana 452 – Serviços Urbanos 453 – Transportes Coletivos Urbanos
16 – Habitação	481 – Habitação Rural 482 – Habitação Urbana
17 – Saneamento	511 – Saneamento Básico Rural 512 – Saneamento Básico Urbano
18 – Gestão Ambiental	541 – Preservação e Conservação Ambiental 542 – Controle Ambiental 543 – Recuperação de Áreas Degradadas 544 – Recursos Hídricos 545 – Meteorologia

FUNÇÕES	SUBFUNÇÕES
19 – Ciência e Tecnologia	571 – Desenvolvimento Científico 572 – Desenvolvimento Tecnológico e Engenharia 573 – Difusão do Conhecimento Científico e Tecnológico
20 – Agricultura	601 – Promoção da Produção Vegetal 602 – Promoção da Produção Animal 603 – Defesa Sanitária Vegetal 604 – Defesa Sanitária Animal 605 – Abastecimento 606 – Extensão Rural 607 – Irrigação
21 – Organização Agrária	631 – Reforma Agrária 632 – Colonização
22 – Indústria	661 – Promoção Industrial 662 – Produção Industrial 663 – Mineração 664 – Propriedade Industrial 665 – Normalização e Qualidade
23 – Comércio e Serviços	691 – Promoção Comercial 692 – Comercialização 693 – Comércio Exterior 694 – Serviços Financeiros 695 – Turismo
24 – Comunicações	721 – Comunicações Postais 722 – Telecomunicações
25 – Energia	751 – Conservação de Energia 752 – Energia Elétrica 753 – Petróleo 754 – Álcool
26 – Transporte	781 – Transporte Áreo 782 – Transporte Rodoviário 783 – Transporte Ferroviário 784 – Transporte Hidroviário 785 – Transportes Especiais

FUNÇÕES	SUBFUNÇÕES
27 – Desporto e Lazer	811 – Desporto de Rendimento 812 – Desporto Comunitário 813 – Lazer
28 – Encargos Especiais	841 – Refinanciamento da Dívida Interna 842 – Refinanciamento da Dívida Externa 843 – Serviço da Dívida Interna 844 – Serviço da Dívida Externa 845 – Transferências 846 – Outros Encargos Especiais

7.6.4. Subfunções Típicas x Atípicas

As subfunções podem ser combinadas com funções diferentes daquelas às quais estão relacionadas na Portaria MOG nº 42/1999. Deve-se adotar como função aquela que é típica ou principal do órgão. Assim, a programação de um órgão, via de regra, é classificada em uma única função, ao passo que a subfunção é escolhida de acordo com a especificidade de cada ação governamental.

- **Subfunções típicas –** São aquelas que foram combinadas com suas funções correspondentes.

Exemplo:

Função	Subfunção
04 – Administração	128 – Formação de Recursos Humanos

Observe na tabela que a subfunção 128 (Formação de Recursos Humanos) faz parte da Função 04 (Administração). Portanto ela é típica.

- **Subfunções atípicas –** São aquelas que não foram combinadas com suas funções correspondentes.

Exemplo:

Função	Subfunção
02 – Judiciária	128 – Formação de Recursos Humanos

Como a Subfunção 128 (Formação de Recursos Humanos) é típica da Função 28 (Administração) ao ser combinada com a Função 04 (Judiciária) deverá ser classificada como atípica.

◆ **Cuidado!**

Qualquer Função poderá ser combinada com qualquer Subfunção? **Não.** Existe apenas uma exceção. Veja abaixo.

➘ **Exceção**

A exceção à combinação encontra-se na Função 28 – Encargos Especiais e suas Subfunções típicas que só podem ser utilizadas conjugadas.

A *Função* Encargos Especiais engloba as despesas que não podem ser associadas a um bem ou serviço a ser gerado no processo produtivo corrente, tais como dívidas, ressarcimentos, indenizações e outras afins, representando, portanto, uma agregação neutra. A utilização dessa função irá requerer o uso das suas Subfunções típicas/exclusivas, conforme tabela abaixo:

28 – Encargos Especiais	841 – Refinanciamento da Dívida Interna 842 – Refinanciamento da Dívida Externa 843 – Serviço da Dívida Interna 844 – Serviço da Dívida Externa 845 – Outras Transferências 846 – Outros Encargos Especiais 847 – Transferências para a Educação Básica

◆ **Portanto**

1. Com a Portaria SOF 42/99 é possível combinar Funções com Subfunções que não são as suas correspondentes;
2. Não se pode combinar qualquer Função com qualquer Subfunção.

➘ **Como encontrar a numeração correta da Subfunção?**

Multiplique a Função por 3.

Função 10 X 3 = 30

Todas as Subfunções que começarem com 30 serão classificadas como típicas da Função 10.

FUNÇÃO	SUBFUNÇÃO
X 3	30 1 - Atenção Básica
(10) - SAÚDE	30 2 - Assistência Hospitalar e Ambulatorial
	30 3 - Suporte Profilático e Terapêutico
	30 4 - Vigilância Sanitária
	30 5 - Vigilância Epidemiológica
	30 6 - Alimentação e Nutrição

Multiplique a Função por 3.

Função 20 X 3 = 60

Todas as Subfunções que começarem com 60 serão classificadas como típicas da Função 20.

FUNÇÃO	SUBFUNÇÃO
X 3	60 1 - Promoção da Produção Vegetal
(20) - AGRICULTURA	60 2 - Promoção da Produção Animal
	60 3 - Defesa Sanitária Vegetal
	60 4 - Defesa Sanitária Animal
	60 5 - Abastecimento
	60 6 - Extensão Rural
	60 7 - Irrigação

Aplicabilidade

A classificação Funcional começou a ser adotada pela União, Estados e Distrito Federal a partir do exercício financeiro de 2000 e seguintes. Os Municípios a partir do exercício financeiro de 2002.

7.6.5. Quadro resumo: Classificação Funcional

Aplicabilidade	A classificação Funcional começou a ser adotada pela União, Estados e Distrito Federal a partir do exercício financeiro de 2000 e seguintes. Os Municípios a partir do exercício financeiro de 2002.
Estrutura da conta	

Códigos	Todos os entes deverão classificar suas despesas, por área de ação governamental, de acordo com os códigos apresentados na Portaria SOF 42/99 (prefixados = padronizados).
Consolidação	Pelo fato de ser padronizada, permite a consolidação nacional por gasto do setor público evidenciando a área de ação governamental.
Função	Maior nível de agregação das diversas áreas de despesa que competem ao setor público.
Subfunção	Representa uma partição da função, visando a agregar determinado subconjunto de despesa do setor público.
Subfunções típicas	São aquelas que foram combinadas com suas funções correspondentes.
Subfunções atípicas	São aquelas que não foram combinadas com suas funções correspondentes.
Matricialidade	As subfunções podem ser combinadas com funções diferentes daquelas às quais estão relacionadas.
	A exceção à combinação encontra-se na função 28 – Encargos Especiais e suas subfunções típicas que só podem ser utilizadas conjugadas.
Função X Produto	A única função que não gera um produto é função Encargos Especiais que engloba as despesas que não podem ser associadas a um bem ou serviço a ser gerado no processo produtivo corrente.

7.7. ESTRUTURA PROGRAMÁTICA

Pergunta a ser respondida: Qual o tema da política pública? O que se pretende alcançar com a implementação da política pública?

Resposta: Identifica a finalidade do gasto e o seu resultado final.

Considerada a mais moderna das classificações orçamentárias da despesa, a classificação por programas tem por finalidade básica demonstrar as realizações do governo e o resultado final do seu trabalho.

7.7.1. Programa

A Lei do PPA 2016-2019 foi elaborada como um instrumento mais estratégico, no qual seja possível ver com clareza as principais diretrizes de governo e a relação destas com os Objetivos a serem alcançados nos Programas Temáticos.

Com base nessas diretrizes, o PPA 2016-2019 contempla os Programas Temáticos e os de Programas de Gestão, Manutenção e Serviços ao Estado:

- **Programa Temático:** aquele que expressa e orienta a ação governamental para a entrega de bens e serviços à sociedade;

- **Programa de Gestão, Manutenção e Serviços ao Estado:** aquele que expressa e orienta as ações destinadas ao apoio, à gestão e à manutenção da atuação governamental.

Na base de dados do SIOP, o campo que identifica o programa contém quatro dígitos.

1º	2º	3º	4º

Segundo o MCASP (7ª edição), toda ação do Governo está estruturada em programas orientados para a realização dos objetivos estratégicos definidos no Plano Plurianual (PPA) para o período de quatro anos. Conforme estabelecido no art. 3º da Portaria MOG nº 42/1999, a União, os Estados, o Distrito Federal e os Municípios estabelecerão, em atos próprios, suas estruturas de programas, códigos e identificação, respeitados os conceitos e determinações nela contidos.

Ou seja, todos os entes devem ter seus trabalhos organizados por programas e ações, mas cada um estabelecerá seus próprios programas e ações de acordo com a referida Portaria.

- ***Percebeu? Essa classificação, diferente da Funcional, não foi padronizada.***

Tipo de Programa	Exemplo	Vínculo Plano-Orçamento
Temático	Reforma Agrária e Governança Fundiária	Cada Ação do Orçamento está vinculada a um único Objetivo do PPA (e, em decorrência, a um Programa)
Gestão, Manutenção e Serviços ao Estado	Programa de Gestão e Manutenção do Ministério da Agricultura, Pecuária e Abastecimento	Programa
Operações Especiais	Operações Especiais: Serviço da Dívida Externa (Juros e Amortizações)	Sem vínculo. Estes programas integram somente o Orçamento.

◆ Importante destacar...

No caso dos Programas Temáticos, admite-se que ações padronizadas (que possuem o mesmo código) possam vincular-se a objetivos diferentes. Dessa forma, o Objetivo será o elo entre o Plano e o Orçamento quando se tratar de Programas Temáticos.

ÓRGÃO	20	Presidência da República
AÇÃO	4641	Publicidade de Utilidade Pública
PROGRAMA	2038	Democracia e Aperfeiçoamento da Gestão Pública
OBJETIVO	1162	Fortalecer a comunicação social do Poder Executivo Federal com a sociedade, promovendo o conhecimento das políticas, programas e ações governamentais de forma democrática, abrangente, transparente e interativa

ÓRGÃO	25	Ministério da Fazenda
AÇÃO	4641	Publicidade de Utilidade Pública
PROGRAMA	2039	Gestão da Política Econômica, Garantia da Estabilidade do Sistema Financeiro Nacional e Melhoria do Ambiente de Negócios
OBJETIVO	1092	Desenvolver e aprimorar medidas na gestão de política econômica e assegurar a estabilidade do sistema financeiro nacional.

7.7.2. Ação

Operação da qual resultam produtos (bens ou serviços) que contribuem para atender ao objetivo de um *programa*. Incluem-se também no conceito de *ação* as transferências obrigatórias ou voluntárias a outros entes da Federação e a pessoas físicas e jurídicas, na forma de subsídios, subvenções, auxílios, contribuições, entre outros, e os financiamentos.

Na base do sistema, a *ação* é identificada por um código alfanumérico de quatro dígitos, acrescido de quatro dígitos do *localizador*:

AÇÃO				SUBTÍTULO			
Numérico	Alfanuméricos			Numéricos			
1º	6º	7º	8º	9º	10º	11º	12º

Classificação das ações

É possível identificar a ação observando seu primeiro dígito:

1º DÍGITO	TIPO DE AÇÃO
1, 3, 5, 7	Projeto
2, 4, 6, 8	Atividade
0	Operação Especial

a) PROJETO

É um instrumento de programação utilizado para alcançar o objetivo de um programa, envolvendo um conjunto de operações, limitadas no tempo, das quais resulta um produto que concorre para a expansão ou o aperfeiçoamento da ação de Governo. Exemplo: **ação 7M64** Construção de Trecho Rodoviário

– Entroncamento BR-472 – Fronteira Brasil/Argentina – na BR-468 – no Estado do Rio Grande do Sul.

As ações do tipo Projeto expandem a produção pública ou criam infraestrutura para novas atividades, ou, ainda, implementam ações inéditas num prazo determinado.

b) ATIVIDADE

É um instrumento de programação utilizado para alcançar o objetivo de um programa, envolvendo um conjunto de operações que se realizam de modo contínuo e permanente, das quais resulta um produto ou serviço necessário à manutenção da ação de Governo. Exemplo: **ação 4339** – Qualificação da Regulação e Fiscalização da Saúde Suplementar.

As ações do tipo Atividade mantêm o mesmo nível da produção pública.

c) OPERAÇÃO ESPECIAL

Despesas que não contribuem para a manutenção, expansão ou aperfeiçoamento das ações de governo, das quais não resulta um produto, e não gera contraprestação direta sob a forma de bens ou serviços.

Em grande medida, as operações especiais estão associadas aos *programas* do tipo *Operações Especiais,* os quais constarão apenas do orçamento, não integrando o PPA, conforme codificação relacionada abaixo:

CÓDIGO	TIPO	TÍTULO
0901	Op. Especiais	Cumprimento de Sentenças Judiciais
0902	Op. Especiais	Financiamentos com Retorno
0903	Op. Especiais	Transf. Const. e as Decorrentes de Legislação Específica
0904	Op. Especiais	Outras Transferências
0905	Op. Especiais	Serviço da Dívida Interna (Juros e Amortizações)
0906	Op. Especiais	Serviço da Dívida Externa (Juros e Amortizações)
0907	Op. Especiais	Refinanciamento da Dívida Interna
0908	Op. Especiais	Refinanciamento da Dívida Externa

CÓDIGO	TIPO	TÍTULO
0909	Op. Especiais	Outros Encargos Especiais
0910	Op. Especiais	Gestão da Partic. em Organ. e Entid. Nac. e Internacionais
0913	Op. Especiais	Participação do Brasil em Organ. Financ. Internacionais

Nesses programas, a classificação funcional a ser adotada será a função 28 – Encargos Especiais com suas respectivas subfunções, não havendo possibilidade de matricialidade nesses casos.

- As operações especiais caracterizam-se por não retratar a atividade produtiva no âmbito federal, podendo, entretanto, contribuir para a produção de bens ou serviços à sociedade, quando caracterizada por transferências a outros entes.
- As operações especiais deverão ser tipificadas conforme o atributo "Subtipo de Operação Especial".

d) SUBTÍTULO

As atividades, os projetos e as operações especiais serão detalhados em subtítulos, utilizados especialmente para identificar a localização física da *ação* orçamentária, não podendo haver, por conseguinte, alteração de sua finalidade, do produto e das metas estabelecidas.

A adequada localização do gasto permite maior controle governamental e social sobre a implantação das políticas públicas adotadas, além de evidenciar a focalização, os custos e os impactos da ação governamental.

A localização do gasto poderá ser de abrangência nacional, no exterior, por Região (Norte, Nordeste, Centro Oeste, Sudeste, Sul), por Estado ou Município ou, excepcionalmente, por um critério específico, quando necessário. A LDO veda, na especificação do subtítulo, a referência a mais de uma localidade, área geográfica ou beneficiário, se determinados.

➘ Deve ser usado para indicar a localização geográfica da *ação* ou *operação especial* da seguinte forma:

1. Projetos: localização (de preferência, Município) onde ocorrerá a construção, no caso de obra física, como por exemplo, obras de engenharia; nos demais casos, o local onde o projeto será desenvolvido;

2. Atividades: localização dos beneficiários/público-alvo da ação, o que for mais específico (normalmente são os beneficiários); e,
3. Operações especiais: localização do recebedor dos recursos previstos na transferência, compensação, contribuição etc., sempre que for possível identificá-lo.

O subtítulo representa o menor nível de categoria de programação e será detalhado por esfera orçamentária (fiscal, seguridade e investimento), grupo de natureza de despesa, modalidade de aplicação, identificador de resultado primário, identificador de uso e fonte de recursos, sendo o produto e a unidade de medida os mesmos da ação orçamentária.

Códigos dos Subtítulos – Exemplos

CÓDIGO	TEXTO PADRÃO DO SUBTÍTULO	CÓDIGO	TEXTO PADRÃO DO SUBTÍTULO
0001	Nacional	**0026**	No Estado de Pernambuco
0002	No exterior	**0031**	No Estado de Minas Gerais
0010	Na Região Norte	**0033**	No Estado do Rio de Janeiro
0020	Na Região Nordeste	**0034**	No Estado de São Paulo
0030	Na Região Sudeste	**0043**	No Estado do Rio Grande do Sul
0040	Na região Sul	**0053**	No Distrito Federal
0050	Na Região Centro-Oeste	**0054**	No Estado de Mato Grosso do Sul

Fique atento as particularidades do subtítulo destacadas abaixo:

1. Repercussão Financeira sobre o Custeio do Órgão

Impacto (estimativa de custo anual) sobre as despesas de operação e manutenção do investimento após o término do projeto e em quais ações esse aumento ou decréscimo de custos ocorrerá, caso o projeto venha a ser mantido pela União.

A execução de um determinado projeto geralmente acarreta incremento no custo de atividades. Por exemplo, ao se construir um hospital a ser mantido pela União, haverá um incremento no custo das atividades de manutenção hospitalar da União. Se por alguma razão o impacto for nulo, deverá ser justificado o motivo. Por exemplo, a União, ao construir uma escola a ser operada pelo governo municipal, não terá custos futuros, uma vez que as despesas de manutenção incorrerão sobre outro ente da Federação. Campo obrigatório nas ações do tipo Projeto e opcional nos demais tipos.

2. Valor da Repercussão Financeira

Registra o montante da Repercussão Financeira decorrente da implantação do Subtítulo sobre o custeio do órgão. O campo poderá registrar acréscimos e reduções sobre o custeio do órgão, ou, ainda, valor zero quando não houver repercussão sobre o custeio. Campo obrigatório nas ações do tipo Projeto e opcional nos demais tipos.

3. Data de início e data de término da execução

Nas ações do tipo Projeto, registra a data de início e a previsão de término de cada subtítulo.

4. Total Físico

Registra o quantitativo total do produto a ser entregue na localidade expressa no subtítulo durante o período de execução. Campo exclusivo de projetos e de preenchimento obrigatório.

5. Custo Total

Registra o montante correspondente ao custo total previsto na execução do subtítulo.

6. Cronograma Físico e Financeiro

Registra a execução física e financeira até o exercício anterior, o aprovado para o ano em curso, a previsão para o PLOA e a projeção para os anos posteriores.

Agora observe essa questão do CESPE:

(CESPE/2017 – TCE PE) Se um projeto cujo objetivo seja a realização de obra resultar em incremento no custo das atividades regulares de determinado órgão público, o aumento de despesa deverá ser registrado nos atributos do subtítulo correspondente ao projeto.

Gabarito: CERTO

◆ **Vale a pena levar para a prova:**

Plano Orçamentário – PO

É uma identificação orçamentária, de caráter gerencial (não constante da LOA), vinculada à ação orçamentária, que tem por finalidade permitir que, tanto a elaboração do orçamento quanto o acompanhamento físico e financeiro da execução, ocorram num nível mais detalhado do que o do subtítulo/localizador de gasto.

Os POs são vinculados a uma ação orçamentária, entendida esta ação como uma combinação de *esfera-unidade orçamentária-função-subfunção-programa-ação*. Por conseguinte, variando qualquer um destes classificadores, o conjunto de POs varia também.

Em termos quantitativos, no entanto, os POs de uma ação são válidos quando associados aos seus subtítulos/localizadores de gasto. Ou seja, se uma ação possui POs vinculados, a captação da proposta orçamentária – física e financeira – se dará no nível da associação *subtítulo+PO*. A proposta de dotação para o subtítulo será, pois, a soma das propostas dos POs associados àquele subtítulo. Já a meta física do subtítulo será captada à parte, pois o produto do PO em geral é diferente do produto da ação, impedindo o somatório.

◆ **Os códigos de identificação dos planos orçamentários podem ser modificados por meio do Sistema Integrado de Planejamento e Orçamento (SIOP).**

e) AÇÕES PADRONIZADAS

Conceito

Segundo o MTO/2018, a *ação* orçamentária é considerada padronizada quando, em decorrência da organização institucional da União, sua implementação costuma ser realizada em mais de um *órgão orçamentário* e/ou UO. Nessa situação, diferentes órgãos/UOs executam ações que têm em comum:

a) a subfunção à qual está associada;

b) a descrição (o que será feito no âmbito da *operação* e o objetivo a ser alcançado);

c) o produto (bens e serviços) entregue à sociedade, bem como sua unidade de medida;

d) o tipo de *ação* orçamentária.

A padronização se faz necessária para organizar a atuação governamental e facilitar seu acompanhamento. Ademais, a existência da padronização vem permitindo o cumprimento de previsão constante da LDO, segundo a qual: "As atividades que possuem a mesma finalidade devem ser classificadas sob um único código, independentemente da unidade executora"

Tipologia

Considerando as especificidades das ações orçamentárias de governo existentes, a padronização pode ser de três tipos:

- **setorial:** *ação* orçamentária que, em virtude da organização do Ministério, para facilitar sua execução, são implementadas por mais de uma UO do mesmo órgão. Exemplos: Funcionamento dos Hospitais de Ensino; Promoção da Assistência Técnica e Extensão Rural – ATER; Administração das Hidrovias;

- **multissetorial:** *ação* orçamentária que, dada a organização da atuação governamental, são executadas por mais de um órgão ou por UOs de órgãos diferentes, considerando a temática desenvolvida pelo setor à qual está vinculada. Exemplos: Desenvolvimento de Produtos e Processos no Centro de Biotecnologia da Amazônia – CBA (implementada no MCTI, SUFRAMA e MMA); Fomento para a Organização e o Desenvolvimento de Cooperativas Atuantes com Resíduos Sólidos (executada no MEC, MDS, MMA e MTE); e Elevação da Escolaridade e Qualificação Profissional – ProJovem Urbano e Campo (realizada no MEC, MTE e Presidência); e

- **da União:** operações que perpassam diversos órgãos e/ou UOs sem contemplar as especificidades do setor ao qual estão vinculadas. Caracterizam-se por apresentar base legal, finalidade, descrição e produto padrão, aplicável a qualquer órgão e, ainda, pela gestão orçamentária realizada de forma centralizada pela SOF. Exemplos: Pagamento de Aposentadorias e Pensões; Contribuição da União, de suas Autarquias e Fundações para o Custeio do Regime de Previdência dos Servidores Públicos Federais; e Auxílio-Alimentação aos Servidores e Empregados.

f) QUADRO RESUMO: ESTRUTURA PROGRAMÁTICA

Estrutura da conta	PROGRAMA				AÇÃO				SUBTÍTULO			
	Numérico				Numérico	Alfanuméricos			Numéricos			
	1º	2º	3º	4º	5º	6º	7º	8º	9º	10º	11º	12º

Programa	Temático: expressa e orienta a ação governamental para a entrega de bens e serviços à sociedade.
	Gestão, Manutenção e Serviços ao Estado: expressa e orienta as ações destinadas ao apoio, à gestão e à manutenção da atuação governamental.
Ações	Projeto: gera um produto, limitado no tempo.
	Atividade: gera um produto, contínua, permanente.
	Operação Especial: não gera um produto.
1º dígito da ação	1, 3, 5 ou 7 = projeto
	2, 4, 6 ou 8 = atividade
	0 = operação especial
Subtítulo	Localizador do gasto. Utilizado para identificar a localização física da *ação* orçamentária
Ações padronizadas	**Setorial:** *ação* orçamentária que, em virtude da organização do Ministério, para facilitar sua execução, são implementadas por mais de uma UO do mesmo órgão.
	Multissetorial: *ação* orçamentária que, dada a organização da atuação governamental, são executadas por mais de um órgão ou por UOs de órgãos diferentes, considerando a temática desenvolvida pelo setor à qual está vinculada.
	Da União: operações que perpassam diversos órgãos e/ou UOs sem contemplar as especificidades do setor ao qual estão vinculadas.

7.8. CLASSIFICAÇÃO DA DESPESA QUANTO A SUA NATUREZA OU ECONÔMICA

Pergunta a ser respondida: O que será adquirido e qual o efeito econômico da realização da despesa?

Resposta: Identifica o objeto do gasto e o efeito deste na economia.

A LRF em seu Art. 51 estabeleceu que o Poder Executivo da União promoverá, até o dia trinta de junho, a consolidação, nacional e por esfera de governo, das contas dos entes da Federação relativas ao exercício anterior, e a sua divulgação, inclusive por meio eletrônico de acesso público. Os Estados e os Municípios encaminharão suas contas ao Poder Executivo da União nos seguintes prazos: Municípios, com cópia para o Poder Executivo do respectivo Estado, até trinta de abril e Estados, até trinta e um de maio.

Para que essas contas pudessem ser padronizadas pela União, em obediência ao disposto no art. 51 da LRF, houve a necessidade da uniformização dos procedimentos de execução orçamentária no âmbito da União, Estados, Distrito Federal e Municípios. A uniformização desses procedimentos impõe, necessariamente, a utilização de uma mesma classificação orçamentária de receitas e despesas públicas.

Destarte, em 04/05/2001 foi editada a Portaria Interministerial 163/01 que dispõe sobre normas gerais de consolidação das Contas Públicas no âmbito da União, Estados, Distrito Federal e Municípios, e dá outras providências.

Para iniciarmos o estudo dessa classificação tomarei com referência à lei nº 4.320/64, a Portaria 163/01, o MTO/2018 e o MCASP (7ª edição).

7.8.1. Estrutura da conta

Os artigos. 12 e 13 da Lei nº 4.320, de 1964, tratam da classificação da despesa por *categoria econômica* e *elementos*. Assim como no caso da receita, o art. 8º dessa lei estabelece que os itens da discriminação da despesa serão identificados por números de código decimal. O conjunto de informações que formam o código é conhecido como classificação por natureza da despesa e informa a *categoria econômica* da despesa, o *grupo* a que ela pertence, a *modalidade de aplicação* e o *elemento*.

NÍVEL	DÍGITO	DESCRIÇÃO	USO
1º	1º	Categoria Econômica	Obrigatório
2º	2º	Grupo de despesa	
3º	3º 4º	Modalidade de aplicação	
4º	5º 6º	Elemento de despesa	
5º	7º 8º	Desdobramento do elemento	Opcional

a) PRIMEIRO NÍVEL: CATEGORIA ECONÔMICA

A despesa, assim como a receita, é classificada em duas *categorias econômicas*, com os seguintes códigos:

CÓDIGO	CATEGORIA ECONÔMICA
3	Despesas Correntes
4	Despesas de Capital

4.320/64
Art. 12. A despesa será classificada nas seguintes categorias econômicas:
Despesas correntes
Despesas de Custeio.
Transferências Correntes.
Despesas de capital
Investimentos.
Inversões Financeiras.
Transferências de Capital.

➘ Despesas correntes

Classificam-se nessa categoria todas as despesas que não contribuem, diretamente, para a formação ou aquisição de um bem de capital. São despesas ligadas à manutenção e ao funcionamento da máquina pública.

A categoria econômica Corrente foi desdobrada em: CUSTEIO e TRANSFERÊNCIAS CORENTES.

➘ Custeio

Art. 12, § 1º. Classificam-se como Despesas de Custeio as dotações para manutenção de serviços anteriormente criados, inclusive as destinadas a atender a obras de conservação e adaptação de bens imóveis.

Exemplos:

- Pessoal Civil
- Pessoal Militar
- Material de Consumo
- Serviços de Terceiros
- Encargos Diversos

Transferências correntes

Art. 12
§ 2º. Classificam-se como Transferências Correntes as dotações para despesas às quais não corresponda contraprestação direta em bens ou serviços, inclusive para contribuições e subvenções destinadas a atender à manutenção de outras entidades de direito público ou privado.
§ 3º. Consideram-se subvenções, para os efeitos desta lei, as transferências destinadas a cobrir despesas de custeio das entidades beneficiadas, distinguindo-se como:
I – subvenções sociais, as que se destinem a instituições públicas ou privadas de caráter assistencial ou cultural, sem finalidade lucrativa;
II – subvenções econômicas, as que se destinem a empresas públicas ou privadas de caráter industrial, comercial, agrícola ou pastoril.

Exemplos:

- Subvenções Sociais e Econômicas.
- Inativos
- Pensionistas
- Salário Família e Abono Familiar
- Juros da Dívida Pública
- Contribuições de Previdência Social
- Diversas Transferências Correntes

4.320/64
Art. 16. Fundamentalmente e nos limites das possibilidades financeiras, a concessão de subvenções sociais visará à prestação de serviços essenciais de assistência social, médica e educacional, sempre que a suplementação de recursos de origem privada aplicados a esses objetivos, revelar-se mais econômica.
Parágrafo único. O valor das subvenções, sempre que possível, será calculado com base em unidades de serviços efetivamente prestados ou postos à disposição dos interessados, obedecidos os padrões mínimos de eficiência previamente fixados.

Art. 17. Somente à instituição cujas condições de funcionamento forem julgadas satisfatórias pelos órgãos oficiais de fiscalização serão concedidas subvenções.

Art. 18. A cobertura dos déficits de manutenção das empresas públicas, de natureza autárquica ou não, far-se-á mediante subvenções econômicas expressamente incluídas nas despesas correntes do orçamento da União, do Estado, do Município ou do Distrito Federal.
Parágrafo único. Consideram-se, igualmente, como subvenções econômicas:
a) as dotações destinadas a cobrir a diferença entre os preços de mercado e os preços de revenda, pelo Governo, de gêneros alimentícios ou outros materiais;
b) as dotações destinadas ao pagamento de bonificações a produtores de determinados gêneros ou materiais.

Art. 19. A Lei de Orçamento não consignará ajuda financeira, a qualquer título, a empresa de fins lucrativos, salvo quando se tratar de subvenções cuja concessão tenha sido expressamente autorizada em lei especial.

Despesas de capital

Classificam-se nessa categoria aquelas despesas que contribuem, diretamente, para a formação ou aquisição de um bem de capital.

Investimentos

Art. 12
§ 4º. Classificam-se como Investimentos as dotações para o planejamento e a execução de obras, inclusive as destinadas à aquisição de imóveis considerados necessários à realização destas últimas, bem como para os programas especiais de trabalho, aquisição de instalações, equipamentos e material permanente e constituição ou aumento do capital de empresas que não sejam de caráter comercial ou financeiro.

Inversões financeiras

Art. 12
§ 5º. Classificam-se como Inversões Financeiras as dotações destinadas a:
I – aquisição de imóveis, ou de bens de capital já em utilização;
II – aquisição de títulos representativos do capital de empresas ou entidades de qualquer espécie, já constituídas, quando a operação não importe aumento do capital;
III – constituição ou aumento do capital de entidades ou empresas que visem a objetivos comerciais ou financeiros, inclusive operações bancárias ou de seguros.

Investimentos x Inversão Financeira

INVESTIMENTOS	INVERSÕES FINANCEIRAS
Gera contraprestação direta sob a forma de um bem ou serviço.	Gera contraprestação direta sob a forma de um bem ou serviço.
*Aquisição de um bem novo.	*Aquisição de um bem já em utilização.
**Constituição ou aumento do capital social de empresas que não sejam de caráter comercial ou financeiro.	**Constituição ou aumento do capital de entidades ou empresas que visem a objetivos comerciais ou financeiros, inclusive operações bancárias ou de seguros.
	***Aquisição de títulos representativos do capital de empresas ou entidades de qualquer espécie, já constituídas, quando a operação não importe aumento do capital.

Observações da tabela:

* Aquisição de um bem novo x Aquisição de um bem já em utilização

- Imagine que uma Prefeitura alugou um imóvel e nele instalou a sua Secretaria de Saúde. O aluguel pago mensalmente pela utilização desse imóvel será classificado como despesa Corrente de Custeio.
- Caso a Prefeitura adquira esse imóvel (ele já está em uso) o gasto será classificado como despesa de Capital Inversão Financeira.
- Aquisição de um imóvel para futura instalação da Secretaria de Saúde: Despesa de Capital Investimentos.

** Caso a questão afirme que houve aumento do capital social você deverá observar a empresa ou entidade cujo capital social está sendo aumentado ou constituído. Caso a empresa ou entidade tenha caráter financeiro, classifique o gasto como **Inversão Financeira.** Caso contrário, o gasto deverá ser classificado como **Investimentos**.

Dica:

Inversão **FINANCEIRA**......Empresa ou Entidade com caráter **FINANCEIRO**

*** Quando a operação não importar aumento do capital social, o gasto sempre será classificado como **Inversão Financeira.**

Transferências de capital

Art. 12

§ 6º. São Transferências de Capital as dotações para investimentos ou inversões financeiras que outras pessoas de direito público ou privado devam realizar, independentemente de contraprestação direta em bens ou serviços, constituindo essas transferências auxílios ou contribuições, segundo derivem diretamente da Lei de Orçamento ou de lei especial anterior, bem como as dotações para amortização da dívida pública.

Exemplos:

- Amortização da Dívida Pública
- Auxílios para Obras Públicas
- Auxílios para Equipamentos e Instalações
- Auxílios para Inversões Financeiras
- Outras Contribuições.

Aprenda a classificar corretamente a despesa Corrente e a de Capital

<table>
<tr><th>Pergunta</th><th>Resposta</th><th>Categoria Econômica</th></tr>
<tr><td rowspan="2">O gasto vai contribuir, diretamente, para a formação ou aquisição de um bem de capital?</td><td>Sim</td><td>Capital
❑ Investimento
❑ Inversão Financeira
❑ Transferência de Capital</td></tr>
<tr><td>Não</td><td>Corrente
❑ Custeio
❑ Transferência Corrente</td></tr>
<tr><td colspan="3">Sendo uma Despesa Corrente</td></tr>
<tr><td rowspan="2">Vai gerar contraprestação direta sob a forma de um bem ou serviço?</td><td>Sim</td><td>Custeio</td></tr>
<tr><td>Não</td><td>Transferência Corrente</td></tr>
</table>

<table>
<tr><th>Pergunta</th><th>Resposta</th><th>Categoria Econômica</th></tr>
<tr><td rowspan="2">O gasto vai contribuir, diretamente, para a formação ou aquisição de um bem de capital?</td><td>Sim</td><td>Capital
❑ Investimento
❑ Inversão Financeira
❑ Transferência de Capital</td></tr>
<tr><td>Não</td><td>Corrente
❑ Custeio
❑ Transferência Corrente</td></tr>
<tr><td colspan="3">Sendo uma Despesa de Capital</td></tr>
<tr><td rowspan="2">Vai gerar contraprestação direta sob a forma de um bem ou serviço?</td><td>Sim</td><td>❑ Investimento
❑ Inversão Financeira</td></tr>
<tr><td>Não</td><td>Transferência de Capital</td></tr>
</table>

➘ Vamos aplicar

◆ Exemplo: Despesas com aluguel

<table>
<tr><th>Pergunta</th><th>Resposta</th><th>Categoria Econômica</th></tr>
<tr><td rowspan="2">O gasto vai contribuir, diretamente, para a formação ou aquisição de um bem de capital?</td><td>Sim</td><td>Capital
❑ Investimento
❑ Inversão Financeira
❑ Transferência de Capital</td></tr>
<tr><td>➡ Não</td><td>Corrente
❑ Custeio
❑ Transferência Corrente</td></tr>
<tr><td colspan="3">Sendo uma Despesa Corrente</td></tr>
<tr><td rowspan="2">Vai gerar contraprestação direta sob a forma de um bem ou serviço?</td><td>➡ Sim</td><td>Custeio</td></tr>
<tr><td>Não</td><td>Transferência Corrente</td></tr>
</table>

◆ Exemplo: Pagamento da folha de inativos

Pergunta	Resposta	Categoria Econômica
O gasto vai contribuir, diretamente, para a formação ou aquisição de um bem de capital?	Sim	Capital ❑ Investimento ❑ Inversão Financeira ❑ Transferência de Capital
	➡ Não	Corrente ❑ Custeio ❑ Transferência Corrente
Sendo uma Despesa Corrente		
Vai gerar contraprestação direta sob a forma de um bem ou serviço?	Sim	Custeio
	➡ Não	Transferência Corrente

◆ Exemplo: Aquisição de material permanente

Pergunta	Resposta	Categoria Econômica
O gasto vai contribuir, diretamente, para a formação ou aquisição de um bem de capital?	➡ Sim	Capital ❑ Investimento ❑ Inversão Financeira ❑ Transferência de Capital
	Não	Corrente ❑ Custeio ❑ Transferência Corrente
Sendo uma Despesa de Capital		
Vai gerar contraprestação direta sob a forma de um bem ou serviço?	➡ Sim	❑ Investimento ❑ Inversão Financeira
	Não	Transferência de Capital

Investimentos

Classificam-se como Investimentos as dotações para o planejamento e a execução de obras, inclusive as destinadas à aquisição de imóveis considerados necessários à realização destas últimas, bem como para os programas especiais de trabalho, aquisição de instalações, equipamentos e material permanente (vida útil superior a dois anos) e constituição ou aumento do capital de empresas que não sejam de caráter comercial ou financeiro.

Inversão Financeira

Aquisição de imóveis, ou de bens de capital já em utilização; aquisição de títulos representativos do capital de empresas ou entidades de qualquer espécie, já constituídas, quando a operação não importe aumento do capital; constituição ou aumento do capital de entidades ou empresas que visem a objetivos comerciais ou financeiros, inclusive operações bancárias ou de seguros; concessão de empréstimos; constituição de fundos rotativos.

b) SEGUNDO NÍVEL: GRUPO DE NATUREZA DA DESPESA (GND)

O *GND* é um agregador de *elemento de despesa* com as mesmas características quanto ao objeto de gasto, conforme discriminado a seguir:

	CÓDIGO	GRUPOS DE NATUREZA DA DESPESA	
CORRENTE	1	Pessoal e Encargos Sociais	
CORRENTE	2	Juros e Encargos da Dívida	
CORRENTE	3	Outras Despesas Correntes	
	4	Investimentos	CAPITAL
	5	Inversões financeiras	CAPITAL
	6	Amortização da Dívida	CAPITAL

Atenção! Os grupos 1, 2 e 3 deverão ser combinados com a Categoria Econômica Corrente. Os Grupos 4, 5 e 6 deverão ser combinados com a Categoria Econômica de Capital.

Fique atento a uma questão do tipo:

Qualquer grupo poderá ser combinado com qualquer categoria Econômica. **Errado!!!**

Grupos

1. Pessoal e Encargos Sociais

Despesas orçamentárias com pessoal ativo, inativo e pensionistas, relativas a mandatos eletivos, cargos, funções ou empregos, civis, militares e de membros de Poder, com quaisquer espécies remuneratórias, tais como vencimentos e vantagens, fixas e variáveis, subsídios, proventos da aposentadoria, reformas e pensões, inclusive adicionais, gratificações, horas extras e vantagens pessoais de qualquer natureza, bem como encargos sociais e contribuições recolhidas pelo ente às entidades de previdência, conforme estabelece o *caput* do art. 18 da Lei Complementar 101, de 2000.

2. Juros e Encargos da Dívida

Despesas orçamentárias com o pagamento de juros, comissões e outros encargos de operações de crédito internas e externas contratadas, bem como da dívida pública mobiliária.

3. Outras Despesas Correntes

Despesas orçamentárias com aquisição de material de consumo, pagamento de diárias, contribuições, subvenções, auxílio-alimentação, auxílio-transporte, além de outras despesas da categoria econômica "Despesas Correntes" não classificáveis nos demais grupos de natureza de despesa.

4. Investimentos

Despesas orçamentárias com softwares e com o planejamento e a execução de obras, inclusive com a aquisição de imóveis considerados necessários à realização destas últimas, e com a aquisição de instalações, equipamentos e material permanente.

5. Inversões Financeiras

Despesas orçamentárias com a aquisição de imóveis ou bens de capital já em utilização; aquisição de títulos representativos do capital de empresas ou entidades de qualquer espécie, já constituídas, quando a operação não importe aumento do capital; e com a constituição ou aumento do capital de empresas, além de outras despesas classificáveis neste grupo.

6. Amortização da Dívida

Despesas orçamentárias com o pagamento e/ou refinanciamento do principal e da atualização monetária ou cambial da dívida pública interna e externa, contratual ou mobiliária.

c) TERCEIRO NÍVEL: MODALIDADE DE APLICAÇÃO

A *modalidade de aplicação* indica se os recursos serão aplicados mediante transferência financeira, inclusive a decorrente de descentralização orçamentária para outros níveis de Governo, seus órgãos ou entidades, ou diretamente para entidades privadas sem fins lucrativos e outras instituições; ou, então, diretamente pela unidade detentora do crédito orçamentário, ou por outro órgão ou entidade no âmbito do mesmo nível de Governo.

A *modalidade de aplicação* objetiva, principalmente, eliminar a dupla contagem dos recursos transferidos ou descentralizados.

CÓDIGO	MODALIDADES DE APLICAÇÃO
20	Transferências à União
22	Execução Orçamentária Delegada à União
30	Transferências a Estados e ao Distrito Federal
31	Transferências a Estados e ao Distrito Federal – Fundo a Fundo
32	Execução Orçamentária Delegada a Estados e ao Distrito Federal
35	Transferências Fundo a Fundo aos Estados e ao Distrito Federal
40	Transferências a Municípios
41	Transferências a Municípios – Fundo a Fundo
42	Execução Orçamentária Delegada a Municípios
46	Transferências Fundo a Fundo aos Municípios à conta de recursos de que trata o art. 25 da Lei Complementar nº 141, de 2012
50	Transferências a Instituições Privadas sem Fins Lucrativos
60	Transferências a Instituições Privadas com Fins Lucrativos
67	Execução de Contrato de Parceria Público-Privada – PPP
70	Transferências a Instituições Multigovernamentais
71	Transferências a Consórcios Públicos mediante contrato de rateio
72	Execução Orçamentária Delegada a Consórcios Públicos
76	Transferências a Instituições Multigovernamentais à conta de recursos de que trata o art. 25 da Lei Complementar nº 141, de 2012

CÓDIGO	MODALIDADES DE APLICAÇÃO
80	Transferências ao Exterior
90	Aplicações Diretas
91	Aplicação Direta Decorrente de Operação entre Órgãos, Fundos e Entidades Integrantes dos Orçamentos Fiscal e da Seguridade Social
93	Aplicação Direta Decorrente de Operação de Órgãos, Fundos e Entidades Integrantes dos Orçamentos Fiscal e da Seguridade Social com Consórcio Público do qual o Ente Participe
94	Aplicação Direta Decorrente de Operação de Órgãos, Fundos e Entidades Integrantes dos Orçamentos Fiscal e da Seguridade Social com Consórcio Público do qual o Ente Não Participe
95	Aplicação Direta à conta de recursos de que tratam os §§ 1º e 2º do art. 24 da Lei Complementar nº 141, de 2012
96	Aplicação Direta à conta de recursos de que trata o art. 25 da Lei Complementar nº 141, de 2012
99	A Definir

MODALIDADES DE APLICAÇÃO

20. Transferências à União

Despesas orçamentárias realizadas pelos Estados, Municípios ou pelo Distrito Federal, mediante transferência de recursos financeiros à União, inclusive para suas entidades da administração indireta.

22. Execução Orçamentária Delegada à União

Despesas orçamentárias realizadas mediante transferência de recursos financeiros, decorrentes de delegação ou descentralização à União para execução de ações de responsabilidade exclusiva do delegante.

30. Transferências a Estados e ao Distrito Federal

Despesas orçamentárias realizadas mediante transferência de recursos financeiros da União ou dos Municípios aos Estados e ao Distrito Federal, inclusive para suas entidades da administração indireta.

31. Transferências a Estados e ao Distrito Federal – Fundo a Fundo

Despesas orçamentárias realizadas mediante transferência de recursos financeiros da União ou dos Municípios aos Estados e ao Distrito Federal por intermédio da modalidade fundo a fundo.

32. Execução Orçamentária Delegada a Estados e ao Distrito Federal

Despesas orçamentárias realizadas mediante transferência de recursos financeiros, decorrentes de delegação ou descentralização a Estados e ao Distrito Federal para execução de ações de responsabilidade exclusiva do delegante.

35. Transferências Fundo a Fundo aos Estados e ao Distrito Federal à conta de recursos de que tratam os §§ 1º e 2º do art. 24 da Lei Complementar nº 141, de 2012

Despesas orçamentárias realizadas mediante transferência de recursos financeiros da União ou dos Municípios aos Estados e ao Distrito Federal por intermédio da modalidade fundo a fundo, à conta de recursos referentes aos restos a pagar considerados para fins da aplicação mínima em ações e serviços públicos de saúde e posteriormente cancelados ou prescritos, de que tratam os §§ 1º e 2º do art. 24 da Lei Complementar nº 141, de 2012.

36. Transferências Fundo a Fundo aos Estados e ao Distrito Federal à conta de recursos de que trata o art. 25 da Lei Complementar nº 141, de 2012

Despesas orçamentárias realizadas mediante transferência de recursos financeiros da União ou dos Municípios aos Estados e ao Distrito Federal por intermédio da modalidade fundo a fundo, à conta de recursos referentes à diferença da aplicação mínima em ações e serviços públicos de saúde que deixou de ser aplicada em exercícios anteriores, de que trata o art. 25 da Lei Complementar nº 141, de 2012.

40. Transferências a Municípios

Despesas orçamentárias realizadas mediante transferência de recursos financeiros da União ou dos Estados aos Municípios, inclusive para suas entidades da administração indireta.

41. Transferências a Municípios – Fundo a Fundo

Despesas orçamentárias realizadas mediante transferência de recursos financeiros da União, dos Estados ou do Distrito Federal aos Municípios por intermédio da modalidade fundo a fundo.

42. Execução Orçamentária Delegada a Municípios

Despesas orçamentárias realizadas mediante transferência de recursos financeiros, decorrentes de delegação ou descentralização a Municípios para execução de ações de responsabilidade exclusiva do delegante.

45. Transferências Fundo a Fundo aos Municípios à conta de recursos de que tratam os §§ 1° e 2° do art. 24 da Lei Complementar n° 141, de 2012

Despesas orçamentárias realizadas mediante transferência de recursos financeiros da União, dos Estados ou do Distrito Federal aos Municípios por intermédio da modalidade fundo a fundo, à conta de recursos referentes aos restos a pagar considerados para fins da aplicação mínima em ações e serviços públicos de saúde e posteriormente cancelados ou prescritos, de que tratam os §§ 1° e 2° do art. 24 da Lei Complementar n° 141, de 2012.

46. Transferências Fundo a Fundo aos Municípios à conta de recursos de que trata o art. 25 da Lei Complementar n° 141, de 2012

Despesas orçamentárias realizadas mediante transferência de recursos financeiros da União, dos Estados ou do Distrito Federal aos Municípios por intermédio da modalidade fundo a fundo, à conta de recursos referentes à diferença da aplicação mínima em ações e serviços públicos de saúde que deixou de ser aplicada em exercícios anteriores de que trata o art. 25 da Lei Complementar n° 141, de 2012.

50. Transferências a Instituições Privadas sem Fins Lucrativos

Despesas orçamentárias realizadas mediante transferência de recursos financeiros a entidades sem fins lucrativos que não tenham vínculo com a administração pública.

60. Transferências a Instituições Privadas com Fins Lucrativos

Despesas orçamentárias realizadas mediante transferência de recursos financeiros a entidades com fins lucrativos que não tenham vínculo com a administração pública.

67. Execução de Contrato de Parceria Público-Privada – PPP

Despesas orçamentárias do Parceiro Público decorrentes de Contrato de Parceria Público-Privada – PPP, nos termos da Lei nº 11.079, de 30 de dezembro de 2004, e da Lei nº 12.766, de 27 de dezembro de 2012.

70. Transferências a Instituições Multigovernamentais

Despesas orçamentárias realizadas mediante transferência de recursos financeiros a entidades criadas e mantidas por dois ou mais entes da Federação ou por dois ou mais países, inclusive o Brasil, exclusive as transferências relativas à modalidade de aplicação 71 (Transferências a Consórcios Públicos mediante contrato de rateio).

71. Transferências a Consórcios Públicos mediante contrato de rateio

Despesas orçamentárias realizadas mediante transferência de recursos financeiros a entidades criadas sob a forma de consórcios públicos nos termos da Lei nº 11.107, de 6 de abril de 2005, mediante contrato de rateio, objetivando a execução dos programas e ações dos respectivos entes consorciados, observado o disposto no § 1º do art. 11 da Portaria STN nº 72, de 2012.

72. Execução Orçamentária Delegada a Consórcios Públicos

Despesas orçamentárias realizadas mediante transferência de recursos financeiros, decorrentes de delegação ou descentralização a consórcios públicos para execução de ações de responsabilidade exclusiva do delegante.

73. Transferências a Consórcios Públicos mediante contrato de rateio à conta de recursos de que tratam os §§ 1º e 2º do art. 24 da Lei Complementar nº 141, de 2012

Despesas orçamentárias realizadas mediante transferência de recursos financeiros a entidades criadas sob a forma de consórcios públicos nos termos da Lei nº 11.107, de 6 de abril de 2005, por meio de contrato de rateio, à conta de recursos referentes aos restos a pagar considerados para fins da aplicação mínima em ações e serviços públicos de saúde e posteriormente cancelados ou prescritos, de que tratam §§ 1º e 2º do art. 24 da Lei Complementar nº 141, de 13 de janeiro de 2012, observado o disposto no § 1º do art. 11 da Portaria STN nº 72, de 1º de fevereiro de 2012.

74. Transferências a Consórcios Públicos mediante contrato de rateio à conta de recursos de que trata o art. 25 da Lei Complementar nº 141, de 2012

Despesas orçamentárias realizadas mediante transferência de recursos financeiros a entidades criadas sob a forma de consórcios públicos nos termos da Lei nº 11.107, de 6 de abril de 2005, por meio de contrato de rateio, à conta de recursos referentes à diferença da aplicação mínima em ações e serviços públicos de saúde que deixou de ser aplicada em exercícios anteriores, de que trata o art. 25 da Lei Complementar nº 141, de 2012, observado o disposto no § 1º do art. 11 da Portaria STN nº 72, de 2012.

75. Transferências a Instituições Multigovernamentais à conta de recursos de que tratam os §§ 1º e 2º do art. 24 da Lei Complementar nº 141, de 2012

Despesas orçamentárias realizadas mediante transferência de recursos financeiros a entidades criadas e mantidas por dois ou mais entes da Federação ou por dois ou mais países, inclusive o Brasil, exclusive as transferências relativas à modalidade de aplicação 73 (Transferências a Consórcios Públicos mediante contrato de rateio à conta de recursos de que tratam os §§ 1º e 2º do art. 24 da Lei Complementar nº 141, de 2012), à conta de recursos referentes aos restos a pagar considerados para fins da aplicação mínima em ações e serviços públicos de saúde e posteriormente cancelados ou prescritos, de que tratam os §§ 1º e 2º do art. 24 da Lei Complementar nº 141, de 2012.

76. Transferências a Instituições Multigovernamentais à conta de recursos de que trata o art. 25 da Lei Complementar nº 141, de 2012

Despesas orçamentárias realizadas mediante transferência de recursos financeiros a entidades criadas e mantidas por dois ou mais entes da Federação ou por dois ou mais países, inclusive o Brasil, exclusive as transferências relativas à modalidade de aplicação 74 (Transferências a Consórcios Públicos mediante contrato de rateio à conta de recursos de que trata o art. 25 da Lei Complementar nº 141, de 2012), à conta de recursos referentes à diferença da aplicação mínima em ações e serviços públicos de saúde que deixou de ser aplicada em exercícios anteriores, de que trata o art. 25 da Lei Complementar nº 141, de 2012.

80. Transferências ao Exterior

Despesas orçamentárias realizadas mediante transferência de recursos financeiros a órgãos e entidades governamentais pertencentes a outros países, a organismos internacionais e a fundos instituídos por diversos países, inclusive aqueles que tenham sede ou recebam os recursos no Brasil.

90. Aplicações Diretas

Aplicação direta, pela unidade orçamentária, dos créditos a ela alocados ou oriundos de descentralização de outras entidades integrantes ou não dos Orçamentos Fiscal ou da Seguridade Social, no âmbito da mesma esfera de governo.

91. Aplicação Direta Decorrente de Operação entre Órgãos, Fundos e Entidades Integrantes dos Orçamentos Fiscal e da Seguridade Social

Despesas orçamentárias de órgãos, fundos, autarquias, fundações, empresas estatais dependentes e outras entidades integrantes dos orçamentos fiscal e da seguridade social decorrentes da aquisição de materiais, bens e serviços, pagamento de impostos, taxas e contribuições, além de outras operações, quando o recebedor dos recursos também for órgão, fundo, autarquia, fundação, empresa estatal dependente ou outra entidade constante desses orçamentos, no âmbito da mesma esfera de Governo.

93. Aplicação Direta Decorrente de Operação de Órgãos, Fundos e Entidades Integrantes dos Orçamentos Fiscal e da Seguridade Social com Consórcio Público do qual o Ente Participe.

Despesas orçamentárias de órgãos, fundos, autarquias, fundações, empresas estatais dependentes e outras entidades integrantes dos orçamentos fiscal e da seguridade social decorrentes da aquisição de materiais, bens e serviços, além de outras operações, exceto no caso de transferências, delegações ou descentralizações, quando o recebedor dos recursos for consórcio público do qual o ente da Federação participe, nos termos da Lei nº 11.107, de 6 de abril de 2005.

94. Aplicação Direta Decorrente de Operação de Órgãos, Fundos e Entidades Integrantes dos Orçamentos Fiscal e da Seguridade Social com Consórcio Público do qual o Ente Não Participe.

Despesas orçamentárias de órgãos, fundos, autarquias, fundações, empresas estatais dependentes e outras entidades integrantes dos orçamentos fiscal e da seguridade social decorrentes da aquisição de materiais, bens e serviços, além de outras operações, exceto no caso de transferências, delegações ou descentralizações, quando o recebedor dos recursos for consórcio público do qual o ente da Federação não participe, nos termos da Lei nº 11.107, de 6 de abril de 2005.

95. Aplicação Direta à conta de recursos de que tratam os §§ 1º e 2º do art. 24 da Lei Complementar nº 141, de 2012

Aplicação direta, pela unidade orçamentária, dos créditos a ela alocados ou oriundos de descentralização de outras entidades integrantes ou não dos Orçamentos Fiscal ou da Seguridade Social, no âmbito da mesma esfera de Governo, à conta de recursos referentes aos restos a pagar considerados para fins da aplicação mínima em ações e serviços públicos de saúde e posteriormente cancelados ou prescritos, de que tratam os §§ 1º e 2º do art. 24 da Lei Complementar nº 141, de 2012.

96. Aplicação Direta à conta de recursos de que trata o art. 25 da Lei Complementar nº 141, de 2012

Aplicação direta, pela unidade orçamentária, dos créditos a ela alocados ou oriundos de descentralização de outras entidades integrantes ou não dos Orçamentos Fiscal ou da Seguridade Social, no âmbito da mesma esfera de Governo, à conta de recursos referentes à diferença da aplicação mínima em ações e serviços públicos de saúde que deixou de ser aplicada em exercícios anteriores, de que trata o art. 25 da Lei Complementar nº 141, de 2012.

99. A Definir

Modalidade de utilização exclusiva do Poder Legislativo ou para classificação orçamentária da Reserva de Contingência e da Reserva do RPPS, vedada a execução orçamentária enquanto não houver sua definição.

d) QUARTO NÍVEL: ELEMENTO DA DESPESA

O *elemento de despesa* tem por finalidade identificar os objetos de gasto, tais como vencimentos e vantagens fixas, juros, diárias, material de consumo, serviços de terceiros prestados sob qualquer forma, subvenções sociais, obras e instalações, equipamentos e material permanente, auxílios, amortização e outros que a Administração Pública utiliza para a consecução de seus fins.

- É vedada a utilização em projetos e atividades dos *elementos de despesa* 41 – Contribuições, 42 – Auxílios e 43 – Subvenções Sociais, o que pode ocorrer apenas em operações especiais.
- É vedada a utilização de *elementos de despesa* que representem gastos efetivos (ex.: 30, 35, 36, 39, 51, 52 etc.) em operações especiais.

e) QUINTO NÍVEL: DESDOBRAMENTO FACULTATIVO DO ELEMENTO DA DESPESA

A Portaria Interministerial nº 163/01 **faculta** o desdobramento suplementar dos elementos de despesa para o atendimento das necessidades de escrituração contábil e controle da execução orçamentária.

> **Art. 3º**
> § 5º. É facultado o desdobramento suplementar dos elementos de despesa para atendimento das necessidades de escrituração contábil e controle da execução orçamentária.

Exemplo: código "3.1.90.11.00", segundo o esquema abaixo:

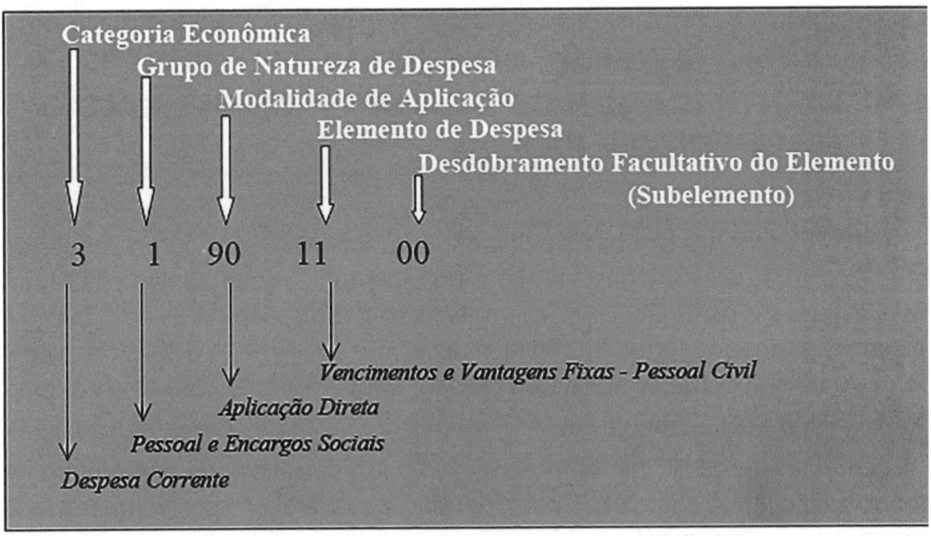

7.9. IDENTIFICADOR DE USO – IDUSO[4]

Esse código vem completar a informação concernente à aplicação dos recursos e destina-se a indicar se os recursos compõem contrapartida nacional de empréstimos ou de doações ou destinam-se a outras aplicações, constando da LOA e de seus créditos adicionais. Conforme § 11 do art. 6º da LDO 2018, a especificação é a seguinte:

CÓDIGO	DESCRIÇÃO
0	Recursos não destinados à contrapartida
1	Contrapartida de empréstimos do BIRD
2	Contrapartida de empréstimos do BID
3	Contrapartida de empréstimos por desempenho ou com enfoque setorial amplo
4	Contrapartida de outros empréstimos
5	Contrapartida de doações
6	Recursos não destinados à contrapartida, para identificação dos recursos destinados à aplicação mínima em ações e serviços públicos de saúde

7.10. IDENTIFICADOR DE DOAÇÃO E DE OPERAÇÃO DE CRÉDITO – IDOC

O *IDOC* identifica as doações de entidades internacionais ou operações de crédito contratuais alocadas nas ações orçamentárias, com ou sem contrapartida de recursos da União. Os gastos referentes à contrapartida de empréstimos serão programados com o *IDUSO* igual a "1", "2", "3" ou "4" e o *IDOC* com o número da respectiva operação de crédito, enquanto que, para as contrapartidas de doações, serão utilizados o *IDUSO* "5" e respectivo *IDOC*.

O número do *IDOC* também pode ser usado nas ações de pagamento de amortização, juros e encargos para identificar a operação de crédito a que se referem os pagamentos.

4. MTO/2018

Quando os recursos não se destinarem à contrapartida nem se referirem a doações internacionais ou operações de crédito, o *IDOC* será "9999". Nesse sentido, para as doações de pessoas, de entidades privadas nacionais e as destinas ao combate à fome, deverá ser utilizado o *IDOC* "9999".

7.11. CLASSIFICAÇÃO DA DESPESA POR IDENTIFICADOR DE RESULTADO PRIMÁRIO

O *identificador de resultado primário*, de caráter indicativo, tem como finalidade auxiliar a apuração do resultado primário previsto na LDO, devendo constar no PLOA e na respectiva Lei em todos os GNDs, identificando, de acordo com a metodologia de cálculo das necessidades de financiamento, cujo demonstrativo constará em anexo à LOA. De acordo com o estabelecido no § 4º do art. 6º do LDO 2018, nenhuma *ação* poderá conter, simultaneamente, dotações destinadas a despesas financeiras e primárias, ressalvada a reserva de contingência.

CÓDIGO	DESCRIÇÃO DA DESPESA
0	Financeira
1	Primária é considerada na apuração do resultado primário para cumprimento da meta sendo obrigatória quando constar do Anexo III.
2	Primária é considerada na apuração do resultado primário para cumprimento da meta, sendo discricionária e não abrangida pelo PAC.
3	Primária é considerada na apuração do resultado primário para cumprimento da meta, sendo discricionária e abrangida pelo PAC.
4	Primária, constante do Orçamento de Investimento, e não considerada na apuração do resultado primário para cumprimento da meta, sendo discricionária e não abrangida pelo PAC.
5	Primária, constante do Orçamento de Investimento, e não considerada na apuração do resultado primário para cumprimento da meta, sendo discricionária e abrangida pelo PAC.

CÓDIGO-EXEMPLO DA ESTRUTURA COMPLETA DA PROGRAMAÇÃO

CÓDIGO COMPLETO*			10.	39.	252.	26.	782.	2075.	7M64.	0043.	9999.	0.	100.	4490.	2
QUALITATIVA		Esfera: Orçamento Fiscal	10												
QUALITATIVA	CLASSIFICAÇÃO INSTITUCIONAL	Órgão: Ministério dos Transportes		39											
QUALITATIVA	CLASSIFICAÇÃO INSTITUCIONAL	Unidade Orçamentária: Departamento Nacional de Infraestrutura de Transportes - DNIT			252										
QUALITATIVA	CLASSIFICAÇÃO FUNCIONAL	Função: Transporte				26									
QUALITATIVA	CLASSIFICAÇÃO FUNCIONAL	Subfunção: Transporte Rodoviário					782								
QUALITATIVA	CLASSIFICAÇÃO PROGRAMÁTICA	PROGRAMA: Transporte Terrestre						2075							
QUALITATIVA	CLASSIFICAÇÃO PROGRAMÁTICA	AÇÃO: Construção de Trecho Rodoviário							7M64						
QUALITATIVA	CLASSIFICAÇÃO PROGRAMÁTICA	SUBTÍTULO: Rio Grande do Sul								0043					
QUANTITATIVA		IDOC: Outros recursos									9999				
QUANTITATIVA		IDUSO: Recursos não destinados à contrapartida										0			
QUANTITATIVA		Fonte de Recursos: Recursos do Tesouro - Exercício Corrente (1) Recursos Ordinários (00)											100		
QUANTITATIVA		Natureza da Despesa: Categoria Econômica: Despesas de Capital (4); Grupo de Natureza: Investimentos (4); Modalidade de Aplicação: Aplicação Direta (90)												4490	
QUANTITATIVA		Identificador de Resultado Primário: Primária Discricionária													2

MTO/2018

É muita informação né?! Como essas classificações poderão ser cobradas em uma prova de concurso? Observe a questão comentada abaixo.

◆ Questão

O orçamento público é organizado por meio de um sistema de classificação estruturado para oferecer, de maneira detalhada, informações relevantes a respeito do uso dos recursos públicos. A estrutura completa de programação orçamentária, constante dos manuais técnicos de orçamento da Secretaria de Orçamento Federal, é composta de trinta e sete dígitos, que indicam, pela ordem, a esfera orçamentária, composta por dois dígitos; a classificação institucional; a classificação funcional; o programa, a ação; o subtítulo, composto por 4 dígitos; os identificadores de operação de crédito e de uso, ambos totalizando cinco dígitos; a fonte de recursos; a categoria econômica, o grupo e a modalidade de aplicação da despesa; e o identificador de resultado primário. Com base nessas informações, julgue os itens a seguir, tendo como referência a seguinte estrutura completa de programação orçamentária:

10.13.101.04.123.0750.2272.0001.9999.0.100.3390.1.

E agora? Vou detalhar toda a estrutura apresentada na questão e depois analisaremos as assertivas.

➲ **Classificação por Esfera:** 10 = Orçamento Fiscal

➲ **Classificação Institucional:** 13.101

13 = O primeiro dígito indica o Poder Judiciário.

101 = O primeiro dígito indica que pertence a Administração Direta.

➲ **Classificação Funcional:** 04.123

04 = Função Administração

123 = Subfunção típica da função 04. Como sei disso? Multiplique a Função por 3 (04 x 3 = 12). Todas as Subfunções que começarem com 12 serão classificadas como típicas da Função 04.

➲ **Estrutura Programática:** 0750.2272.0001

0750 = Programa

2272 = Ação. O primeiro dígito da Ação identifica se é um Projeto (1,3,5 ou7), Atividade (2,4,6, ou 8) ou Operação Especial (0). Nesse caso é uma Atividade (primeiro dígito 2).

0001 = Subtítulo, localização física da ação orçamentária (0001 = Nacional)

➲ **Identificadores de operações de crédito e de uso:** 9999.0

9999 = Recursos que não se destinam à contrapartida nem se referem a doações internacionais ou operações de crédito.

0 = Recursos não destinados à contrapartida.

➲ **Fonte:** 100

1 = Recursos do Tesouro – Exercício Corrente

00 = Recursos Ordinários

➲ **Classificação Econômica:** 33.90

3 = Categoria Econômica/Despesa Corrente

3 = Grupo da despesa/Outras despesas correntes

90 = Modalidade de aplicação/Direta

➲ **Identificador do Resultado Primário:** 1

1 = Despesa Primária é considerada, obrigatoriamente, na apuração do resultado primário para cumprimento da meta.

Agora, vamos às assertivas.

1. **Pela estrutura de programação apresentada, é correto inferir que serão aplicados recursos do Tesouro Nacional na modalidade direta.**

- **Resposta: Verdadeira**

➲ **Fonte:** 100

1 = Recursos do Tesouro – Exercício Corrente

00 = Recursos Ordinários

➲ **Classificação Econômica:** 33.90

2 = Categoria Econômica/Despesa Corrente

3 = Grupo da despesa/Outras despesas correntes

90 = Modalidade de aplicação/Direta

2. **A dotação orçamentária pode referir-se à aquisição de material de consumo ou ao pagamento de diárias.**

- **Resposta: Verdadeira**

➲ **Classificação Econômica:** 33.90

3 = Categoria Econômica/Despesa Corrente

3 = Grupo da despesa/Outras despesas correntes

90 = Modalidade de aplicação/Direta

◆ ***Grupo 3 – Outras Despesas Correntes***

Despesas orçamentárias com aquisição de material de consumo, pagamento de diárias, contribuições, subvenções, auxílio-alimentação, auxílio-transporte, além de outras despesas da categoria econômica "Despesas Correntes" não classificáveis nos demais grupos de natureza de despesa.

3. A despesa pode ser tanto objeto de limitação de empenho quanto de movimentação financeira.

- **Resposta: Falsa**

➲ **Identificador do Resultado Primário:** 1

1 = Despesa Primária é considerada, obrigatoriamente, na apuração do resultado primário para cumprimento da meta.

4. A dotação orçamentária refere-se a órgão do Poder Executivo na esfera fiscal.

- **Resposta: Falsa**

➲ **Classificação Institucional:** 13.101

13 = O primeiro dígito indica o Poder Judiciário.

101 = O primeiro dígito indica que pertence a Administração Direta.

➲ **Classificação por Esfera:** 10 = Orçamento Fiscal

O erro está no órgão do Poder Executivo.

5. O instrumento de programação, que envolve uma ou mais operações que se realizam de modo contínuo e permanente, resulta em um produto ou um serviço necessário à manutenção da atuação governamental.

- **Resposta: Verdadeira**

➲ **Estrutura Programática:** 0750.2272.0001

0750 = Programa

2272 = Ação: Atividade (primeiro dígito 2).

0001 = Subtítulo, localização física da ação orçamentária (0001 = Nacional)

◆ ***Atividade***

É um instrumento de programação utilizado para alcançar o objetivo de um programa, envolvendo um conjunto de operações que se realizam de modo contínuo e permanente, das quais resulta um produto ou serviço necessário à manutenção da ação de Governo.

7.12. ETAPAS DA DESPESA ORÇAMENTÁRIA

Para que o processo orçamentário possa ser melhor compreendido, a despesa orçamentária percorrerá as seguintes etapas:

1. Planejamento;
2. Execução; e
3. Controle e avaliação.

a) Planejamento

A etapa do planejamento abrange, de modo geral, toda a análise para a formulação do plano e ações governamentais que serviram de base para a fixação da despesa orçamentária, a descentralização/movimentação de créditos, a programação orçamentária e financeira, e o processo de licitação e contratação.

b) Fixação

A fixação da despesa orçamentária insere-se no processo de planejamento e compreende a adoção de medidas em direção a uma situação idealizada, tendo em vista os recursos disponíveis e observando as diretrizes e prioridades traçadas pelo governo. O processo da fixação da despesa orçamentária é concluído com a autorização dada pelo poder legislativo por meio da lei orçamentária anual.

↘ Descentralizações de créditos orçamentários

As descentralizações de créditos orçamentários ocorrem quando for efetuada movimentação de parte do orçamento, mantidas as classificações institucional, funcional, programática e econômica, para que outras unidades administrativas possam executar a despesa orçamentária.

Quando a descentralização envolver unidades gestoras de um mesmo órgão tem-se a descentralização interna, também chamada de provisão. Se, porventura, ocorrer entre unidades gestoras de órgãos ou entidades de estrutura diferente, ter-se-á uma descentralização externa, também denominada de destaque.

Programação orçamentária e financeira

A programação orçamentária e financeira consiste na compatibilização do fluxo dos pagamentos com o fluxo dos recebimentos, visando o ajuste da despesa fixada às novas projeções de resultados e da arrecadação.

LRF

Art. 8º. Até trinta dias após a publicação dos orçamentos, nos termos em que dispuser a lei de diretrizes orçamentárias e observado o disposto na alínea c do inciso I do art. 4º, o Poder Executivo estabelecerá a programação financeira e o cronograma de execução mensal de desembolso.

4.320/64

Art. 47. Imediatamente após a promulgação da Lei de Orçamento e com base nos limites nela fixados, o Poder Executivo aprovará um quadro de cotas trimestrais da despesa que cada unidade orçamentária fica autorizada a utilizar.

Art. 48. A fixação das cotas a que se refere o artigo anterior atenderá aos seguintes objetivos:
a) assegurar às unidades orçamentárias, em tempo útil, a soma de recursos necessários e suficientes a melhor execução do seu programa anual de trabalho;
b) manter, durante o exercício, na medida do possível, o equilíbrio entre a receita arrecadada e a despesa realizada, de modo a reduzir ao mínimo eventuais insuficiências de tesouraria.

Art. 49. A programação da despesa orçamentária, para efeito do disposto no artigo anterior, levará em conta os créditos adicionais e as operações extraorçamentárias.

Art. 50. As cotas trimestrais poderão ser alteradas durante o exercício, observados o limite da dotação e o comportamento da execução orçamentária.

Processo de licitação

Processo de licitação compreende um conjunto de procedimentos administrativos que objetivam adquirir materiais, contratar obras e serviços, alienar ou ceder bens a terceiros, bem como fazer concessões de serviços públicos com as melhores condições para o Estado, observando os princípios da legalidade, da impessoalidade, da moralidade, da igualdade, da publicidade, da probidade administrativa, da vinculação ao instrumento convocatório, do julgamento objetivo e de outros que lhe são correlatos.

c) Execução

A execução da despesa orçamentária se dá em três estágios, na forma prevista na Lei nº 4.320/1964: empenho, liquidação e pagamento.

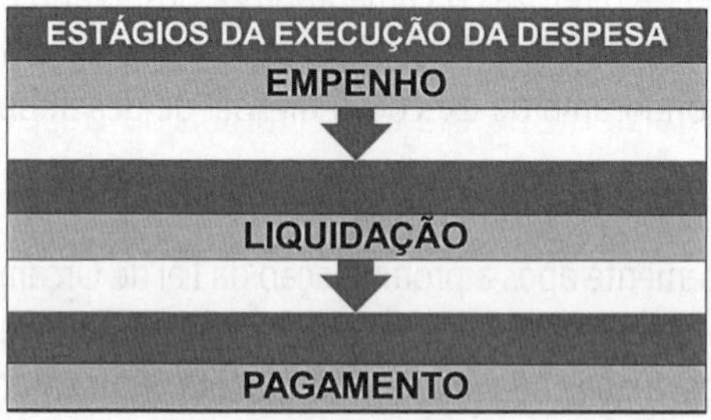

> A fixação é um estágio doutrinário. Caso a banca cobre os estágios da execução da despesa ou segundo a lei nº 4.320/64, você deverá considerar apenas o Empenho, Liquidação e Pagamento.

a.1. <u>EMPENHO</u>

A lei nº 4.320/64 em seu artigo 58 conceitua o primeiro estágio da execução da despesa orçamentária:

> **Art. 58.** O empenho de despesa é o ato emanado de autoridade competente que cria para o Estado obrigação de pagamento pendente ou não de implemento de condição.

A autoridade competente citada no comando do referido artigo é o Ordenador de Despesas que teve delegada pelo Chefe do Poder ou órgão, por ato normativo interno, a responsabilidade de fazer os empenhos e pagamentos. Se essa responsabilidade não tiver sido formalmente delegada para ninguém, então, o ordenador será o próprio Chefe do Poder ou órgão.

> **Dec. 200/67**
> **Art. 80, § 1º.** Ordenador de despesas é toda e qualquer autoridade de cujos atos resultarem emissão de empenho, autorização de pagamento, suprimento ou dispêndio de recursos da União ou pela qual esta responda.

Decreto 93.872/86
Art. 43. A ordem de pagamento será dada em documento próprio, assinado pelo ordenador da despesa e pelo agente responsável pelo setor financeiro.
§ 1º. A competência para autorizar pagamento decorre da lei ou de atos regimentais, podendo ser delegada.

O empenho será formalizado através da emissão de um documento denominado nota de empenho (NE), com os requisitos seguintes:

I – a qualificação do credor;

II – a classificação orçamentária e a importância da despesa;

III – a dedução do saldo da dotação própria;

IV – a modalidade de licitação adotada ou, se for o caso, sua dispensa;

V – a especificação do objeto da despesa;

VI – a espécie do empenho;

VII – o número e a data da nota de empenho;

VIII – a assinatura do ordenador da despesa.

O ato de empenhar consiste na reserva de dotação orçamentária para um fim específico, portanto, não gera para o Estado uma obrigação efetiva de pagamento.

Decreto 93.872/86.
Art. 25. O empenho importa deduzir seu valor de dotação adequada à despesa a realizar, por força do compromisso assumido. Observe nas figuras abaixo o impacto provocado pelo empenho no orçamento.

Empenho da despesa

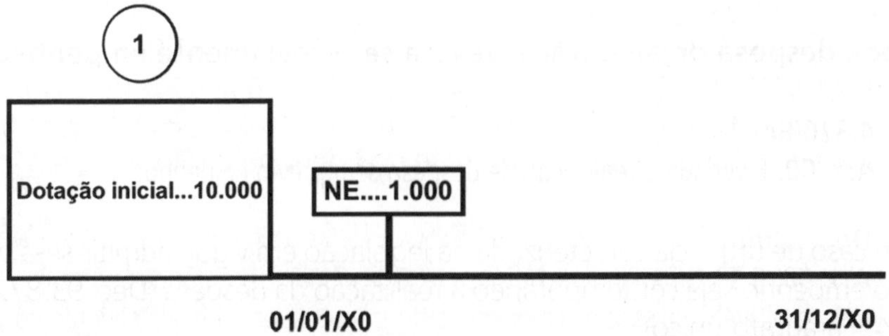

Comprometimento da dotação orçamentária

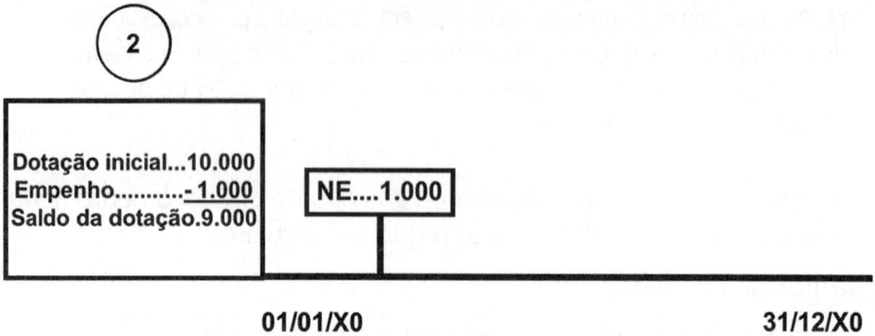

A dotação orçamentária será reduzida quando da realização do empenho. Com isso, a Administração Pública firma um compromisso para garantir que os recursos utilizados serão aqueles apropriados à despesa e assegura que o crédito seja suficiente para a despesa, bloqueando o valor necessário do orçamento. Pode-se deduzir que o orçamento é compromissado através do empenho. O empenho é o instrumento utilizado para a execução dos créditos orçamentários.

Embora o art. 61 da Lei nº 4.320/1964 estabeleça a obrigatoriedade do nome do credor no documento Nota de Empenho, em alguns casos, como na Folha de Pagamento, torna-se impraticável a emissão de um empenho para cada credor, tendo em vista o número excessivo de credores (servidores).

> Caso não seja necessária a impressão do documento "Nota de Empenho", o empenho ficará arquivado em banco de dados, em tela com formatação própria e modelo oficial, a ser elaborado por cada ente da federação em atendimento às suas peculiaridades.

Regras relacionadas ao empenho da despesa:

1. Toda despesa orçamentária deverá ser previamente empenhada

> **4.320/64**
> **Art. 60.** É vedada a realização de despesa sem prévio empenho.

Em caso de urgência caracterizada na legislação em vigor, admitir-se-á que o ato do empenho seja contemporâneo à realização da despesa (Dec. 93.872/86, At. 24, Parágrafo único).

2. O empenho exige saldo em dotação específica e não poderá exceder aos limites fixados em lei (créditos iniciais e adicionais).

CF/88
Art. 167 São vedados
II – a realização de despesas ou a assunção de obrigações diretas que excedam os créditos orçamentários ou adicionais;

4.320/64
Art. 59. O empenho da despesa não poderá exceder o limite dos créditos concedidos.

Dec. 93.872/86
Art. 23. Nenhuma despesa poderá ser realizada sem a existência de crédito que a comporte ou quando imputada a dotação imprópria, vedada expressamente qualquer atribuição de fornecimento ou prestação de serviços, cujo custo excede aos limites previamente fixados em lei.

3. Possibilidade de reforço do empenho

Quando o valor empenhado for insuficiente para atender à despesa a ser realizada, o empenho poderá ser reforçado.

O órgão responsável pela emissão do empenho poderá reforçá-lo quando o valor se revelar insuficiente para atender a um determinado compromisso ao longo do exercício financeiro. Neste caso emite-se nova NE, devendo constar em campo específico o número da NE objeto do reforço.

4. Em alguns casos a emissão da nota de empenho poderá ser dispensada

4.320/64
Art. 60, § 1º. Em casos especiais, previstos na legislação específica, será dispensada a emissão da nota de empenho.

Não confunda com a situação prevista no caput do art. 60. O § 1º do art. 60 dispensa a EMISSÃO do documento Nota de Empenho em casos especiais previstos na legislação específica, mas não dispensa o empenho. Dispensar o empenho (vedado) ≠ Dispensar a emissão da Nota de Empenho (NE).

O Decreto-Lei 1.875 de 15 de julho de 1981, em seu artigo 4º estabelece os casos em que pode ser dispensada a emissão da nota de empenho.

Art. 4º. Observado o disposto no caput do artigo 60 da Lei 4.320/64, é dispensada a emissão de nota de empenho, nas seguintes hipóteses:
a) despesas relativas a pessoal e encargos;
b) contribuição para o PASEP;
c) amortização, juros e serviços de empréstimos e financiamentos obtidos;
d) despesas relativas a consumo de água e energia elétrica, utilização de serviços de telefone, postais e telégrafos e outros que vierem a ser definidos por atos normativos próprios;
e) despesas provenientes de transferência por força de mandamento das Constituições Federal, Estaduais e de Leis Orgânicas de Municípios, e da execução de convênios, acordos e ajustes, entre entidades de direito privado das quais façam parte como acionistas.

5. O empenho poderá substituir o contrato

É recomendável constar no instrumento contratual o número da nota de empenho, visto que representa a garantia ao credor de que existe crédito orçamentário disponível e suficiente para atender a despesa objeto do contrato. Nos casos em que o instrumento de contrato é facultativo, a Lei de licitações e contratos admite a possibilidade de substituí-lo pela nota de empenho de despesa, hipótese em que o empenho representa o próprio contrato.

Lei nº 8.666/1993
Art. 62. O instrumento de contrato é obrigatório nos casos de concorrência e de tomada de preços, bem como nas dispensas e inexigibilidades cujos preços estejam compreendidos nos limites destas duas modalidades de licitação, e facultativo nos demais em que a Administração puder substituí-lo por outros instrumentos hábeis, tais como carta-contrato, nota de empenho de despesa, autorização de compra ou ordem de execução de serviço.

6. Cancelamento total ou parcial do saldo do empenho

A anulação do empenho é efetuada, no decorrer do exercício, por meio da Nota de Empenho, da seguinte forma:

- parcialmente – quando seu valor exceder o montante da despesa realizada.
- totalmente – quando o serviço contratado não tiver sido prestado, quando o material encomendado não tiver sido entregue ou quando a NE tiver sido emitida incorretamente.

Dec. 93.872/86

Art. 28. A redução ou cancelamento no exercício financeiro, de compromisso que caracterizou o empenho, implicará sua anulação parcial ou total, revertendo a importância correspondente à respectiva dotação, pela qual ficará automaticamente desonerado o limite de saques da unidade gestora.

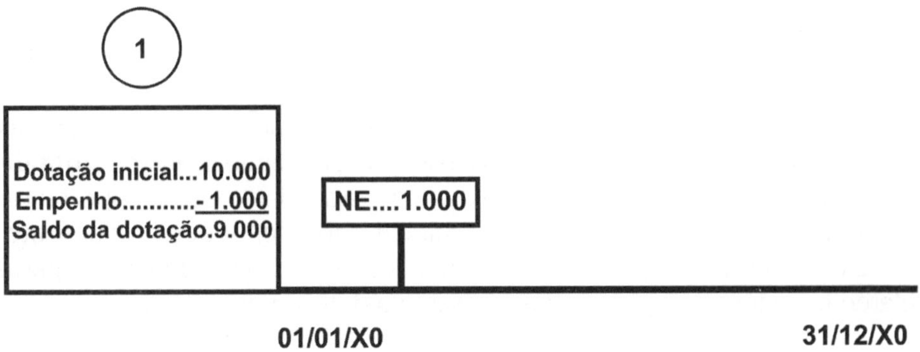

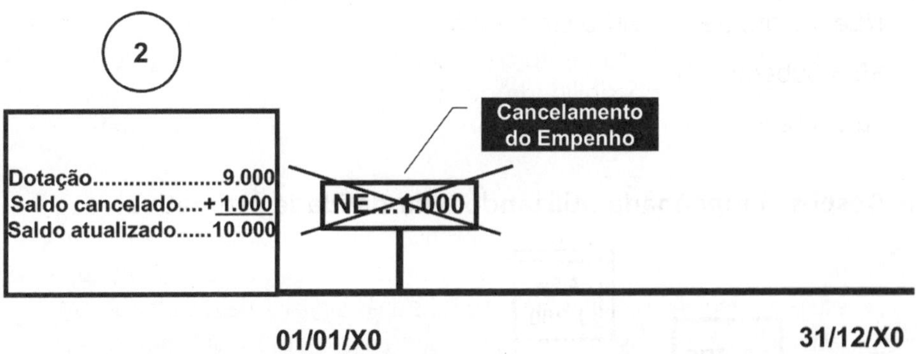

Com o cancelamento do empenho (total ou parcial) o saldo deverá ser revertido à respectiva dotação.

7. Classificação dos Empenhos

Os empenhos podem ser classificados em **ordinário, estimativo e global.**

a. **ORDINÁRIO**: é o tipo de empenho utilizado para as despesas de valor fixo e previamente determinado, cujo pagamento deva ocorrer de uma só vez.

b. ESTIMATIVO: é o tipo de empenho utilizado para as despesas cujo montante não se pode determinar previamente, tais como serviços de fornecimento de água e energia elétrica, aquisição de combustíveis e lubrificantes e outros.

> **4.320/64: Art. 60, § 2º.**
> Será feito por estimativa o empenho da despesa cujo montante não se possa determinar.

O valor da despesa é estimado, podendo ser liquidado e pago em parcelas mensais. Nesse tipo de empenho, utiliza-se um documento chamado **nota de subempenho**, que é o registro do valor efetivo a ser deduzido da importância total empenhada por estimativa. Se a estimativa for menor que o valor exato, faz-se o empenho complementar da diferença; se for maior, anula-se a parte referente à diferença, revertendo-se o saldo à dotação originária.

➘ Descomplicando:

NEe = Nota de Empenho Estimativo.

SE = Subempenho

Fat. = Fatura

➘ Despesa empenhada utilizando a modalidade estimativa.

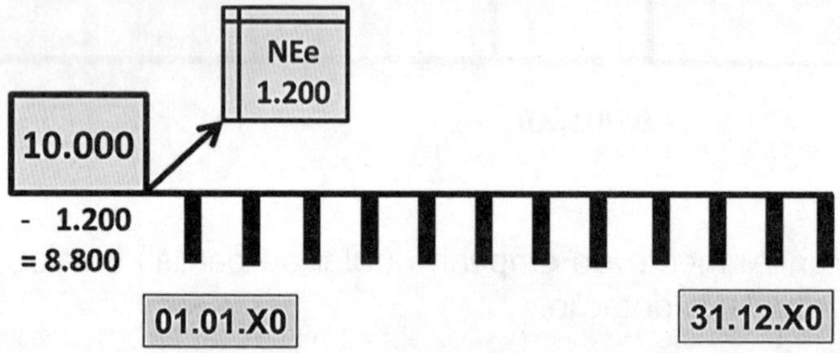

➲ **Dotação inicial:** $10.000

➲ **Valor empenhado por estimativa:** $1.200

➲ **Saldo da dotação após empenho:** $8.800

Recebimento da fatura com a emissão do subempenho e a redução do saldo do empenho.

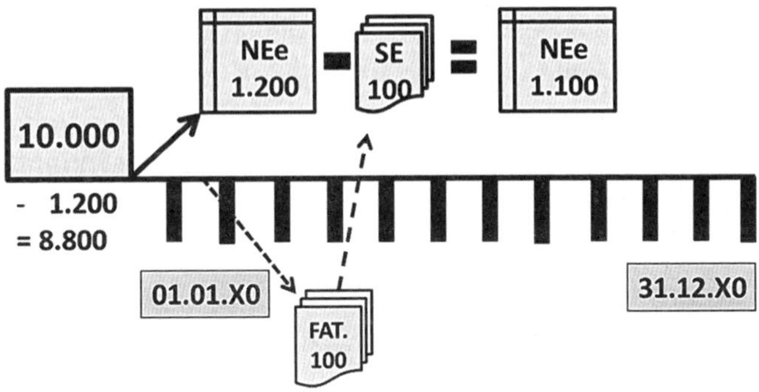

O subempenho será realizado com base no valor da fatura recebida. Observe que o saldo do empenho foi reduzido em $100.

Cancelamento no final do exercício do saldo não utilizado do empenho.

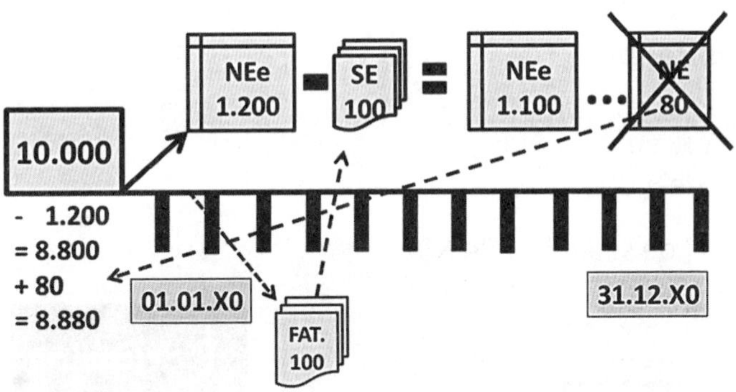

No final do exercício o valor estimado para o empenho não foi totalmente utilizado devendo ser cancelado. O cancelamento fará com que o saldo seja revertido para a respectiva dotação.

c. **GLOBAL**: é o tipo de empenho utilizado para despesas contratuais ou outras de valor determinado, sujeitas a parcelamento, como, por exemplo, os compromissos decorrentes de aluguéis.

> **4.320/64: Art. 60 § 3º**
> É permitido o empenho global de despesas contratuais e outras, sujeitas a parcelamento.

Nesse caso, ao se emitir o empenho global, deduzir-se-á os valores correspondentes nas respectivas quotas mensais, trimestrais, semestrais etc., as quais podem ser controladas também através de notas de subempenho (vide caso do empenho por estimativa).

➘ No caso do empenho Global:

> **Dec. 93.872/86**
> **Art. 27.** As despesas relativas a contratos, convênios, acordos ou ajustes de vigência plurianual, serão empenhadas em cada exercício financeiro pela parte nele a ser executada.

Ou seja, nem sempre o valor total do contrato será empenhado dentro do exercício financeiro. O valor a ser empenhado estará restrito a quantidade das parcelas que irão ocorrer nesse exercício.

➘ Descomplicando

- Valor do contrato: 6.000
- 6 Parcelas de 1.000
- Vigência: 1º de setembro de X0

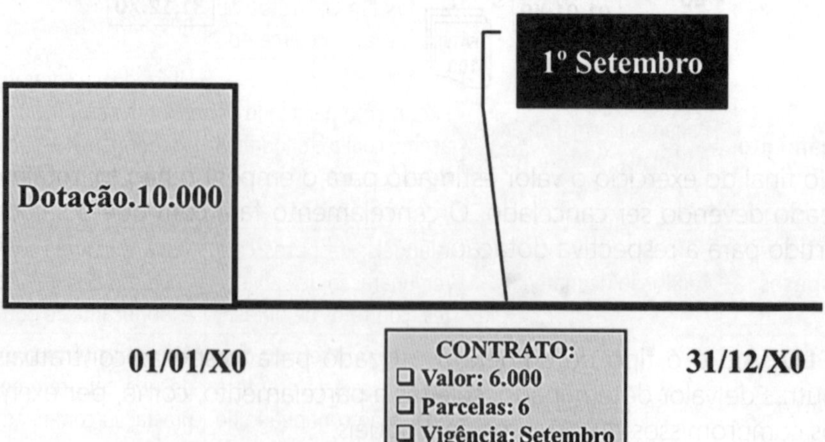

Valor a ser empenhado em X0

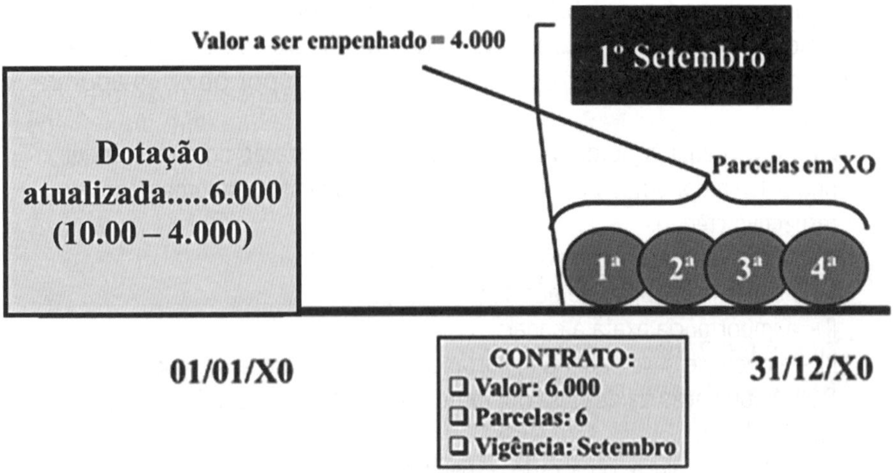

◆ **Observação**: A dotação da LOA de X0 será reduzida para 6.000 (10.000 – 4.000) e o restante do contrato (2.000) será empenhado utilizando a dotação da LOA referente à X1.

Quadro resumo: Tipos de empenho

	Ordinário ou Normal	Global ou Contratual	Estimativa
Valor	Despesas de valores definidos.	Despesas de valores definidos em contratos ou sujeitas a parcelamento.	Despesas de valor não conhecido.
Pagamento	Pagamento em uma única parcela.	Pagamento parcelado de acordo com o cronograma de execução.	Utilizado em contratos de valores não previamente conhecidos. No momento do empenho pagável em parcelas.
Despesas	Aquisição de materiais.	Aluguéis, despesas com remuneração de servidores, contratos de obras.	Água e energia elétrica, aquisição de combustíveis e lubrificantes e outros.
Reforço	Não se admite.	Admite-se o reforço desde que seja referente à prestação continuado do serviço.	Admite-se o reforço desde que seja referente à prestação continuado do serviço.

a.2. LIQUIDAÇÃO

Conforme dispõe o art. 63 da Lei nº 4.320/1964, a liquidação consiste na verificação do direito adquirido pelo credor tendo por base os títulos e documentos comprobatórios do respectivo crédito e tem por objetivo apurar:

> **Art. 63.** A liquidação da despesa consiste na verificação do direito adquirido pelo credor tendo por base os títulos e documentos comprobatórios do respectivo crédito.
> § 1º. Essa verificação tem por fim apurar:
> I – a origem e o objeto do que se deve pagar;
> II – a importância exata a pagar;
> III – a quem se deve pagar a importância, para extinguir a obrigação.
> § 2º. A liquidação da despesa por fornecimentos feitos ou serviços prestados terá por base:
> I – o contrato, ajuste ou acordo respectivo;
> II – a nota de empenho;
> III – os comprovantes da entrega de material ou da prestação efetiva do serviço.

A liquidação estará perfeita e acabada quando o ordenador de despesa, ou seu preposto, além de apor sua assinatura em local apropriado na nota de empenho, atestar, em toda a documentação comprobatória da despesa, sua legalidade, datando, assinando e fazendo expressa menção ao número da nota de empenho correspondente.

a.3. PAGAMENTO

O pagamento consiste na entrega de numerário ao credor por meio de cheque nominativo, ordens de pagamentos ou crédito em conta, e só pode ser efetuado após a regular liquidação da despesa.

A Lei nº 4.320/1964, no art. 64, define ordem de pagamento como sendo o despacho exarado por autoridade competente, determinando que a despesa liquidada seja paga.

A ordem de pagamento só pode ser exarada em documentos processados pelos serviços de contabilidade.

◆ Atenção!

Entre o estágio do Empenho e da liquidação ocorrerá a certificação do recebimento. Entre o estágio da Liquidação e o Pagamento ocorrerá o despacho exarado pela autoridade competente.

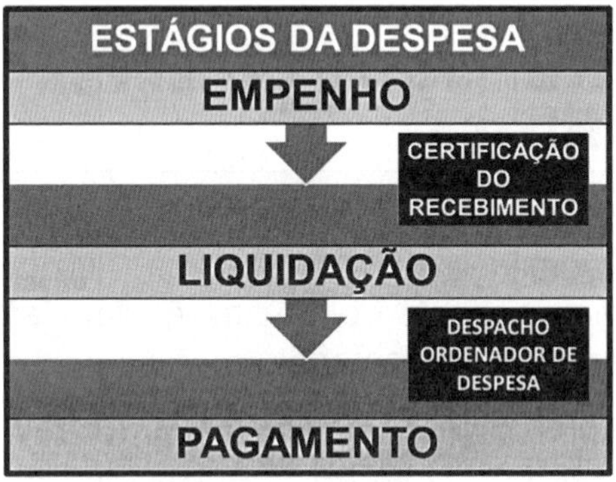

7.13. CONTROLE E AVALIAÇÃO

Segundo o Manual da Despesa Nacional, esta fase compreende a fiscalização realizada pelos órgãos de controle e pela sociedade.

O Sistema de Controle visa à avaliação da ação governamental, da gestão dos administradores públicos e da aplicação de recursos públicos por entidades de Direito Privado, por intermédio da fiscalização contábil, financeira, orçamentária, operacional e patrimonial.

7.14. DESPESAS DE OPERAÇÕES INTRAORÇAMENTÁRIAS

A Portaria interministerial n° 338, de 26 de abril de 2006 em seu art. 1° Definiu como Intraorçamentárias as operações que resultem de despesas de órgãos, fundos, autarquias, fundações, empresas estatais dependentes e outras entidades integrantes dos orçamentos fiscal e da seguridade social decorrentes da aquisição de materiais, bens e serviços, pagamento de impostos, taxas e contribuições, quando o recebedor dos recursos também for órgão, fundo, autarquia, fundação, empresa estatal dependente ou outra entidade constante desses orçamentos, no âmbito da mesma esfera de governo. A modalidade de Aplicação que representa esse tipo de gasto é a *91 – Aplicação Direta Decorrente de Operação entre Órgãos, Fundos e Entidades Integrantes dos Orçamentos Fiscal e da Seguridade Social*

7.15. RECONHECIMENTO DA DESPESA ORÇAMENTÁRIA

Ao final do exercício financeiro à Administração Pública deverá apurar o seu resultado orçamentário que será obtido através da diferença entre a receita orçamentária e a despesa orçamentária.

O reconhecimento da despesa orçamentária ocorre no momento do seu empenho, conforme artigo 35 da Lei nº 4.320/1964 e decorre do enfoque orçamentário dessa lei.

> **Art. 35.** Pertencem ao exercício financeiro:
> I – as receitas nele arrecadadas;
> II – as despesas nele legalmente empenhadas.

A interpretação do artigo 35 da Lei nº 4.320/1964 nos leva ao regime de caixa para a receita e de competência para a despesa. Adotando-se o regime orçamentário misto na administração pública.

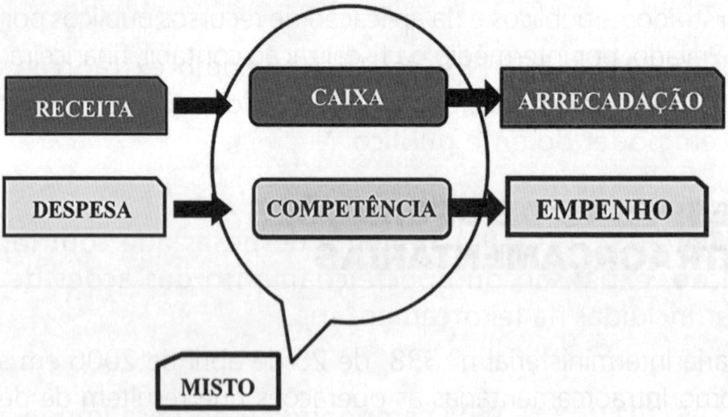

7.16. QUESTÕES DE CONCURSOS

1. (CESPE/2017 – TCE PE) Para ser efetivada, a despesa orçamentária depende de autorização legislativa na forma de consignação de dotação orçamentária.

2. (CESPE/2017 – TCE PE) A classificação institucional e indispensável para o estabelecimento de responsabilidades, bem como o controle e a avaliação dela consequente.

3. (CESPE/2017 – TCE PE) A finalidade da classificação funcional e identificar o objeto de cada uma das despesas.

4. (CESPE/2017 – TCE PE) O objetivo da classificação funcional programática e evidenciar as unidades administrativas responsáveis pela aplicação dos recursos públicos.

5. (CESPE/2017 – TCE PE) Denomina-se classificação por categoria econômica a classificação orçamentária que se refere a implementação de politicas em prol da sociedade e cujos resultados sejam passiveis de aferição por indicadores.

6. (CESPE/2017 – TCE PE) Classifica-se como extraorçamentária a despesa correspondente a devolução de valores de terceiros temporariamente em poder do ente publico.

7. (CESPE/2017 – TCE PE) Somente despesas que contribuam para manutenção, expansão ou aperfeiçoamento das ações de governo podem ser incluídas na lei orçamentária.

8. (CESPE/2017 – TCE PE) O empenho de despesa impõe ao Estado uma obrigação de pagamento, ainda que o bem correspondente não tenha sido fornecido ou o serviço correspondente não tenha sido prestado.

9. **(CESPE/2017 – TCE PE)** Órgão público que pretenda destinar parte de seu orçamento à geração de bens e serviços públicos voltados para uma demanda específica da sociedade deverá fazê-lo, obrigatoriamente, mediante a inclusão de um projeto.

10. **(CESPE/2017 – TRE BA)** Na figura apresentada abaixo, o número 39 corresponde à resposta a uma das perguntas a serem consideradas para a programação do orçamento de despesas. Assinale a opção que apresenta a pergunta respondida por meio desse número.

a) A quem se destina a receita?

b) Onde está o beneficiário do gasto?

c) A qual orçamento se refere o recurso?

d) Quem é o responsável por fazer as ações?

e) Onde a ação será realizada?

CÓDIGO COMPLETO*			10.	39.	252.	26.	782.	2075.	7M64.	0043.	9999.	0.	100.	4490.	2
QUALITATIVA		esfera: orçamento fiscal	10												
	CLASSIFICAÇÃO INSTITUCIONAL	órgão: Ministério dos Transportes		39											
		unidade orçamentária: Departamento Nacional de Infraestrutura de Transportes – (DNIT)			252										
	CLASSIFICAÇÃO FUNCIONAL	função: transporte				26									
		subfunção: transporte rodoviário					782								
	CLASSIFICAÇÃO PROGRAMÁTICA	programa: transporte terrestre						2075							
		ação: construção de trecho rodoviário							7M64						
		subtítulo: Rio Grande do Sul								0043					

11. **(CESPE/2017 – TRE BA)** Na classificação funcional de despesa orçamentária, a função "encargos especiais" engloba despesas orçamentárias que expressem

a) um bem ou um serviço específico.

b) uma função sem subfunções típicas.

c) juros, taxas e comissões de financiamentos.

d) diversos serviços.

e) uma agregação neutra.

12. **(CESPE/2017 – TRT 7ª Região)** Em um contrato de prestação de serviços firmado entre empresa privada e órgão da administração pública direta, a autoridade competente, após as verificações pertinentes, certificou, na nota fiscal apresentada pela empresa, a prestação do serviço, mediante ateste.

As informações apresentadas nessa situação hipotética se referem ao estágio de execução da despesa orçamentária denominado

a) empenho.
b) liquidação.
c) pagamento.
d) dotação.

13. (CESPE/2017 – TRE BA) O processo de fixação da despesa orçamentária é concluído com

a) o pagamento da despesa orçamentária e a efetuação da entrega de numerário ao credor.
b) a autorização do Poder Legislativo por meio da lei orçamentária anual, ressalvadas as eventuais aberturas de créditos adicionais no decorrer da vigência do orçamento.
c) as descentralizações de créditos orçamentários, mediante a realização da movimentação do orçamento.
d) a emissão da nota de empenho e a formalização da obrigação de pagamento pendente ou não de implemento de condição.
e) a liquidação da despesa orçamentária, após a verificação do direito adquirido pelo credor.

14. (CESPE/2016 – TCE PA) O empenho, primeiro estágio da despesa pública, consiste em reserva de dotação orçamentária para um fim específico e deve ser assinado pelo ordenador da despesa.

15. (CESPE/2016 – TCE PA) De acordo com a classificação financeira por categoria econômica, as despesas públicas podem ser de três tipos: despesas correntes, despesas de capital e despesas da dívida pública.

16. (CESPE/2016 – TCE PA) Despesas públicas não computadas na lei de orçamento anual ou insuficientemente dotadas poderão ser autorizadas por meio dos denominados créditos adicionais.

17. **(CESPE/2016 – TCE PA)** As despesas decorrentes de sentença judicial são classificadas como operações especiais, por não gerarem produtos.

18. **(FCC/2017 – DPE RS)** Considere os seguintes itens:

I. Dotações para manutenção de serviços anteriormente criados, inclusive as destinadas a atender a obras de conservação e adaptação de bens imóveis.

II. Dotações para despesas as quais não corresponda contraprestação direta em bens ou serviços, inclusive para contribuições e subvenções destinadas a atender à manifestação de outras entidades de direito público ou privado.

III. Transferências destinadas a cobrir despesas de custeio de empresas públicas ou privadas de caráter industrial, comercial, agrícola ou pastoril.

IV. Dotações para o planejamento e a execução de obras, inclusive as destinadas à aquisição de imóveis considerados necessários à realização destas últimas, bem como para os programas especiais de trabalho, aquisição de instalações, equipamentos e material permanente e constituição ou aumento do capital de empresas que não sejam de caráter comercial ou financeiro.

V. Dotações destinadas à aquisição de imóveis, ou de bens de capital já em utilização.

A Lei nº 4.320/1964 estabelece que esses itens correspondem, respectivamente, a

a) despesas de custeio, transferências correntes, subvenções sociais, inversões financeiras e investimentos.

b) transferências correntes, transferências de capital, subvenções econômicas, investimentos e inversões financeiras.

c) transferências correntes, transferências de capital, subvenções sociais, investimentos e inversões financeiras.

d) despesas de custeio, transferências de capital, subvenções econômicas, investimentos e inversões financeiras.

e) despesas de custeio, transferências correntes, subvenções econômicas, investimentos e inversões financeiras.

19. (FCC/2017 – DPE RS) A Lei nº 4.320/1964, no que se refere às etapas da despesa orçamentária, estabelece que

a) a realização de despesa sem prévio empenho é admitida apenas para os setores de educação, saúde e segurança pública.

b) o empenho da despesa poderá exceder o limite dos créditos concedidos conforme percentual autorizado na Lei de Diretrizes Orçamentárias.

c) em casos especiais previstos na legislação específica será dispensada a emissão da nota de empenho.

d) é vedada a emissão de empenhos globais ou por estimativa.

e) liquidação da despesa é o despacho exarado por autoridade competente, determinando que a despesa seja paga.

20. (FCC/2017 – TRE PR) As dotações da Lei Orçamentária Anual de um Tribunal Regional Eleitoral destinadas à ampliação do edifício-sede de tal Tribunal, com aumento dos benefícios econômicos do ativo, e à construção de um prédio onde funcionará o Cartório Eleitoral em um município, classificam-se, respectivamente, com os seguintes códigos de categoria econômica e nomenclatura do grupo de natureza da despesa:

a) 3, Investimentos; 3, Inversões Financeiras.

b) 3, Inversões Financeiras; 4, Inversões Financeiras.

c) 3, Despesas de Custeio; 4, Transferências de Capital.

d) 4, Investimentos; 4, Transferências de Capital.

e) 4, Investimentos; 4, Investimentos.

21. (FCC/2016 – TRF 3ª Região) Sobre as regras para a realização da despesa, considere:

I. Imputação de dotação global.

II. Imputação de dotação descentralizada por unidade administrativa.

III. Atribuição de fornecimento ou prestação de serviços cujo custo excede os limites previamente fixados em lei.

IV. Empenhamento contemporâneo à realização da despesa em razão de urgência caracterizada na legislação em vigor.

Nos termos do Decreto nº 93.872/1986, constitui vedação para a realização da despesa se ocorrido o que consta APENAS em

a) I e IV.

b) III.

c) II, III e IV.
d) II e III.
e) I e II.

22. **(FCC/2016 – TRF 3ª Região)** A Lei nº 4.320/1964, que estabelece normas gerais de Direito Financeiro, quanto a aspectos pertinentes à despesa pública, prevê que

a) transferências correntes são dotações para as despesas que correspondem a contraprestação direta de bens e serviços.
b) unidade orçamentária é o agrupamento de serviços subordinados ao mesmo órgão a que serão consignadas dotações próprias.
c) é vedada consignação de dotações a unidades administrativas subordinadas ao mesmo órgão.
d) na lei do orçamento a discriminação da despesa será feita, no mínimo, por unidade orçamentária.
e) material permanente é o de duração superior a 12 meses.

23. **(FCC/2016 – TRF 3ª Região) O orçamento anual do TRF da 3ª Região para 2016 previu despesas com material de consumo, equipamentos e instalações, serviços de terceiros, salário-família e material permanente. Nos termos dispostos na Lei nº 4.320/1964, essas despesas são classificadas, respectivamente, como**

a) despesas de custeio, investimentos, despesas de custeio, transferências correntes e investimentos.
b) despesas de custeio, inversões financeiras, transferências correntes, transferências correntes e transferências de capital.
c) transferências correntes, investimentos, despesas de custeio, despesas de custeio e investimentos.
d) transferências correntes, transferências de capital, transferências correntes, despesas de custeio e inversões financeiras.
e) despesas de custeio, investimentos, transferências correntes, despesas de custeio e despesas de custeio.

24. **(FCC/2016 – TRT 23ª Região)** No Balanço Orçamentário do exercício financeiro de 2015 de determinada entidade do setor público, as despesas orçamentárias totalizaram R$ 5.400.000. Deste total, 25%

referem-se às seguintes despesas orçamentárias realizadas no mês de dezembro de 2015:

pessoal ativo	145.000
amortização da dívida de longo prazo	110.000
aquisição de material de expediente	50.000
juros sobre a dívida por contrato	350.000
aquisição de pneus para frota de veículos	40.000
aluguel de veículo utilizado pelo chefe de gabinete do secretário	35.000
obrigações patronais	120.000
construção do Posto de Saúde	190.000
aquisição de imóveis	230.000
encargos sobre operações de crédito por antecipação da receita	60.000
aquisição de livros didáticos para distribuição gratuita	20.000
Total das despesas orçamentárias realizadas no mês de dezembro de 2015	**1.350.000**

O total das despesas correntes e de capital realizadas no mês de dezembro de 2015 soma, respectivamente,

a) 785.000 e 565.000.

b) 470.000 e 880.000.

c) 725.000 e 625.000.

d) 820.000 e 530.000.

e) 780.000 e 570.000.

25. (FCC/2016 – TRT 23ª Região) O Tribunal Central da Região Leste contratou a empresa Conservar e Limpar Ltda., para realizar os serviços de conservação e limpeza no imóvel, no qual está instalado, pelo valor total de R$ 122.000,00. Sob o aspecto orçamentário, a despesa deve ser classificada no elemento denominado de

a) capital.

b) locação de mão de obra.

c) outras despesas de pessoal.

d) manutenção de bens imóveis.

e) outros serviços de terceiros – Pessoa Jurídica.

26. **(FCC/2016 – TRT 20ª Região)** As despesas com serviços realizadas nos meses de novembro e dezembro de 2015 com a manutenção dos elevadores instalados no prédio central de determinado órgão público, embora o orçamento respectivo consignasse crédito próprio, com saldo suficiente para atendê-las, não foram empenhadas no respectivo exercício. Na execução orçamentária do exercício de 2016, segundo a Lei Federal nº 4.320/1964, as despesas serão empenhadas no elemento de despesa denominado de

a) indenizações e restituições.
b) despesas de exercícios anteriores.
c) locação de mão de obra.
d) obrigações de exercícios anteriores.
e) ressarcimentos de exercícios anteriores.

Atenção: Para responder as questões de números 27 e 28, considere as seguintes informações:

Na elaboração da proposta orçamentária para o exercício de 2017 de determinado ente da federação, foi definido que seriam previstas e fixadas, respectivamente, as seguintes receitas e despesas orçamentárias.

Despesas Orçamentárias	
Aquisição de um terreno destinado a construção de escola pública	2.200
Vencimentos e Vantagens Fixas	13.500
Aquisição de Livros Didáticos para Distribuição Gratuita	4.200
Amortização de empréstimos de longo prazo	3.300
Contribuições para Instituto de Previdência	1.450
Juros sobre a Dívida por Contrato	1.800
Aquisição de Material de Construção para Reparos em Imóveis	2.700
Serviços de Limpeza e Higiene	2.600
Aquisição de dois imóveis usados (bens de capital já em utilização)	1.300

27. **(FCC/2016 – TRT 20ª Região)** O total das despesas de Capital soma

a) 8.050
b) 11.000

c) 9.500
d) 6.800
e) 8.600

28. **(FCC/2016 – TRT 20ª Região)** A proposta orçamentária apresenta

a) déficit do orçamento corrente de R$ 1.150
b) superávit do orçamento de capital de R$ 1.000
c) superávit do orçamento corrente de R$ 1.250
d) déficit do orçamento de capital R$ 1.000
e) superávit do orçamento corrente R$ 2.900

29. **(FCC/2016 – TRT 20ª Região)** No mês de outubro de 2016, determinado ente público empenhou despesas no valor de R$ 648.550.000. Deste total aproximadamente 10%, referem-se a despesas que não contribuem para a manutenção, expansão ou aperfeiçoamento das ações de governo, das quais não resulta um produto e não geram contraprestação direta sob a forma de bens ou serviços.

Considerando a classificação funcional das despesas, segundo a Portaria nº 42/1999-MOG, estas despesas referem-se a ação denominada de

a) transferências financeiras.
b) operação especial.
c) atividade.
d) transferências voluntárias.
e) projeto.

30. **(FCC/2016 – TRF 3ª Região)** Nos termos da Lei nº 4.320/1964, o repasse de valores destinados a cobrir despesas de custeio de entidades

a) é limitado a instituições públicas ou privadas de caráter assistencial ou cultural, sem fins lucrativos.
b) é ato contábil classificado como inversão financeira.
c) é considerado despesa de capital se for destinado a empresas de caráter industrial ou comercial.
d) pode ter caráter social ou econômico.
e) somente podem ter caráter econômico se destinado a empresas públicas.

31. **(FCC/2016 – TRF 3ª Região)** O TRF da 3ª Região realizou despesa para a aquisição de microcomputadores, *tablets* e *notebooks*. As notas de empenho foram emitidas no mês de setembro. Em outubro do mesmo ano foram entregues os microcomputadores.

Após essa primeira entrega, o TRF promoveu o pagamento total da despesa. No mês seguinte os demais itens também foram entregues. Esse relato evidencia que houve descumprimento da Lei nº 4.320/1964, uma vez que foi constatada irregularidade

a) na fase de planejamento da despesa.

b) nas fases de empenhamento e liquidação da despesa.

c) na fase de pagamento da despesa.

d) nas fases de liquidação e pagamento da despesa.

e) nas fases de empenhamento, liquidação e pagamento da despesa.

32. **(FGV/2017 – ALERJ)** Em um dado exercício, o orçamento de uma entidade pública previu receitas de 80 milhões. A arrecadação excedeu em 10% a previsão. Foram abertos créditos adicionais, que aumentaram a despesa fixada em 6 milhões. Quanto à despesa, não houve economia orçamentária do montante fixado. A inscrição em restos a pagar totalizou 9,5 milhões.

A partir das disposições do regime orçamentário, o montante da despesa executada foi de:

a) 88 milhões;

b) 86 milhões;

c) 80 milhões;

d) 78,5 milhões;

e) 76,5 milhões.

33. **(FGV/2015 DP/MT: Contador)** De acordo com a Lei nº 4.320/64, são classificado(a)s como despesas correntes:

a) as subvenções sociais e econômicas.

b) as aquisições de imóveis.

c) o aumento do capital social de entidades industriais ou agrícolas.

d) os auxílios para obras públicas.

e) as concessões de empréstimos.

Quadro I – Dados da execução orçamentária de uma unidade da federação no exercício de 2015 (em milhares de reais).

RECEITAS	Previsão	Arrecadação
Receitas Correntes	4.600.000,00	4.460.000,00
Receitas de Capital	300.000,00	160.000,00
DESPESAS	Fixação	Empenho
Despesas Correntes	3.800.000,00	3.850.000,00
Despesas de Capital	1.100.000,00	710.000,00

34. **(FGV/2015 – DP/RO)** De acordo com as informações do Quadro I, o resultado da execução orçamentária foi de:

a) 50.000,00;

b) 60.000,00;

c) – 140.000,00;

d) – 280.000,00;

e) – 340.000,00.

35. **(FGV/2015 – PGE/RO)** Área de ação governamental em que a despesa será realizada' e 'Responsabilização pela execução de uma despesa' são itens respectivamente associados às seguintes classificações da despesa orçamentária:

a) por elemento e funcional;

b) funcional e institucional;

c) funcional e programática;

d) por natureza e programática;

e) programática e institucional.

36. **(FGV/2015 – TCM/SP)** O reconhecimento contábil de um passivo exigível em uma entidade do setor público representa algumas peculiaridades quanto às etapas da execução orçamentária da despesa pública.

O registro da etapa da despesa entre o empenho e a liquidação chamada "em liquidação" significa que:

a) a despesa gerou obrigações independentes de autorização orçamentária;
b) houve apenas comprometimento de recurso financeiro da entidade governamental que fez o empenho;
c) houve conclusão das etapas da despesa orçamentária, exceto pagamento;
d) houve ocorrência do fato gerador da variação patrimonial diminutiva e a não ocorrência da liquidação da despesa;
e) o fato gerador do passivo exigível ocorreu e está pendente do empenho da despesa orçamentária.

37. **(FGV/2015 – TJ/PI)** No orçamento de um determinado ente público, foi identificada uma classificação de despesa por função, conforme quadro a seguir, com valores expressos em milhares de reais.

Função	Subfunção	Valores
Urbanismo	Abastecimento	570,00
	Administração geral	10.750,00
	Habitação urbana	29.240,00
	Infraestrutura urbana	145.890,00
	Normatização e Fiscalização	810,00
	Ordenamento Territorial	2.670,00
	Planejamento e orçamento	1.805,00
	Serviços urbanos	47.430,00
	Tecnologia da Informação	1.240,00
	Transportes coletivos urbanos	2.580,00

A subfunção representa uma partição da função, visando a agregar determinado subconjunto de despesa do setor público. Porém, a Portaria MPOG nº 42/1999 dispõe que as subfunções poderão ser combinadas com funções diferentes daquelas a que estejam vinculadas.

Considerando os dados apresentados, o valor total das subfunções precipuamente vinculadas à função Urbanismo é:

a) 193.320,00;
b) 195.900,00;
c) 222.560,00;

d) 228.380,00;

e) 230.995,00.

38. (FGV/2015 – TJ/PI) A execução da despesa pública se processa em estágios específicos, cujos registros subsidiarão a elaboração de relatórios de acompanhamento e prestação de contas. Um mecanismo presente na execução da despesa orçamentária das entidades públicas é a abertura de créditos adicionais, que se relaciona ao estágio do (a):

a) empenho;

b) fixação;

c) previsão;

d) liquidação;

e) pagamento.

39. (FGV/2015 – TJ/PI) A despesa pública para fins de apresentação da proposta orçamentária, execução e prestação de contas apresenta uma série de classificações, legalmente definidas. Tais classificações propiciam a análise da receita sob várias perspectivas.

A classificação da despesa em que as ações podem ser analisadas como atividades, projetos ou operações especiais é a classificação:

a) funcional;

b) institucional;

c) por elemento;

d) por fonte de recursos;

e) programática.

40. (FGV/2015 – TJ/PI) Os atos que caracterizam a execução da receita e da despesa públicas são processados em estágios, cujos registros permitem o controle da prestação de contas. O estágio em que se registra o comprometimento do crédito orçamentário é o (a):

a) dotação;

b) empenho;

c) fixação;

d) liquidação;

e) pagamento.

GABARITO

1	V	**9**	F	**17**	F	**25**	E	**33**	A
2	V	**10**	D	**18**	E	**26**	B	**34**	B
3	F	**11**	E	**19**	C	**27**	D	**35**	B
4	F	**12**	B	**20**	E	**28**	C	**36**	D
5	F	**13**	B	**21**	B	**29**	B	**37**	B
6	V	**14**	V	**22**	B	**30**	D	**38**	B
7	F	**15**	F	**23**	A	**31**	C	**39**	E
8	V	**16**	V	**24**	D	**32**	B	**40**	B

Assista à correção de algumas questões, deste capítulo, posicionando aqui o leitor do ***QR Code****.*

https://editoraj.us/AFO07

Capítulo 8.
Restos a Pagar

8.1. INTRODUÇÃO

A Lei nº 4.320/64 adota o regime de competência para o reconhecimento da despesa orçamentária, quando afirma em seu artigo 35 inciso II que pertencem ao exercício financeiro as despesas nele legalmente empenhadas.

O reconhecimento da despesa independe do seu pagamento ou da sua liquidação. Observe o quadro abaixo.

ESTÁGIOS DA EXECUÇÃO			REGIME CONTÁBIL	
Empenho	**Liquidação**	**Pagamento**	**Competência**	**Caixa**
Sim	Sim	Sim	X	X
Sim	Sim	Não	X	
Sim	Não	Não	X	

Os Restos a Pagar decorem do regime de competência adotado pela Administração Pública (enfoque orçamentário) e estão disciplinados no at. 36 da Lei nº 4.320/64

4.320/64
Art. 36. Consideram-se Restos a Pagar as despesas empenhadas mas não pagas até o dia 31 de dezembro, distinguindo-se as processadas das não processadas.
Parágrafo único. Os empenhos que correm à conta de créditos com vigência plurianual, que não tenham sido liquidados, só serão computados como Restos a Pagar no último ano de vigência do crédito.

No final do exercício, as despesas orçamentárias empenhadas e não pagas poderão ser inscritas em Restos a Pagar e constituirão a Dívida Flutuante. Podem-se distinguir dois tipos de Restos a Pagar, os Processados e os Não processados. A inscrição de Restos a Pagar deve observar aos limites e condições de modo a prevenir riscos e corrigir desvios capazes de afetar o equilíbrio das contas públicas, conforme estabelecido na Lei de Responsabilidade Fiscal – LRF.

8.2. CONCEITO

Restos a pagar ou resíduos passivos são obrigações decorrentes da execução do orçamento da despesa que não foram pagas no exercício da emissão do empenho. Espera-se que sejam pagas no exercício seguinte e serão classificadas como despesa extraorçamentária.

A obrigação oriunda dos restos a pagar será classificada como Dívida Flutuante.

4.320/64
Art. 92. A dívida flutuante compreende:
I – os restos a pagar, excluídos os serviços da dívida;

II – os serviços da dívida a pagar;
III – os depósitos;
IV – os débitos de tesouraria.

8.3. RESTOS A PAGAR PROCESSADOS

Os restos a pagar processados são aqueles em que a despesa orçamentária percorreu os estágios de empenho e liquidação, restando pendente apenas o estágio do pagamento. Em geral, não podem ser cancelados, tendo em vista que o fornecedor de bens/serviços cumpriu com a obrigação de fazer e a Administração não poderá deixar de cumprir com a obrigação de pagar. Portanto, serão inscritas, no final do exercício, em restos a pagar processados as despesas liquidadas e não pagas no exercício financeiro, ou seja, aquelas em que o serviço, obra ou material contratado tenha sido prestado ou entregue e aceito pelo contratante.

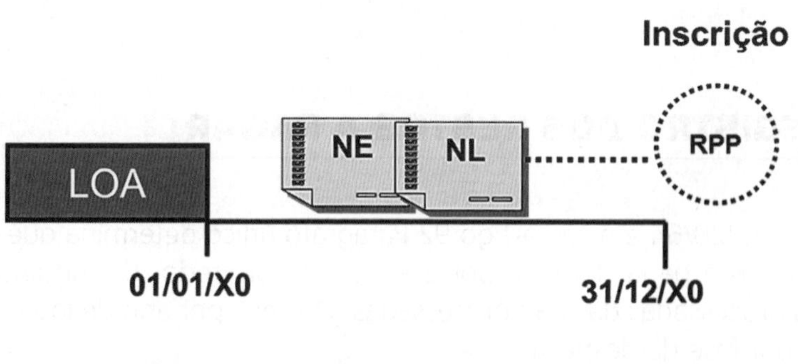

8.4. RESTOS A PAGAR NÃO PROCESSADOS

São os saldos de despesas empenhadas que não conseguiram, por algum motivo, atingir o estágio da liquidação até o dia 31/12. Essas despesas estão na dependência da prestação do serviço, do fornecimento do material ou da execução da obra por parte do credor, portanto o seu direito não foi apurado, quanto à liquidez e certeza.

Também serão inscritas as despesas não liquidadas quando o serviço ou material contratado tenha sido prestado ou entregue e que se encontre, em 31 de dezembro de cada exercício financeiro, em fase de verificação do direito adquirido pelo credor ou quando o prazo para cumprimento da obrigação assumida pelo credor estiver vigente.

A inscrição de despesa em restos a pagar não processados é procedida após a anulação dos empenhos que não podem ser inscritos em virtude de restrição em norma do ente, ou seja, verificam-se quais despesas devem ser inscritas em restos a pagar e anulam-se as demais para, após, inscreverem os restos a pagar não processados do exercício.

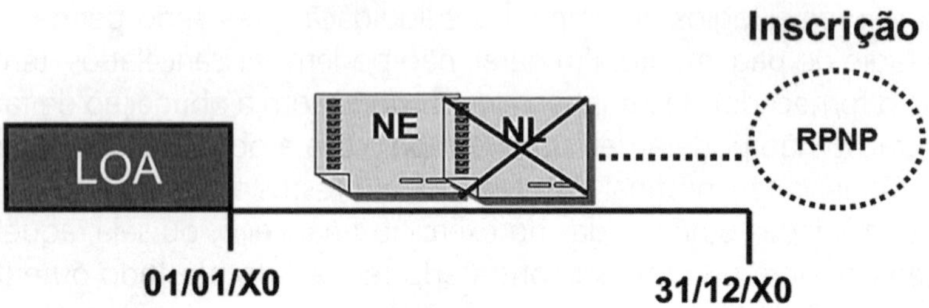

8.5. REGISTRO DOS RESTOS A PAGAR

A lei nº 4.320/64 em seu artigo 92 Parágrafo único determina que o registro dos restos a pagar far-se-á por exercício e por credor distinguindo-se as despesas processadas das não processadas. Ou seja, por ano de inscrição, por credor e por fase da despesa.

O Decreto 93.872/86 estabeleceu as condições para a inscrição dos Restos a Pagar em seus artigos 68 e 35:

> **Art. 68.** A inscrição de despesas como restos a pagar no encerramento do exercício financeiro de emissão da Nota de Empenho depende da observância das condições estabelecidas neste Decreto para empenho e liquidação da despesa.
> § 1º. A inscrição prevista no caput como restos a pagar não processados fica condicionada à indicação pelo ordenador de despesas.

> **Art. 35.** O empenho de despesa não liquidada será considerado anulado em 31 de dezembro, para todos os fins, salvo quando:

I – vigente o prazo para cumprimento da obrigação assumida pelo credor, nele estabelecida;
II – vencido o prazo de que trata o item anterior, mas esteja em cursos a liquidação da despesa, ou seja de interesse da Administração exigir o cumprimento da obrigação assumida pelo credor;
III – se destinar a atender transferências a instituições públicas ou privadas;
IV – corresponder a compromissos assumido no exterior.

8.6. PAGAMENTO

Espera-se que seja realizado no ano seguinte ao da sua inscrição (**despesa extraorçamentária**), com base na liquidação da despesa.

8.6.1. Pagamento do RP Processado

➘ Dados:

1. Despesa Empenhada em X1;
2. Despesa liquidada, mas não paga em X1;
3. Inscrição dos Restos a Pagar Processados (RPP) em 31/12/X1;
4. O pagamento do RPP em X2 deverá ser classificado como despesa extraorçamentária.

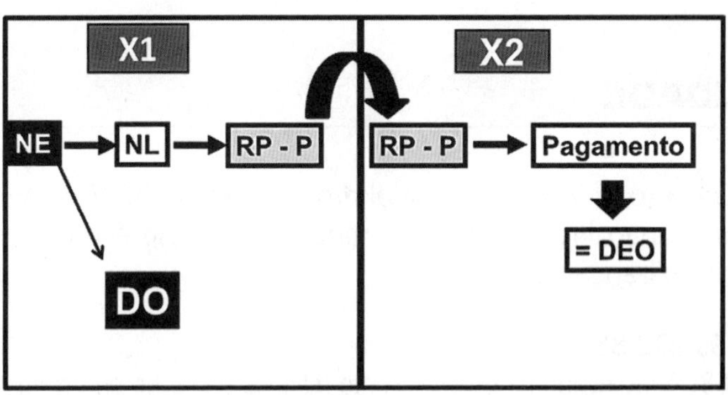

8.6.2. Pagamento do RP Não Processado

➘ Dados:

1. Despesa Empenhada em X1;
2. Despesa não liquidada em X1 sendo inscrita como RP Não Processado (RPNP) em 31/12/X1;
3. Com a liquidação da despesa ocorrendo em X2 o RPNP será transformado em RPP;
4. Ocorrendo o pagamento do RPP em X2 deverá ser classificado como despesa extraorçamentária.
5. A condição para se efetuar o pagamento de RPNP é a liquidação da despesa. Nenhuma despesa orçamentária poderá ser paga sem estar devidamente autorizada, empenhada e liquidada.

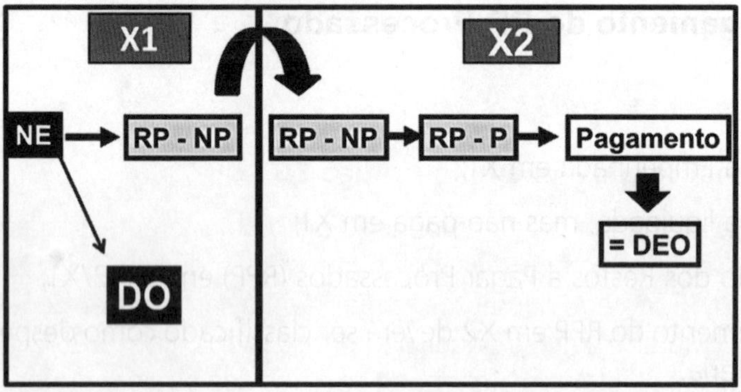

8.7. VALIDADE

Com o Decreto nº 7.654/11, que alterou o Dec. 93.872/86, a validade dos Restos a Pagar não Processados foi modificada. Esse é um tema bastante explorado pelas bancas.

> **Dec. 93.872/86**
> **Art. 68.** A inscrição de despesas como restos a pagar no encerramento do exercício financeiro de emissão da Nota de Empenho depende da observância das condições estabelecidas neste Decreto para empenho e liquidação da despesa.
> § 1º. A inscrição prevista no caput como restos a pagar não processados fica condicionada à indicação pelo ordenador de despesas.

§ 2º. Os restos a pagar inscritos na condição de não processados e não liquidados posteriormente terão validade até 30 de junho do segundo ano subsequente ao de sua inscrição, ressalvado o disposto no § 3º.
§ 3º. Permanecem válidos, após a data estabelecida no § 2º, os restos a pagar não processados que:
I – refiram-se às despesas executadas diretamente pelos órgãos e entidades da União ou mediante transferência ou descentralização aos Estados, Distrito Federal e Municípios, com execução iniciada até a data prevista no § 2º; ou
II – sejam relativos às despesas:
a) do Programa de Aceleração do Crescimento – PAC
b) do Ministério da Saúde; ou
c) do Ministério da Educação financiadas com recursos da Manutenção e Desenvolvimento do Ensino.
§ 4º. Considera-se como execução iniciada para efeito do inciso I do § 3º:
I – nos casos de aquisição de bens, a despesa verificada pela quantidade parcial entregue, atestada e aferida; e
II – nos casos de realização de serviços e obras, a despesa verificada pela realização parcial com a medição correspondente atestada e aferida.

↘ Descomplicando – exemplo prático

Em 29/12/2016, um órgão empenhou despesa referente à aquisição de dez equipamentos para serem utilizados na prestação de serviços à comunidade. Em 31/12/2016, os equipamentos ainda não haviam sido entregues e a despesa foi inscrita em restos a pagar não processados. Em 15/05/2018, houve a entrega parcial, atestada e aferida, de seis dos dez equipamentos.

De acordo com o Decreto nº 93.872/86 e alterações posteriores, os restos a pagar não processados referentes a tais equipamentos permanecerão válidos após 30/06/2018.

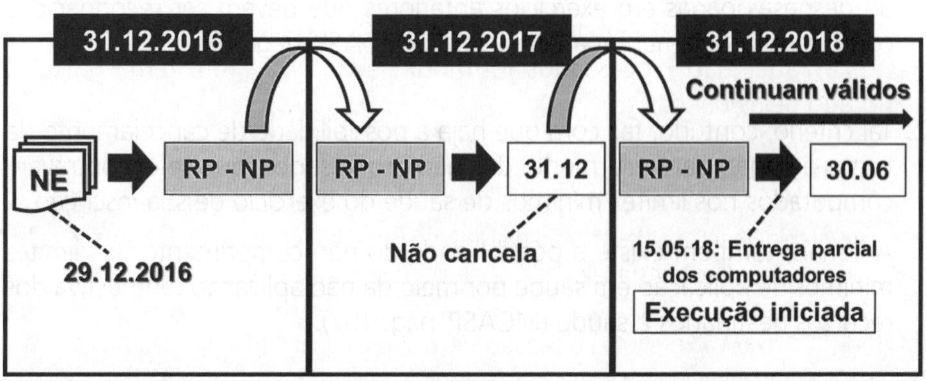

8.8. CANCELAMENTO DE RESTOS A PAGAR

Segundo o Manual da despesa nacional/2008, os Restos a Pagar Processados não podem ser cancelados, tendo em vista que o fornecedor de bens/serviços cumpriu com a obrigação de fazer e a administração não poderá deixar de cumprir com a obrigação de pagar sob pena de estar deixando de cumprir os Princípios da Moralidade que rege a Administração Pública e está previsto no artigo 37 da Constituição Federal. O cancelamento caracteriza, inclusive, forma de enriquecimento ilícito, conforme Parecer nº 401/2000 da Procuradoria-Geral da Fazenda Nacional.

> **CF/88**
> **Art. 37.** A administração pública direta e indireta de qualquer dos Poderes da União, dos Estados, do Distrito Federal e dos Municípios obedecerá aos princípios de legalidade, impessoalidade, **moralidade**, publicidade e eficiência e, também, ao seguinte: (grifo nosso).

PROÍBE-SE o cancelamento do RP processado com a extinção da obrigação, **caso contrário poderá ser cancelado**. Observe abaixo textos extraídos do MCASP/2016:

1. Cancelamento de Despesas Inscritas em Restos a Pagar – consiste na baixa da obrigação constituída em exercícios anteriores, portanto, trata-se de restabelecimento de saldo de disponibilidade comprometida, originária de receitas arrecadadas em exercícios anteriores e não de uma nova receita a ser registrada. O cancelamento de restos a pagar não se confunde com o recebimento de recursos provenientes do ressarcimento ou da restituição de despesas pagas em exercícios anteriores que devem ser reconhecidos como receita orçamentária do exercício (MCASP, pág. 49).

2. Tal critério, contudo, faz com que haja a possibilidade de cancelamento de restos a pagar, particularmente dos não processados, que se encontravam computados nos limites mínimos de saúde do exercício de sua inscrição.

   Ademais, também existe a possibilidade do não cumprimento dos limites mínimos de aplicação em saúde por meio da não aplicação tempestiva dos recursos destinados à saúde (MCASP, pág. 107).

3. Compreende o cancelamento de restos a pagar processados e de restos a pagar não processados liquidados por insuficiência de recursos, pela inscrição indevida ou para atender dispositivo legal (MCASP, pág. 314).

◆ **Portanto, os Restos a Pagar Processados podem ser cancelados para fins de ajustes contábeis. O que não pode é extinguir a obrigação com o cancelamento.**

8.9. PRESCRIÇÃO

DEC 98.872/86

Art. 70. Prescreve em cinco anos a dívida passiva relativa aos Restos a Pagar (CCB art. 178, § 10, VI).

8.10. CÁLCULO DOS RESTOS A PAGAR

Onde:

RPT = Restos a Pagar Total

RPP = Restos a Pagar Processados

RPNP = Restos a Pagar Não Processados

DF = Despesa Fixada

DE = Despesa Empenhada

DL = Despesa Liquidada

DP = Despesa Paga

EO = Economia Orçamentária

RESTOS A PAGAR		FÓRMULA
TOTAL (RPT)	=	DE – DP
PROCESSADO (RPP)	=	DL – DP
NÃO PROCESSADO (RPNP)	=	DE – DL

1. Cálculo do RP total

DADOS	
Orçamento aprovado	100.000
Despesa Empenhada	80.000
Despesa Liquidada	70.000
Despesa Paga	50.000
Economia Orçamentária	20.000
Cálculo do RPT	
RPT = DE – DP RPT = 80.000 – 50.000 RPT = 30.000	

2. Cálculo do RP Processado

DADOS	
Orçamento aprovado	100.000
Despesa Empenhada	80.000
Despesa Liquidada	70.000
Despesa Paga	50.000
Economia Orçamentária	20.000
Cálculo do RPP	
RPP = DL – DP RPP = 70.000 – 50.000 RPP = 20.000	

3. Cálculo do RP Não Processado

DADOS	
Orçamento aprovado	100.000
Despesa Empenhada	80.000
Despesa Liquidada	70.000
Despesa Paga	50.000
Economia Orçamentária	20.000
Cálculo do RPNP	
RPNP = DE – DL RPNP = 80.000 – 70.000 RPNP = 10.000	

8.11. ECONOMIA ORÇAMENTÁRIA (EO)

A economia orçamentária representa parte do orçamento que não foi executado e será calculada através da diferença entre a despesa fixada e a despesa empenhada.

EO = DF - DE

Com base nos dados abaixo vamos calcular o RP Não Processado.

Perceba o que pode acontecer. Mesmo a questão não fornecendo o valor da despesa empenhada você poderá encontrá-lo utilizando a fórmula da economia orçamentária.

DADOS	
Orçamento aprovado	100.000
Despesa Empenhada	?
Despesa Liquidada	70.000
Despesa Paga	-
Economia Orçamentária	20.000
1º passo: encontrar o valor da despesa empenhada	
EO = DF – DE 20.000 = 100.000 – DE DE = 80.000	
2º passo: calcular o RPNP	
RPNP = DE – DL RPNP = 80.000 – 70.000 RPNP = 10.000	

8.12. RESTOS A PAGAR X LRF

A LRF, em seu artigo 42, não proibiu a inscrição dos Restos a Pagar no último ano de mandato, apenas criou uma regra mais rígida ao Gestor que intenciona deixar obrigações não pagas ao próximo mandatário.

LRF

Art. 42. É vedado ao titular de Poder ou órgão referido no art. 20, nos últimos dois quadrimestres do seu mandato, contrair obrigação de despesa que não possa ser cumprida integralmente dentro dele, ou que tenha parcelas a serem pagas no exercício seguinte sem que haja suficiente disponibilidade de caixa para este efeito.

Parágrafo único. Na determinação da disponibilidade de caixa serão considerados os encargos e despesas compromissadas a pagar até o final do exercício.

Com base nos dados do quadro abaixo, vamos calcular o RP referente ao exercício financeiro de 2017 à luz da LRF e da lei nº 4.320/64.

Disponibilidade em Caixa e Bancos 31.12.2017	Despesas empenhadas em 2017	Despesas liquidadas em 2017	Despesas pagas em 2017
150.000	1.450.000	1.290.000	1.200.000
RPP ref. a 2016	**Pagamento do RPP em 2017**	**Saldo do RPP ref. a 2016 ainda não pago em 2017**	**Qual o valor do RP a ser inscrito em 2017?**
50.000	20.000	30.000	?

1º Passo: Cálculo do RP Processado (RPP) referente a 2017

RPP = DL – DP

RPP = 1.290.000 – 1.200.000

RPP = 90.000

2º Passo: Cálculo do RP Não Processado referente a 2017

RPNP = DE – DL

RPNP = 1.450.000 – 1.290.000

RPNP = 160.000

3º Passo: Compare a Disponibilidade financeira com o cálculo do RP (considere o saldo em aberto referente a 2016 não pago em 2017)

Disponibilidade financeira 150.000

RPP 2016 . . . . 30.000

RPP 2017 .... 90.000

RPNP 2017 .... 160.000

RPT 280.000

4º Passo: Cálculo do RPT observando a LRF

- Percebe-se que a disponibilidade financeira não suporta toda a inscrição do RP.

  Disponibilidade Financeira = 150.000

  RPT = 280.000

- Diante dessa situação comece inscrevendo o RP Processado:

  RPP 2016 + RPP 2017

  30.000 + 90.000 = 120.000

- Dessa forma, ainda há um saldo disponível para inscrição do RP Não Processado de 30.000 (150.000 – 120.000).

- Inscrição do RP Não Processado/2017...30.000.

5º Passo: Cancelamento dos empenhos que não puderam ser inscritos em RPNP, pois excederam o limite da disponibilidade financeira.

Os empenhos que não puderam ser inscritos em RP NP deverão ser cancelados e o saldo cancelado será revertido à respectiva dotação.

> **Lei nº 4.320/64 Art. 38.** Reverte à dotação a importância de despesa anulada no exercício; quando a anulação ocorrer após o encerramento deste considerar-se-á receita do ano em que se efetivar.

Atenção!

Lei nº 4.320/64

Art. 103. O Balanço Financeiro demonstrará a receita e despesa orçamentária, bem como os recebimentos e os pagamentos de natureza extraorçamentária, conjugados com os saldos em espécie provenientes do exercício anterior, e os que se transferem para o exercício seguinte.

Parágrafo único. Os restos a pagar do exercício serão computados na receita extraorçamentária para compensar sua inclusão na despesa orçamentária.

8.13. QUADRO RESUMO

Origem	Decorre do regime orçamentário adotado pela administração pública para o reconhecimento da despesa que é o regime de competência.
Fundamentação Legal	4.320/64, Art. 36. Consideram-se Restos a Pagar as despesas empenhadas mas não pagas até o dia 31 de dezembro, distinguindo-se as processadas das não processadas.
Registro	Sempre ao final do exercício separado por: ano de inscrição, credor e por fase da despesa.
Restos a Pagar Processado.	Compreendem as despesas legalmente empenhadas, cujo objeto do empenho, já foi recebido, ou seja, já ocorreu a liquidação da despesa, mas não houve o pagamento.
Restos a Pagar Não Processado.	Compreendem as despesas legalmente empenhadas, que não foram liquidadas e nem pagas até 31 de dezembro do mesmo exercício.
Fórmulas	RPT = DE – DP RPP = DL – DP RPNP = DE – DP
Pagamento	Espera-se que seja realizado no ano seguinte ao da sua inscrição (despesa extraorçamentária), com base na liquidação da despesa.
Validade do RP Não Processado	Até 30 de junho do segundo ano subsequente ao de sua inscrição, ressalvados os que se refiram: • As despesas executadas diretamente pelos órgãos e entidades da União ou mediante transferência ou descentralização aos Estados, Distrito Federal e Municípios, com execução iniciada até o dia 30/06 do segundo ano subsequente a inscrição. • Despesas relativas ao PAC, Ministério da Saúde ou Ministério da Educação financiadas com recursos da Manutenção e Desenvolvimento do Ensino.
Cancelamento do RP Processado	**PROÍBE-SE** o cancelamento do RP processado com a extinção da obrigação, caso contrário poderá ser cancelado.
Prescrição	Prescreve em cinco anos a dívida passiva relativa aos Restos a Pagar.
RP X LRF	A LRF não proibiu a inscrição do RP no último ano de mandato, apenas criou uma regra mais rígida condicionando a existência de disponibilidade financeira: É vedado ao titular de Poder ou órgão referido no art. 20, nos últimos dois quadrimestres do seu mandato, contrair obrigação de despesa que não possa ser cumprida integralmente dentro dele, ou que tenha parcelas a serem pagas no exercício seguinte sem que haja suficiente disponibilidade de caixa para este efeito.

8.14. QUESTÕES DE CONCURSOS

1. (CESPE/2017 – TCE PE) A parcela da dívida flutuante que não for paga até o final do exercício financeiro será obrigatoriamente inscrita em restos a pagar.

2. (CESPE/2017 – TCE PE) Situação hipotética: Em 2016, o órgão público X empenhou R$ 1.000.000 em favor do fornecedor YZ Ltda., para a importação de máquinas. As máquinas não foram entregues no prazo e o empenho foi cancelado ao final do exercício.

Em 2017, o fornecedor entregou as máquinas e apresentou a fatura, alegando que o atraso ocorrera por conta de problemas alfandegários. Assertiva: Nessa situação, o órgão X deverá fazer a inscrição em restos a pagar relativos ao orçamento de 2017 para efetuar a liquidação e o pagamento do respectivo débito com o fornecedor.

3. (CESPE/2017 – TRE BA) Um dos principais objetivos da Lei de Responsabilidade Fiscal (LRF) é auxiliar a sociedade no controle e na avaliação do uso que os agentes públicos fazem dos recursos orçamentários. Para tanto, a LRF exige a divulgação de uma série de instrumentos de transparência da gestão fiscal pelo poder público. Essa exigência inclui a divulgação

a) do balanço financeiro.
b) do balanço patrimonial.
c) do balanço orçamentário.
d) da demonstração das variações patrimoniais.
e) das prestações de contas e dos respectivos pareceres prévios.

4. (CESPE/2017 – TRT 7ª Região) Determinada despesa orçamentária empenhada e liquidada não foi paga até o dia trinta e um de dezembro de determinado ano.

Se inscrita em restos a pagar, essa despesa

a) continuará vigente, independentemente de qualquer ato das unidades gestoras, após trinta de junho do segundo ano subsequente ao da sua inscrição.

b) será automaticamente cancelada, independentemente de qualquer ato das unidades gestoras, após encerrado o primeiro exercício financeiro subsequente ao da sua primeira renovação.

c) será automaticamente cancelada após trinta de junho do segundo ano subsequente ao da sua inscrição.

d) continuará vigente após trinta de junho do segundo ano subsequente ao da sua inscrição, desde que realizado o respectivo processamento.

5. (CESPE/2016 – TCE PA) As despesas caracterizadas como restos a pagar são extraorçamentárias na inscrição e orçamentárias no pagamento.

6. (CESPE/2016 – TCE PA) Nos últimos dois quadrimestres do seu mandato, o titular do Poder Executivo pode contrair obrigação de despesa com parcelas a serem pagas no exercício seguinte, desde que haja suficiente disponibilidade de caixa para pagá-las.

7. (CESPE/2015 STJ: Área Administrativa) São passíveis de inscrição em restos a pagar as despesas empenhadas e liquidadas, mas não pagas. Logo, o empenho da despesa não liquidada será considerado anulado, salvo em situações específicas, como, por exemplo, se for do interesse do gestor efetuar a inscrição sem que o serviço tenha sido executado, por estarem as partes em fase de negociação para assinatura de um contrato.

8. (FCC/2017 – TRE PR) Considere as informações apresentadas abaixo sobre determinadas despesas de um Tribunal Regional Eleitoral, referentes ao exercício financeiro de 2016, em reais:

Descrição das despesas	Dotação		Despesa		
	Inicial	Atualizada	Empenhada	Liquidada	Paga
Obras de ampliação relevante do prédio onde funciona um cartório eleitoral	1.650.000,00	150.000,00	149.986,00	142.380,00	128.142,00
Auxílio-transporte aos servidores civis, empregados e militares	104.400,00	129.648,00	125.133,00	125.133,00	125.133,00
Serviços de terceiros – pessoa jurídica com comunicação e divulgação institucional	98.634,00	98.634,00	22.553,00	3.153,00	3.153,00
Implantação do sistema de automação de identificação do eleitor reconhecido no ativo intangível do Tribunal	2.960.000,00	2.856.000,00	2.676.042,00	2.676.042,00	2.355.542,00

Com base nessas informações, os valores dos restos a pagar processados e não processados referentes às despesas correntes e ao exercício financeiro de 2016 foram, respectivamente, em reais,

a) 0,00 e 19.400,00.
b) 27.006,00 e 334.738,00.
c) 320.500,00 e 19.400,00.
d) 334.738,00 e 27.006,00.
e) 1.578.752,00 e 334.738,00.

9. (FCC/2015 – CNMP) Determinado ente público, no mês de novembro de 2014, empenhou despesa no valor de R$ 23.500,00 com aquisição de diversos materiais de almoxarifado. Os materiais juntamente com a nota fiscal de venda foram entregues pelo fornecedor no dia 30 de dezembro de 2014, sem tempo hábil, por parte do ente público, para verificação da liquidação da despesa no próprio exercício.

Com relação ao reconhecimento da despesa, sob o aspecto orçamentário, tem-se:

a) O empenho da despesa será cancelado no exercício de 2014 e reemitido no exercício financeiro de 2015, após a confirmação de sua liquidação.
b) A despesa será reconhecida no exercício financeiro de 2014 e inscrita ao final do referido exercício em restos a apagar não processados.
c) A despesa será reconhecida no exercício financeiro de 2015 e a obrigação exigível reconhecida no exercício financeiro de 2014.
d) A despesa será reconhecida no exercício de 2015, após a confirmação de sua liquidação e pagamento.
e) O empenho da despesa será cancelado no exercício de 2014 e reemitido em 2015, onerando o elemento "despesas de exercícios anteriores".

Instruções: Para responder a questão de número 10, considere a execução orçamentária, nos termos da Lei Federal N° 4.320/64, e as informações a seguir:

Na lei orçamentária de determinado Estado da região Nordeste do Brasil, para o exercício de 2014, consta a autorização de despesa na dotação orçamentária "serviços de conservação e manutenção de bens imóveis", no valor de R$ 450.000,00. No mês de fevereiro de 2014, foi contratada

a empresa DB e Serviços Ltda. para realização dos serviços. Ao final do exercício de 2014, a execução orçamentária da referida dotação apresentava a seguinte situação:

Despesa empenhada	R$ 390.000,00
Despesa liquidada (processada)	R$ 310.000,00
Despesa paga	R$ 240.000,00
Anulação parcial da referida dotação	R$ 40.000,00

10. (FCC/2015 – SEFAZ/PI) **O valor inscrito em restos a pagar processado e não processado soma, respectivamente, em reais,**

a) 70.000,00 e 40.000,00
b) 150.000,00 e 70.000,00
c) 70.000,00 e 80.000,00
d) 150.000,00 e 40.000,00
e) 110.000,00 e 70.000,00

11. (FCC/2015 – SEFAZ/PI) **Nos termos da Lei Federal nº 4.320/1964, o valor empenhado e não pago até 31/12/2014 classifica-se como**

a) devedores – passivo circulante.
b) contas a pagar – dívida flutuante.
c) credores – passivo circulante.
d) dívida ativa – passivo não circulante.
e) restos a pagar – dívida flutuante.

12. (FCC/2015 – TCM/RJ) **A inscrição de restos a pagar não processados**

a) não afeta o crédito orçamentário disponível da entidade, pois trata-se de despesa já empenhada, razão pela qual é considerada uma receita extraorçamentária no Balanço Financeiro, para compensar sua inclusão na despesa orçamentária.
b) gera impacto negativo no crédito orçamentário disponível da entidade, em função do empenhamento da despesa no momento da inscrição, razão pela qual o seu valor é considerado receita extraorçamentária no Balanço Financeiro.

c) não gera impacto no crédito orçamentário disponível da entidade, visto que não está incluído na despesa orçamentária do exercício. Em função disso, o seu valor não é considerado no Balanço Financeiro.

d) aumenta o montante da despesa empenhada da entidade, provocando assim uma redução no seu crédito orçamentário disponível. No entanto, por não representar uma saída efetiva de recursos das caixas da entidade, não será considerado na elaboração do Balanço Financeiro.

e) não afeta o crédito orçamentário disponível da entidade por ser uma transação extraorçamentária no momento da sua inscrição, razão pela qual, no Balanço Financeiro do exercício subsequente a sua inscrição, será considerado despesa extraorçamentária.

13. (FCC/2015 – TCM/RJ) Os restos a pagar

I. com prescrição interrompida podem ser pagos a conta de despesas de exercícios anteriores, mediante o empenhamento da despesa na respectiva dotação orçamentária.

II. não processados também se enquadram no conceito de despesas de exercícios anteriores, visto que são obrigações resultantes de compromissos gerados em exercício financeiro anterior àquele em que ocorrer o pagamento.

III. com prescrição interrompida podem ser pagos a conta de despesas de exercícios anteriores, mediante o reconhecimento do passivo financeiro, sem onerar o orçamento do exercício em que ocorrer o pagamento.

Está correto o que se afirma APENAS em

a) I e III.

b) II.

c) III.

d) I.

e) I e II.

14. (FCC/2015 – TRE/AP) Considere os dados extraídos do Balanço Orçamentário de uma entidade pública referente ao exercício financeiro de 2014:

- Despesas Empenhadas: R$ 795.000,00
- Despesas Liquidadas: R$ 782.000,00

- Despesas Pagas: R$ 773.000,00

Um fornecedor de caixas de papelão entregou à entidade pública, em janeiro de 2015, dentro do prazo acordado com o gestor público, mercadorias no valor de R$ 1.400,00, cujo empenho foi anulado no encerramento do exercício de 2014.

Com base nessas informações, em 2014, o valor inscrito em restos a pagar processados foi, em reais,

a) 9.000,00.
b) 10.400,00.
c) 13.000,00.
d) 14.400,00.
e) 22.000,00.

15. (FCC/2015 – TRE/AP) Considere os dados extraídos do Balanço Orçamentário referente ao exercício financeiro de 2014 de um determinado ente público:

(Em milhares de reais)

Previsão Atualizada da Receita	29.800,00
Receita Arrecadada	30.100,00
Despesa Atualizada	30.000,00
Despesa Empenhada	29.300,00
Despesa Liquidada	28.700,00
Despesa Paga	25.600,00

Com base nessas informações, referente a 2014 e em milhares de reais, o valor

a) da inscrição de restos a pagar processados foi de 3.100,00.
b) da inscrição de restos a pagar não processados foi 3.700,00.
c) da inscrição de restos a pagar foi 4.500,00.
d) do resultado de execução orçamentária, conforme Lei nº 4.320/64, foi superavitário em 1.400,00.
e) das receitas orçamentárias realizadas foi 29.800,00.

Durante o exercício de 2015 a entidade realizou as seguintes transações:

(em R$)

– Arrecadação de receitas patrimoniais	190,00
– Empenho de despesa de pessoal e encargos sociais	370,00
– Empenho de despesas de juros e encargos da dívida	120,00
– Arrecadação de receitas de transferências correntes	200,00
– Pagamento de fornecedores do exercício de 2013	150,00
– Empenho de despesas de conservação e manutenção de bens imóveis	230,00
– Recebimento de caução de empresa contratada para execução de obras	190,00
– Arrecadação de receitas de serviços	110,00
– Recebimento em doação de dois tratores novos de uma entidade do setor público	280,00
– Pagamento de despesas orçamentárias empenhadas no exercício de 2014	580,00
– Doação de dois imóveis adquiridos em 2012, para uma autarquia hospitalar municipal	300,00
– Arrecadação de receitas tributárias	450,00
– Pagamento de obrigações trabalhistas do exercício de 2013	90,00

16. **(FCC/2015 – CNMP)** O valor inscrito em restos a pagar do exercício de 2015 foi, em reais, de

a) 330,00.
b) 230,00.
c) 140,00.
d) 260,00.
e) 350,00.

Atenção: Para responder a questão de número 17, considere as receitas orçamentárias previstas e as despesas orçamentárias fixadas para o exercício de 2014, bem como as seguintes transações realizadas por determinada entidade pública durante o exercício de 2014 (valores em reais):

- Receita corrente prevista 600,00
- Despesa corrente fixada 550,00
- Receita de capital prevista 1.000,00
- Despesa de capital fixada. 1.050,00
- **Total das Receitas 1.600,00**
- **Total das Despesas 1.600,00**

Empenho de despesas com pessoal	290,00
Receita de impostos	340,00
Empenho de despesas com serviços de manutenção de bens imóveis	110,00
Abertura de crédito suplementar por anulação de dotação orçamentária	70,00
Receita da cota parte do ICMS	180,00
Depreciação de bens móveis e veículos	140,00
Receita de taxas diversas	80,00
Receita com alienação de bens imóveis	700,00
Recebimento em doação de 25 computadores	50,00
Empenho de despesa com água, luz e telefone	80,00
Receita de operações de crédito de longo prazo	350,00
Empenho de despesa com aquisição de veículos	250,00
Receita de multas e juros sobre impostos pagos após seus vencimentos	90,00
Ganhos com alienação de bens imóveis	60,00
Empenho de despesa para amortização de dívidas de longo prazo	400,00
Pagamento de despesas empenhadas e liquidadas	780,00

Observações:

- Todas as despesas empenhadas foram liquidadas no próprio exercício.
- Todas as receitas foram recebidas no próprio exercício.

17. (FCC/2015 – TRT 3ª Região) O valor inscrito em Restos a Pagar, em 31/12/2014, nos termos da Lei Federal nº 4.320/64, soma, em reais,

a) 420,00
b) 300,00
c) 490,00
d) 290,00
e) 350,00

Instruções para as questões 18 a 19.

Quadro I: Informações relativas à execução orçamentária de um ente da federação durante o exercício de 20x9:

Dados da LOA:		Dados da Execução Orçamentária:	
Receita Corrente	240.000	Receita Corrente	254.400
Receita de Capital	60.000	Receita de Capital (Operação de crédito)	40.200
Despesa Corrente	210.000	Despesas correntes (Empenho)	205.800
Despesa de Capital	90.000	Despesa de Capital (Empenho):	
		- Aquisição de material permanente	58.500
		- Amortização de empréstimos	27.000
Informações adicionais:			
Restos a pagar pagos			3.760
Depósitos em garantia recebidos			2.500
Depósitos em garantia restituídos			2.100

Quadro II: Saldos do final do exercício de 20x8:

Caixa e equivalentes de caixa	8.200
Estoques	2.300
Imóveis	81.000
Veículos	37.000
Móveis e utensílios	14.100
Equipamentos e instalações	9.400
Restos a pagar	4.700
Depósitos em garantia a restituir	2.900
Dívida consolidada	89.400

18. (FGV/2015 TJ/RO) A partir dos dados dos Quadros I e II, e sabendo-se que 5% das despesas correntes não foram pagas e que, das despesas de capital, a amortização de empréstimos foi integralmente paga no exercício, além de 70% do valor relativo à aquisição de material permanente, o valor das despesas que devem ser inscritas em restos a pagar é:

a) 17.550,00;
b) 14.565,00;
c) 10.290,00;
d) 27.840,00;
e) 8.460,00.

19. **(FGV/2015 TJ/RO)** O saldo de caixa do ente da federação ao final do exercício de 20x9, apurado a partir das informações dos Quadros I e II, e considerando o valor inscrito em restos a pagar é:

a) 5.800,00;
b) 8.140,00;
c) 27.840,00;
d) 30.120,00;
e) 35.980,00.

20. **(FGV/2015 TJ/PI: Auditor)** Os dados do quadro a seguir têm origem no controle da execução orçamentária de um ente da federação relativa ao exercício de 2x13 (dados acumulados até o sexto bimestre, expressos em milhares de reais).

Receita Orçamentária Lançada	280.000,00
Receita Orçamentária Arrecadada	271.860,00
Despesa Orçamentária Empenhada	270.140,00
Despesa Orçamentária Liquidada	254.780,00
Despesa Orçamentária Paga	240.410,00
Saldo final de disponibilidades financeiras	42.630,00
Obrigações a pagar até o final do exercício	19.530,00

Considerando os dados apresentados e as disposições da Lei de Responsabilidade Fiscal, o valor das despesas que NÃO devem ser inscritas em restos a pagar por indisponibilidade de recursos, em milhares de reais, é:

a) 0,00;

b) 8.730,00;
c) 6.630,00;
d) 15.360,00;
e) 23.100,00.

GABARITO

1	F	**6**	V	**11**	E	**16**	C
2	F	**7**	F	**12**	A	**17**	E
3	E	**8**	A	**13**	D	**18**	D
4	A	**9**	B	**14**	A	**19**	E
5	F	**10**	C	**15**	A	**20**	C

*Assista à correção de algumas questões, deste capítulo, posicionando aqui o leitor do **QR Code**.*

https://editoraj.us/AFO08

Capítulo 9.
Despesas de Exercícios Anteriores (DEA)

9.1. INTRODUÇÃO

São despesas fixadas, no orçamento vigente, decorrentes de compromissos assumidos em exercícios anteriores àquele em que deva ocorrer o pagamento. Não se confundem com restos a pagar, tendo em vista que sequer foram empenhadas ou, se foram, tiveram seus empenhos anulados ou cancelados.

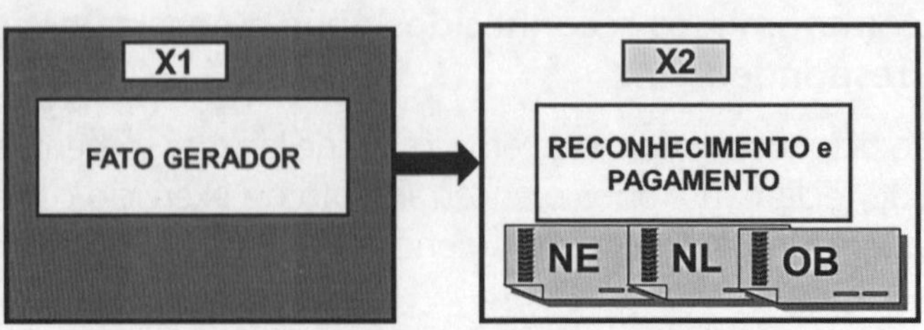

9.2. DEA – LEI Nº 4.320/64

Art. 37. As despesas de exercícios encerrados, para as quais o orçamento respectivo consignava crédito próprio, com saldo suficiente para atendê-las, que não se tenham processado na época própria, bem como os Restos a Pagar com prescrição interrompida e os compromissos reconhecidos após o encerramento do exercício correspondente, poderão ser pagas à conta de dotação específica consignada no orçamento, discriminada por elemento, obedecida, sempre que possível, a ordem cronológica

- **"As despesas de exercícios encerrados..."**

Despesas cujo fato gerador ocorreu em exercícios anteriores ao seu reconhecimento.

- **"...para as quais o orçamento respectivo consignava crédito próprio, com saldo suficiente para atendê-las,..."**

Existia dotação orçamentária, com saldo disponível, na LOA para se realizar o empenho da despesa.

- **"...que não se tenham processado na época própria,..."**

Aquelas cujo empenho tenha sido considerado insubsistente e anulado no encerramento do exercício correspondente, mas que, dentro do prazo estabelecido, o credor tenha cumprido sua obrigação.

- **"...bem como os Restos a Pagar com prescrição interrompida..."**

A despesa cuja inscrição como restos a pagar tenha sido cancelada, mas ainda vigente o direito do credor.

- **"...e os compromissos reconhecidos após o encerramento do exercício correspondente,..."**

Obrigação de pagamento criada em virtude de lei, mas somente reconhecido o direito do reclamante após o encerramento do exercício correspondente. As bancas costumam trocar após o encerramento por até o encerramento.

◆ **"...poderão ser pagas à conta de dotação específica consignada no orçamento, discriminada por elemento, obedecida, sempre que possível, a ordem cronológica."**

Caso o crédito orçamentário conste em orçamento de exercício posterior à ocorrência do fato gerador da obrigação, deverá ser utilizada natureza de despesa com elemento 92 – Despesas de Exercícios Anteriores, em cumprimento à Portaria Interministerial STN/SOF nº 163/01 e ao artigo 37 da Lei nº 4.320/1964 respeitado o histórico do fato gerador.

9.3. COMPETÊNCIA PARA O RECONHECIMENTO DA DEA

O reconhecimento da obrigação de pagamento das despesas com exercícios anteriores cabe à autoridade competente para empenhar a despesa (Dec. 93.872/86, art. 22 § 1º).

Essa autoridade competente é o Ordenador de Despesas.

9.4. OBSERVAÇÕES IMPORTANTES

➲ No momento do pagamento de restos a pagar referente à despesa empenhada pelo valor estimado, verifica se existe diferença entre o valor da despesa inscrita e o valor real a ser pago; se existir diferença, procede-se da seguinte forma:

- Se o valor real a ser pago for superior ao valor inscrito, a diferença deverá ser empenhada a conta de despesas de exercícios anteriores;
- Se o valor real for inferior ao valor inscrito, o saldo existente deverá ser cancelado.

➲ Não confunda as **D**espesas de **E**xercícios **A**nteriores (**DEA**) com **R**estos a **P**agar (**RP**). As **DEA** competem a exercícios encerrados, isto é, foram realizadas, ocorreram em ano anterior, porém, somente são empenhadas, liquidadas e pagas no ano de seu reconhecimento enquanto que nos **RP**, seu empenho é emitido em ano anterior ao do seu pagamento.

➲ O termo despesa de exercícios encerrados é o mesmo que despesa orçamentária do exercício anterior.

➲ O responsável pelo reconhecimento das Despesas de Exercícios Anteriores é o Ordenador de Despesa devendo ser empenhada, na dotação própria, liquidada e paga. Portanto, a DEA é uma despesa orçamentária e será classificada no elemento de despesa 92.

9.5. PRESCRIÇÃO

Aquelas dívidas que dependem de requerimento do favorecido para reconhecimento do direito do credor, prescreverão em cinco anos, contados da data do ato ou fato que tiver dado origem ao respectivo direito.

9.6. QUESTÕES DE CONCURSOS

1. **(CESPE/2015 STJ)** São pagas à conta de despesa de exercícios anteriores as despesas anteriormente inscritas em restos a pagar, depois cancelados e posteriormente reinscritos, por reconhecimento do direito do credor, sem que haja necessidade de novos créditos orçamentários.

O filho de um servidor nasceu em novembro de 2017, entretanto este somente solicitou o direito ao salário-família em março de 2018.

Considerando essa situação hipotética, julgue os itens seguintes.

2. **(CESPE – TRE ALAGOAS)** O valor do salário-família referente aos meses de novembro e dezembro de 2003 será empenhado com a dotação orçamentária de 2017.

3. **(CESPE – TRE ALAGOAS)** Os valores relativos ao ano de 2017 serão tratados como despesas de exercícios anteriores.

4. **(CESPE – SUPERIOR TRIBUNAL MILITAR)** Despesa empenhada no último exercício e não paga é tratada no exercício atual como despesa de exercício anterior.

5. **(CESPE)** É possível que determinada despesa de pessoal relativa ao exercício de 2016, cujo pagamento tenha sido exigido por um servidor em 2017, exercício no qual tenha sido empenhada, seja considerada restos a pagar de 2016 e despesa orçamentária de 2017.

6. **(CESPE)** A diferença entre o valor inscrito em restos a pagar e o valor real a ser pago, se este for maior, deverá ser empenhada em categoria econômica própria, como despesa de exercício anterior.

7. **(FCC/2015 – TCE/CE)** De acordo com a Lei Federal nº 4.320/1964, poderão ser pagos à conta de dotação específica consignada no orçamento, discriminada por elementos, obedecida, sempre que possível, a ordem cronológica:

I. os compromissos reconhecidos após o encerramento do exercício correspondente.

II. as despesas de exercícios encerrados, para as quais o orçamento respectivo consignava crédito próprio, com saldo suficiente para atendê-las, e que não se tenham processado na época própria.

III. os Restos a Pagar com prescrição interrompida.

Está correto o que consta em

a) I e II, apenas.

b) I, II e III.

c) I e III, apenas.

d) II, apenas.

e) III, apenas.

8. **(FCC/2015 – TCM/RJ)** Os restos a pagar

I. com prescrição interrompida podem ser pagos a conta de despesas de exercícios anteriores, mediante o empenhamento da despesa na respectiva dotação orçamentária.

II. não processados também se enquadram no conceito de despesas de exercícios anteriores, visto que são obrigações resultantes de compromissos gerados em exercício financeiro anterior àquele em que ocorrer o pagamento.

III. com prescrição interrompida podem ser pagos a conta de despesas de exercícios anteriores, mediante o reconhecimento do passivo financeiro, sem onerar o orçamento do exercício em que ocorrer o pagamento.

Está correto o que se afirma APENAS em

a) I e III.
b) II.
c) III.
d) I.
e) I e II.

9. **(FCC – TRE TO)** As Despesas de Exercícios Anteriores são

a) Despesas correspondentes a períodos anteriores e pagas no presente exercício com dotação orçamentária específica para tal fim.
b) Restos a pagar processados e pagos no exercício subsequente ao do empenho.
c) Restos a pagar cuja prescrição não tenha sido interrompida.
d) Despesas pagas em exercícios anteriores correspondentes a serviços prestados no corrente exercício.
e) Despesas correspondentes a serviços prestados no corrente exercício mas cujo empenho foi feito em exercícios anteriores.

10. **(FGV/2015 DP/RO)** **Em uma entidade da administração pública, durante o exercício de 2008 foi emitida uma nota de empenho para prestação de serviços de manutenção no sistema de ar refrigerado. A prestação de serviço foi iniciada em 2008, mas encerrada apenas no exercício seguinte. A empresa prestadora de serviço enviou a documentação de cobrança comprobatória da prestação do serviço somente em 2013. A partir do recebimento da cobrança, essa despesa deve ser tratada pelo ente como:**

a) restos a pagar processados;
b) operações orçamentárias anuladas;
c) despesa do exercício em que o pagamento foi reclamado;
d) despesa de exercícios anteriores, que teve prescrição interrompida;
e) despesa não passível de pagamento em decorrência de prescrição de prazo de cobrança.

GABARITO

1	F
2	F
3	V
4	F
5	F

6	V
7	B
8	D
9	A
10	D

*Assista à correção de algumas questões, deste capítulo, posicionando aqui o leitor do **QR Code**.*

https://editoraj.us/AFO09

Capítulo 10.
Suprimento de Fundos (SF) / Regime de Adiantamento

10.1. INTRODUÇÃO

O Suprimento de Fundos é uma autorização de execução orçamentária e financeira por uma forma diferente da normal, sempre precedido de empenho na dotação orçamentária específica e natureza de despesa própria, com a finalidade de efetuar despesas que, **pela sua excepcionalidade**, não possam se subordinar ao processo normal de aplicação, isto é, não seja possível o empenho direto ao fornecedor ou prestador, na forma da Lei nº 4.320/64, precedido de licitação ou sua dispensa, em conformidade com a Lei nº 8.666/93.

Entende-se por processo normal de execução da despesa aquele em que os recursos públicos somente são aplicados após o cumprimento, entre outros, dos seguintes procedimentos:

a) formalização do processo;

b) obtenção de proposta mais vantajosa;

c) se for o caso, celebração de contrato;
d) emissão de empenho em nome do credor;
e) entrega do bem ou prestação dos serviços contratados;
f) pagamento via ordem bancária; e
g) recolhimento de tributos.

Segundo o Manual do SIAFI, o regime de adiantamento ou suprimento de fundos, é aplicável aos casos de despesas expressamente definidos em lei e consiste na entrega de numerário a servidor, sempre precedida de empenho na dotação própria, para o fim de realizar despesas que pela excepcionalidade, a critério do Ordenador de Despesa e sob sua inteira responsabilidade, não possam subordinar-se ao processo normal de aplicação.

O que diferencia a execução da despesa por Suprimento de Fundos das demais formas de execução de despesa é o empenho feito em nome do servidor, o adiantamento da quantia a ele e a inexistência de obrigatoriedade de licitação. Porém, a realização dessas despesas deve observar os mesmos princípios que regem a Administração Pública – legalidade, impessoalidade, moralidade, publicidade e eficiência, bem como o princípio da isonomia e da aquisição mais vantajosa para a Administração Pública.

10.2. TIPOS

Cartão de Pagamento do Governo Federal: é o cartão magnético, em nome do Portador, indicado/autorizado pela Administração, com limites estabelecidos e regras para a sua prestação de contas

Depósito em conta corrente aberta para esse fim, por meio do qual o servidor usa os recursos em cheque ou dinheiro, no limite estabelecido, em nome do suprido, com regras previstas para a sua prestação de contas

De acordo com o Decreto nº 6.467, de 30.05.2008, os Comandos Militares, o Ministério Público da União e os Poderes Legislativo e Judiciário estão autorizados a utilizar-se da Conta Tipo "B" para pagamento de Suprimento de Fundos.

10.3. REGULAMENTAÇÃO

Cada ente da federação deve regulamentar o seu regime de adiantamento, observando as peculiaridades de seu sistema de controle interno, de forma a garantir a correta aplicação do dinheiro público.

10.4. RESPONSÁVEL PELA CONCESSÃO

Excepcionalmente, a critério do ordenador de despesa e sob sua inteira responsabilidade, poderá ser concedido suprimento de fundos a servidor. Portanto, caberá ao Ordenador de despesa analisar o caso e conforme preceitua a legislação conceder o Suprimento de Fundos sendo a despesa proveniente dessa modalidade contabilizada e incluída nas suas contas como realizada.

10.5. ESTÁGIOS DA DESPESA

O adiantamento constitui despesa orçamentária, ou seja, para conceder o recurso ao suprido é necessário percorrer os três estágios da despesa orçamentária:

➲ Empenho,

➲ Liquidação e

➲ Pagamento.

10.6. LEI Nº 4.320/64

Art. 68. O regime de adiantamento é aplicável aos casos de despesas expressamente definidos em lei e consiste na entrega de numerário a servidor, sempre precedida de empenho na dotação própria, para o fim de realizar despesas, que não possam subordinar-se ao processo normal de aplicação.

- **"O regime de adiantamento é aplicável aos casos de despesas expressamente definidos em lei..."**

Observe que o SF não será concedido em qualquer situação. Veremos mais adiante quais são os casos que justificam a concessão do adiantamento.

- **"...e consiste na entrega de numerário a servidor,..."**

Deverá ser concedido a servidor público que possui vínculo efetivo, permanente, com a administração pública, nunca a terceirizado ou estagiário. O servidor ao receber o adiantamento será chamado de Suprido.

- **"...sempre precedida de empenho na dotação própria, para o fim de realizar despesas,..."**

Esse adiantamento constitui despesa orçamentária, ou seja, para conceder o recurso ao suprido é necessário percorrer os três estágios da despesa orçamentária: empenho, liquidação e pagamento. É vedada a aquisição de material permanente por suprimento de fundos, ressalvados os casos excepcionais devidamente reconhecidos pelo Ordenador de Despesa e em consonância com as normas que disciplinam a matéria.

- **"...que não possam subordinar-se ao processo normal de aplicação."**

Apenas para despesas que, por conta de sua especificidade, não se subordinam ao processo normal de realização dos gastos.

10.7. CASOS QUE JUSTIFICAM A CONCESSÃO DO SF

Decreto 93.872/86

Art. 45. Excepcionalmente, a critério do ordenador de despesa e sob sua inteira responsabilidade, poderá ser concedido suprimento de fundos a servidor, sempre precedido do empenho na dotação própria às despesas a realizar, e que não possam subordinar-se ao processo normal de aplicação, nos seguintes casos:

I – para atender despesas eventuais, inclusive em viagens e com serviços especiais, que exijam pronto pagamento;

II – quando a despesa deva ser feita em caráter sigiloso, conforme se classificar em regulamento; e
III – para atender despesas de pequeno vulto, assim entendidas aquelas cujo valor, em cada caso, não ultrapassar limite estabelecido em Portaria do Ministro da Fazenda.

4.320/64
Art. 68. O regime de adiantamento é aplicável aos casos de despesas expressamente definidos em lei e consiste na entrega de numerário a servidor, sempre precedida de empenho na dotação própria, para o fim de realizar despesas, que não possam subordinar-se ao processo normal de aplicação.

Decreto 200/67
Art. 74. Na realização da receita e da despesa pública será utilizada a via bancária, de acordo com as normas estabelecidas em regulamento.
§ 3º. Em casos excepcionais, quando houver despesa não atendível pela via bancária, as autoridades ordenadoras poderão autorizar suprimentos de fundos, de preferência a agentes afiançados, fazendo-se os lançamentos contábeis necessários e fixando-se prazo para comprovação dos gastos.

10.8. CASOS QUE RESTRINGEM A CONCESSÃO DO SF

a. A servidor que tenha a seu cargo a guarda ou utilização do material a adquirir, salvo quando não houver na repartição outro servidor;

Caso a repartição pública tenha apenas um único servidor em condições de receber o adiantamento, essa vedação não se aplica.

b. A responsável por suprimento de fundos que, esgotado o prazo, não tenha prestado contas de sua aplicação; e

c. A servidor declarado em alcance.

Servidor em alcance é aquele que não prestou contas no prazo regulamentar ou que teve suas contas recusadas ou impugnadas em virtude de desvio, desfalque, falta ou má aplicação de dinheiro, bens ou valores.

d. A servidor que esteja respondendo a inquérito administrativo.

e. A responsável por dois suprimentos;

10.9. VÁRIAS ND'S

Os valores de um suprimento de fundos entregues ao suprido poderão relacionar-se a mais de uma natureza de despesa, desde que precedidos dos empenhos nas dotações respectivas, respeitados os valores de cada natureza.

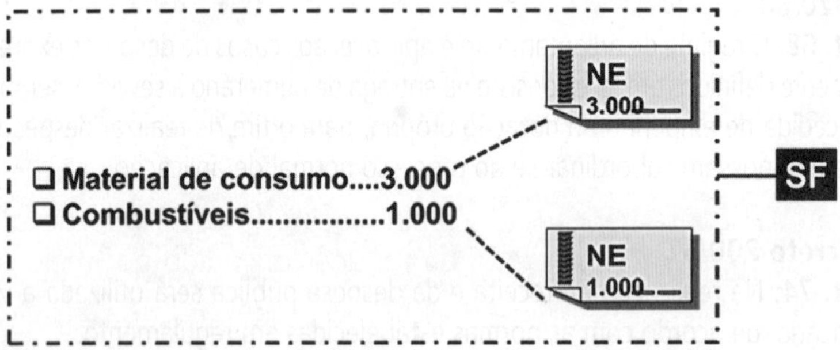

Atenção! Não se concederá o SF utilizando apenas a dotação predominante do gasto.

10.10. APLICAÇÃO / PRESTAÇÃO DE CONTAS

O prazo máximo para aplicação do suprimento de fundos será de até 90 (noventa) dias a contar da data do ato de concessão.

Para a prestação de contas do Suprimento de Fundos, o prazo é de até 30 (trinta) dias, contado a partir do término do prazo de aplicação. Isto é, dispõe de até 90 (noventa) dias para aplicar e mais 30 (trinta) dias para prestar contas, totalizando assim até 120 (cento e vinte) dias. O Ordenador e Despesas definirá o prazo de aplicação e prestação de contas.

A comprovação das despesas realizadas deverá estar devidamente atestada por outro servidor que tenha conhecimento das condições em que estas foram efetuadas, em comprovante original cuja emissão tenha ocorrido em data igual ou posterior a de entrega do numerário e compreendida dentro do período fixado para aplicação, em nome do órgão emissor do empenho.

Compõe a prestação de contas do suprimento de fundos:

- A Proposta de Concessão de Suprimento;
- cópia da NE – Nota de Empenho da despesa;
- cópia da ordem bancária;
- o Relatório de Prestação de Contas;
- os documentos originais (Nota Fiscal/Fatura/Recibo/Cupom Fiscal), devidamente atestados, <u>emitidos em nome do órgão</u>, comprovando as despesas realizadas;
- o extrato da conta bancária discriminando todo o período de utilização, quando se tratar de suprimento de fundos concedido por meio de conta bancária;
- a Guia de Recolhimento da União – GRU, referente às devoluções de valores sacados e não gastos em três dias e aos recolhimentos dos saldos não utilizados por ocasião do término do prazo do gasto, se for o caso;
- a cópia da GPS, se for o caso;
- a cópia da NS – Nota de Sistema de reclassificação e baixa dos valores não utilizados;

Nos suprimentos concedidos por meio do cartão de pagamento:

- Demonstrativos mensais;
- Cópia(s) da(s) fatura(s).
- Cópia do documento de arrecadação do ISS, se for o caso.
- As despesas realizadas deverão ser comprovadas por documento fiscal específico, devidamente atestadas, devendo conter ainda, por parte do fornecedor do material ou do prestador do serviço, a declaração de recebimento da importância paga:
  - na aquisição de material de consumo: Nota Fiscal, Nota Fiscal Fatura, Nota Fiscal de Venda ao Consumidor ou Cupom Fiscal;
  - na prestação de serviço realizado por pessoa jurídica: Nota Fiscal de Prestação de Serviços;
  - na prestação de serviço realizado por pessoa física: Recibo de Serviço Prestado por Pessoa Física que constará obrigatoriamente, de forma clara, o nome, CPF e o número de inscrição no INSS do prestador de serviço.

A omissão da prestação de contas pelo agente suprido, após decorrido o prazo estabelecido em notificação, poderá ensejar o desconto da importância devida em folha de pagamento.

10.11. RESTITUIÇÕES

Dec. 93.872/86
Art. 45 § 1º O suprimento de fundos será contabilizado e incluído nas contas do ordenador como despesa realizada; as restituições, por falta de aplicação, parcial ou total, ou aplicação indevida, constituirão anulação de despesa, ou receita orçamentária, se recolhidas após o encerramento do exercício.

A responsabilidade pela aplicação do SF, após a sua aprovação na respectiva prestação de contas, é da autoridade que concedeu.

- **1º situação:**

Adiantamento concedido em X1 no valor de R$ 4.0000,00;

Aplicado em X1: R$ 3.500,00;

Saldo não aplicado e devolvido em X1: 500,00;

Classificação contábil do valor restituído: Anulação de despesa.

- **2º situação:**

Adiantamento concedido em X1 no valor de R$ 2.0000,00;

Aplicado em X1: R$ 1.800,00;

Saldo não aplicado e devolvido apenas em X2: 200,00;

Classificação contábil do valor restituído em X2: Receita orçamentária.

10.12. CONTABILIZAÇÃO E REINSCRIÇÃO DA RESPONSABILIDADE

Dec. 93.872/86
Art. 46. Cabe aos detentores de suprimentos de fundos fornecer indicação precisa dos saldos em seu poder em 31 de dezembro, para efeito de

contabilização e reinscrição da respectiva responsabilidade pela sua aplicação em data posterior, observados os prazos assinalados pelo ordenador da despesa.
Parágrafo único. A importância aplicada até 31 de dezembro será comprovada até 15 de janeiro seguinte.

- Adiantamento concedido em 20/10/20X1....4.000,00
- Prazo para aplicação.......................................90 dias
- Prazo para prestação de contas.....................30 dias
- Valor aplicado até 31/12/X1.........................3.000,00

- O servidor informará a administração pública que aplicou até o dia 31/12/X1 apenas R$ 3.000,00;
- A contabilidade reinscreverá o valor de R$ 1.000,00 para aplicação em data posterior;
- O servidor deverá prestar contas do valor já aplicado até o dia 15/01/X2;
- O saldo restante será aplicado obedecendo os prazos concedidos pelo Ordenador de Despesa.

10.13. CARTÃO DE PAGAMENTO DO GOVERNO FEDERAL (CPGF)

O Cartão de Pagamento do Governo Federal serve para pagamento de despesas realizadas pelos órgãos e entidades, referentes a suprimento de fundos. O Cartão poderá ser utilizado diretamente no estabelecimento comercial afiliado ou por meio de saque em moeda corrente. Ele permite o acompanhamento das despesas realizadas com os recursos do Governo, facilita a prestação de contas e oferece maior segurança às operações.

Decreto nº 5.355 de 25 de janeiro de 2005.
Artigo 1º.
Parágrafo único. O CPGF é instrumento de pagamento, emitido em nome da unidade gestora e operacionalizado por instituição financeira autorizada, utilizado exclusivamente pelo portador nele identificado, nos casos indicados em ato próprio da autoridade competente, respeitados os limites deste Decreto.

a. Quem pode utilizar?

O CPGF é utilizado exclusivamente no âmbito da Administração Pública Federal. Ele pode ser concedido a qualquer servidor público de órgãos e entidades da Administração Pública Federal direta, autárquica e fundacional no exercício de serviço público.

Os responsáveis, nos órgãos e entidades, pela sua utilização são:

- ordenadores de despesa;
- servidores indicados e autorizados pelo ordenador de despesa;
- autoridade competente.

b. Finalidade:

O Cartão é utilizado para o pagamento de despesas realizadas com a compra de material e prestação de serviços de interesse da Administração, caracterizadas como emergenciais. O Cartão também pode ser utilizado para o atendimento de despesas eventuais, inclusive em viagem e com serviços especiais, que exijam pronto pagamento.

Sem prejuízo dos demais instrumentos de pagamento previstos na legislação, a utilização do CPGF para pagamento de despesas poderá ocorrer na aquisição de materiais e contratação de serviços enquadrados como suprimento de fundos, observadas as disposições contidas nos arts. 45, 46 e 47 do Decreto nº 93.872, de 23 de dezembro de 1986, e regulamentação complementar.

Exceção:

> **Decreto nº 5.355 de 25 de janeiro de 2005.**
> **Art. 2º.**
> Parágrafo único. Ato conjunto dos Ministros de Estado do Planejamento, Orçamento e Gestão e da Fazenda poderá autorizar a utilização do CPGF, como forma de pagamento de outras despesas.

c. Proibição:

Nenhuma autoridade governamental ou servidor público pode realizar despesas pessoais com o Cartão de Pagamento ou utilizá-lo nos casos em que a compra deve ser feita por meio de licitação pública.

d. Responsabilidade:

O portador do CPGF é responsável pela sua guarda e uso.

e. Vedações:

- É vedada a aceitação de qualquer acréscimo no valor da despesa decorrente da utilização do CPGF.
- Não será admitida a cobrança de taxas de adesão, de manutenção, de anuidades ou de quaisquer outras despesas decorrentes da obtenção ou do uso do CPGF.
- O disposto acima não se aplica às taxas de utilização do CPGF no exterior e aos encargos por atraso de pagamento.
- É vedada a utilização do CPGF na modalidade de saque, exceto no tocante às despesas:

Dec. 93.872/86,
Art. 45.
§ 6º. É vedada a utilização do CPGF na modalidade de saque, exceto no tocante às despesas:
I – de que trata o art. 47; e
II – decorrentes de situações específicas do órgão ou entidade, nos termos do autorizado em portaria pelo Ministro de Estado competente e nunca superior a trinta por cento do total da despesa anual do órgão ou entidade efetuada com suprimento de fundos.

Art. 47. A concessão e aplicação de suprimento de fundos, ou adiantamentos, para atender a peculiaridades dos órgãos essenciais da Presidência da República, da Vice-Presidência da República, do Ministério da Fazenda, do Ministério da Saúde, do Ministério da Agricultura, Pecuária e Abastecimento, do Departamento de Polícia Federal do Ministério da Justiça, do Ministério das Relações Exteriores, bem assim de militares e de inteligência, obedecerão ao Regime Especial de Execução estabelecido em instruções aprovadas pelos respectivos Ministros de Estado, vedada a delegação de competência.
Parágrafo único. A concessão e aplicação de suprimento de fundos de que trata o caput restringe-se:
I – com relação ao Ministério da Saúde: a atender às especificidades decorrentes da assistência à saúde indígena;

II – com relação ao Ministério da Agricultura, Pecuária e Abastecimento: a atender às especificidades dos adidos agrícolas em missões diplomáticas no exterior; e

III – com relação ao Ministério das Relações Exteriores: a atender às especificidades das repartições do Ministério das Relações Exteriores no exterior.

e. Como é utilizado o Cartão de Pagamento do Governo Federal (CPFG) para pagamento dessas despesas?

Por meio de **fatura**, na data da compra, exigindo-se assinatura no respectivo comprovante de venda, emitido em duas vias pelo valor final da operação, ou mediante impostação de senha do Portador ou de assinatura eletrônica, conforme o caso.

10.14. DA PROPOSTA DO SUPRIMENTO DE FUNDOS

A proposta de concessão de suprimento de fundos deverá conter:

- a finalidade;
- a justificativa da excepcionalidade da despesa por suprimento de fundos, indicando fundamento normativo: deverá ser indicado apenas um inciso do Decreto 93.872/96, que será indicado também na(s) Nota(s) de Empenho;
- indicação do meio de concessão: cartão de pagamento do governo federal ou depósito em conta corrente bancária;
- a especificação da ND – Natureza da Despesa e do PI Plano Interno, quando for o caso;
- indicação do valor total e por cada natureza de despesa;
- quando do uso do CPGF, deve-se indicar, sempre que houver, o valor autorizado para saque; e
- indicação do período de aplicação e data para prestação de contas.

10.15. DA CONCESSÃO DE SUPRIMENTO DE FUNDOS

- Ao conceder o suprimento de fundos, a autoridade competente determinará a emissão do empenho, ou fará referência ao empenho estimativo, solicitando a anexação de uma cópia da NE – Nota de Empenho – à proposta de concessão de suprimento.

➲ Do ato de concessão de suprimento de fundos constará, obrigatoriamente:

- Prazo máximo para utilização dos recursos;
- Prazo para prestação de contas; e
- Sistemática de pagamento, se somente fatura, ou também saque, quando for movimentado por meio do Cartão de Pagamento do Governo Federal.

➲ A cada concessão de suprimento de fundos, seja qual for o meio de pagamento, deverá haver a identificação da motivação do ato, esclarecendo as demandas da unidade, e a definição de valores compatíveis com a demanda, vinculando o gasto com o suprimento de fundos.

10.16. LIMITES

Apenas as despesas de pequeno vulto possuem limites calculados com base no art. 23 da Lei de Licitações e Contratos – Lei nº 8.666/93.

Limites para suprimento de fundos mediante Cartão de Pagamento do Governo Federal:

O limite máximo para cada ato de concessão de suprimento por meio do Cartão de Pagamento do Governo Federal, quando se tratar de despesa de pequeno vulto:

1. Para obras e serviços de engenharia será o correspondente a 10% (dez por cento) do valor estabelecido na alínea "a" (convite) do inciso "I" do artigo 23, da Lei 8.666/93, alterada pela Lei 9.648/98;

2. Para outros serviços e compras em geral, será o correspondente a 10% (dez por cento) do valor estabelecido na alínea "a" (convite) do inciso "II" do artigo 23, Lei 8.666/93, alterada pela Lei 9.648/98.

Limite máximo para cada SF concedido através do CPGF	
Obras e serviços de engenharia	R$ 15.000,00
Outros serviços e compras em geral	R$ 8.000,00

O limite máximo para realização de cada item de despesa de pequeno vulto no somatório das NOTAS FISCAIS/FATURAS/RECIBOS/CUPONS FISCAIS em cada suprimento de fundos:

1. Na execução de obras e serviços de engenharia, será o correspondente a 1% (um por cento) do valor estabelecido na alínea "a" do inciso "I"(convite) do artigo 23, da Lei 8.666/93, alterada pela Lei 9.648/98.

2. Nos outros serviços e compras em geral, será de 1% (um por cento) do valor estabelecido na alínea "a" (convite) do inciso "II" do artigo 23, Lei 8.666/93, alterada pela Lei 9.648/98.

Limite máximo para cada item de despesa de pequeno vulto concedido através do CPGF	
Obras e serviços de engenharia	R$ 1.500,00
Outros serviços e compras em geral	R$ 800,00

Limites para suprimento de fundos mediante depósito em conta--corrente:

O limite máximo para cada ato de concessão de suprimento por meio de conta-corrente, quando se tratar de despesa de pequeno vulto:

1. Para obras e serviços de engenharia será o correspondente a 5% (cinco por cento) do valor estabelecido na alínea "a" (convite) do inciso "I" do artigo 23, da Lei 8.666/93, alterada pela Lei 9.648/98;

2. Para outros serviços e compras em geral, será o correspondente a 5% (cinco por cento) do valor estabelecido na alínea "a" (convite) do inciso "II" do artigo 23, Lei 8.666/93, alterada pela Lei 9.648/98.

Limite máximo para cada SF	
Obras e serviços de engenharia	R$ 7.500,00
Outros serviços e compras em geral	R$ 4.000,00

O limite máximo para realização de cada item de despesa de pequeno vulto no somatório das NOTAS FISCAIS/FATURAS/RECIBOS/CUPONS FISCAIS em cada suprimento de fundos:

1. Na execução de obras e serviços de engenharia, será o correspondente a 0,25% (vinte e cinco centésimos por cento) do valor estabelecido na alínea "a" do inciso "I" (convite) do artigo 23, da Lei 8.666/93, alterada pela Lei 9.648/98;

2. Nos outros serviços e compras em geral, será de 0,25% (vinte e cinco centésimos por cento) do valor estabelecido na alínea "a" (convite) do inciso "II" do artigo 23, Lei 8.666/93, alterada pela Lei 9.648/98.

Limite máximo para cada item de despesa de pequeno vulto concedido através de Depósito em conta-corrente	
Obras e serviços de engenharia	R$ 375,00
Outros serviços e compras em geral	R$ 200,00

Uma vez recebido o adiantamento de numerário o suprido não poderá realizar despesas que ultrapassem o valor concedido. Caso aconteça será de sua inteira responsabilidade, devendo justificar o descumprimento do limite e imputar como de sua responsabilidade pessoal o valor excedente.

10.17. LEGISLAÇÃO APLICADA

Lei nº 4.320/64

Art. 68. O regime de adiantamento é aplicável aos casos de despesas expressamente definidos em lei e consiste na entrega de numerário a servidor, sempre precedida de empenho na dotação própria, para o fim de realizar despesas, que não possam subordinar-se ao processo normal de aplicação.

Art. 69. Não se fará adiantamento a servidor em alcance nem a responsável por dois adiantamentos.

Dec. 200/67

Art. 74, § 3º. Em casos excepcionais, quando houver despesa não atendível pela via bancária, as autoridades ordenadoras poderão autorizar suprimentos de fundos, de preferência a agentes afiançados, fazendo-se os lançamentos contábeis necessários e fixando-se prazo para comprovação dos gastos.

Dec. 93.872/86

Art. 45. Excepcionalmente, a critério do ordenador de despesa e sob sua inteira responsabilidade, poderá ser concedido suprimento de fundos a servidor, sempre precedido do empenho na dotação própria às despesas a realizar, e que não possam subordinar-se ao processo normal de aplicação, nos seguintes:

I – para atender despesas eventuais, inclusive em viagens e com serviços especiais, que exijam pronto pagamento;

II – quando a despesa deva ser feita em caráter sigiloso, conforme se classificar em regulamento; e

III – para atender despesas de pequeno vulto, assim entendidas aquelas cujo valor, em cada caso, não ultrapassar limite estabelecido em Portaria do Ministro da Fazenda.

§ 1º. O suprimento de fundos será contabilizado e incluído nas contas do ordenador como despesa realizada; as restituições, por falta de aplicação, parcial ou total, ou aplicação indevida, constituirão anulação de despesa, ou receita orçamentária, se recolhidas após o encerramento do exercício.

§ 2º. O servidor que receber suprimento de fundos, na forma deste artigo, é obrigado a prestar contas de sua aplicação, procedendo-se, automaticamente, à tomada de contas se não o fizer no prazo assinalado pelo ordenador da despesa, sem prejuízo das providências administrativas para a apuração das responsabilidades e imposição, das penalidades cabíveis.

§ 3º. Não se concederá suprimento de fundos:

a) a responsável por dois suprimentos;

b) a servidor que tenha a seu cargo e guarda ou a utilização do material a adquirir, salvo quando não houver na repartição outro servidor;

c) a responsável por suprimento de fundos que, esgotado o prazo, não tenha prestado contas de sua aplicação; e

d) a servidor declarado em alcance.

§ 4º. Os valores limites para concessão de suprimento de fundos, bem como o limite máximo para despesas de pequeno vulto de que trata este artigo, serão fixados em portaria do Ministro de Estado da Fazenda.

§ 5º. As despesas com suprimento de fundos serão efetivadas por meio do Cartão de Pagamento do Governo Federal – CPGF.

§ 6º. É vedada a utilização do CPGF na modalidade de saque, exceto no tocante às despesas:

I – de que trata o art. 47; e

II – decorrentes de situações específicas do órgão ou entidade, nos termos do autorizado em portaria pelo Ministro de Estado competente e nunca superior a trinta por cento do total da despesa anual do órgão ou entidade efetuada com suprimento de fundos.

III – decorrentes de situações específicas da Agência Reguladora, nos termos do autorizado em portaria pelo seu dirigente máximo e nunca superior a trinta por cento do total da despesa anual da Agência efetuada com suprimento de fundos.

Art. 45-A. É vedada a abertura de conta bancária destinada à movimentação de suprimentos de fundos.

Atenção! Poderão ser abertas novas contas bancárias destinadas à movimentação de suprimento de fundos no caso dos órgãos dos Poderes Legislativo e Judiciário, do Ministério Público da União e dos Comandos Militares.

Art. 46. Cabe aos detentores de suprimentos de fundos fornecer indicação precisa dos saldos em seu poder em 31 de dezembro, para efeito de contabilização e reinscrição da respectiva responsabilidade pela sua aplicação em data posterior, observados os prazos assinalados pelo ordenador da despesa.

Parágrafo único. A importância aplicada até 31 de dezembro será comprovada até 15 de janeiro seguinte.

Art. 47. A concessão e aplicação de suprimento de fundos, ou adiantamentos, para atender a peculiaridades dos órgãos essenciais da Presidência da República, da Vice-Presidência da República, do Ministério da Fazenda, do Ministério da Saúde, do Ministério da Agricultura, Pecuária e Abastecimento, do Departamento de Polícia Federal do Ministério da Justiça, do Ministério das Relações Exteriores, bem assim de militares e de inteligência, obedecerão ao Regime Especial de Execução estabelecido em instruções aprovadas pelos respectivos Ministros de Estado, vedada a delegação de competência.

Parágrafo único. A concessão e aplicação de suprimento de fundos de que trata o caput restringe-se:

I – com relação ao Ministério da Saúde: a atender às especificidades decorrentes da assistência à saúde indígena;

II – com relação ao Ministério da Agricultura, Pecuária e Abastecimento: a atender às especificidades dos adidos agrícolas em missões diplomáticas no exterior; e

III – com relação ao Ministério das Relações Exteriores: a atender às especificidades das repartições do Ministério das Relações Exteriores no exterior.

Decreto nº 5.355 de 25 de janeiro de 2005

Art. 1º. A utilização do Cartão de Pagamento do Governo Federal – CPGF, pelos órgãos e entidades da administração pública federal integrantes do orçamento fiscal e da seguridade social, para pagamento das despesas realizadas com compra de material e prestação de serviços, nos estritos termos da legislação vigente, fica regulada por este Decreto.

Parágrafo único. O CPGF é instrumento de pagamento, emitido em nome da unidade gestora e operacionalizado por instituição financeira autorizada, utilizado exclusivamente pelo portador nele identificado, nos casos indicados em ato próprio da autoridade competente, respeitados os limites deste Decreto.

Art. 2º. Sem prejuízo dos demais instrumentos de pagamento previstos na legislação, a utilização do CPGF para pagamento de despesas poderá ocorrer na aquisição de materiais e contratação de serviços enquadrados como suprimento de fundos, observadas as disposições contidas nos arts. 45, 46 e 47 do Decreto nº 93.872, de 23 de dezembro de 1986, e regulamentação complementar.

Parágrafo único. Ato conjunto dos Ministros de Estado do Planejamento, Orçamento e Gestão e da Fazenda poderá autorizar a utilização do CPGF, como forma de pagamento de outras despesas.

Art. 3º. Além de outras responsabilidades estabelecidas na legislação e na regulamentação específica, para os efeitos da utilização do CPGF, ao ordenador de despesa caberá:

I – definir o limite de utilização e o valor para cada portador de cartão;

II – alterar o limite de utilização e de valor; e

III – expedir a ordem para disponibilização dos limites, eletronicamente, junto ao estabelecimento bancário.

Parágrafo único. O portador do CPGF é responsável pela sua guarda e uso.

Art. 4º. É vedada a aceitação de qualquer acréscimo no valor da despesa decorrente da utilização do CPGF.

Art. 5º. Não será admitida a cobrança de taxas de adesão, de manutenção, de anuidades ou de quaisquer outras despesas decorrentes da obtenção ou do uso do CPGF.

Parágrafo único. O disposto no caput não se aplica às taxas de utilização do CPGF no exterior e aos encargos por atraso de pagamento.

10.18. QUESTÕES DE CONCURSOS

1. (CESPE/2017 – TRE BA) O regime de adiantamento denominado de suprimento de fundos consiste na entrega de numerário a servidor, sempre precedida de empenho na dotação própria, para o fim de realizar despesas que, pela excepcionalidade, a critério do ordenador de despesa e sob sua inteira responsabilidade, não possam subordinar-se ao processo normal de aplicação. O prazo máximo para aplicação do suprimento de fundos será de até noventa dias a contar da data

a) do ato de concessão do suprimento de fundos, podendo ultrapassar o término do exercício financeiro.
b) da utilização do recurso financeiro do suprimento de fundos, não podendo ultrapassar o término do exercício financeiro.
c) da liberação de recursos do suprimento de fundos, não podendo ultrapassar o término do exercício financeiro.
d) da liberação de recursos do suprimento de fundos, podendo ultrapassar o término do exercício financeiro.
e) do ato de concessão do suprimento de fundos, não podendo ultrapassar o término do exercício financeiro.

2. (CESPE/2016 – TCE SC) Caso o responsável por determinado suprimento de fundos restitua parte dos recursos recebidos após o encerramento do exercício em que se deu o suprimento, o valor restituído será contabilizado como receita orçamentária.

3. (CESPE – Polícia Federal) O limite para a definição das despesas de pequeno vulto que podem ser objeto de suprimento de fundos é estabelecido por portaria do ministro da Fazenda, sendo aplicável a todos os demais órgãos do Poder Executivo federal.

4. (CESPE – Polícia Federal) Se uma operação emergencial demandar o deslocamento de agentes da Polícia Federal para uma região de fronteira internacional, o financiamento dessa viagem deverá ser feito por meio de suprimento de fundos e o pagamento deverá ocorrer antes da liquidação.

5. (CESPE – CPRM) Para a movimentação do suprimento de fundos, o suprido deve utilizar o cartão de pagamento do governo federal e, em caráter excepcional, quando comprovadamente não seja possível a utilização desse cartão, pode usar conta corrente bancária.

6. (CESPE – CPRM) O suprimento de fundos é empregado para atender às despesas fortuitas e às de pequeno valor, inclusive as gastas em viagem ou com serviços especiais, que exijam pagamento imediato.

7. (CESPE – CPRM) Os valores de suprimento de fundos entregues ao suprido podem relacionar-se a mais de uma natureza de despesa, desde que precedidos dos empenhos nas dotações respectivas, respeitados os valores de cada natureza.

8. (CESPE – CPRM) O valor do suprimento de fundos inclui os valores referentes às obrigações tributárias e de contribuições, não podendo, em hipótese alguma, ultrapassar os limites estabelecidos em lei, quando se referir a despesas de pequeno vulto.

9. (CESPE – ANTT) A administração pública, no interesse do serviço, poderá conceder um suprimento de fundos, em espécie ou por crédito em conta, a um prestador de serviços, o qual se obrigará a realizar a prestação de contas tão logo seja realizado o gasto.

(CESPE/2015 – MPOG) Em uma escola com problemas de infraestrutura, o conserto de emergência de algumas de suas instalações custou R$ 850,00, dos quais R$ 500,00 foram referentes a materiais pagos com cartão de pagamento do governo federal (CPGF) e R$ 350,00 foram gastos com serviços de engenharia pagos pelo servidor responsável, previamente suprido e habilitado, com dinheiro próprio.

A respeito da situação hipotética apresentada e dos aspectos relativos a suprimentos de fundos, julgue os itens 10 a 12.

10. (CESPE/2015 – MPOG) Com base na urgência da situação, o referido servidor poderá, no primeiro dia útil seguinte ao evento, solicitar ao ordenador de despesas a concessão de suprimento de fundos em seu nome, referente aos serviços de engenharia realizados no valor de R$ 350,00, desde que apresente a nota fiscal válida dos serviços prestados, juntamente com o processo de prestação de contas no prazo estabelecido na concessão.

11. **(CESPE/2015 – MPOG)** Considerando que a concessão do CPGF, feita de acordo com a legislação vigente, tenha sido destinada para a aquisição de materiais em geral, e que tenha sido observado o prazo de aplicação, o pagamento realizado de R$ 500,00 foi adequado para suprimento de fundos.

12. **(CESPE/2015 – MPOG)** No caso de suprimento de fundos por meio do CPGF, no qual o pagamento da fatura do cartão é posterior ao gasto, o empenho da despesa também pode ser posterior ao gasto, desde que feito antes do pagamento da fatura do cartão, devido à possibilidade de inversão das fases da despesa pública, nesse caso.

13. **(CESPE/2015 – TCE/RN)** Como um suprimento de fundos é um adiantamento que deve ser empregado no pagamento de despesas específicas, que deverão ser alvo de uma prestação de contas, a concessão do suprimento gera uma despesa orçamentária.

14. **(CESPE/2015 – TCE/RN)** As restituições, por falta de aplicação total ou parcial, ou por aplicação indevida, constituirão receita orçamentária, se recolhidas após o encerramento do exercício.

15. **(CESPE/2015 – TCE/RN)** O suprimento de fundos será contabilizado e incluído nas contas do ordenador como despesa realizada.

16. **(CESPE – ANTAQ)** O cartão de pagamento do governo federal é um instrumento de pagamento emitido em nome do servidor beneficiário, operacionalizado pela instituição financeira onde esse servidor tiver conta, podendo o cartão ser utilizado por outro servidor, desde que com a mesma finalidade e para o mesmo período.

(CESPE – STM) A administração pública, na execução do orçamento, capta receitas e realiza despesas. Acerca de receita e despesa, julgue os itens subseqüentes.

17. **(CESPE/2015 – TCE/RN)** A despesa realizada por meio de suprimento de fundos deve ter o seu comprovante emitido em nome do agente suprido pelos fornecedores ou prestadores de serviços no próprio documento fiscal comprobatório.

(CESPE – PF) A administração pública prevê, em determinadas situações, a utilização de uma sistemática especial para realizar despesas que, por sua natureza ou urgência, não possam aguardar o processo normal da execução orçamentária. Denomina-se suprimento de fundos a modalidade de pagamento de despesa permitida em casos excepcionais e somente quando sua realização não possa subordinar-se ao processo normal de atendimento por via de ordem bancária. Acerca dessa modalidade de pagamento de despesa, julgue os itens 18 a 22.

18. **(CESPE – PF)** Essa modalidade de execução de despesa consiste na entrega de numerário a servidor para a realização de despesa precedida de empenho na dotação própria, que, por sua natureza ou urgência, não possa subordinar-se ao processo normal da execução orçamentária e financeira. É o equivalente ao fundo de caixa das empresas privadas para fazer frente às pequenas despesas do dia-a-dia.

19. **(CESPE – PF)** Admitir-se-á, na hipótese de concessão de suprimento de fundos para atender a aquisição de material de consumo e obtenção de serviços simultaneamente, que a despesa seja classificada no elemento econômico de maior predominância dos gastos.

20. **(CESPE – PF)** Não podem ser atendidas por meio de suprimento de fundos as despesas com serviços que exijam pronto pagamento em espécie.

21. **(CESPE – PF)** O ato de concessão do suprimento de fundos deverá conter, entre outras informações, nome, CPF, cargo ou função do servidor a quem será entregue o numerário, bem como a indicação da unidade orçamentária ou administrativa de sua lotação.

22. **(CESPE – PF)** Atendendo ao princípio de segregação de funções, é vedada a concessão de suprimento de fundos a servidor que, em qualquer hipótese, tenha a seu cargo a guarda ou utilização do material a adquirir.

(CESPE – TRE AL) Uma entidade da administração pública entregou a um de seus servidores numerário para realizar despesas que, por sua natureza, não poderiam obedecer aos processos normais de aplicação.

23. **(CESPE – TRE AL)** O servidor, mesmo estando em alcance, pode responder por esse adiantamento.

24. **(CESPE – TRE AL)** A legislação admite a possibilidade de que o servidor receba um segundo adiantamento.

25. **(CESPE – TRE AL)** Tendo em vista que a despesa não se subordina ao processo normal de aplicação, o empenho deverá ser realizado quando o servidor prestar contas do adiantamento recebido.

26. **(CESPE – GOVERNO DO ESTADO DO PARÁ)** Os limites fixados para concessão de suprimento de fundos são os mesmos estabelecidos na lei de licitações e contratos para os casos em que é dispensável o certame licitatório, ou seja, 5% dos valores fixados em dispositivos específicos dessa lei, tanto para o caso de execução de obras e serviços de engenharia, quanto para as despesas com outros serviços e compras em geral. A legislação não admite, em nenhuma hipótese, ultrapassar esses limites.

27. **(CESPE – MPE/TO)** Não pode ser concedido suprimento de fundos a servidor que tenha a seu cargo a guarda ou a utilização do material a adquirir, salvo quando não houver na repartição outro servidor.

28. (FCC/2016 – TRE PI) No que se refere a dívida pública, assinale a opção correta.

a) A amortização de dívida flutuante ocorre em prazo superior a doze meses.
b) Suprimento de fundos é a autorização de execução orçamentária que, pela sua excepcionalidade, não possui dotação orçamentária específica.
c) Restos a pagar correspondem a empenhos processados, vinculados a contratos de fornecimento de materiais, de execução de obras, incluindo seus respectivos encargos financeiros, e não pagos ao término do seu exercício financeiro.
d) Serviços de dívidas a pagar são empenhos processados, vinculados a contratos de prestação de serviços, com seus respectivos encargos financeiros, e não pagos ao término do seu exercício financeiro.
e) Compromissos financeiros reconhecidos pelo governo após o encerramento do exercício correspondente fazem parte de despesas de exercícios anteriores.

29. (FCC/2015 – SEFAZ/PI) O regime de adiantamento, também conhecido como suprimento de fundos, consiste na entrega de numerário a servidor, sempre precedida de prévio empenho, para a realização de despesas que não podem se subordinar ao processo normal de aplicação. Nos termos da Lei nº 4.320/64, o servidor estará impedido de receber numerário para essa finalidade se

a) não for responsável por fundo especial de despesa.
b) estiver em estágio probatório.
c) não ocupar cargo de chefia, assessoramento ou direção.
d) já for responsável por um outro adiantamento.
e) estiver em alcance.

30. (FCC/2015 – TCE/CE) A respeito do suprimento de fundos, considere:

I. aplicável aos casos de despesas expressamente definidos em lei.
II. consiste na entrega de numerário a servidor.
III. o empenho pode ser prévio, se sabido o valor da despesa, ou *a posteriori*.
IV. destinado apenas às despesas que se subordinam ao processo normal de aplicação.

São requisitos para a concessão do suprimento de fundos o que consta APENAS em

a) I, III e IV.

b) I, II e III.

c) II e IV.

d) III e IV.

e) I e II.

GABARITO

1	E	7	V	13	V	19	F	25	F
2	V	8	V	14	V	20	F	26	F
3	V	9	F	15	V	21	V	27	V
4	F	10	F	16	F	22	F	28	E
5	V	11	V	17	F	23	F	29	E
6	V	12	F	18	V	24	V	30	E

*Assista à correção de algumas questões, deste capítulo, posicionando aqui o leitor do **QR Code**.*

https://editoraj.us/AFO10

Capítulo 11.

Créditos Adicionais: Tipos e Fontes de Recursos para abertura

11.1. INTRODUÇÃO

O Orçamento é um produto do Sistema de Planejamento que define as ações a serem desenvolvidas em determinado exercício. Para garantir ajustes ao orçamento durante sua execução, foi criado na Lei 4.320/64, em seu artigo 40, o dispositivo legal denominado crédito adicional ou leis de créditos adicionais, tendo em vista que somente uma lei pode alterar outra lei. Atualmente a legislação classifica os créditos adicionais em:

1. **Suplementares**
2. **Especiais**
3. **Extraordinários**

Observe o que as bancas estão cobrando nas provas de concursos para cada um dos adicionais:

➲ Conceito;

➲ Autorização Legislativa;

➲ Abertura e incorporação; e

➲ Fontes de financiamento.

11.2. CONCEITO E CLASSIFICAÇÕES – LEI Nº 4.320/64

> **Lei nº 4.320/64:**
> **Art. 40.** São créditos adicionais as autorizações de despesas não computadas ou insuficientemente dotadas na Lei de Orçamento.
>
> **Art. 41.** Os créditos adicionais classificam-se em:
> I – suplementares, os destinados a reforço de dotação orçamentária;
> II – especiais, os destinados a despesas para as quais não haja dotação orçamentária específica;
> III – extraordinários, os destinados a despesas urgentes e imprevistas, em caso de guerra, comoção intestina ou calamidade pública.

Atenção!

Qual o mecanismo que altera o orçamento durante a fase de discussão? **Emendas.**

Qual o mecanismo que altera o orçamento durante a fase de execução? **Créditos Adicionais.**

11.3. CRÉDITOS ADICIONAIS SUPLEMENTARES

11.3.1. Conceito

Os créditos suplementares são utilizados para solucionar a situação em que os valores autorizados na lei orçamentária são insuficientes para atender a todas as despesas. São os destinados ao reforço de dotação orçamentária. Pelo reforço se entende a existência anterior, mas insuficiente da dotação na LOA. A sua intenção não é a de criar uma nova despesa, mas complementar as já existentes.

11.3.2. Autorização legislativa

A abertura desse tipo de crédito exige autorização legislativa prévia, podendo ser concedida através da própria LOA ou através de lei específica.

> **CF/88**
> **Art. 165, § 8º.** A lei orçamentária anual não conterá dispositivo estranho à previsão da receita e à fixação da despesa, não se incluindo na proibição a autorização para abertura de créditos suplementares e contratação de operações de crédito, ainda que por antecipação de receita, nos termos da lei.

> **4.320/64**
> **Art. 42.** Os créditos suplementares e especiais serão autorizados por lei e abertos por decreto executivo.

Anualmente a LOA vem autorizando a utilização de créditos suplementares, restritos aos valores constantes na própria Lei. Com isso, o Poder Executivo poderá, durante o exercício financeiro, utilizar um Decreto para proceder à abertura (não confunda autorização com abertura). Observe a situação criada abaixo:

1. A LOA foi aprovada fixando a despesa em $100;
2. Consta em seu texto autorização para abertura de créditos suplementares restritos a 10% do total da despesa fixada;
3. Durante o exercício financeiro foram abertos, através de Decreto, créditos suplementares no montante de $10;
4. Caso haja necessidade de um novo reforço, o Chefe do Poder Executivo deverá solicitar autorização ao Poder Legislativo através de uma lei específica, pois todo o limite já foi utilizado.

Não esqueça

A LOA poderá conter autorização para abertura de créditos suplementares, limitados à determinada importância ou percentual, sem a necessidade de nova submissão ao Poder Legislativo.

11.3.3. Abertura

A abertura dos créditos adicionais suplementares e especiais sempre ocorrerá por decreto.

> 4.320/64
> **Art. 42.** Os créditos suplementares e especiais serão autorizados por lei e abertos por decreto executivo.

11.3.4. Incorporação

Incorporam-se ao orçamento adicionando-se à dotação orçamentária a que se destinou reforçar.

11.3.5. Prorrogação

São improrrogáveis, ou seja, um saldo não utilizado no exercício não poderá ser transferido para o outro.

11.3.6. Fonte

> 4.320/64
> **Art. 43.** A abertura dos créditos suplementares e especiais depende da existência de recursos disponíveis para ocorrer à despesa e será precedida de exposição justificativa.

Deixarei para detalhar as fontes em um ponto específico. Por enquanto basta saber que a abertura dos adicionais suplementares e especiais depende da indicação da fonte.

11.4. CRÉDITOS ADICIONAIS ESPECIAIS

11.4.1. Conceito

Os destinados a despesas para as quais não haja dotação orçamentária específica; encaminhado ao Congresso Nacional pelo Presidente da República através de Projeto de Lei.

11.4.2. Autorização legislativa

> **4.320/64**
> **Art. 42.** Os créditos suplementares e especiais serão autorizados por lei e abertos por decreto executivo.

Nesse caso, só poderão ser autorizados através de uma lei específica.

11.4.3. Abertura

> **4.320/64**
> **Art. 42.** Os créditos suplementares e especiais serão autorizados por lei e abertos por decreto executivo.

11.4.4. Incorporação

Incorporam-se ao orçamento, mas devem conservar as suas características específicas não sendo adicionados aos créditos já existentes.

11.4.5. Prorrogação

> **CF/88**
> **Art. 167, § 2º.** Os créditos especiais e extraordinários terão vigência no exercício financeiro em que forem autorizados, salvo se o ato de autorização for promulgado nos últimos quatro meses daquele exercício, caso em que, reabertos nos limites de seus saldos, serão incorporados ao orçamento do exercício financeiro subseqüente.

Os créditos especiais não poderão ter vigência além do exercício em que forem autorizados, salvo se o ato de autorização for promulgado nos últimos quatro meses, caso em que, reabertos nos limites dos seus saldos, serão incorporados ao orçamento do exercício financeiro subsequente.

Descomplicando:

1. Em 01/09/X1, foi promulgada a autorização para abertura do crédito especial no valor de R$ 1.000;

2. O Poder Executivo utilizou, durante X1, apenas R$ 400 do total de R$ 1.000 que lhe foi autorizado;

3. Em 31/12/X1 há um saldo não utilizado de R$ 600;

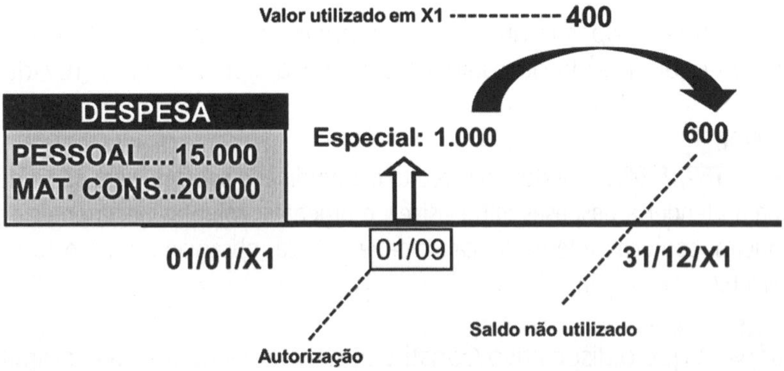

4. Como a situação está de acordo com o que preceitua o artigo 167 § 2º da CF/88, o saldo não utilizado de R$ 600 poderá ser reaberto no exercício de X2.

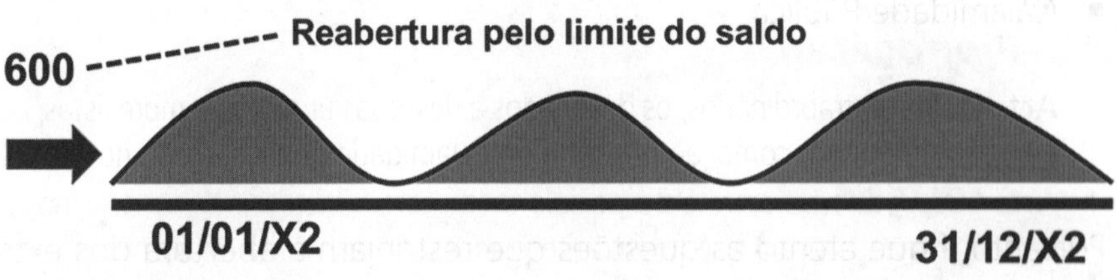

11.4.6. Fonte

4.320/64

Art. 43. A abertura dos créditos suplementares e especiais depende da existência de recursos disponíveis para ocorrer à despesa e será precedida de exposição justificativa.

11.5. EXTRAORDINÁRIOS

11.5.1. Conceito

Destinados a despesas urgentes e imprevisíveis, como as decorrentes de guerra, comoção interna ou calamidade pública, conforme art. 167 da CF.

> **CF/88**
> **Art. 167, § 3º.** A abertura de crédito extraordinário somente será admitida para atender a despesas imprevisíveis e urgentes, como as decorrentes de guerra, comoção interna ou calamidade pública, observado o disposto no art. 62.

Observem que o dispositivo Constitucional elenca de forma exemplificativa (e não restritiva) os casos que justificarão a abertura do referido crédito ("... *como as decorrentes de guerra, comoção interna ou calamidade pública,...").*

Já a Lei nº 4.320/64 restringiu essa abertura a apenas três casos:

- Guerra;
- Comoção intestina (interna); e
- Calamidade Pública

> **Art. 41.** III – extraordinários, os destinados a despesas urgentes e imprevistas, em caso de guerra, comoção intestina ou calamidade pública. (grifo nosso)

Portanto, fique atento as questões que restrinjam à abertura dos extraordinários as três situações acima citadas. A restrição ocorrerá apenas quando a banca tomar como referência a Lei nº 4.320/64, situação pouco comum em provas de concursos.

11.5.2. Autorização

Esse é o único que independe de autorização prévia do Poder Legislativo para ocorrer a sua abertura.

> **CF/88**
> **Art. 62.** Em caso de relevância e urgência, o Presidente da República poderá adotar medidas provisórias, com força de lei, devendo submetê-las de imediato ao Congresso Nacional.

11.5.3. Abertura

- Na União serão sempre abertos por Medida Provisória.
- Nos Estados poderão ser abertos por Medida Provisória caso haja previsão legal em suas constituições.
- Nos Municípios e nos Estados onde não existe previsão de edição de MP, a abertura será por Decreto do Poder Executivo.

> **4.320/64**
> **Art. 44.** Os créditos extraordinários serão abertos por decreto do Poder Executivo, que deles dará imediato conhecimento ao Poder Legislativo.

11.5.4. Incorporação

Incorporam-se ao orçamento mas devem conservar as suas características específicas não sendo adicionados aos créditos já existentes.

11.5.5. Prorrogação

Os créditos extraordinários não poderão ter vigência além do exercício em que forem abertos, salvo se o ato de autorização for promulgado nos últimos quatro meses daquele exercício, caso em que, reabertos nos limites dos seus saldos, serão incorporados ao orçamento do exercício financeiro subsequente.

11.5.6. Fonte

Esse é o único que independe da indicação da fonte para ocorrer a sua abertura. Mas, caso o Chefe do Executivo queira indicar a fonte não haverá nenhum impeditivo. Ou seja, se quiser indicar pode.

11.6. FONTE PARA ABERTURA DE CRÉDITOS ADICIONAIS

Os recursos financeiros disponíveis para abertura de créditos Suplementares e Especiais estão listados no parágrafo 1° do art. 43 da Lei 4.320/64, no art. 91 do Decreto-Lei nº 200/67 e no parágrafo 8° do art. 166 da Constituição Federal.

> **4.320/64**
> **Art. 43**. A abertura dos créditos suplementares e especiais depende da existência de recursos disponíveis para ocorrer à despesa e será precedida de exposição justificativa.
> § 1°. Consideram-se recursos para o fim deste artigo, desde que não comprometidos:
> I – o superávit financeiro apurado em balanço patrimonial do exercício anterior;

Apurado no **Balanço Patrimonial** do exercício financeiro anterior, entendido como a diferença positiva entre o Ativo e o Passivo Financeiro, conjugando-se os saldos dos créditos adicionais transferidos (Especiais e Extraordinários) e as operações de créditos a eles vinculados.

> II – os provenientes de excesso de arrecadação;

Entendido como o saldo positivo das diferenças, acumuladas mês a mês, entre a arrecadação prevista e a realizada, considerando-se a TENDÊNCIA do exercício, devendo ser deduzidos os créditos extraordinários abertos no exercício SEM indicação da fonte de financiamento;

> III – os resultantes de anulação parcial ou total de dotações orçamentárias ou de créditos adicionais, autorizados em lei;

A anulação de dotações não pode ser confundida com a anulação de empenhos.

IV – o produto de operações de crédito autorizadas, em forma que juridicamente possibilite ao Poder Executivo realizá-las.

Decreto-Lei 200/67
Art. 91. Sob a denominação de Reserva de Contingência, o orçamento anual poderá conter dotação global não especificamente destinada a determinado órgão, unidade orçamentária, programa ou categoria econômica, cujos recursos serão utilizados para abertura de créditos adicionais.

Uma das fontes que possibilitam a abertura dos créditos adicionais é a dotação global classificada como reserva de contingência e que poderá ser destinada a qualquer categoria econômica (corrente ou capital).

CF/88
Art. 166, § 8º. Os recursos que, em decorrência de veto, emenda ou rejeição do projeto de lei orçamentária anual, ficarem sem despesas correspondentes poderão ser utilizados, conforme o caso, mediante créditos especiais ou suplementares, com prévia e específica autorização legislativa.

Quadro resumo das fontes que possibilitam a abertura de créditos adicionais

FONTE	FÓRMULA
Superávit financeiro apurado em balanço patrimonial do exercício anterior. (4.320/64, art. 43 § 1º I)	**SFx1 = (AFx0 – PFx0) – CAR + OVC**
Excesso de arrecadação (4.320/64, art. 43 § 1º II)	**EAx1 = (RA x1 – RP x1) - T - CAExt**
Os resultantes de anulação parcial ou total de dotações orçamentárias ou de créditos adicionais, autorizados em lei (4.320/64, art. 43 § 1º III).	
O produto de operações de crédito autorizadas, em forma que juridicamente possibilite ao Poder Executivo realizá-las (4.320/64, art. 43 § 1º IV).	

FONTE	FÓRMULA
Os recursos que, em decorrência de veto, emenda ou rejeição do projeto de lei orçamentária anual, ficarem sem despesas correspondentes poderão ser utilizados, conforme o caso, mediante créditos especiais ou suplementares, com prévia e específica autorização legislativa (CF/88, art. 166 § 8º).	
Reserva de Contingência (Dec. 200/67, art. 91).	

Superávit financeiro – observações

1. Os dados utilizados para encontrar o valor dessa fonte serão obtidos no exercício financeiro anterior ao do cálculo.
2. O Ativo Financeiro (AF) e o Passivo Financeiro (PF) são apurados no Balanço Patrimonial do exercício financeiro anterior.
3. Créditos Adicionais Reabertos (CAR) ou Créditos Adicionais Transferidos (CAT). Créditos especiais ou extraordinários que foram reabertos no exercício financeiro do cálculo.
4. Operação de Crédito Vinculada (OCV). Representa o saldo da operação de crédito que foi contratada no ano anterior e que ficou para ser arrecadado no exercício financeiro do cálculo.

Excesso de arrecadação – observações

1. Os dados da fonte excesso de arrecadação serão obtidos no exercício financeiro do cálculo.
2. Receita Prevista (RP) e Receita Arrecadada (RA). Receita prevista e arrecadada no período indicado pela banca. Caso RP > RA, não haverá excesso de arrecadação.
3. Tendência (T). Representa a tendência negativa para o restante do exercício. Observe se a banca fornecerá esse dado.
4. CAExt x1. São os créditos extraordinários que foram abertos no exercício do cálculo sem a indicação da fonte. Caso a fonte tenha sido indicada para a sua abertura não deverão compor a fórmula.

Atenção! A primeira fonte que deverá ser utilizada para cobrir um crédito extraordinário que foi aberto sem a indicação da fonte é o excesso de arrecadação.

4.320/64

Art. 43, § 4º. Para o fim de apurar os recursos utilizáveis, provenientes de excesso de arrecadação, deduzir-se-á a importância dos créditos extraordinários abertos no exercício.

4.320/64
Art. 46. O ato que abrir crédito adicional indicará a importância, a espécie do mesmo e a classificação da despesa, até onde for possível.

Janela Orçamentária

Destinação de recursos, na lei orçamentária, em valor significativamente inferior ao custo da ação correspondente, com a finalidade de viabilizar, mediante pressões políticas, futuras suplementações; dotação simbólica.

11.7. CRÉDITOS ADICIONAIS NA LDO/2018

Art. 44. Os projetos de lei relativos a créditos suplementares e especiais serão encaminhados pelo Poder Executivo ao Congresso Nacional, também em meio magnético, por Poder, sem prejuízo do disposto no § 12.
§ 1º. Cada projeto de lei e a respectiva lei deverão restringir-se a um único tipo de crédito adicional, conforme definido nos incisos I e II do caput do art. 41 da Lei nº 4.320, de 1964.
§ 2º. O prazo final para o encaminhamento dos projetos referidos no caput é 15 de outubro de 2018.
§ 3º. Acompanharão os projetos de lei concernentes a créditos suplementares e especiais exposições de motivos circunstanciadas que os justifiquem e indiquem as consequências dos cancelamentos de dotações propostos sobre a execução de atividades, projetos, operações especiais e seus subtítulos e metas.
§ 11. Os créditos de que trata este artigo, aprovados pelo Congresso Nacional, serão considerados automaticamente abertos com a sanção e a publicação da respectiva lei.

§ 12. Os projetos de lei de créditos suplementares ou especiais, relativos aos órgãos dos Poderes Legislativo e Judiciário, do Ministério Público da União e da Defensoria Pública da União, poderão ser apresentados de forma consolidada.

§ 14. Serão encaminhados projetos de lei específicos, quando se tratar de créditos destinados ao atendimento de despesas com pessoal e encargos sociais e os benefícios auxílio-alimentação ou refeição, assistência pré-escolar, assistência médica e odontológica e auxílio-transporte.

Art. 47. Na abertura de crédito extraordinário, é vedada a criação de novo código e título para ação já existente.

Art. 50. A reabertura dos créditos especiais, conforme disposto no § 2º do art. 167 da Constituição, será efetivada, se necessária, mediante ato próprio dos Poderes Executivo, Legislativo e Judiciário, do Ministério Público da União e da Defensoria Pública da União, após a primeira avaliação de receitas e despesas a que se refere o art. 9º da Lei de Responsabilidade Fiscal, observado o disposto no § 4º deste artigo e no art. 48.

Resumindo:

◆ Créditos Suplementares:

São os destinados a reforço de dotação orçamentária. A LOA poderá conter autorização ao Poder Executivo para abertura de créditos suplementares até determinada importância ou percentual, sem a necessidade de submissão do crédito ao Poder Legislativo. Os créditos suplementares terão vigência limitada ao exercício em que forem abertos.

◆ Créditos Especiais:

São os destinados a despesas, para as quais não haja dotação orçamentária específica, devendo ser autorizados por lei. Note-se que sua abertura depende da existência de recursos disponíveis e de exposição que a justifique. Os créditos especiais não poderão ter vigência além do exercício em que forem autorizados, salvo se o ato de autorização for promulgado nos últimos quatro meses daquele exercício, casos em que, reaberto nos limites dos seus saldos, poderão viger até o término do exercício financeiro subseqüente.

◆ Créditos Extraordinários:

São os destinados a despesas urgentes e imprevisíveis, tais como em caso de guerra ou calamidade pública, conforme art. 167 CF/88. Serão abertos por

Medida Provisória, no caso federal, e por decreto do Poder Executivo para os demais entes, dando imediato conhecimento deles ao Poder Legislativo. Os créditos extraordinários não poderão ter vigência além do exercício em que forem autorizados, salvo se o ato de autorização for promulgado nos últimos quatro meses daquele exercício, casos em que, reabertos nos limites dos seus saldos, poderão viger até o término do exercício financeiro subseqüente.

11.8. QUESTÕES DE CONCURSOS

1. **(CESPE/2017 - TCE PE)** Crédito adicional aberto com base em autorização dada pela lei orçamentária anual corresponde a um crédito suplementar.

2. **(CESPE/2015 - STJ)** Situação hipotética: Determinado ente da administração pública, que necessita da abertura de um crédito especial, dispõe dos seguintes dados:

- diferença entre a receita realizada e a prevista: R$ 400;
- ativo financeiro no balanço patrimonial do exercício anterior: R$ 180;
- passivo financeiro no balanço patrimonial do exercício anterior: R$ 140;
- créditos extraordinários abertos no exercício: R$ 230;
- créditos adicionais reabertos: R$ 10.

Assertiva: Nessa situação, há margem para abertura do crédito especial de R$ 200.

3. **(CESPE/2015 - TCE/RN)** Se houver necessidade de alteração orçamentária qualitativa, os instrumentos que devem ser utilizados para essa finalidade são os créditos especiais e os extraordinários.

4. **(CESPE/2015 - TCU)** Por não estarem previstas no momento de elaboração da proposta orçamentária, as despesas provenientes de créditos adicionais abertos durante o exercício financeiro são consideradas extraorçamentárias.

5. **(CESPE/2015 – TCU)** Se a arrecadação efetivamente realizada for maior que a prevista na lei orçamentária anual, a diferença a maior poderá ser utilizada como fonte de recursos para a abertura de créditos adicionais.

6. **(CESPE/2015 – TRE/MT)** Caso sejam promulgados nos últimos quatro meses do exercício em que foram autorizados, os créditos suplementares poderão vigorar até o término do exercício financeiro subsequente.

7. **(CESPE – PF)** Considere que, na fronteira entre Brasil e Bolívia, incidentes envolvendo membros das forças de segurança brasileira e traficantes tenham demandado operações extras da Polícia Federal na região e que, apesar de o orçamento prever recursos para essas operações, eles não sejam suficientes para financiá-las. Nessa situação, os recursos adicionais necessários devem ser providos por meio da abertura de créditos extraordinários.

8. **(CESPE – PF)** Na execução do orçamento, as dotações inicialmente aprovadas na LOA podem revelar-se insuficientes para a realização dos programas de trabalho, caso em que poderá haver a abertura de créditos especiais destinados à conclusão dos programas, após autorização legislativa.

9. **(CESPE – Min Integração Nacional)** Suponha que determinada unidade orçamentária tenha obtido a aprovação de um crédito para reforçar dotação existente em seu programa de trabalho, destinada à compra de vacinas contra a poliomielite. Nessa situação, a vigência desse novo crédito estará restrita ao exercício financeiro em que foi aberto, sendo vedada a sua reabertura.

10. **(CESPE – TC DF)** Considere que nova ação do governo, não incluída na lei orçamentária anual, tenha se tornado inevitável e que todas as receitas previstas para o mês em que a ação tenha sido necessária já tenham sido comprometidas com outras despesas. Nesse caso, o crédito especial que se fará necessário poderá autorizar a contratação de uma operação de crédito por antecipação de receita orçamentária.

11. **(CESPE – CNJ)** No caso de comoção intestina, o presidente da República poderá abrir créditos suplementares e especiais, mediante autorização legislativa. No entanto, é vedada a transposição, o remanejamento ou a transferência de recursos de uma categoria de programação para outra ou de um órgão para outro.

12. **(CESPE – CPRM)** O orçamento pode ser modificado para atender situações não previstas; para isso, podem ser utilizados os novos mecanismos retificadores do orçamento, os quais, conforme lei vigente, incluem os créditos complementares, os remanejamentos, as transposições e as transferências intragrupos.

13. **(CESPE – ANTT)** A abertura de crédito extraordinário somente será admitida para atender a despesas imprevisíveis e urgentes.

14. **(CESPE – ANTT)** Os recursos destinados, no orçamento da União, para a reserva de contingência podem ser utilizados para a abertura de créditos suplementares a serem executados como despesas correntes ou de capital.

15. **(CESPE – ANTT)** Um crédito especial solicitado no mês de agosto e autorizado no mês de setembro poderá ser incorporado ao orçamento financeiro subsequente, pelo valor do crédito ainda não aplicado.

16. **(FCC/2017 – FUNAPE)** Suponha que, no curso da execução de uma obra pública, tenha sido identificada a necessidade de revisão do projeto original, demandando aditamento ao contrato correspondente, observados os limites e requisitos legais, não havendo, contudo, dotação orçamentária suficiente para suportar as despesas correspondentes. Diante de tal cenário, as despesas geradas por tal circunstância, são, em tese, passíveis de cobertura mediante

a) abertura de créditos extraordinários, mediante lei específica, utilizando recursos provenientes de superávit financeiro.

b) remanejamento de outras dotações orçamentárias, mediante decreto, com anulação parcial ou total de outras dotações.

c) utilização de restos a pagar não processados para abertura de créditos especiais adicionais.

d) abertura de créditos adicionais suplementares, mediante decreto, observado o limite da receita corrente líquida autorizado na lei orçamentária anual.

e) alteração da programação de execução orçamentária, por decreto, desde que não transcorridos mais de 180 dias do início do exercício orçamentário.

17. (FCC/2017 – DPE RS) Um contabilista de um órgão público precisou abrir um crédito adicional. Para tanto, ele verificou, como condição, que já havia autorização por lei, com exposição justificativa, e recursos disponíveis para ocorrer a despesa. A abertura desse crédito adicional ocorreu por decreto executivo. Com base nessas informações e na Lei nº 4.320/1964, é possível afirmar que trata-se de um crédito adicional

a) suplementar, especial ou extraordinário.

b) especial, apenas.

c) suplementar ou especial, apenas.

d) suplementar, apenas.

e) especial ou extraordinário, apenas.

18. (FCC/2017 – DPE RS) A Defensoria Pública de um determinado Estado apresentava, em 1/1/2016, dotação inicial de R$ 500.000,00 referente a material de consumo para a execução das atividades de atendimento jurídico à população carente. Em novembro de 2016, verificada a existência de recursos provenientes de excesso de arrecadação e precedida de exposição justificada e prévia autorização legislativa, foi acrescentado à dotação orçamentária referente a material de consumo o valor de R$ 55.000,00 necessário para a continuidade do serviço. Com base nessas informações e conforme disposto na Lei nº 4.320/1964, a alteração na dotação orçamentária realizada pela Defensoria Pública corresponde a um crédito adicional

a) especial.

b) suplementar.

c) extraordinário.

d) complementar.

e) extraorçamentário.

19. (FCC/2016 – TRT 8ª Região) Com relação aos créditos adicionais, cuja finalidade e atender despesas não previstas ou insuficientemente dotadas no orçamento publico, assinale a opção correta.

a) Age em conformidade com os dispositivos legais a autoridade pública que abre créditos extraordinários, sem a autorização do legislativo, em casos de calamidade pública.

b) O pagamento de despesas de pequeno vulto sem previsão orçamentária pode ser realizado mediante a abertura de créditos adicionais extraordinários autorizados na lei orçamentária anual.

c) A classificação dos créditos adicionais esta prevista em quatro tipos: suplementares, especiais, extraordinários e superavitários.

d) A variação de preços de bens e serviços no decorrer do exercício financeiro não e fato justificável para solicitação de abertura de créditos suplementares.

e) A vigência de todas as modalidades de créditos adicionais e restrita ao exercício financeiro em que foram abertas, sem possibilidade de reabertura de seu saldo em exercício seguinte.

Atenção: Para responder a questão de número 20, considere as seguintes transações realizadas por determinada entidade do setor público, no mês de março de 2015, a classificação da receita por categoria econômica e a classificação dos créditos adicionais:

Transações Realizadas	Valor em R$
– Anulação parcial de dotação orçamentária para aquisição material de consumo	170,00
– Arrecadação de receitas de impostos	500,00
– Depreciação de bens móveis	180,00
– Arrecadação de receitas de transferências da União para construção de um ginásio esportivo	600,00
– Abertura de crédito adicional para realização de despesas para as quais não haviam dotação orçamentária específica	230,00
– Arrecadação de receitas de aluguel de imóveis	150,00
– Abertura de crédito adicional para reforço de dotação orçamentária para aquisição de computadores	70,00
– Reavaliação de bens imóveis	200,00
– Arrecadação de receitas com operações de crédito de longo prazo, destinado a construção de dois hospitais	700,00
– Arrecadação de receitas imobiliárias	100,00
– Abertura de crédito adicional para realização de despesas urgentes e imprevistas, no caso, de calamidade pública	130,00
– Receita de alienação de bens imóveis	150,00

20. (FCC/2015 – CNMP) O valor do crédito adicional especial foi, em reais, de

a) 300,00.

b) 360,00.

c) 260,00.

d) 430,00.

e) 230,00.

21. (FCC/2015 – CNMP) Os demonstrativos contábeis levantados em 31.12.2014, de determinado ente público, evidenciaram um excesso de arrecadação no valor de R$ 98.950.000,00, e um superávit financeiro no valor de R$ 57.850.000,00, que poderá ser utilizado como recurso para abertura de créditos adicionais no exercício seguinte. Nos termos da Lei Federal nº 4.320/64, o excesso de arrecadação e o superávit financeiro são apurados, respectivamente, mediante:

a) o Balanço Orçamentário e o Balanço Financeiro.

b) o Anexo de Metas Fiscais e o Balanço Patrimonial.

c) o Balanço Orçamentário e o Demonstrativo de Fluxo de Caixa.

d) o Balanço Orçamentário e o Balanço Patrimonial.

e) a Demonstração das Variações Patrimoniais e o Balanço Financeiro.

22. (FCC/2015 – CNMP) Com relação aos instrumentos de planejamento: lei orçamentária anual, lei de diretrizes orçamentárias e plano plurianual, nos termos da Constituição Federal, considere:

I. O projeto de lei orçamentária para o exercício seguinte deve ser enviado pelo Presidente da República ao Congresso Nacional até 31 de agosto de cada ano.

II. Os recursos que, em decorrência de veto, emenda ou rejeição do projeto de lei orçamentária anual, ficarem sem despesas correspondentes poderão ser utilizados, conforme o caso, mediante créditos especiais ou suplementares, com prévia e específica autorização legislativa.

III. Os projetos de lei relativos aos créditos adicionais e as autorizações para realização de operações de créditos serão apreciados pelo Senado Federal na forma do regimento interno.

IV. São vedados início de programas ou projetos não incluídos na lei orçamentária anual, exceto para atender a despesas imprevisíveis e urgentes, como as decorrentes de guerra, comoção interna ou calamidade pública.

V. A abertura de crédito suplementar ou especial sem prévia autorização legislativa e sem indicação dos recursos correspondentes só é permitida, para atender despesas não computadas ou insuficientemente dotadas na lei orçamentária anual.

Está correto o que se afirma APENAS em

a) I e II.

b) I, II e IV.

c) III e IV.
d) II, III e V.
e) I e V.

23. (FCC/2015 – CNMP) Uma entidade pública contratou uma empresa para o desenvolvimento de um novo *software* de administração financeira e orçamentária pelo valor de R$ 10.000.000,00, cujo prazo de execução de 18 meses iniciou-se em julho/2014 e terminará em dezembro/2015. Sabendo-se que não houve a abertura de créditos adicionais em 2014, a despesa com o desenvolvimento do *software*

a) não deveria ser incluída no Plano Plurianual, pois a execução do investimento não ultrapassa dois exercícios financeiros.
b) não deveria ser incluída na Lei de Diretrizes Orçamentárias, pois esta deve conter somente despesas de custeio.
c) deveria ser incluída na Lei Orçamentária Anual referente ao exercício financeiro de 2014, pelo valor total de R$ 10.000.000,00.
d) deveria ser incluída no Plano Plurianual, já que é uma despesa referente a um programa de duração continuada.
e) deveria ser classificada nas Leis Orçamentárias Anuais referentes a 2014 e 2015 como uma despesa de capital.

24. (FCC/2015 – SEFAZ/PI) Até mesmo um planejamento bem feito pode necessitar de alterações em razão de fatos supervenientes. Assim, as autorizações de despesas não computadas ou insuficientemente dotadas na Lei de Orçamento são denominadas

a) reforço técnico-contábil.
b) despesas emergenciais.
c) débitos contingentes.
d) créditos adicionais.
e) dotações não estimadas.

25. (FCC/2015 – TCE/CE) As autorizações de despesas não computadas ou insuficientemente dotadas na Lei de Orçamento são denominadas créditos adicionais e terão vigência adstrita ao exercício financeiro em que foram abertos, salvo expressa disposição legal em contrário, quanto aos

a) extraordinários e suplementares.
b) extraordinários e especiais.
c) suplementares, extraordinários e especiais.

d) suplementares e especiais.

e) suplementares.

26. **(FCC/2015 – TRE/AP)** Considere os dados extraídos das demonstrações contábeis de um governo estadual.

(Em milhares de reais)

Ativo Financeiro em 31/12/2014	180.000,00
Ativo Financeiro em 30/06/2015	150.000,00
Ativo Circulante em 31/12/2014	215.000,00
Passivo Financeiro em 31/12/2014	132.000,00
Passivo Financeiro em 30/06/2015	111.000,00
Passivo Circulante em 31/12/2014	183.000,00
Reabertura de Créditos Adicionais Extraordinários em 2015	15.000,00

Em 30/06/2015, o valor do superávit financeiro que poderia ser utilizado como recurso de cobertura para a abertura de créditos adicionais no exercício financeiro de 2015 era, em milhares de reais,

a) 24.000,00.

b) 48.000,00.

c) 39.000,00.

d) 32.000,00.

e) 33.000,00.

27. **(FCC/2015 – TRE/PB: AJAD)** Em decorrência da assinatura de um convênio com o governo federal em fevereiro de 2015, uma entidade pública estadual recebeu, em maio de 2015, uma transferência no valor de R$ 300.000,00 para a aquisição de equipamentos de tecnologia de informação. Todavia, em maio de 2015, não havia dotação orçamentária específica para a aquisição de tais equipamentos, considerando tanto os créditos iniciais quanto os adicionais. Neste caso, para o empenho da despesa com a aquisição de equipamentos em julho de 2015, deverá ocorrer a abertura de crédito adicional

a) suplementar, cujo recurso de cobertura pode ser oriundo da transposição de despesas com Pessoal e Encargos Sociais.

b) especial por meio de decreto executivo, desde que exista autorização específica na Lei Orçamentária Anual.

c) suplementar, após prévia autorização legislativa, não tendo a necessidade de existir recursos para a sua cobertura.

d) especial por meio de decreto executivo, após prévia autorização legislativa.

e) suplementar por meio de decreto executivo e, em seguida, dar imediato conhecimento ao Poder Legislativo.

28. **(FGV/2017 – ALERJ)** Durante o exercício financeiro, em um determinado ente público foram levantadas as informações apresentadas no quadro, a seguir, com o objetivo de apurar o montante do superávit financeiro do exercício anterior para fins de abertura de créditos adicionais.

Ativo financeiro	**185.000,00**
Passivo financeiro	**72.000,00**
Créditos adicionais transferidos	**53.000,00**
Operações de crédito vinculadas não recebidas	**21.000,00**
Créditos extraordinários abertos no exercício	**15.000,00**

A partir das informações apresentadas, o montante disponível é:

a) 24.000,00;

b) 45.000,00;

c) 66.000,00;

d) 81.000,00;

e) 113.000,00.

29. **(FGV/2015 – Defensoria Pública/RO)** De acordo com as disposições da Lei nº 4.320/1964 e as orientações do MCASP, no que tange aos procedimentos orçamentários, o orçamento anual pode ser alterado por meio de créditos adicionais. Por crédito adicional, entendem-se as autorizações de despesas não computadas ou insuficientemente dotadas na Lei Orçamentária. Acerca dos créditos adicionais, é correto afirmar que:

a) a reserva de contingência é prevista em lei como fonte de recurso para abertura de créditos adicionais;

b) os créditos suplementares incorporam-se ao orçamento, enquanto os créditos especiais e extraordinários conservam sua especificidade;

c) todos os créditos adicionais podem ter vigência prorrogada, desde que abertos no último quadrimestre do exercício;

d) todos os créditos adicionais serão autorizados por lei;
e) todos os créditos adicionais precisam indicar fonte de recurso para sua abertura.

30. **(FGV/2015 – PGE/RO)** Considere os dados a seguir, expressos em milhares de reais, originados da execução orçamentária do município de AlfaBeta no exercício de 2014, relativos à abertura de créditos adicionais.

Despesa	Crédito adicional	Data de abertura	Valor	% de Execução
Serviços de terceiros - PJ	especial	15/06	36.000	80,0%
Material permanente	especial	05/10	62.000	60,0%
Serviços de terceiros - PJ	extraordinário	10/04	35.000	80,0%
Material de consumo	extraordinário	01/09	48.000	75,0%
Serviços de terceiros - PJ	suplementar	20/05	27.000	90,0%
Material de consumo	suplementar	30/09	54.000	50,0%

De acordo com a legislação vigente, o valor dos créditos adicionais abertos em 2014 que podem ser reabertos no exercício seguinte, em milhares de reais, é:

a) 28.900;
b) 36.800;
c) 51.000;
d) 63.800;
e) 80.700.

31. **(FGV/2015 – TCM/SP)** A abertura de créditos adicionais suplementares e especiais requer a indicação prévia de fonte de recursos para a sua cobertura. Uma das fontes possíveis é o superávit financeiro apurado no balanço patrimonial do exercício anterior.

O valor utilizável desse superávit financeiro deve ser líquido do valor de:

a) anulação parcial ou total de dotações orçamentárias;

b) créditos especiais abertos no exercício;

c) créditos extraordinários abertos no exercício;

d) créditos suplementares reabertos no exercício;

e) operações de crédito vinculadas.

32. (FGV/2015 – TJ/PI) Quando da abertura de créditos adicionais suplementares e especiais, em decorrência da necessidade de indicação de fonte de recursos, uma das fontes possíveis é o excesso de arrecadação. Na apuração do excesso possível de utilização, deve-se:

a) adicionar as dotações orçamentárias anuladas;

b) adicionar o produto de operações de crédito autorizadas;

c) excluir as operações de crédito vinculadas;

d) excluir os créditos adicionais transferidos para o exercício;

e) excluir os créditos adicionais extraordinários abertos no exercício.

33. (FGV/2015 – TJ/PI) A abertura de créditos adicionais suplementares e especiais requer a indicação de fonte de recursos para cobertura das despesas. As fontes possíveis podem ter origem, entre outras, na anulação total ou parcial de dotações orçamentárias. Um item que pode ser considerado passível de anulação é:

a) crédito adicional reaberto;

b) operação de crédito;

c) reserva de contingência;

d) restos a pagar cancelados;

e) superávit financeiro.

34. (FCC – TRT 11° Região) Não é recurso hábil para abertura de créditos adicionais:

a) a anulação de crédito extraordinário.

b) os provenientes do excesso de arrecadação.

c) os resultantes de anulação parcial ou total de dotações orçamentárias.

d) o produto de operações de crédito autorizadas em lei.

e) o superávit financeiro apurado em balanço Patrimonial do exercício anterior.

35. (FCC – TRT 24ª Região) Em relação aos créditos adicionais é correto afirmar:

a) A abertura de crédito especial independe da existência de recursos disponíveis para ocorrer a despesa, porém será precedida de exposição justificada.

b) Os créditos extraordinários são destinados a despe as para as quais não haja dotação orçamentária específica, sendo aberto por lei específica.

c) são classificados como suplementares quando destinados a reforço de dotação orçamentária e especiais quando destinados a atender despesas urgentes e imprevistas, em caso de guerra ou calamidade pública.

d) Os créditos extraordinários serão autorizados por lei e abertos por decreto, destinando-se às despesas urgentes e imprevistas em caso de guerra e comoção intestina.

e) Somente os créditos suplementares e especiais de pendem da existência de recursos disponíveis para a ocorrência de despesa pública.

GABARITO

1	V	**8**	F	**15**	V	**22**	A	**29**	B
2	V	**9**	V	**16**	D	**23**	E	**30**	B
3	V	**10**	V	**17**	C	**24**	D	**31**	E
4	F	**11**	F	**18**	B	**25**	B	**32**	E
5	V	**12**	F	**19**	A	**26**	E	**33**	C
6	F	**13**	V	**20**	E	**27**	D	**34**	A
7	F	**14**	V	**21**	D	**28**	C	**35**	E

Assista à correção de algumas questões, deste capítulo, posicionando aqui o leitor do ***QR Code****.*

https://editoraj.us/AFO011

Capítulo 12.

Lei Complementar Nº 101/2000 (Lei de Responsabilidade Fiscal):

Do Planejamento; Da Receita; Da Despesa Pública; Da Transparência, Controle e Fiscalização

12.1. INTRODUÇÃO

A Lei de Responsabilidade Fiscal (LRF) – Lei Complementar nº 101, de 4 de maio de 2000, veio para regulamentar a parte da Tributação e do Orçamento (Título VI) da Constituição Federal, e estabelece as normas gerais de finanças públicas a serem observadas pelos três níveis de governo: Federal, Estadual e Municipal.

Entenda a LRF como um código de conduta que leva o administrador público a chamada gestão fiscal responsável exigindo ações planejadas e transparentes.

A Lei reforça os princípios da Federação ao estabelecer que os Governantes dos Estados e Municípios prestem contas de seus atos ao respectivo Legislativo. Um dos grandes propósitos da LRF é possibilitar ao cidadão o direito de fiscalizar o gestor público quando da aplicação dos recursos.

Com a edição da LRF fica revogada a Lei Complementar nº 96, de 31 de maio de 1999, a chamada Lei Camata II (artigo 75 da LRF).

12.2. ORIGEM CONSTITUCIONAL

A LRF é uma Lei complementar federal de alcance nacional e atende ao artigo 163 regulamentando o Capítulo II, das finanças públicas, e o artigo 169 que determina o estabelecimento de limites para as despesas com pessoal ativo e inativo da União. As bancas cobram os artigos da CF/88 que deram origem a LRF: 163 e 169.

CF/88
Art. 163. Lei complementar disporá sobre:
I – finanças públicas;
II – dívida pública externa e interna, incluída a das autarquias, fundações e demais entidades controladas pelo Poder Público;
III – concessão de garantias pelas entidades públicas;
IV – emissão e resgate de títulos da dívida pública;
V – fiscalização financeira da administração pública direta e indireta;
VI – operações de câmbio realizadas por órgãos e entidades da União, dos Estados, do Distrito Federal e dos Municípios;

Art. 169. A despesa com pessoal ativo e inativo da União, dos Estados, do Distrito Federal e dos Municípios não poderá exceder os limites estabelecidos em lei complementar.

➘ LRF X 4.320/64

A LRF não revogou a lei nº 4.320/64, pois possuem objetos distintos, porém, caso ocorra algum conflito entre as duas normas jurídicas, prevalecerá à vontade da Lei mais recente.

4.320/64

Art. 1º. Esta lei estatui normas gerais de direito financeiro para elaboração e controle dos orçamentos e balanços da União, dos Estados, dos Municípios e do Distrito Federal, de acordo com o disposto no art. 5º, inciso XV, letra b, da Constituição Federal.

LRF

Art. 1º. Esta Lei Complementar estabelece normas de finanças públicas voltadas para a responsabilidade na gestão fiscal, com amparo no Capítulo II do Título VI da Constituição.

12.3. PRINCÍPIOS

São regras norteadoras básicas que não são questionadas ou na conceituação de Celso Antônio Bandeira de Melo "é o mandamento nuclear de um sistema, verdadeiro alicerce dele". São Princípios assentados na LRF:

- Participação popular – a sociedade é estimulada a participar de audiências públicas, quando da elaboração e discussão dos planos, lei de diretrizes orçamentárias e orçamentos.
- Controle – A lei possibilita à sociedade participar mais do processo de acompanhamento e fiscalização das contas públicas.
- Planejamento – a Atividade Financeira do Estado deve ser planejada evidenciando os meios necessários ao alcance dos objetivos almejados.
- Transparência – conhecimento e participação da sociedade, assim como na ampla publicidade que deve cercar todos os atos e fatos ligados à arrecadação de receitas e à realização de despesas pelo poder público.
- Responsabilização – submete os atos de gestão e o próprio gestor público a sanções, caso viole a LRF (arts. 1º, 15, 16, 17, 21, 34, 35, 36, 37, 39, 40 e 42).

12.4. OBJETIVOS

Com a leitura dos artigos da LRF, em especial o art. 1º, pode-se concluir que o seu principal objetivo é a busca do equilíbrio fiscal, que se pretende alcançar pela imposição de restrições para o crescimento da despesa e pela fixação de limites para gastos com pessoal e endividamento.

> **Art. 1º.** Esta Lei Complementar estabelece normas de finanças públicas voltadas para a responsabilidade na gestão fiscal, com amparo no Capítulo II do Título VI da Constituição.
> § 1º. A responsabilidade na gestão fiscal pressupõe a ação planejada e transparente, em que se previnem riscos e corrigem desvios capazes de afetar o equilíbrio das contas públicas, mediante o cumprimento de metas de resultados entre receitas e despesas e a obediência a limites e condições no que tange a renúncia de receita, geração de despesas com pessoal, da seguridade social e outras, dívidas consolidada e mobiliária, operações de crédito, inclusive por antecipação de receita, concessão de garantia e inscrição em Restos a Pagar.

12.5. APLICABILIDADE

> **Art. 1º, § 2º.** As disposições desta Lei Complementar obrigam a União, os Estados, o Distrito Federal e os Municípios.
> § 3º. Nas referências:
> I – à União, aos Estados, ao Distrito Federal e aos Municípios, estão compreendidos:
> a) o Poder Executivo, o Poder Legislativo, neste abrangidos os Tribunais de Contas, o Poder Judiciário e o Ministério Público;
> b) as respectivas administrações diretas, fundos, autarquias, fundações e empresas estatais dependentes;
> II – a Estados entende-se considerado o Distrito Federal;
> III – a Tribunais de Contas estão incluídos: Tribunal de Contas da União, Tribunal de Contas do Estado e, quando houver, Tribunal de Contas dos Municípios e Tribunal de Contas do Município.

> **Art. 2º.** Para os efeitos desta Lei Complementar, entende-se como:
> I – ente da Federação: a União, cada Estado, o Distrito Federal e cada Município;
> II – empresa controlada: sociedade cuja maioria do capital social com direito a voto pertença, direta ou indiretamente, a ente da Federação;

O controle, direto ou indireto, ocorrerá quando o Poder Público detiver, pelo menos, 50% + 1 (uma) ação ordinária.

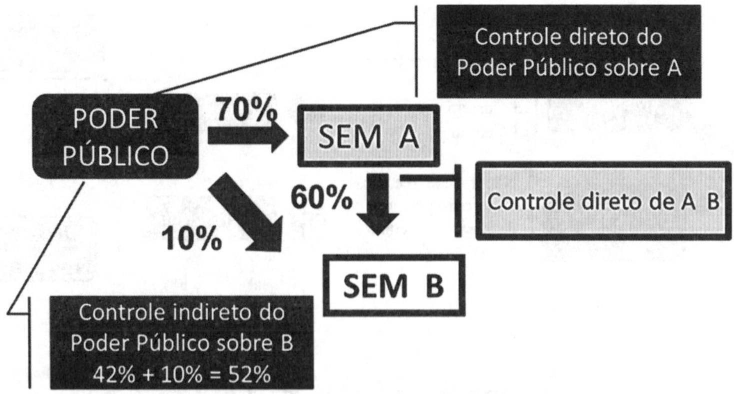

Percebe-se pela figura acima que:

1. O Poder Público detém 70% do capital social de "A". Controle direto;
2. "A" detém 60% do capital social de "B", portanto "A" controla diretamente "B".
3. O Poder Público detém 70% de "A", que possui 60% de "B". Então: 70% X 60% = 42%. O Poder Público ainda possui 10% de "B". Somando as participações temos: 42% + 10% = 52% (O Poder Público controla indiretamente "B").

> III – empresa estatal dependente: empresa controlada que receba do ente controlador recursos financeiros para pagamento de despesas com pessoal ou de custeio em geral ou de capital, excluídos, no último caso, aqueles provenientes de aumento de participação acionária;

O que caracteriza a dependência?

O recebimento, por parte da controlada, de recursos financeiros para pagamento de despesas com pessoal ou de custeio em geral ou de capital. Qualquer outra transferência de recursos, recebida pela controlada, que não seja destinada a essas finalidades não caracterizará a dependência. Lembre-se disso.

Toda controlada é dependente?

Não, existem controladas dependentes e controladas independentes.

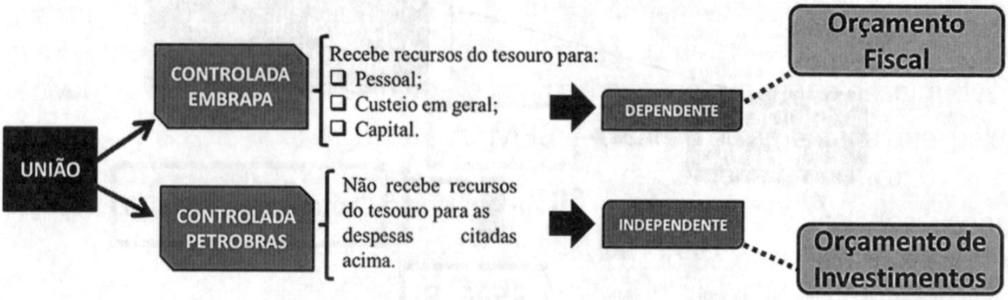

A Resolução nº 43/2001 do Senado Federal assim conceituou as estatais dependentes:

> **Art. 2º.** Considera-se, para os fins desta Resolução, as seguintes definições:
> II – empresa estatal dependente: empresa controlada pelo Estado, pelo Distrito Federal ou pelo Município, que tenha, no exercício anterior, recebido recursos financeiros de seu controlador, destinados ao pagamento de despesas com pessoal, de custeio em geral ou de capital, excluídos, neste último caso, aqueles provenientes de aumento de participação acionária, e tenha, no exercício corrente, autorização orçamentária para recebimento de recursos financeiros com idêntica finalidade;

As controladas Dependentes deverão figurar no orçamento fiscal sendo reguladas pelo direito público e as Independentes no orçamento de investimento das empresas sendo reguladas pelo direito privado.

12.6. RECEITA CORRENTE LÍQUIDA (RCL)

A receita corrente líquida (RCL) é o denominador comum de vários limites da Lei de Responsabilidade Fiscal. Sobre ela é que serão calculados os percentuais de gasto de pessoal, de operações de crédito, de garantias e contragarantias e da dívida consolidada. No contexto da verificação da receita corrente líquida, podem ocorrer desdobramentos como corte de pessoal, de serviços terceirizados ou a necessidade de redução de outras despesas correntes. Portanto é de fundamental importância a precisa identificação da RCL[5].

5. http://portal.tcu.gov.br/comunidades/macroavaliacao-governamental/areas-de-atuacao/gestao-fiscal/

Trata-se do conceito mais importante na operacionalização da LRF, no que diz respeito ao atendimento dos limites legais. Não confunda RCL com Receita Corrente. A RCL é o somatório das receitas correntes efetuadas as devidas deduções.

> **Art. 2º, IV** – receita corrente líquida: somatório das receitas tributárias, de contribuições, patrimoniais, industriais, agropecuárias, de serviços, transferências correntes e outras receitas também correntes, deduzidos:
> a) na União, os valores transferidos aos Estados e Municípios por determinação constitucional ou legal, e as contribuições mencionadas na alínea a do inciso I e no inciso II do art. 195, e no art. 239 da Constituição;
> b) nos Estados, as parcelas entregues aos Municípios por determinação constitucional;
> c) na União, nos Estados e nos Municípios, a contribuição dos servidores para o custeio do seu sistema de previdência e assistência social e as receitas provenientes da compensação financeira citada no § 9º do art. 201 da Constituição.
> § 1º. Serão computados no cálculo da receita corrente líquida os valores pagos e recebidos em decorrência da Lei Complementar nº 87, de 13 de setembro de 1996, e do fundo previsto pelo art. 60 do Ato das Disposições Constitucionais Transitórias.
> § 2º. Não serão considerados na receita corrente líquida do Distrito Federal e dos Estados do Amapá e de Roraima os recursos recebidos da União para atendimento das despesas de que trata o inciso V do § 1º do art. 19.
> § 3º. A receita corrente líquida será apurada somando-se as receitas arrecadadas no mês em referência e nos onze anteriores, excluídas as duplicidades.

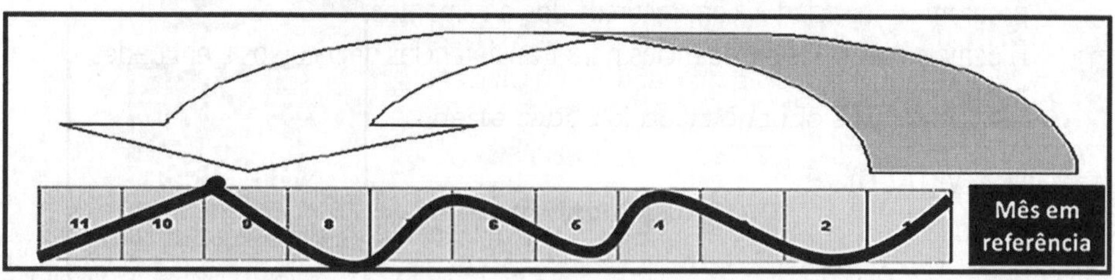

◆ **O mês em referência é aquele imediatamente anterior ao do cálculo**

12.7. DO PLANEJAMENTO

12.7.1. Plano Plurianual

O PPA foi tratado inicialmente na LRF em seu artigo 3º, que foi vetado em 04/05/2000. Um dos motivos do veto foi o reduzido período para a elaboração dessa peça, por parte do Poder Executivo, como também para a sua apreciação pelo Poder Legislativo, inviabilizando o aperfeiçoamento metodológico e a seleção criteriosa de programas e ações prioritárias de governo. Fiquem atentos, pois, caso a questão cobre quais os instrumentos de planejamento orçamentário que estão regulados no capitulo II da LRF (Planejamento), a resposta será: LDO e LOA, **apenas**.

12.7.2. Lei de diretrizes orçamentárias

> **Art. 4º.** A lei de diretrizes orçamentárias atenderá o disposto no § 2º do art. 165 da Constituição e:
> I – disporá também sobre:
> a) equilíbrio entre receitas e despesas;
> b) critérios e forma de limitação de empenho, a ser efetivada nas hipóteses previstas na alínea b do inciso II deste artigo, no art. 9º e no inciso II do § 1º do art. 31;
> c) (VETADO)
> d) (VETADO)
> e) normas relativas ao controle de custos e à avaliação dos resultados dos programas financiados com recursos dos orçamentos;
> f) demais condições e exigências para transferências de recursos a entidades públicas e privadas;
> II – (VETADO)
> III – (VETADO)

➘ LDO / anexo de Metas Fiscais

O Anexo de Metas Fiscais, que integrará o Projeto de Lei de Diretrizes Orçamentárias – LDO, em atendimento ao disposto no § 1º do art. 4º da Lei Complementar nº 101, de 4 de maio de 2000, deverá ser elaborado, de acordo com o § 2º do art. 1º da LRF, pelo Poder Executivo da União, Estados, Distrito Federal e Municípios, abrangendo tanto o Poder Executivo quanto os Poderes Legislativo e Judiciário. O Anexo de Metas Fiscais abrangerá os órgãos da

Administração Direta dos Poderes, e entidades da Administração Indireta, constituídas pelas autarquias, fundações, fundos especiais, empresas públicas e sociedades de economia mista que recebem recursos do Orçamento Fiscal e da Seguridade Social, inclusive sob a forma de subvenções para pagamento de pessoal e custeio, ou de auxílios para pagamento de despesas de capital, excluídas, neste caso, aquelas empresas lucrativas que recebam recursos para aumento de capital.

> **Art. 4º, § 1º.** Integrará o projeto de lei de diretrizes orçamentárias Anexo de Metas Fiscais, em que serão estabelecidas metas anuais, em valores correntes e constantes, relativas a receitas, despesas, resultados nominal e primário e montante da dívida pública, para o exercício a que se referirem e para os dois seguintes.

O que são?

1. **Valores correntes** são valores das metas fiscais, ano a ano, estabelecidas com base no cenário macroeconômico, ou seja, os valores são estabelecidos de acordo com as perspectivas da economia, crescimento de rol de contribuintes, elevação de alíquotas, índices de inflação, etc.

2. **Valores constantes** são valores correntes abstraídos da variação do poder aquisitivo da moeda, ou seja, expurgando-se os índices de inflação ou deflação aplicados no cálculo do valor corrente, trazendo os valores das metas anuais para valores praticados no ano de edição da LDO.

3. **Resultado primário (RP)** reflete o resultado das operações básicas do Setor Público e corresponde ao resultado nominal (NFSP) menos os juros nominais, apropriados por competência, incidentes sobre a dívida pública. O resultado primário, uma vez que não considera a apropriação de juros sobre a dívida existente, expressa o esforço fiscal do setor público.

RP = receitas não financeiras – despesas não financeiras

4. **Resultado nominal (RN)** é o balanço entre as receitas totais e as despesas totais, e corresponde à necessidade de financiamento do setor público (NFSP). As despesas com amortização da dívida (pagamento do principal) não irão compor a base de cálculo do resultado primário e nominal.

RN = (receitas não financeiras + receitas de juros) – (despesas não financeiras + despesas de juros)

O AMF será elaborado anualmente e acompanhará o projeto de lei de diretrizes orçamentárias. Já as metas do AMF serão projetadas sempre para três exercícios.

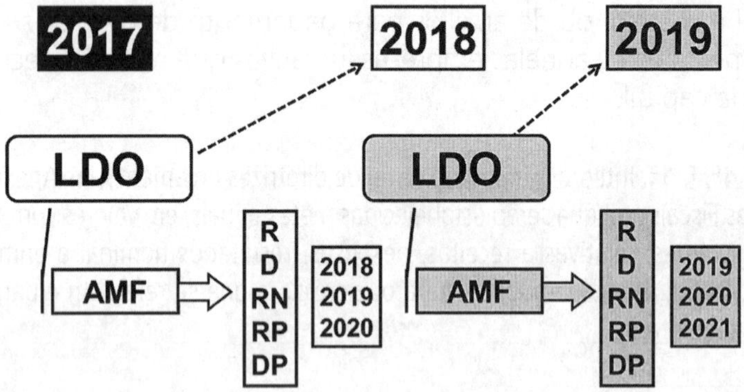

Pela figura temos:

1. No exercício financeiro de 2017 foi elaborado o PLDO para 2018.
2. Junto ao PLDO/18 temos o AMF projetando metas (receitas, despesas, resultados nominal e primário e montante da dívida) para 2018, 2019 e 2020.
3. Em 2018 será elaborado o PLDO para 2019.
4. Junto ao PLDO/19 temos o AMF projetando metas (receitas, despesas, resultados nominal e primário e montante da dívida) para 2019, 2020 e 2021.

> § 2º. O Anexo conterá, ainda:
> I – avaliação do cumprimento das metas relativas ao ano anterior;
> II – demonstrativo das metas anuais, instruído com memória e metodologia de cálculo que justifiquem os resultados pretendidos, comparando-as com as fixadas nos três exercícios anteriores, e evidenciando a consistência delas com as premissas e os objetivos da política econômica nacional;
> III – evolução do patrimônio líquido, também nos últimos três exercícios, destacando a origem e a aplicação dos recursos obtidos com a alienação de ativos;
> IV – avaliação da situação financeira e atuarial:
> a) dos regimes geral de previdência social e próprio dos servidores públicos e do Fundo de Amparo ao Trabalhador;
> b) dos demais fundos públicos e programas estatais de natureza atuarial;
> V – demonstrativo da estimativa e compensação da renúncia de receita e da margem de expansão das despesas obrigatórias de caráter continuado.

LDO / anexo de Riscos Fiscais

Art. 4º, § 3º. A lei de diretrizes orçamentárias conterá Anexo de Riscos Fiscais, onde serão avaliados os passivos contingentes e outros riscos capazes de afetar as contas públicas, informando as providências a serem tomadas, caso se concretizem.

Os Riscos Fiscais podem ser conceituados como a possibilidade da ocorrência de eventos que venham a impactar negativamente as contas públicas. Os dois pressupostos que caracterizam os riscos fiscais, são: a incerteza e a situação futura. Os precatórios judiciais não se enquadram nesse conceito, pois são previsíveis e deverão ser alocados na LOA (são passivos efetivos, certos, e não passivos contingentes).

Os riscos fiscais podem ser divididos em riscos orçamentários e riscos da dívida.

- Risco orçamentário: possibilidade de algumas receitas que foram previstas na LOA não se concretizarem durante a execução orçamentária ou necessidade da realização de gastos que superem aqueles que foram fixados inicialmente no orçamento.

- Risco da dívida: referem-se a fatos externos não controlados pela administração. Caso venham a ser concretizados irão provocar um aumento no serviço da dívida. Variação de taxas de juros e de câmbio em títulos que estão para vencer, resultados de processos judiciais, são alguns exemplos.

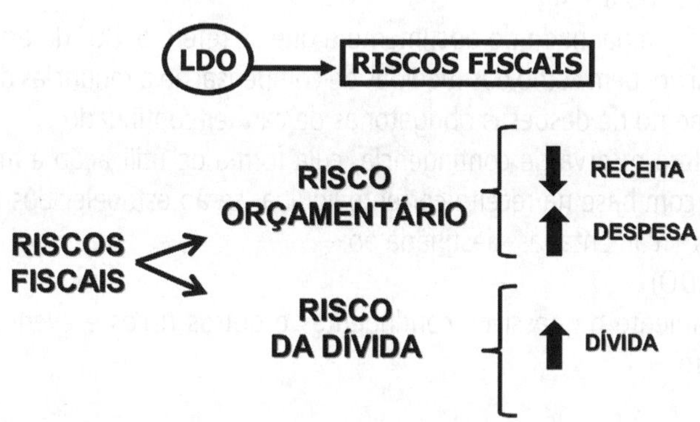

Anexo específico para união

Art. 4º, § 4º. A mensagem que encaminhar o projeto da União apresentará, em anexo específico, os objetivos das políticas monetária, creditícia e cambial, bem como os parâmetros e as projeções para seus principais agregados e variáveis, e ainda as metas de inflação, para o exercício subseqüente.

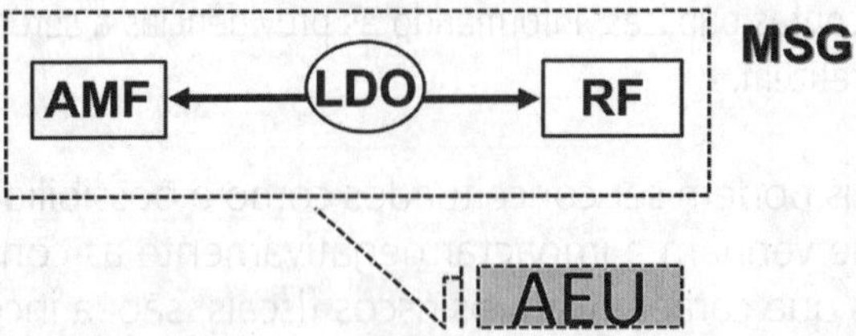

Esse anexo não é da LDO, mas sim da mensagem que encaminhar o PLDO e se aplica apenas no caso da União.

12.7.3. Lei orçamentária anual

Art. 5º. O projeto de lei orçamentária anual, elaborado de forma compatível com o plano plurianual, com a lei de diretrizes orçamentárias e com as normas desta Lei Complementar:
I – conterá, em anexo, demonstrativo da compatibilidade da programação dos orçamentos com os objetivos e metas constantes do documento de que trata o § 1º do art. 4º;
II – será acompanhado do documento a que se refere o § 6º do art. 165 da Constituição, bem como das medidas de compensação a renúncias de receita e ao aumento de despesas obrigatórias de caráter continuado;
III – conterá reserva de contingência, cuja forma de utilização e montante, definido com base na receita corrente líquida, serão estabelecidos na lei de diretrizes orçamentárias, destinada ao:
a) (VETADO)
b) atendimento de passivos contingentes e outros riscos e eventos fiscais imprevistos.

Descomplicando:

A base para se calcular o percentual da reserva de contingência é o ARF. Esse percentual deverá ser aplicado na RLC a fim de se encontrar o valor da reserva de contingência que será fixado na LOA. A finalidade da dotação global, reserva de contingência, é atender aos passivos contingentes e outros riscos e eventos fiscais imprevistos. Quem definirá a sua forma de utilização é a LDO.

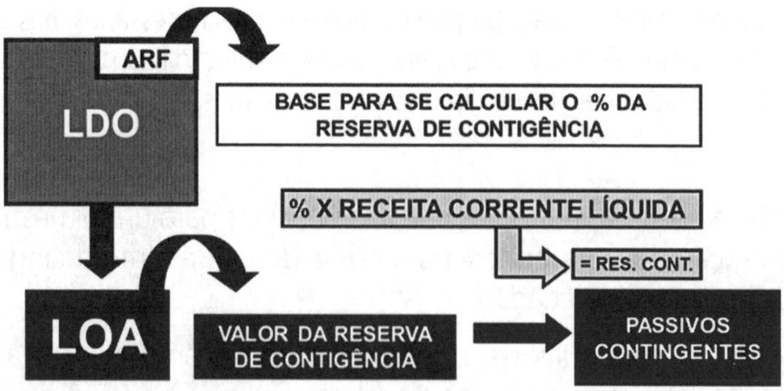

12.7.4. Programação financeira

> **Art. 8º.** Até trinta dias após a publicação dos orçamentos, nos termos em que dispuser a lei de diretrizes orçamentárias e observado o disposto na alínea c do inciso I do art. 4º, o Poder Executivo estabelecerá a programação financeira e o cronograma de execução mensal de desembolso.
> Parágrafo único. Os recursos legalmente vinculados a finalidade específica serão utilizados exclusivamente para atender ao objeto de sua vinculação, ainda que em exercício diverso daquele em que ocorrer o ingresso.

Uma vez aprovada a LOA, o Poder Executivo no prazo de 30 dias após a sua publicação, deverá estabelecer a programação financeira e o cronograma de execução mensal de desembolso, resguardando a exclusividade de sua aplicação ao objeto de sua vinculação, ainda que em exercício diverso daquele em que ocorrer o ingresso.

Essa determinação impõe a adoção de procedimentos especiais para gerir os recursos vinculados e suas aplicações como movimentação em contas específicas. Fique atento às questões que troquem: *"...**ainda que** em exercício diverso daquele em que ocorrer o ingresso."* por "**a não ser** em exercício diverso daquele em que ocorrer o ingresso." **Errado!**

12.7.5. Limitação de empenho

> **Art. 9º.** Se verificado, ao final de um bimestre, que a realização da receita poderá não comportar o cumprimento das metas de resultado primário ou nominal estabelecidas no Anexo de Metas Fiscais, os Poderes e o Ministério

Público promoverão, por ato próprio e nos montantes necessários, nos trinta dias subsequentes, limitação de empenho e movimentação financeira, segundo os critérios fixados pela lei de diretrizes orçamentárias.

A frustração no desempenho das receitas previstas para um bimestre importará na limitação dos empenhos, na medida do decréscimo do ingresso, da receita efetivamente arrecadada.

Observe que não será qualquer queda na arrecadação que motivará a limitação de empenho, mas somente aquela que venha a prejudicar as metas de resultado primário ou nominal estabelecidas no AMF.

§ 1º. No caso de restabelecimento da receita prevista, ainda que parcial, a recomposição das dotações cujos empenhos foram limitados dar-se-á de forma proporcional às reduções efetivadas.

Entenda. Se houver limitação de empenho em 25% da despesa fixada e o restabelecimento da receita for de 100%; a recomposição da dotação deve ocorrer proporcionalmente à redução de 25% até se atingir o valor da despesa fixada inicialmente. Essa medida tem o objetivo de manter o equilíbrio inicial do orçamento, definido pela fixação das despesas, ainda que a arrecadação da receita ocorra em níveis maiores do que o previsto inicialmente.

§ 2º. Não serão objeto de limitação as despesas que constituam obrigações constitucionais e legais do ente, inclusive aquelas destinadas ao pagamento do serviço da dívida, e as ressalvadas pela lei de diretrizes orçamentárias.

~~**Art. 9º, § 3º.** No caso de os Poderes Legislativo e Judiciário e o Ministério Público não promoverem a limitação no prazo estabelecido no caput, é o Poder Executivo autorizado a limitar os valores financeiros segundo os critérios fixados pela lei de diretrizes orçamentárias.~~

O parágrafo 3º do art. 9º, de acordo com julgamento do STF, foi considerado inconstitucional, na medida em que quebra a independência dos Poderes, prevista na Carta Magna.

Casos que dispensam a limitação de empenho e o atingimento das metas fiscais

Art. 65. Na ocorrência de calamidade pública reconhecida pelo Congresso Nacional, no caso da União, ou pelas Assembleias Legislativas, na hipótese dos Estados e Municípios, enquanto perdurar a situação:

II – serão dispensados o atingimento dos resultados fiscais e a limitação de empenho prevista no art. 9º.

Parágrafo único. Aplica-se o disposto no caput no caso de estado de defesa ou de sítio, decretado na forma da Constituição.

Decore:

- Calamidade Pública;
- Estado de Defesa; e
- Estado de Sítio.

Olha o esquema resumo:

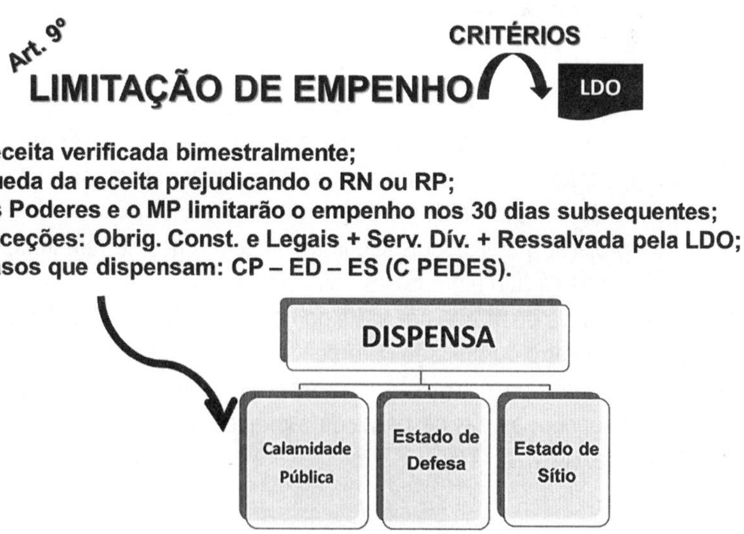

12.8. RECEITA PÚBLICA

12.8.1. Previsão e Arrecadação

Art. 11. Constituem requisitos essenciais da responsabilidade na gestão fiscal a instituição, previsão e efetiva arrecadação de todos os tributos da competência constitucional do ente da Federação.
Parágrafo único. É vedada a realização de transferências voluntárias para o ente que não observe o disposto no caput, no que se refere aos impostos.

Considerações

1. **Caput do Art. 11** Fique atento com a seguinte troca: "...*de todos os tributos*..." para "de todos os impostos". **Errado.**
2. A vedação do **parágrafo único** não será aplicada quando a transferência for destinada as ações relativas às áreas de educação, saúde e assistência social (Art. 25, § 3º).
3. O **parágrafo único** veda, em regra, a transferência voluntária para o ente que não institua, preveja e efetivamente arrecade os impostos de sua competência. Perceba que agora a lei trata dos IMPOSTOS.

Art. 12. As previsões de receita observarão as normas técnicas e legais, considerarão os efeitos das alterações na legislação, da variação do índice de preços, do crescimento econômico ou de qualquer outro fator relevante e serão acompanhadas de demonstrativo de sua evolução nos últimos três anos, da projeção para os dois seguintes àquele a que se referirem, e da metodologia de cálculo e premissas utilizadas.
§ 1º. Reestimativa de receita por parte do Poder Legislativo só será admitida se comprovado erro ou omissão de ordem técnica ou legal.
§ 2º. O montante previsto para as receitas de operações de crédito não poderá ser superior ao das despesas de capital constantes do projeto de lei orçamentária.

A ADI 2238-5 do STF suspendeu a regra de ouro que se encontra no dispositivo acima (Art. 12 § 2º), pois a LRF extrapolou a CF/88 ao não observar a exceção prevista no texto da Carta Magna. Observe abaixo.

Art. 167. São vedados:

III – a realização de operações de créditos que excedam o montante das despesas de capital, ressalvadas as autorizadas mediante créditos suplementares ou especiais com finalidade precisa, aprovados pelo Poder Legislativo por maioria absoluta; **(Grifei)**

§ 3º. O Poder Executivo de cada ente colocará à disposição dos demais Poderes e do Ministério Público, no mínimo trinta dias antes do prazo final para encaminhamento de suas propostas orçamentárias, os estudos e as estimativas das receitas para o exercício subseqüente, inclusive da corrente líquida, e as respectivas memórias de cálculo.

Art. 13. No prazo previsto no art. 8º, as receitas previstas serão desdobradas, pelo Poder Executivo, em metas bimestrais de arrecadação, com a especificação, em separado, quando cabível, das medidas de combate à evasão e à sonegação, da quantidade e valores de ações ajuizadas para cobrança da dívida ativa, bem como da evolução do montante dos créditos tributários passíveis de cobrança administrativa.

12.8.2. Renúncia de receita

A CF/88 trata desse assunto em seu art. 150 § 6º onde exige uma lei específica (Federal, Estadual ou Municipal) que regule a concessão de subsídio ou isenção, redução de base de cálculo, concessão de crédito presumido, anistia ou remissão, relativas a impostos, taxas ou contribuições ou o correspondente tributo ou contribuição, sem prejuízo do disposto no artigo 155, § 2º, XII, g. **Portanto, a CF/88 exige uma lei específica.**

Destaco, ainda, que a CF/88 em seu art. 165 § 6º, foi mais abrangente do que a LRF, vez que inclui benefícios de natureza financeira, tributária e creditícia, e não somente de natureza tributária, como constante da Lei de Responsabilidade Fiscal.

CF/88

Art. 165, § 6º. O projeto de lei orçamentária será acompanhado de demonstrativo regionalizado do efeito, sobre as receitas e despesas, decorrente de isenções, anistias, remissões, subsídios e benefícios de natureza financeira, tributária e creditícia.

A LRF trouxe outras regras para a renúncia da receita que foram disciplinadas em seu artigo 14.

> **Art. 14.** A concessão ou ampliação de incentivo ou benefício de natureza tributária da qual decorra renúncia de receita deverá estar acompanhada de estimativa do impacto orçamentário-financeiro no exercício em que deva iniciar sua vigência e nos dois seguintes, atender ao disposto na lei de diretrizes orçamentárias e a pelo menos uma das seguintes condições:
> I – demonstração pelo proponente de que a renúncia foi considerada na estimativa de receita da lei orçamentária, na forma do art. 12, e de que não afetará as metas de resultados fiscais previstas no anexo próprio da lei de diretrizes orçamentárias;
> II – estar acompanhada de medidas de compensação, no período mencionado no caput, por meio do aumento de receita, proveniente da elevação de alíquotas, ampliação da base de cálculo, majoração ou criação de tributo ou contribuição.

Toda renúncia de receitas sempre deverá estar acompanhada de:

1. Estimativa do impacto orçamentário-financeiro no exercício em que deva iniciar sua vigência e nos dois seguintes;
2. Atender ao disposto na lei de diretrizes orçamentárias.

E a pelo menos <u>umas das</u> condições previstas nos incisos I e II do art. 14.

Atenção! Na hipótese de a renúncia afetar as metas (inciso I do art. 14), será obrigatória a compensação com o aumento da receita proveniente da elevação de alíquotas, ampliação da base de cálculo, majoração ou criação de tributo ou contribuição (inciso II do art. 14).

> § 1º. A renúncia compreende anistia, remissão, subsídio, crédito presumido, concessão de isenção em caráter não geral, alteração de alíquota ou modificação de base de cálculo que implique redução discriminada de tributos ou contribuições, e outros benefícios que correspondam a tratamento diferenciado.
> § 2º. Se o ato de concessão ou ampliação do incentivo ou benefício de que trata o caput deste artigo decorrer da condição contida no inciso II, o benefício só entrará em vigor quando implementadas as medidas referidas no mencionado inciso.
> § 3º. O disposto neste artigo não se aplica:

I – às alterações das alíquotas dos impostos previstos nos incisos I, II, IV e V do art. 153 da Constituição, na forma do seu § 1º;

CF/88

Art. 153. Compete à União instituir impostos sobre:

I – importação de produtos estrangeiros;

II – exportação, para o exterior, de produtos nacionais ou nacionalizados;

III – renda e proventos de qualquer natureza;

IV – produtos industrializados;

V – operações de crédito, câmbio e seguro, ou relativas a títulos ou valores mobiliários;

Os impostos aqui enumerados são ditos parafiscais. Significa que seu fim será diverso de arrecadar, mas que será usado para estimular ou desestimular determinada atuação no mercado. Já que não possuem a função arrecadatória, não estão sujeitos às medidas de cautelas ficais da LRF.

II – ao cancelamento de débito cujo montante seja inferior ao dos respectivos custos de cobrança.

À luz da eficiência, da economicidade e da razoabilidade, a LRF autoriza, como exceção, o cancelamento de débito de pequena monta, cujo dispêndio para sua cobrança ultrapasse seu próprio valor.

12.9. DESPESA PÚBLICA

A regra básica da LRF (art. 15), para todo e qualquer aumento de despesa pode ser assim traduzida: toda e qualquer despesa que não obedeça às regras dos artigos 16 e 17 da LRF, no caso de criação, expansão ou aperfeiçoamento de ação governamental e as despesas obrigatórias de caráter continuado serão consideradas **não autorizadas, irregulares e lesivas ao patrimônio público.**

12.9.1. Regra geral

Art. 15. Serão consideradas não autorizadas, irregulares e lesivas ao patrimônio público a geração de despesa ou assunção de obrigação que não atendam o disposto nos arts. 16 e 17.

12.9.2. Criação, expansão ou aperfeiçoamento de ação governamental

Art. 16. A criação, expansão ou aperfeiçoamento de ação governamental que acarrete aumento da despesa será acompanhado de:
I – estimativa do impacto orçamentário-financeiro no exercício em que deva entrar em vigor e nos dois subsequentes;
II – declaração do ordenador da despesa de que o aumento tem adequação orçamentária e financeira com a lei orçamentária anual e compatibilidade com o plano plurianual e com a lei de diretrizes orçamentárias.
§ 1º. Para os fins desta Lei Complementar, considera-se:
I – adequada com a lei orçamentária anual, a despesa objeto de dotação específica e suficiente, ou que esteja abrangida por crédito genérico, de forma que somadas todas as despesas da mesma espécie, realizadas e a realizar, previstas no programa de trabalho, não sejam ultrapassados os limites estabelecidos para o exercício;
II – compatível com o plano plurianual e a lei de diretrizes orçamentárias, a despesa que se conforme com as diretrizes, objetivos, prioridades e metas previstos nesses instrumentos e não infrinja qualquer de suas disposições.
§ 2º. A estimativa de que trata o inciso I do caput será acompanhada das premissas e metodologia de cálculo utilizadas.
§ 3º. Ressalva-se do disposto neste artigo a despesa considerada irrelevante, nos termos em que dispuser a lei de diretrizes orçamentárias.
§ 4º. As normas do caput constituem condição prévia para:
I – empenho e licitação de serviços, fornecimento de bens ou execução de obras;
II – desapropriação de imóveis urbanos a que se refere o § 3º do art. 182 da Constituição.

Olha o esquema:

12.9.3. Despesas obrigatórias de caráter continuado

Art. 17. Considera-se obrigatória de caráter continuado a despesa corrente derivada de lei, medida provisória ou ato administrativo normativo que fixem para o ente a obrigação legal de sua execução por um período superior a dois exercícios.

§ 1º. Os atos que criarem ou aumentarem despesa de que trata o caput deverão ser instruídos com a estimativa prevista no inciso I do art. 16 e demonstrar a origem dos recursos para seu custeio.

§ 2º. Para efeito do atendimento do § 1º, o ato será acompanhado de comprovação de que a despesa criada ou aumentada não afetará as metas de resultados fiscais previstas no anexo referido no § 1º do art. 4º, devendo seus efeitos financeiros, nos períodos seguintes, ser compensados pelo aumento permanente de receita ou pela redução permanente de despesa.

§ 3º. Para efeito do § 2º, considera-se aumento permanente de receita o proveniente da elevação de alíquotas, ampliação da base de cálculo, majoração ou criação de tributo ou contribuição.

§ 4º. A comprovação referida no § 2º, apresentada pelo proponente, conterá as premissas e metodologia de cálculo utilizadas, sem prejuízo do exame de compatibilidade da despesa com as demais normas do plano plurianual e da lei de diretrizes orçamentárias.

§ 5º. A despesa de que trata este artigo não será executada antes da implementação das medidas referidas no § 2º, as quais integrarão o instrumento que a criar ou aumentar.

§ 6º. O disposto no § 1º não se aplica às despesas destinadas ao serviço da dívida nem ao reajustamento de remuneração de pessoal de que trata o inciso X do art. 37 da Constituição.
§ 7º. Considera-se aumento de despesa a prorrogação daquela criada por prazo determinado.

Atenção! A estimativa tratada no inciso I do artigo 16 é obrigatória tanto para a criação, expansão ou aperfeiçoamento de ação governamental como também para as despesas obrigatórias de caráter continuado.

Olha o esquema:

12.9.4. Despesas com pessoal

Os gastos com a folha de pagamento de pessoal representam o principal item de despesas de todo o setor público brasileiro.

Quando um ente público despende a maioria de suas receitas líquidas com a folha de pagamento significa que pouco será destinado aos serviços públicos básicos, como educação, saneamento, saúde e segurança, sem considerar a manutenção de estradas e vias urbanas, a preservação do patrimônio público, etc. Diante desse contexto, aponto o controle de gastos de pessoal como uma das grandes preocupações da LRF.

O artigo 18 apresenta os gastos que deverão ser classificados como despesa total de pessoal

Art. 18. Para os efeitos desta Lei Complementar, entende-se como despesa total com pessoal o somatório dos gastos do ente da Federação com os ativos, os inativos e os pensionistas, relativos a mandatos eletivos, cargos, funções ou empregos, civis, militares e de membros de Poder, com quaisquer espécies remuneratórias, tais como vencimentos e vantagens, fixas e variáveis, subsídios, proventos da aposentadoria, reformas e pensões, inclusive adicionais, gratificações, horas extras e vantagens pessoais de qualquer natureza, bem como encargos sociais e contribuições recolhidas pelo ente às entidades de previdência.

O conceito tem caráter exemplificativo, como você pode observar na utilização das expressões: "*com quaisquer espécies remuneratórias*", "*tais como*" e "*vantagens pessoais de qualquer natureza*".

Destarte, caso sejam criadas novas terminologias e se enquadrem como verbas remuneratórias, estas deverão ser classificadas como despesa de pessoal e irão compor a base de cálculo para fins de aplicação dos limites estabelecidos em lei.

Não confunda quaisquer espécies **remuneratórias** com quaisquer espécies **indenizatórias.** Conforme a Lei nº 8.112/90, art. 49, § 1º, as indenizações não se incorporam ao vencimento ou provento para qualquer efeito. São exemplos de verbas indenizatórias: auxílio-transporte, assistência pré-escolar, auxílio-alimentação, etc.

Fique atento também a parte final do caput do art. 18: "*...bem como encargos sociais e contribuições recolhidas pelo ente às entidades de previdência.*"

Não confunda com as contribuições retidas do servidor, aqui a lei trata das contribuições recolhidas **pelo ente** às entidades de previdência (parte patronal).

§ 1º. Os valores dos contratos de terceirização de mão-de-obra que se referem à substituição de servidores e empregados públicos serão contabilizados como "Outras Despesas de Pessoal".

A intenção do legislador, neste caso, foi a de evitar que o setor público (no caso o irresponsável), utilizasse artimanha contábil para "burlar" os ditames da LRF classificando **incorretamente** a terceirização da mão de obra como serviços de terceiros e não como outras despesas de pessoal.

O § 1º do art. 18 da LRF não faz menção a toda a terceirização, mas somente àquela que substitui servidor ou empregado público, motivo pelo qual você deve observar se o servidor está empregado na atividade-fim da instituição ou se existe o respectivo cargo no Plano de Cargos e Salários. Destarte, caso a contratação não esteja ligada a atividade-fim ou não exista o cargo a despesa será contabilizada como serviços de terceiros e não irá compor a base de cálculo da despesa de pessoal.

Apuração da despesa com pessoal

> § 2º. A despesa total com pessoal será apurada somando-se a realizada no mês em referência com as dos onze imediatamente anteriores, adotando-se o regime de competência.

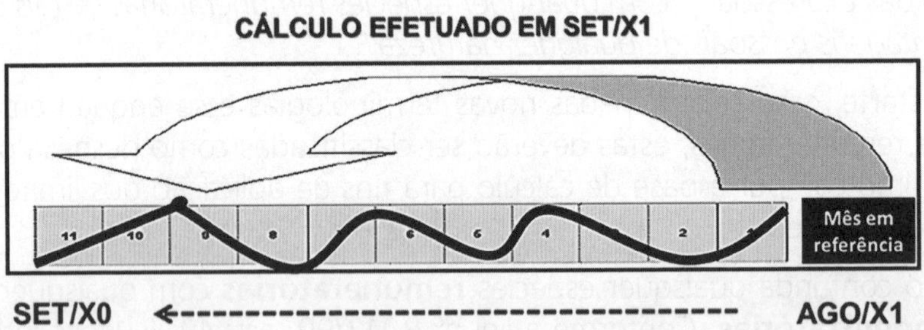

Atenção! É comum as bancas trocarem Regime de Competência por Regime de Caixa. No Regime de Competência leva-se em consideração o fato gerador e no outro o momento do pagamento.

Limites globais

Antes da LRF, os limites para despesa de pessoal estavam previstos na Lei Complementar nº 96 de 31 de maio de 1999, denominada Lei Rita Camata II, aprovada pelo Congresso Nacional. Ocorre que os Poderes Legislativo e Judiciário ficaram fora do alcance dessa lei.

Agora, com a Lei de Responsabilidade Fiscal, isso mudou e os limites são aplicados a todos os Poderes e às três esferas de governo.

> **Art. 19.** Para os fins do disposto no caput do art. 169 da Constituição, a despesa total com pessoal, em cada período de apuração e em cada ente da

Federação, não poderá exceder os percentuais da receita corrente líquida, a seguir discriminados:

I – União: 50% (cinquenta por cento);

II – Estados: 60% (sessenta por cento);

III – Municípios: 60% (sessenta por cento).

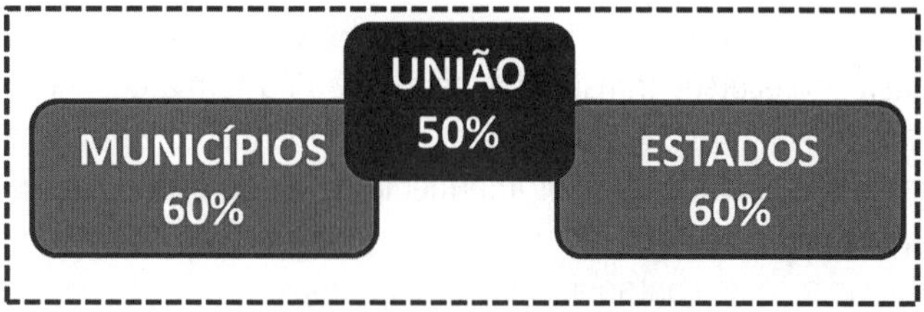

Deduções

Art. 19, § 1º. Na verificação do atendimento dos limites definidos neste artigo, não serão computadas as despesas:

I – de indenização por demissão de servidores ou empregados;

II – relativas a incentivos à demissão voluntária;

~~III – derivadas da aplicação do disposto no inciso II do § 6º do art. 57 da Constituição;~~

Com a alteração introduzida no § 7º do art. 57 pela Emenda Constitucional nº 50, de 2006, vedando o recebimento de indenização relativa à convocação na sessão legislativa extraordinária, o dispositivo perdeu eficácia (inciso III do art. 19 § 1º da LRF).

IV – decorrentes de decisão judicial e da competência de período anterior ao da apuração a que se refere o § 2º do art. 18;

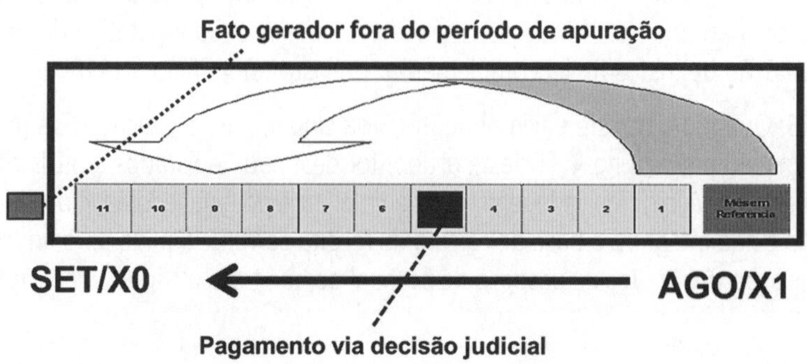

Quando o fato gerador ocorrer fora do período de apuração e o pagamento, via decisão judicial, ocorrer dentro do período à despesa não será computada para fins de aplicação do limite.

V – com pessoal, do Distrito Federal e dos Estados do Amapá e Roraima, custeadas com recursos transferidos pela União na forma dos incisos XIII e XIV do art. 21 da Constituição e do art. 31 da Emenda Constitucional nº 19;
VI – com inativos, ainda que por intermédio de fundo específico, custeadas por recursos provenientes:
a) da arrecadação de contribuições dos segurados;
b) da compensação financeira de que trata o § 9º do art. 201 da Constituição;
c) das demais receitas diretamente arrecadadas por fundo vinculado a tal finalidade, inclusive o produto da alienação de bens, direitos e ativos, bem como seu superávit financeiro.
§ 2º. Observado o disposto no inciso IV do § 1º, as despesas com pessoal decorrentes de sentenças judiciais serão incluídas no limite do respectivo Poder ou órgão referido no art. 20.

Atenção!

CF/88

Art. 166, § 9º. As emendas individuais ao projeto de lei orçamentária serão aprovadas no limite de 1,2% (um inteiro e dois décimos por cento) da receita corrente líquida prevista no projeto encaminhado pelo Poder Executivo, sendo que a metade deste percentual será destinada a ações e serviços públicos de saúde.

§ 11. É obrigatória a execução orçamentária e financeira das programações a que se refere o § 9º deste artigo, em montante correspondente a 1,2% (um inteiro e dois décimos por cento) da receita corrente líquida realizada no exercício anterior, conforme os critérios para a execução equitativa da programação definidos na lei complementar prevista no § 9º do art. 165.

§ 13. Quando a transferência obrigatória da União, para a execução da programação prevista no § 11 deste artigo, for destinada a Estados, ao Distrito Federal e a Municípios, independerá da adimplência do ente federativo destinatário e não integrará a base de cálculo da receita corrente líquida para fins de aplicação dos limites de despesa de pessoal de que trata o caput do art. 169.

Portanto, conforme se depreende, pelos fragmentos legais acima, as transferências de recursos advindos das emendas individuais dos parlamentares (emendas impositivas) para os Estados e Municípios **NÃO IRÃO COMPOR A BASE DE CÁLCULO DA RCL PARA FINS DE APLICAÇÃO DOS LIMITES DE DESPESA DE PESSOAL.**

Repartição dos limites globais

Art. 20. A repartição dos limites globais do art. 19 não poderá exceder os seguintes percentuais:

I – na esfera federal:

a) 2,5% (dois inteiros e cinco décimos por cento) para o Legislativo, incluído o Tribunal de Contas da União;

b) 6% (seis por cento) para o Judiciário;

c) 40,9% (quarenta inteiros e nove décimos por cento) para o Executivo, destacando-se 3% (três por cento) para as despesas com pessoal decorrentes do que dispõem os incisos XIII e XIV do art. 21 da Constituição e o art. 31 da Emenda Constitucional nº 19, repartidos de forma proporcional à média das despesas relativas a cada um destes dispositivos, em percentual da receita corrente líquida, verificadas nos três exercícios financeiros imediatamente anteriores ao da publicação desta Lei Complementar;

d) 0,6% (seis décimos por cento) para o Ministério Público da União;

II – na esfera estadual:

a) 3% (três por cento) para o Legislativo, incluído o Tribunal de Contas do Estado;

b) 6% (seis por cento) para o Judiciário;

c) 49% (quarenta e nove por cento) para o Executivo;

d) 2% (dois por cento) para o Ministério Público dos Estados;

III – na esfera municipal:

a) 6% (seis por cento) para o Legislativo, incluído o Tribunal de Contas do Município, quando houver;

b) 54% (cinquenta e quatro por cento) para o Executivo.

§ 1º. Nos Poderes Legislativo e Judiciário de cada esfera, os limites serão repartidos entre seus órgãos de forma proporcional à média das despesas com pessoal, em percentual da receita corrente líquida, verificadas nos três exercícios financeiros imediatamente anteriores ao da publicação desta Lei Complementar.

Digamos que dentro do Poder Judiciário foi calculada a média das despesas com pessoal dos órgãos A, B e C nos três exercícios anteriores à publicação da LRF, ou seja, 1997 a 1999. Feito o cálculo verificou-se que: "A" responde por 30% do total da despesa; "B" por 20% e "C" por 50%. Com a vigência da LRF o gasto total do Poder Judiciário ficou limitado em 6% da RCL. Portanto, teremos que repartir os limites desses órgãos da seguinte forma:

- Limite de A = 1,2% (20% X 6%);
- Limite de B = 1,8% (30% X 6%);
- Limite de C = 3% (50% X 6%).

Total 6%

§ 2º. Para efeito deste artigo entende-se como órgão:
I – o Ministério Público;
II – no Poder Legislativo:
a) Federal, as respectivas Casas e o Tribunal de Contas da União;
b) Estadual, a Assembléia Legislativa e os Tribunais de Contas;
c) do Distrito Federal, a Câmara Legislativa e o Tribunal de Contas do Distrito Federal;
d) Municipal, a Câmara de Vereadores e o Tribunal de Contas do Município, quando houver;
III – no Poder Judiciário:
a) Federal, os tribunais referidos no art. 92 da Constituição;
b) Estadual, o Tribunal de Justiça e outros, quando houver.
§ 3º. Os limites para as despesas com pessoal do Poder Judiciário, a cargo da União por força do inciso XIII do art. 21 da Constituição, serão estabelecidos mediante aplicação da regra do § 1º.
§ 4º. Nos Estados em que houver Tribunal de Contas dos Municípios, os percentuais definidos nas alíneas a e c do inciso II do caput serão, respectivamente, acrescidos e reduzidos em 0,4% (quatro décimos por cento).
§ 5º. Para os fins previstos no art. 168 da Constituição, a entrega dos recursos financeiros correspondentes à despesa total com pessoal por Poder e órgão será a resultante da aplicação dos percentuais definidos neste artigo, ou aqueles fixados na lei de diretrizes orçamentárias.

Quadro resumo

UNIÃO		ESTADOS		MUNICÍPIOS	
Legislativo (TCU)	2,5%	Legislativo (TCE)	3%	Legislativo (TCM)	6%
Judiciário	6%	Judiciário	6%	-	-
Executivo	40,9%	Executivo	49%	Executivo	54%
MPU	0,6%	MPE	2%	-	-
Nos Estados em que houver Tribunal de Contas dos Municípios, o percentual do Legislativo será de 3,4% e do Executivo será de 48,6%.					

Controle da despesa total com pessoal

Art. 21. É nulo de pleno direito o ato que provoque aumento da despesa com pessoal e não atenda:
I – as exigências dos arts. 16 e 17 desta Lei Complementar, e o disposto no inciso XIII do art. 37 e no § 1º do art. 169 da Constituição;
II – o limite legal de comprometimento aplicado às despesas com pessoal inativo.
Parágrafo único. Também é nulo de pleno direito o ato de que resulte aumento da despesa com pessoal expedido nos cento e oitenta dias anteriores ao final do mandato do titular do respectivo Poder ou órgão referido no art. 20.

Art. 22. A verificação do cumprimento dos limites estabelecidos nos arts. 19 e 20 será realizada ao final de cada quadrimestre. da Constituição e as situações previstas na lei de diretrizes orçamentárias.

Art. 23. Se a despesa total com pessoal, do Poder ou órgão referido no art. 20, ultrapassar os limites definidos no mesmo artigo, sem prejuízo das medidas previstas no art. 22, o percentual excedente terá de ser eliminado nos dois quadrimestres seguintes, sendo pelo menos um terço no primeiro, adotando-se, entre outras, as providências previstas nos §§ 3º e 4º do art. 169 da Constituição.

CF/88

Art. 169.

§ 3º. Para o cumprimento dos limites estabelecidos com base neste artigo, durante o prazo fixado na lei complementar referida no caput, a União, os Estados, o Distrito Federal e os Municípios adotarão as seguintes providências:

I – redução em pelo menos vinte por cento das despesas com cargos em comissão e funções de confiança;

II – exoneração dos servidores não estáveis.

§ 4º. Se as medidas adotadas com base no parágrafo anterior não forem suficientes para assegurar o cumprimento da determinação da lei complementar referida neste artigo, o servidor estável poderá perder o cargo, desde que ato normativo motivado de cada um dos Poderes especifique a atividade funcional, o órgão ou unidade administrativa objeto da redução de pessoal.

Art. 23, § 3º. Não alcançada a redução no prazo estabelecido, e enquanto perdurar o excesso, o ente não poderá:
I – receber transferências voluntárias;

Art. 25, § 3º. Para fins da aplicação das sanções de suspensão de transferências voluntárias constantes desta Lei Complementar, excetuam-se aquelas relativas a ações de educação, saúde e assistência social.

II – obter garantia, direta ou indireta, de outro ente;
III – contratar operações de crédito, ressalvadas as destinadas ao refinanciamento da dívida mobiliária e as que visem à redução das despesas com pessoal.
§ 4º. As restrições do § 3º aplicam-se imediatamente se a despesa total com pessoal exceder o limite no primeiro quadrimestre do último ano do mandato dos titulares de Poder ou órgão referidos no art. 20.

LEI Nº 10.028, DE 19 DE OUTUBRO DE 2000.

(Lei de crimes fiscais)

Art. 5º. Constitui infração administrativa contra as leis de finanças públicas:

IV – deixar de ordenar ou de promover, na forma e nos prazos da lei, a execução de medida para a redução do montante da despesa total com pessoal que houver excedido a repartição por Poder do limite máximo.

§ 1º. A infração prevista neste artigo é punida com multa de trinta por cento dos vencimentos anuais do agente que lhe der causa, sendo o pagamento da multa de sua responsabilidade pessoal.

Limites preventivos

Alerta

Art. 59, § 1º. Os Tribunais de Contas alertarão os Poderes ou órgãos referidos no art. 20 quando constatarem:
II – que o montante da despesa total com pessoal ultrapassou 90% (noventa por cento) do limite;

Prudencial

Art. 22. Parágrafo único. Se a despesa total com pessoal exceder a 95% (noventa e cinco por cento) do limite, são vedados ao Poder ou órgão referido no art. 20 que houver incorrido no excesso:
I – concessão de vantagem, aumento, reajuste ou adequação de remuneração a qualquer título, salvo os derivados de sentença judicial ou de determinação legal ou contratual, ressalvada a revisão prevista no inciso X do art. 37 da Constituição;
II – criação de cargo, emprego ou função;
III – alteração de estrutura de carreira que implique aumento de despesa;
IV – provimento de cargo público, admissão ou contratação de pessoal a qualquer título, ressalvada a reposição decorrente de aposentadoria ou falecimento de servidores das áreas de educação, saúde e segurança;
V – contratação de hora extra, salvo no caso do disposto no inciso II do § 6º do art. 57.

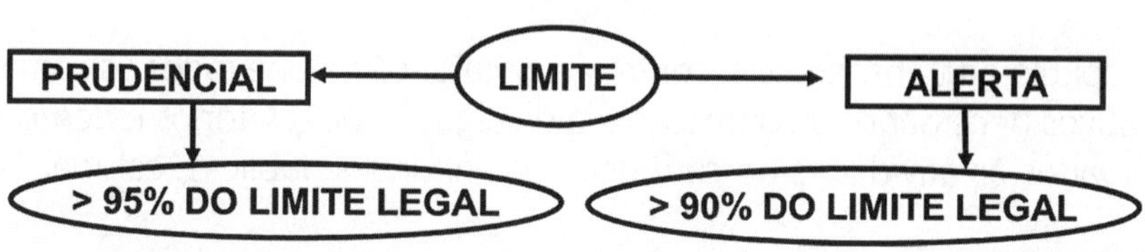

◆ **Atenção!** Mesmo atingindo o limite prudencial o Poder ou Órgão poderá aumentar o montante da folha de pessoal.

- *Art. 22. Inciso I: "...salvo os derivados de sentença judicial ou de determinação legal ou contratual, ressalvada a revisão prevista no inciso X do art. 37 da Constituição;"*
- Art. 22 Inciso IV: *"...ressalvada a reposição decorrente de aposentadoria ou falecimento de servidores das áreas de educação, saúde e segurança;"*

A ressalva do inciso IV refere-se apenas a reposição (e não a uma nova contratação) decorrente de aposentadoria ou falecimento nas áreas de educação, saúde e segurança.

12.9.5. Despesas com a seguridade social

Art. 24. Nenhum benefício ou serviço relativo à seguridade social poderá ser criado, majorado ou estendido sem a indicação da fonte de custeio total, nos termos do § 5º do art. 195 da Constituição, atendidas ainda as exigências do art. 17.

§ 1º. É dispensada da compensação referida no art. 17 o aumento de despesa decorrente de:

I – concessão de benefício a quem satisfaça as condições de habilitação prevista na legislação pertinente;

II – expansão quantitativa do atendimento e dos serviços prestados;

III – reajustamento de valor do benefício ou serviço, a fim de preservar o seu valor real.

§ 2º. O disposto neste artigo aplica-se a benefício ou serviço de saúde, previdência e assistência social, inclusive os destinados aos servidores públicos e militares, ativos e inativos, e aos pensionistas.

12.10. TRANSPARÊNCIA, CONTROLE E FISCALIZAÇÃO[6]

O capítulo da transparência, controle e fiscalização reúne todos os comandos normativos necessários à confecção e à divulgação de relatórios e demonstrativos ligados às atividades de condução das finanças públicas, estabelecendo

6. Entendendo a LRF / STN / Edson Ronaldo Nascimento e Ilvo Debus

regras e procedimentos de fiscalização, controle e avaliação do grau de sucesso obtido na administração das finanças públicas, particularmente sob o prisma das normas previstas na LRF.

12.10.1. Transparência

Nesta seção, verifica-se a existência de dois blocos normativos distintos: um de caráter geral, dedicado à explicitação dos instrumentos de transparência na gestão fiscal; outro, específico, voltado às contas apresentadas pelo Chefe do Poder Executivo.

Para efeito da LRF, consideram-se instrumentos de transparência:

- Os planos, os orçamentos e a lei de diretrizes orçamentárias;
- As prestações de contas e o respectivo parecer prévio;
- Relatório Resumido da Execução Orçamentária e a sua versão simplificada;
- Relatório de Gestão Fiscal e a sua versão simplificada.

A transparência da gestão pública exige também o incentivo à participação popular e pela realização de audiências públicas, tanto durante a elaboração como no curso da discussão dos planos, da lei de diretrizes orçamentárias e dos orçamentos.

Por sua vez, as contas apresentadas pelo Chefe do Poder Executivo devem estar à disposição do público, no âmbito tanto do respectivo Poder Legislativo como do órgão técnico responsável por sua elaboração.

> **Seção I**
> **Da Transparência da Gestão Fiscal**
>
> **Art. 48.** São instrumentos de transparência da gestão fiscal, aos quais será dada ampla divulgação, inclusive em meios eletrônicos de acesso público: os planos, orçamentos e leis de diretrizes orçamentárias; as prestações de contas e o respectivo parecer prévio; o Relatório Resumido da Execução Orçamentária e o Relatório de Gestão Fiscal; e as versões simplificadas desses documentos.
> Parágrafo único. A transparência será assegurada também mediante:
> I – incentivo à participação popular e realização de audiências públicas, durante os processos de elaboração e discussão dos planos, lei de diretrizes orçamentárias e orçamentos;

II – liberação ao pleno conhecimento e acompanhamento da sociedade, em tempo real, de informações pormenorizadas sobre a execução orçamentária e financeira, em meios eletrônicos de acesso público;
III – adoção de sistema integrado de administração financeira e controle, que atenda a padrão mínimo de qualidade estabelecido pelo Poder Executivo da União e ao disposto no art. 48-A.

Art. 48-A. Para os fins a que se refere o inciso II do parágrafo único do art. 48, os entes da Federação disponibilizarão a qualquer pessoa física ou jurídica o acesso a informações referentes a:
I – quanto à despesa: todos os atos praticados pelas unidades gestoras no decorrer da execução da despesa, no momento de sua realização, com a disponibilização mínima dos dados referentes ao número do correspondente processo, ao bem fornecido ou ao serviço prestado, à pessoa física ou jurídica beneficiária do pagamento e, quando for o caso, ao procedimento licitatório realizado;
II – quanto à receita: o lançamento e o recebimento de toda a receita das unidades gestoras, inclusive referente a recursos extraordinários.

Art. 49. As contas apresentadas pelo Chefe do Poder Executivo ficarão disponíveis, durante todo o exercício, no respectivo Poder Legislativo e no órgão técnico responsável pela sua elaboração, para consulta e apreciação pelos cidadãos e instituições da sociedade.

12.10.2. Escrituração e Consolidação das Contas

Nesta seção, dois objetivos são determinados. Em primeiro lugar, a par das normas de contabilidade pública já em vigor, preveem-se disposições especiais, que tratam de:

- Registro das disponibilidades de caixa;
- Métodos de apuração de despesas e de contabilização de compromissos assumidos;
- Abrangência das demonstrações contábeis;
- Demonstração de receitas e despesas previdenciárias;
- Escrituração de obrigações junto a terceiros, particularmente operações de crédito e despesas que restam a pagar;
- Demonstração das variações patrimoniais.

Além disso, prevê-se que as normas gerais para a consolidação das contas públicas sejam estabelecidas pelo órgão central de contabilidade da União, pelo menos enquanto não for implantado o Conselho de Gestão Fiscal, de que trata o art. 67 da LRF. Em segundo lugar, são fixados prazos a fim de que Estados e Municípios encaminhem suas contas ao Governo Federal, tendo em vista a consolidação dos correspondentes demonstrativos contábeis, por esfera de governo e nacionalmente (Municípios até 30 de abril, com cópia ao Executivo estadual; Estados, até 31 de maio).

Seção II
Da Escrituração e Consolidação das Contas

Art. 50. Além de obedecer às demais normas de contabilidade pública, a escrituração das contas públicas observará as seguintes:
I – a disponibilidade de caixa constará de registro próprio, de modo que os recursos vinculados a órgão, fundo ou despesa obrigatória fiquem identificados e escriturados de forma individualizada;
II – a despesa e a assunção de compromisso serão registradas segundo o regime de competência, apurando-se, em caráter complementar, o resultado dos fluxos financeiros pelo regime de caixa;
III – as demonstrações contábeis compreenderão, isolada e conjuntamente, as transações e operações de cada órgão, fundo ou entidade da administração direta, autárquica e fundacional, inclusive empresa estatal dependente;
IV – as receitas e despesas previdenciárias serão apresentadas em demonstrativos financeiros e orçamentários específicos;
V – as operações de crédito, as inscrições em Restos a Pagar e as demais formas de financiamento ou assunção de compromissos junto a terceiros, deverão ser escrituradas de modo a evidenciar o montante e a variação da dívida pública no período, detalhando, pelo menos, a natureza e o tipo de credor;
VI – a demonstração das variações patrimoniais dará destaque à origem e ao destino dos recursos provenientes da alienação de ativos.
§ 1º. No caso das demonstrações conjuntas, excluir-se-ão as operações intragovernamentais.
§ 2º. A edição de normas gerais para consolidação das contas públicas caberá ao órgão central de contabilidade da União, enquanto não implantado o conselho de que trata o art. 67.
§ 3º. A Administração Pública manterá sistema de custos que permita a avaliação e o acompanhamento da gestão orçamentária, financeira e patrimonial.

Art. 51. O Poder Executivo da União promoverá, até o dia trinta de junho, a consolidação, nacional e por esfera de governo, das contas dos entes da

Federação relativas ao exercício anterior, e a sua divulgação, inclusive por meio eletrônico de acesso público.

§ 1º. Os Estados e os Municípios encaminharão suas contas ao Poder Executivo da União nos seguintes prazos:

I – Municípios, com cópia para o Poder Executivo do respectivo Estado, até trinta de abril;

II – Estados, até trinta e um de maio.

§ 2º. O descumprimento dos prazos previstos neste artigo impedirá, até que a situação seja regularizada, que o ente da Federação receba transferências voluntárias e contrate operações de crédito, exceto as destinadas ao refinanciamento do principal atualizado da dívida mobiliária.

Seção III
Do Relatório Resumido da Execução Orçamentária

Art. 52. O relatório a que se refere o § 3º do art. 165 da Constituição abrangerá todos os Poderes e o Ministério Público, será publicado até trinta dias após o encerramento de cada bimestre e composto de:

I – balanço orçamentário, que especificará, por categoria econômica, as:

a) receitas por fonte, informando as realizadas e a realizar, bem como a previsão atualizada;

b) despesas por grupo de natureza, discriminando a dotação para o exercício, a despesa liquidada e o saldo;

II – demonstrativos da execução das:

a) receitas, por categoria econômica e fonte, especificando a previsão inicial, a previsão atualizada para o exercício, a receita realizada no bimestre, a realizada no exercício e a previsão a realizar;

b) despesas, por categoria econômica e grupo de natureza da despesa, discriminando dotação inicial, dotação para o exercício, despesas empenhada e liquidada, no bimestre e no exercício;

c) despesas, por função e subfunção.

§ 1º. Os valores referentes ao refinanciamento da dívida mobiliária constarão destacadamente nas receitas de operações de crédito e nas despesas com amortização da dívida.

§ 2º. O descumprimento do prazo previsto neste artigo sujeita o ente às sanções previstas no § 2º do art. 51.

Art. 53. Acompanharão o Relatório Resumido demonstrativos relativos a:

I – apuração da receita corrente líquida, na forma definida no inciso IV do art. 2º, sua evolução, assim como a previsão de seu desempenho até o final do exercício;

II – receitas e despesas previdenciárias a que se refere o inciso IV do art. 50;

III – resultados nominal e primário;
IV – despesas com juros, na forma do inciso II do art. 4º;
V – Restos a Pagar, detalhando, por Poder e órgão referido no art. 20, os valores inscritos, os pagamentos realizados e o montante a pagar.
§ 1º. O relatório referente ao último bimestre do exercício será acompanhado também de demonstrativos:
I – do atendimento do disposto no inciso III do art. 167 da Constituição, conforme o § 3º do art. 32;
II – das projeções atuariais dos regimes de previdência social, geral e próprio dos servidores públicos;
III – da variação patrimonial, evidenciando a alienação de ativos e a aplicação dos recursos dela decorrentes.
§ 2º. Quando for o caso, serão apresentadas justificativas:
I – da limitação de empenho;
II – da frustração de receitas, especificando as medidas de combate à sonegação e à evasão fiscal, adotadas e a adotar, e as ações de fiscalização e cobrança.

Seção IV
Do Relatório de Gestão Fiscal

Art. 54. Ao final de cada quadrimestre será emitido pelos titulares dos Poderes e órgãos referidos no art. 20 Relatório de Gestão Fiscal, assinado pelo:
I – Chefe do Poder Executivo;
II – Presidente e demais membros da Mesa Diretora ou órgão decisório equivalente, conforme regimentos internos dos órgãos do Poder Legislativo;
III – Presidente de Tribunal e demais membros de Conselho de Administração ou órgão decisório equivalente, conforme regimentos internos dos órgãos do Poder Judiciário;
IV – Chefe do Ministério Público, da União e dos Estados.
Parágrafo único. O relatório também será assinado pelas autoridades responsáveis pela administração financeira e pelo controle interno, bem como por outras definidas por ato próprio de cada Poder ou órgão referido no art. 20.

Art. 55. O relatório conterá:
I – comparativo com os limites de que trata esta Lei Complementar, dos seguintes montantes:
a) despesa total com pessoal, distinguindo a com inativos e pensionistas;
b) dívidas consolidada e mobiliária;
c) concessão de garantias;
d) operações de crédito, inclusive por antecipação de receita;
e) despesas de que trata o inciso II do art. 4º;

II – indicação das medidas corretivas adotadas ou a adotar, se ultrapassado qualquer dos limites;

III – demonstrativos, no último quadrimestre:

a) do montante das disponibilidades de caixa em trinta e um de dezembro;

b) da inscrição em Restos a Pagar, das despesas:

1) liquidadas;

2) empenhadas e não liquidadas, inscritas por atenderem a uma das condições do inciso II do art. 41;

3) empenhadas e não liquidadas, inscritas até o limite do saldo da disponibilidade de caixa;

4) não inscritas por falta de disponibilidade de caixa e cujos empenhos foram cancelados;

c) do cumprimento do disposto no inciso II e na alínea b do inciso IV do art. 38.

§ 1º. O relatório dos titulares dos órgãos mencionados nos incisos II, III e IV do art. 54 conterá apenas as informações relativas à alínea a do inciso I, e os documentos referidos nos incisos II e III.

§ 2º. O relatório será publicado até trinta dias após o encerramento do período a que corresponder, com amplo acesso ao público, inclusive por meio eletrônico.

§ 3º. O descumprimento do prazo a que se refere o § 2º sujeita o ente à sanção prevista no § 2º do art. 51.

§ 4º. Os relatórios referidos nos arts. 52 e 54 deverão ser elaborados de forma padronizada, segundo modelos que poderão ser atualizados pelo conselho de que trata o art. 67.

Seção V
Das Prestações de Contas

Art. 56. As contas prestadas pelos Chefes do Poder Executivo incluirão, além das suas próprias, as dos Presidentes dos órgãos dos Poderes Legislativo e Judiciário e do Chefe do Ministério Público, referidos no art. 20, as quais receberão parecer prévio, separadamente, do respectivo Tribunal de Contas.

§ 1º. As contas do Poder Judiciário serão apresentadas no âmbito:

I – da União, pelos Presidentes do Supremo Tribunal Federal e dos Tribunais Superiores, consolidando as dos respectivos tribunais;

II – dos Estados, pelos Presidentes dos Tribunais de Justiça, consolidando as dos demais tribunais.

§ 2º. O parecer sobre as contas dos Tribunais de Contas será proferido no prazo previsto no art. 57 pela comissão mista permanente referida no § 1º do art. 166 da Constituição ou equivalente das Casas Legislativas estaduais e municipais.

§ 3º. Será dada ampla divulgação dos resultados da apreciação das contas, julgadas ou tomadas.

Art. 57. Os Tribunais de Contas emitirão parecer prévio conclusivo sobre as contas no prazo de sessenta dias do recebimento, se outro não estiver estabelecido nas constituições estaduais ou nas leis orgânicas municipais.
§ 1º. No caso de Municípios que não sejam capitais e que tenham menos de duzentos mil habitantes o prazo será de cento e oitenta dias.
§ 2º. Os Tribunais de Contas não entrarão em recesso enquanto existirem contas de Poder, ou órgão referido no art. 20, pendentes de parecer prévio.

Art. 58. A prestação de contas evidenciará o desempenho da arrecadação em relação à previsão, destacando as providências adotadas no âmbito da fiscalização das receitas e combate à sonegação, as ações de recuperação de créditos nas instâncias administrativa e judicial, bem como as demais medidas para incremento das receitas tributárias e de contribuições.

12.10.3. Fiscalização da Gestão Fiscal

A responsabilidade pela fiscalização quanto ao cumprimento das normas de gestão fiscal é atribuída ao Poder Legislativo, este com o auxílio do Tribunal de Contas, e aos sistemas de controle interno de cada Poder e do Ministério Público.

Seção VI
Da Fiscalização da Gestão Fiscal

Art. 59. O Poder Legislativo, diretamente ou com o auxílio dos Tribunais de Contas, e o sistema de controle interno de cada Poder e do Ministério Público, fiscalizarão o cumprimento das normas desta Lei Complementar, com ênfase no que se refere a:
I – atingimento das metas estabelecidas na lei de diretrizes orçamentárias;
II – limites e condições para realização de operações de crédito e inscrição em Restos a Pagar;
III – medidas adotadas para o retorno da despesa total com pessoal ao respectivo limite, nos termos dos arts. 22 e 23;
IV – providências tomadas, conforme o disposto no art. 31, para recondução dos montantes das dívidas consolidada e mobiliária aos respectivos limites;
V – destinação de recursos obtidos com a alienação de ativos, tendo em vista as restrições constitucionais e as desta Lei Complementar;
VI – cumprimento do limite de gastos totais dos legislativos municipais, quando houver.

§ 1º. Os Tribunais de Contas alertarão os Poderes ou órgãos referidos no art. 20 quando constatarem:
I – a possibilidade de ocorrência das situações previstas no inciso II do art. 4º e no art. 9º;
II – que o montante da despesa total com pessoal ultrapassou 90% (noventa por cento) do limite;
III – que os montantes das dívidas consolidada e mobiliária, das operações de crédito e da concessão de garantia se encontram acima de 90% (noventa por cento) dos respectivos limites;
IV – que os gastos com inativos e pensionistas se encontram acima do limite definido em lei;
V – fatos que comprometam os custos ou os resultados dos programas ou indícios de irregularidades na gestão orçamentária.
§ 2º. Compete ainda aos Tribunais de Contas verificar os cálculos dos limites da despesa total com pessoal de cada Poder e órgão referido no art. 20.
§ 3º. O Tribunal de Contas da União acompanhará o cumprimento do disposto nos §§ 2º, 3º e 4º do art. 39.

12.11. QUESTÕES DE CONCURSOS

1. (CESPE/2017 – TRT 7ª Região) A LRF fixa limites para o endividamento da União, dos estados, do DF e dos municípios e obriga os governantes a definirem metas fiscais anuais e a indicarem a fonte de receita para cada despesa permanente que propuserem.

A receita corrente líquida (RCL), base adotada pela LRF para o cumprimento de metas em geral, corresponde ao somatório das receitas tributárias, de contribuições, patrimoniais, industriais, agropecuárias, de serviços, transferências correntes e outras receitas também correntes, deduzidas de diferentes valores nos casos da União, dos estados, do DF e dos municípios.

No caso da União, o conceito de RCL inclui

I. os recursos oriundos da exploração econômica de bens.
II. os recursos decorrentes de atividades como comércio, transporte e comunicação.
III. os valores transferidos para estados e municípios por determinação constitucional ou legal.

IV. os valores obtidos em leilão de bens e mercadorias apreendidos devido a atividades ilícitas.

Estão certos apenas os itens

a) I, II e III.

b) I, II e IV.

c) I, III e IV.

d) II, III e IV.

2. **(CESPE/2017 – TCE PE)** Situação hipotética: O município XY, controlador da empresa estatal XY-Gás, determinou que essa empresa repassasse, de forma antecipada, recursos financeiros não compreendidos como lucros ou dividendos, na forma da legislação, ao caixa municipal, para devolução no prazo de trinta dias.

- **Assertiva:** Nessa situação, a operação realizada pelo município equipara-se a uma operação de crédito que é vedada pela LRF.

3. **(CESPE/2017 – TCE PE)** Operações de crédito cujas receitas constem do orçamento integram a dívida pública consolidada, ainda que tenham prazo inferior a doze meses.

4. **(CESPE/2017 – TCE PE)** Situação hipotética: No final do primeiro quadrimestre de 2017, as despesas com pessoal do Poder Executivo do município AB estavam no patamar de 52% de sua receita corrente líquida. Assertiva: Nessa situação, o município deverá reduzir o excedente dessas despesas nos dois quadrimestres seguintes, sendo a redução de, no mínimo, um terço no primeiro deles.

5. **(CESPE/2017 – TCE PE)** Determinado subsídio constituído por renúncia de receita pública poderá ser aprovado e colocado em execução ainda que não esteja incluído no demonstrativo da estimativa de renúncia de receita da lei de diretrizes orçamentárias.

6. **(CESPE/2017 – TCE PE)** Entre os dados de despesas efetuadas por órgãos e entidades da administração pública federal disponibilizados no Portal da Transparência do Poder Executivo Federal não se incluem aqueles relativos aos repasses de recursos federais para os estados, o Distrito Federal e os municípios.

7. (CESPE/2017 – TCE PE) Gastos com passagens e despesas com locomoção para fins de fiscalização de obra pública em andamento são despesas correntes do grupo pessoal e encargos sociais, sujeitas aos limites estabelecidos na LRF.

8. (CESPE/2017 – TCE PE) Nas situações em que houver frustração de receitas e ficar evidenciado o não cumprimento das metas de resultado primário ou nominal estabelecidas em instrumento de transparência da gestão fiscal, os empenhos e a movimentação financeira deverão ser limitados.

9. (CESPE/2017 – TCE PE) Operação de crédito com prazo inferior a doze meses realizada por ente da Federação será excluída da dívida pública consolidada.

10. (CESPE/2017 – TCE PE) Gastos com pessoal e encargos sociais das fundações públicas federais estão incluídos no limite de despesas de pessoal aplicável à União.

11. (CESPE/2015 – STJ) Um parlamentar que pretenda apresentar projeto de lei estendendo por mais dez anos os subsídios destinados à produção de determinados alimentos deverá, entre outras exigências, apresentar a estimativa dos gastos correspondentes ao período dos dez anos seguintes e introduzir disposição que obrigue o Poder Executivo a incluir os valores correspondentes nas respectivas propostas orçamentárias.

12. (CESPE/2015 – STJ) O projeto da LRF foi concebido no bojo da busca pela estabilidade fiscal, visando à obtenção de superávits primários compatíveis com a estabilização da relação entre dívida externa e reservas internacionais.

13. (CESPE/2015 STJ) Situação hipotética: Nas previsões de receita de determinado ente para o exercício subsequente, tomou-se como referência a arrecadação estimada para o exercício em curso, que corresponde a R$ 100 bilhões, considerando-se uma inflação de 20%, o crescimento do PIB de 5% e alterações na legislação tributária com efeitos residuais na arrecadação.

◆ **Assertiva**: Nessa situação, as previsões da receita para o próximo exercício deverão ser de R$ 120 bilhões.

14. **(CESPE/2015 STJ)** O relatório resumido da execução orçamentária deverá contar, de acordo com as circunstâncias, com justificativas para a frustração de receitas, e especificar as providências adotadas em matéria de fiscalização e cobrança dos créditos da fazenda pública, assim como em matéria de combate à evasão e à sonegação.

15. **(CESPE/2015 TCE/RN)** O percentual de despesa com pessoal que supere o limite máximo previsto na LRF deve ser eliminado nos dois quadrimestres seguintes àquele em que foi apurado o excesso, sob pena de o estado-membro ficar impedido de receber transferências voluntárias.

16. **(CESPE/2015 TCE/RN)** Se a despesa total com pessoal da administração pública estadual superar o limite máximo previsto na LRF, a eliminação do percentual excedente poderá ser alcançada tanto pela extinção de cargos e funções quanto pela redução dos valores a eles atribuídos.

17. **(CESPE/2015 TCE/RN)** O resultado dos fluxos financeiros deve ser apurado pelo regime de caixa.

18. **(CESPE/2015 TCE/RN)** Na apuração da receita corrente líquida, devem ser excluídos os períodos referentes a exercícios financeiros já encerrados.

19. **(CESPE/2015 TCE/RN)** Se determinada instituição financeira contratar operação de crédito com determinado estado da Federação sem exigir comprovação de que a operação atende às condições e limites estabelecidos na Lei de Responsabilidade Fiscal, a operação será considerada nula.

20. (CESPE/2015 TCU) O governador de um estado brasileiro que não tenha submetido suas contas ao Poder Executivo da União no prazo estabelecido será impedido, até que a situação seja regularizada, de receber transferências voluntárias e contratar operações de crédito, inclusas aquelas destinadas ao refinanciamento do principal da dívida.

21. (CESPE/2015 TCU/AFCE) Os limites da LRF estabelecidos para despesas com pessoal, concessão de garantias e contratação de operações de crédito são definidos em percentuais da receita corrente líquida e devem ser divulgados no relatório de gestão fiscal.

22. (CESPE/2015 TCU/AFCE) As operações de crédito compõem a dívida pública, sendo vedada, no último ano de mandato presidencial, a obtenção de operações de crédito por antecipação de receita para o atendimento de insuficiência de caixa.

23. (CESPE/2015 TCU/AFCE) Os estados e municípios somente poderão receber transferências voluntárias da União se, em seus orçamentos, incluírem dotação destinada à contrapartida de tais transferências, sem prejuízo de outras condições estabelecidas em lei.

24. (CESPE/2015 TCU/AFCE) Se determinado ente da Federação pretender conceder empréstimo a pessoa jurídica que não esteja sob seu controle direto, o encargo financeiro correspondente a essa operação poderá ser superior ao custo de captação.

25. (CESPE/2015 TRE/GO) Caso o prefeito de determinado município, na metade do último ano de seu mandato, deseje renovar o contrato anual de coleta de lixo com empresa terceirizada, a administração municipal, para atender ao disposto na LRF relativamente ao impedimento de transferir dívida que não possa ser paga ao sucessor, deve lançar, em restos a pagar, todas as parcelas vincendas no exercício subsequente e certificar-se da existência de suficiente disponibilidade de caixa.

26. (CESPE/2015 TRE/GO) Considere a seguinte situação hipotética. Determinada administração propôs, no projeto de lei do orçamento anual, aumento anual do salário pago a seus servidores, em caráter geral e uniforme, a partir do exercício subsequente, mas não encaminhou, com a proposta, estimativa específica do impacto orçamentário-financeiro que esse aumento pode provocar.

◆ Nessa situação, a matéria pode ser aprovada por não ferir a LRF.

27. **(CESPE/2015 TRE/GO: AJAD)** As prestações de contas dos dirigentes dos poderes da União, como instrumentos de transparência, controle e fiscalização, são objeto de um único parecer prévio do Tribunal de Contas da União, embora este contemple a gestão e o desempenho dos três poderes da União e do Ministério Público da União.

28. **(FCC/2017 - DPE RS)** A Lei Complementar nº 101/2000 trouxe como uma de suas inovações mais marcantes o estabelecimento de limites para várias áreas dos gastos públicos. No que se refere à base de cálculo para a verificação desses limites, essa norma estabelece que

a) é denominada receita corrente nominal.

b) é composta de receitas correntes e de capital.

c) entram no cálculo, no caso dos Estados, as parcelas entregues aos Municípios por determinação constitucional.

d) será apurada somando-se as receitas arrecadadas no mês em referência e nos onze anteriores, excluídas as duplicidades.

e) é o somatório das receitas tributárias, de contribuições, patrimoniais, industriais, agropecuárias, de serviços, transferências correntes e outras receitas também correntes, sem deduções.

Atenção: Para responder às questões de números 46 e 47 considere as seguintes siglas:

Siglas Utilizadas:

- Lei Orçamentária Anual - LOA.
- Lei De Diretrizes Orçamentárias - LDO.
- Plano Plurianual - PPA.

29. **(FCC/2017 - DPE RS)** A Lei Complementar nº 101/2000 promoveu melhor detalhamento ao planejamento fiscal, regulamentando anexos específicos aos instrumentos de planejamento previstos na Constituição Federal. Essa norma prevê os seguintes anexos:

I. anexo de metas fiscais.

II. anexo de riscos fiscais.

III. demonstrativo da compatibilidade da programação dos orçamentos com os objetivos e metas.

Esses documentos são, correta e respectivamente, anexos da

a) LOA, LDO e LDO.

b) LDO, LDO e LOA.

c) LOA, PPA e PPA.

d) LDO, LDO e PPA.

e) LDO, PPA e LOA.

30. **(FCC/2017 – DPE RS)** Considere os seguintes itens:

I. Critérios e forma de limitação de empenho.

II. Normas relativas ao controle de custos e à avaliação dos resultados dos programas financiados com recursos dos orçamentos.

III. Demais condições e exigências para transferências de recursos a entidades públicas e privadas.

IV. Evolução do patrimônio líquido.

V. Refinanciamento da dívida pública.

A Lei Complementar nº 101/2000 estabelece que os itens I, II, III, IV e V devem integrar, respectivamente:

a) LDO, LDO, LDO, LDO e LOA.

b) LOA, LOA, LOA, LOA e LDO.

c) LDO, LDO, LDO, PPA e PPA.

d) LDO, LOA, PPA, PPA e LOA.

e) LOA, LDO, PPA, LDO e PPA.

31. **(FCC/2017 – DPE RS)** No que se refere aos instrumentos de transparência da gestão fiscal, a Lei de Responsabilidade Fiscal determina que o Relatório

a) de Gestão Fiscal deve ser publicado, impreterivelmente, até trinta dias após o encerramento de cada trimestre.

b) Resumido da Execução Orçamentária deve ser publicado, impreterivelmente, até trinta dias após o encerramento de cada trimestre.
c) Resumido da Execução Orçamentária deve conter, entre outros itens, demonstrativo da despesa total com pessoal, distinguindo a com inativos e pensionistas.
d) Resumido da Execução Orçamentária deve conter, entre outros itens, demonstrativo da execução das despesas por função e subfunção.
e) de Gestão Fiscal deve conter, entre outros itens, demonstrativo dos resultados nominal e primário.

32. (FCC/2017 – DPE RS) De acordo com a Lei de Responsabilidade Fiscal, o Anexo de Metas Fiscais, em que serão estabelecidas metas anuais, em valores correntes e constantes, relativas a receitas, despesas, resultados nominal e primário e montante da dívida pública, para o exercício a que se referirem e para os dois seguintes, integrará o projeto

a) do Plano Plurianual.
b) da Lei Orçamentária Anual.
c) do Relatório de Gestão Fiscal.
d) da Lei de Diretrizes Orçamentárias.
e) do Relatório Resumido da Execução Orçamentária.

33. (FCC/2017 – TRE PR) As informações hipotéticas referentes à despesa com pessoal do Poder Judiciário Estadual, apurada de acordo com o regime de competência e relativas ao período de maio/2016 a abril/2017, foram as seguintes, em milhares de reais:

Vencimentos e vantagens, fixas e variáveis,
de pessoal ativo 205.600.000,00

Encargos sociais e contribuições referentes
a pessoal ativo 41.261.000,00

Despesas com inativos custeadas por recursos provenientes
da arrecadação de contribuições dos segurados 36.300.000,00

Além disso, despesas decorrentes de decisão judicial e da competência do exercício de 2015 no valor de, em milhares de reais, 1.130.000,00, foram pagas em julho de 2016.

Com base nessas informações, a despesa total com pessoal do Poder Judiciário Estadual apresentada no Relatório de Gestão Fiscal referente ao primeiro quadrimestre de 2017 para fins de apuração do cumprimento do limite determinado pela Lei de Responsabilidade Fiscal foi, em milhares de reais,

a) 284.291.000,00

b) 283.161.000,00

c) 247.991.000,00

d) 246.861.000,00

e) 205.600.000,00

34. (FCC/2017 – FUNAPE) **Considere que o Poder Executivo Estadual pretenda encaminhar projeto de lei para revalorização salarial de determinada carreira de servidores públicos, instruindo o expediente legislativo com comprovação da existência de recursos orçamentários suficientes para fazer frente às despesas correspondentes no exercício em curso, bem como a compatibilidade com o plano plurianual e com a lei de diretrizes orçamentárias. De acordo com as disposições aplicáveis da Lei de Responsabilidade Fiscal (Lei Complementar nº 101/2000), tal instrução é**

a) desnecessária, se o ente estiver dentro dos limites de despesa de pessoal fixados pelo referido diploma legal.

b) insuficiente, sendo necessário, também, a estimativa do impacto financeiro nos dois exercícios subsequentes ao que entrar em vigor.

c) necessária e suficiente, desde que as despesas de pessoal do ente estejam dentro dos limites fixados pelo referido diploma legal.

d) desnecessária, podendo ser diferida para o momento da implementação da revalorização, quando serão ajustadas as dotações orçamentárias correspondentes.

e) insuficiente, sendo necessário, adicionalmente, a revisão das metas de resultados fiscais que integram a Lei de Diretrizes Orçamentárias, para refletir o impacto das novas despesas.

35. (FCC/2015 SEFAZ/PI) **Um Analista do Tesouro Estadual foi incumbido de efetuar uma apuração das despesas com pessoal do Governo do Estado do Piauí para fins de atendimento ao limite previsto na LRF, com base nos dados fornecidos no quadro a seguir:**

DESPESAS	2012 (R$)	2013 (R$)
Ativos	100,00	110,00
Inativos e pensionistas	50,00	70,00
Gratificações	30,00	10,00
Horas extras	20,00	10,00
Encargos sociais	50,00	50,00
Decorrentes de decisões judiciais	50,00	350,00

A despesa total com pessoal em 2013, se comparada à ocorrida em 2012,

a) diminuiu 10%.

b) aumentou 100%.

c) aumentou 50%.

d) manteve-se igual.

e) diminuiu 50%.

36. **(FCC/2015 SEFAZ/PI)** A LRF regulamentou a destinação de recursos para, direta ou indiretamente, cobrir necessidades de pessoas físicas ou déficits de pessoa jurídica, determinando que as condições para sua realização devem estar estabelecidas

a) no Relatório de Gestão Fiscal.

b) na Lei Orçamentária Anual.

c) no Plano Plurianual.

d) na Lei de Diretrizes Orçamentárias.

e) no Relatório Resumido da Execução Orçamentária.

37. **(FCC/2015 SEFAZ/PI)** Segundo estabelece a LRF, os percentuais de despesas com pessoal são apurados pela comparação do montante gasto a esse título com a receita corrente líquida, que deve ser apurada, excluídas as duplicidades, com base no período de

a) doze meses.

b) um mês.

c) dois meses.

d) três meses.
e) seis meses.

38. **(FCC/2015 SEFAZ/PI)** Nos termos da LRF, a repartição dos limites globais de gastos com pessoal do Estado do Piauí considerará o Poder Legislativo (incluindo o Tribunal de Contas), o Poder Judiciário, o Poder Executivo e o Ministério Público do Estado e não poderá exceder, respectivamente, a

a) 3%, 5%, 50% e 2%
b) 3%, 6%, 49% e 2%
c) 3%, 6%, 50% e 1%
d) 2%, 6%, 49% e 3%
e) 2%, 5%, 49% e 4%

39. **(FCC/2015 SEFAZ/PI)** Um dos pilares da boa política fiscal é o planejamento por meio da especificação de metas. Nos termos da LRF, se verificado que a realização da receita poderá não comportar o cumprimento das metas de resultado nominal ou primário, deverão ser adotadas medidas relacionadas

a) à utilização de recursos dos fundos de previdência.
b) ao congelamento das contas públicas.
c) à flexibilização dos limites constitucionais para saúde e educação.
d) à flexibilização das regras para realização de operação de crédito.
e) à limitação de empenho e de movimentação financeira.

40. **(FCC/2015 SEFAZ/PI)** Em razão das regras previstas na LRF para o planejamento público, é obrigatória a elaboração de um demonstrativo da estimativa e compensação da renúncia de receita e da margem de expansão das despesas obrigatórias de caráter continuado.

Esse demonstrativo é parte integrante do

a) Relatório Resumido da Execução Orçamentária.
b) Plano Plurianual.
c) Relatório de Gestão Fiscal.
d) Anexo de Metas Fiscais.
e) Anexo de Riscos Fiscais.

41. **(FCC/2015 SEFAZ/PI)** Dentre os tipos de despesa pública está a obrigatória de caráter continuado. Nos termos da LRF, essa despesa fixa para o ente a obrigação legal de sua execução por um período superior a

a) cinco exercícios.

b) um exercício.

c) dois exercícios.

d) três exercícios.

e) quatro exercícios.

42. **(FCC/2015 SEFAZ/PI)** A LRF dedicou atenção especial à renúncia de receitas e estabeleceu regras rígidas para sua realização. Nesse sentido, durante a execução do orçamento do Governo do Estado do Piauí ocorreram os seguintes fatos: 1 – anistia; 2 – remissão; 3 – concessão de isenção em caráter geral; 4 – subsídio; 5 – cancelamento de débito cujo montante era inferior ao do respectivo custo de cobrança. Configuram renúncia de receita os eventos de número

a) 3, 4 e 5.

b) 1, 3 e 5.

c) 1, 2 e 5.

d) 2, 3 e 4.

e) 1, 2 e 4.

43. **(FCC/2015 SEFAZ/PI)** A transparência das contas públicas ganhou força com o advento da LRF. Tanto isso é fato que essa lei foi alterada justamente para o aprimoramento das regras de transparência. Uma dessas modificações foi a exigência de disponibilização a qualquer pessoa física ou jurídica de dados quanto à despesa pública, que deve ocorrer

a) em até 30 dias de sua realização.

b) no momento de sua realização.

c) em até 24 horas de sua realização.

d) em até 48 horas de sua realização.

e) em até 10 dias de sua realização.

44. **(FCC/2015 SEFAZ/PI)** Um dos principais instrumentos da transparência fiscal, que deve conter um comparativo com os limites relacionados

às operações de crédito, inclusive por antecipação de receita, e que deverá ser assinado pelo controle interno, é o

a) Relatório Resumido da Execução Orçamentária.

b) Demonstrativo de Receita e Despesa por categoria econômica.

c) Anexo de Metas Fiscais.

d) Anexo de Riscos Fiscais.

e) Relatório de Gestão Fiscal.

45. (FCC/2015 TCE/CEI) O Tribunal de Contas do Estado do Ceará – TCE-CE realizou evento de orientação aos entes por ele fiscalizados. Naquela oportunidade, o representante de uma sociedade, cuja maioria do capital social com direito a voto pertence indiretamente ao Estado do Ceará, questionou se essa sociedade, que recebeu recursos financeiros do Governo do Ceará para pagamento de despesas com pessoal, estava sujeita ou não aos ditames da Lei de Responsabilidade Fiscal – LRF. A resposta do TCE-CE foi afirmativa, tendo em vista que essa sociedade se enquadra no conceito de empresa

a) paraestatal de capital controlado.

b) paraestatal dependente.

c) estatal dependente.

d) paraestatal controlada.

e) estatal de capital controlado.

46. (FCC/2015 TCE/CE) O instrumento de planejamento que deve dispor sobre os critérios e a forma de limitação de empenho, além das condições e exigências para as transferências de recursos a entidades públicas e privadas é

a) o Plano Plurianual.

b) a Lei de Diretrizes Orçamentárias.

c) a Lei Orçamentária Anual.

d) o Plano Nacional Orçamentário.

e) o Anexo de Riscos Fiscais.

47. (FCC/2015 TCE/CE) Suponha que, em 2014, o Prefeito de um município do Ceará procurou o Governo do Estado e solicitou o repasse de transferências voluntárias, cujo pleito foi atendido. Em 2015, o TCE-CE

fiscalizou as contas dos Poderes desse beneficiário e verificou que a despesa total com pessoal do município, com base na receita corrente líquida, encontrava-se em 65%. Nos termos da LRF, essa transferência voluntária deverá ser cessada, salvo se relacionada a ações do setor de

a) transportes.

b) segurança pública.

c) defesa civil.

d) assistência social.

e) obras públicas.

48. (FCC/2015 TCM's/GO) No exercício de suas atribuições, o TCM/GO deve apurar as despesas com pessoal dos entes jurisdicionados para o fim de controlar a obediência aos limites estabelecidos pela Lei de Responsabilidade Fiscal – LRF. Deverão ser considerados nesses cálculos, entre outros, os seguintes gastos:

a) adicionais, contribuições às entidades de previdência e despesas decorrentes de decisão judicial.

b) vencimentos, encargos sociais e indenização por demissão de servidores.

c) contratos de terceirização de mão de obra com substituição de servidores, gratificações e pensões.

d) vantagens fixas e variáveis, subsídios e incentivos à demissão voluntária.

e) indenização por demissão de empregados, horas extras e proventos de aposentadoria.

49. (FCC/2015 TCM's/GO) A fim de possibilitar maior participação da sociedade no controle dos resultados da administração, a Lei de Responsabilidade Fiscal - LRF estabeleceu vários instrumentos de transparência da gestão fiscal que são utilizados pelo TCM/GO no exercício de suas atribuições de controle externo. Dentre esses instrumentos, estão o Relatório Resumido da Execução Orçamentária e o Relatório de Gestão Fiscal. É correto afirmar que o

a) Relatório de Gestão Fiscal será emitido ao final de cada bimestre e deverá estar acompanhado pelo demonstrativo dos resultados nominal e primário.

b) Relatório Resumido da Execução Orçamentária será emitido ao final de cada bimestre e deverá conter o comparativo dos montantes da despesa total com pessoal com os limites da LRF.

c) Relatório de Gestão Fiscal será emitido ao final de cada quadrimestre e deverá estar acompanhado, no último quadrimestre, das projeções atuariais dos regimes de previdência social, geral e próprio dos servidores públicos.

d) Relatório Resumido da Execução Orçamentária será emitido ao final de cada quadrimestre e deverá estar acompanhado, no último quadrimestre, do demonstrativo da inscrição em restos a pagar, das despesas.

e) Relatório de Gestão Fiscal será emitido ao final de cada quadrimestre e deverá conter, no último quadrimestre, demonstrativo do montante das disponibilidades de caixa em trinta e um de dezembro.

50. (FCC/2015 TCM/RJ) Suponha que a Administração pública estadual pretenda contratar operação de crédito externo para financiar obras de infraestrutura na região portuária. Decidiu, então, que o tomador do referido financiamento seria uma sociedade de economia mista da qual o Estado detém a maioria do capital social e o controle societário, empresa que será, também, a responsável pela execução dos empreendimentos financiados. De acordo com as disposições da Lei de Responsabilidade Fiscal,

a) a referida opção somente será juridicamente válida se a empresa em questão for não dependente, assim entendida como aquela que não recebe recursos do Tesouro para despesas de pessoal e custeio em geral.

b) entre os requisitos necessários, inclui-se a prévia autorização legislativa e observância dos limites e condições fixados pelo Senado Federal, além de autorização específica deste em se tratando de empréstimo externo.

c) somente na hipótese de prestação de garantia ou contragarantia pelo Estado é que será exigida autorização legislativa e aprovação da Secretaria do Tesouro Nacional.

d) é vedada a referida operação de crédito se a mesma for realizada nos últimos dois quadrimestres do mandato do Chefe do Executivo.

e) a referida opção encontra-se entre as hipóteses de vedação previstas na LRF, que proíbe a realização de operações de crédito por empresas controladas pelo ente federativo.

51. (FCC/2015 TRE/PB) Considere as despesas, abaixo, referentes ao Poder Judiciário de um Estado e ao exercício financeiro de 2014 (valores expressos em reais):

Elemento de despesa	Valor apurado com base no regime de competência
Contratação por tempo determinado	800.000,00
Obrigações Patronais	1.000.000,00
Vencimentos e Vantagens Fixas – Pessoal Civil	4.350.000,00
Outras Despesas Variáveis – Pessoal Civil	550.000,00
Outros Serviços de Terceiros – Pessoa Física (referente a conserto de elevadores)	240.000,00
Passagens e Despesas com Locomoção	125.000,00
Indenizações Trabalhistas (indenizações por demissão)	474.000,00
Outras Despesas de Pessoal decorrentes de Contratos de Terceirização	200.000,00

A Receita Corrente Líquida do referido Estado no exercício de 2014 foi R$ 120.000.000,00. Sendo assim, com base na Lei de Responsabilidade Fiscal, o Poder Judiciário Estadual, em 2014 e em reais,

a) ultrapassou o limite máximo de despesa total com pessoal em 174.000,00.

b) ultrapassou o limite máximo de despesa total com pessoal em 1.580.000,00.

c) gastou 539.000,00 a mais do que o limite máximo de despesa total com pessoal.

d) gastou 1.796.000,00 a mais do que o limite prudencial de despesa total com pessoal.

e) ultrapassou o limite prudencial de despesa total com pessoal em 60.000,00.

52. (FCC/2015 DP/SP) **Os instrumentos de planejamento público estão previstos na Constituição Federal, entre eles, a Lei de Diretrizes Orçamentárias. As emendas ao projeto de lei de diretrizes orçamentárias, segundo a Constituição Federal, não poderão ser aprovadas quando incompatíveis com**

a) a Lei Orçamentária Anual.

b) o Plano Plurianual.

c) a Lei de Responsabilidade Fiscal.

d) o anexo de metas fiscais.

e) a política de equilíbrio das contas públicas.

53. (FCC/2015 TRE/SE) Considere a seguinte legenda: PPA – Plano Plurianual; LDO – Lei de Diretrizes Orçamentárias; LOA – Lei Orçamentária Anual.

I. Critérios e forma de limitação de empenho na hipótese legal.
II. Normas relativas ao controle de custos e à avaliação de resultados dos programas financiados com recursos dos orçamentos.
III. Demais condições e exigências para transferências de recursos a entidades públicas e privadas.

Nos termos da Lei de Responsabilidade Fiscal, esses conteúdos de planejamento devem constar, respectivamente, de

a) LDO, LOA e PPA.
b) LOA, LOA e LDO.
c) LDO, LDO e LOA.
d) LOA, LDO e PPA.
e) LDO, LDO e LDO

54. (FCC/2015 TRE/SE) A Lei de Responsabilidade Fiscal estabelece os limites percentuais para a despesa com pessoal. No caso do Poder Judiciário Federal, esse cálculo deve ser feito dividindo os gastos com pessoal sobre

a) o superávit financeiro do exercício anterior.
b) a despesa com pessoal do exercício anterior.
c) a receita corrente líquida da União, apurada no mesmo período.
d) o montante de gastos com terceirização de mão de obra apurada no exercício anterior.
e) os resultados nominal e primário apurados no mesmo período.

55. (FCC/2015 TRE/SE) Considere os seguintes itens:

I. Registro próprio para disponibilidade de caixa.
II. Despesa registrada pelo regime de competência.
III. Assunção de compromisso registrada pelo regime de caixa.
IV. Exclusão de operações intragovernamentais no caso de demonstração conjunta.

Nos termos da Lei de Responsabilidade Fiscal, constitui regra para a escrituração e consolidação da contabilidade pública o constante em

a) I, II, III e IV.
b) I, II e IV, apenas.
c) I e II, apenas.
d) II e III, apenas.
e) II, III e IV, apenas.

56. (FCC/2015 TRT/3ª Região) A Lei de Responsabilidade Fiscal – LRF disciplina a despesa com pessoal da Administração pública em todas as esferas de governo sob a forma de limites. No caso do Poder Judiciário Federal, que abrange o TRT-3ª Região, o limite de gastos com pessoal sobre a receita corrente líquida da União é, em %, igual a

a) 2,5.
b) 0,6.
c) 6.
d) 50.
e) 40,9.

57. (FCC/2015 TRT/3ª Região) De acordo com Lei de Responsabilidade Fiscal, as contas apresentadas pelo Chefe do Poder Executivo ficarão disponíveis, para consulta e apreciação pelos cidadãos e instituições da sociedade durante todo o exercício, no respectivo

a) poder legislativo e no Tribunal de Contas.
b) Tribunal de Contas e no órgão técnico responsável pela sua elaboração.
c) poder legislativo e no ministério público.
d) tribunal de contas e no sistema de controle interno.
e) poder legislativo e no órgão técnico responsável pela sua elaboração.

58. (FGV/2015 TJ/BA) De acordo com as determinações da Lei de Responsabilidade Fiscal (LRF), a despesa total com pessoal do Poder Judiciário na esfera estadual não poderá exceder, em percentual da Receita Corrente Líquida, a:

a) 0,6%;
b) 2%;
c) 2,5%;
d) 3%;
e) 6%.

59. (FGV/2015 TJ/PI) De acordo com a Lei de Responsabilidade Fiscal (LRF), o Anexo de Riscos Fiscais deve integrar o projeto de Lei de Diretrizes Orçamentárias de cada ente da federação. Considerando as disposições contidas no Manual de Demonstrativos Fiscais, é correto afirmar em relação ao Anexo de Riscos Fiscais, que:

a) um prefeito que propuser Lei de Diretrizes Orçamentárias (LDO) que não contenha os riscos fiscais na forma da lei, perderá o mandato;

b) os riscos fiscais podem ser conceituados como a possibilidade da ocorrência de eventos repetitivos que venham a impactar negativamente as contas públicas, integrando, portanto, o Anexo de Riscos Fiscais;

c) os precatórios judiciais enquadram-se no conceito de risco fiscal, conforme estabelecido no § 1º do art. 100 da Constituição Federal, devendo ser incluídos no Anexo de Riscos Fiscais;

d) garantias e avais emitidos a favor de entidades do setor público devem ser registradas contabilmente como Passivo no Balanço do Município e, portanto, não devem integrar o Anexo de Riscos Fiscais;

e) os valores previstos referentes à frustração da arrecadação e à restituição de tributos a maior, devem ser apresentados no Anexo de Riscos Ficais como Passivos Contingentes.

60. (FGV/2015 TJ/PI) Entre os demonstrativos que integram o Relatório Resumido da Execução Orçamentária previsto na Lei de Responsabilidade Fiscal (LRF), inclui-se o Demonstrativo do Resultado Nominal, que deve conter:

a) a variação da dívida fiscal líquida, apurada pela variação do endividamento bruto num determinado período;

b) a dívida consolidada líquida que corresponde ao saldo da dívida consolidada, adicionada das Garantias e Contragarantias, deduzida do Ativo Disponível e dos Haveres Financeiros, líquido dos Restos a Pagar Processados;

c) o valor relativo à meta do Resultado Nominal fixada no Anexo de Metas Fiscais da LDO, e o cálculo da Dívida Fiscal Líquida Previdenciária do Regime Previdenciário;

d) o montante total apurado das obrigações financeiras, das dívidas mobiliária, contratual e outras dívidas, incluindo as intraorçamentárias;

e) os haveres financeiros, dentre os quais os créditos tributários reconhecidos segundo o regime de competência, os valores inscritos em Dívida Ativa, e outros valores que representem créditos a receber, deduzindo a Dívida Consolidada.

61. (FGV/2015 TJ/PI) A Lei Complementar nº 101, de 04 de maio de 2000, conhecida como a Lei de Responsabilidade Fiscal (LRF) estabelece normas para a elaboração e divulgação de Relatório de Gestão Fiscal, pelos titulares. O Relatório de Gestão Fiscal deve:

a) abranger administração direta, autarquias, fundações, fundos e empresas estatais dependentes, e também os consórcios públicos, que integram a administração indireta dos entes da Federação consorciados;

b) conter demonstrativos comparativos com os limites de que trata a LRF, referentes a despesa total com pessoal; dívida consolidada; concessão de garantias e contragarantias; resultado primário; e operações de crédito;

c) contemplar no último quadrimestre os demonstrativos do montante da disponibilidade de caixa e dos Restos a Pagar; e das parcerias público-privadas;

d) observar o limite prudencial estabelecido para o acompanhamento da despesa com pessoal, que representa 90 % do limite máximo legal;

e) assegurar a transparência da gestão fiscal excluindo do Demonstrativo da Dívida Consolidada Líquida valores não incluídos no conceito de dívida consolidada, como os precatórios anteriores a 05/05/2000.

62. (FGV/2015 TJ/PI) Os dados do quadro a seguir têm origem no controle da execução orçamentária de um ente da federação relativa ao exercício de 2x13 (dados acumulados até o sexto bimestre, expressos em milhares de reais).

Receita Orçamentária Lançada	280.000,00
Receita Orçamentária Arrecadada	271.860,00
Despesa Orçamentária Empenhada	270.140,00
Despesa Orçamentária Liquidada	254.780,00
Despesa Orçamentária Paga	240.410,00
Saldo final de disponibilidades financeiras	42.630,00
Obrigações a pagar até o final do exercício	19.530,00

Considerando os dados apresentados e as disposições da Lei de Responsabilidade Fiscal, o valor das despesas que NÃO devem ser inscritas em restos a pagar por indisponibilidade de recursos, em milhares de reais, é:

a) 0,00;

b) 6.630,00;
c) 8.730,00;
d) 15.360,00;
e) 23.100,00.

GABARITO

1	B	14	V	27	V	40	D	53	E
2	V	15	V	28	D	41	C	54	C
3	V	16	F	29	B	42	E	55	B
4	F	17	V	30	A	43	B	56	C
5	V	18	F	31	D	44	E	57	E
6	F	19	V	32	D	45	C	58	E
7	F	20	F	33	D	46	B	59	A
8	V	21	V	34	B	47	D	60	C
9	F	22	V	35	D	48	C	61	A
10	V	23	V	36	D	49	E	62	B
11	F	24	V	37	A	50	B		
12	F	25	F	38	B	51	E		
13	F	26	V	39	E	52	B		

Assista à correção de algumas questões, deste capítulo, posicionando aqui o leitor do ***QR Code.***

https://editoraj.us/AFO012

Bibliografia

CONSTITUIÇÃO FEDERAL DE 1988 (CF/88)

↘ REFERÊNCIAS

BALEEIRO, ALIOMAR. Uma Introdução à Ciência das Finanças. 15. Ed. Rio de Janeiro: Forense, 1997.

GIACOMONI, James. Orçamento Público. 14 ed. São Paulo: Atlas, 2009.

MUSGRAVE, Richard A. Finanças Públicas: Teoria das Finanças Públicas. São Paulo: Atlas, 1974.

↘ LEIS FEDERAIS

LEI Nº 4.320, DE 17 DE MARÇO DE 1964

DECRETO-LEI 200, DE 25.02.1967

LEI 6.830, DE 22.09.1980 (LEI DE EXECUÇÕES FISCAIS)

LEI 8.666, DE 21.06.1994

LEI Nº 101, DE 04 DE MAIO DE 2000 (LRF)

LEI Nº 10.180, DE 06 DE FEVEREIRO DE 2001

PPA DA UNIÃO 2016 a 2019. LEI Nº 13.249, DE 13/01/2016

LEI ORÇAMENTÁRIA ANUAL/ 2017. LEI Nº 13.414, DE 10.01.2017

LEI DE DIRETRIZES ORÇAMENTÁRIAS/2018. LEI Nº 13.473, DE 08.08.2017

RESOLUÇÕES

RESOLUÇÃO DO SENADO FEDERAL 40, DE 2001

RESOLUÇÃO DO SENADO FEDERAL 43, DE 2001

RESOLUÇÃO DO SENADO FEDERAL 48, DE 2007

DECRETOS

DECRETO 93.872, DE 23 DE DEZEMBRO DE 1986

DECRETO Nº 2.829, DE 29 DE OUTUBRO DE 1998

DECRETO Nº 5.355 DE 25 DE JANEIRO DE 2005.

DECRETO 6.170, DE 25.07.2007

PORTARIAS

PORTARIA INTERMINISTERIAL Nº 163, DE 04 DE MAIO DE 2001

MF, Portaria nº 95, de 19 de abril de 2002

MP, Portaria nº 42, de 14 de abril de 2009

MANUAIS

MANUAL DE DESPESA NACIONAL, 1ª EDIÇÃO

RECEITA PÚBLICAS (MANUAL DE PROCEDIMENTOS), 4ª EDIÇÃO

MANUAL DE CONTABILIDADE APLICADA AO SETOR PÚBLICO, 7ª EDIÇÃO

MANUAL TÉCNICO DE ORÇAMENTO, 2018

MANUAL DO SIAFI – SISTEMA INTEGRADO DE ADMINISTRAÇÃO FINANCEIRA DO GOVERNO FEDERAL

SITES

www.portalsof.planejamento.gov.br

www.tesouro.gov.bR

www.planejamento.gov.br

www2.camara.leg.brv